VENGEANCE

GEORGE JONAS

VENGEANCE

Traduit de l'anglais par William Desmond

ROBERT LAFFONT

Ce livre est précédemment paru
chez Robert Laffont sous le titre
La Vengeance d'Ephraïm

Titre original : VENGEANCE
© George Jonas, 1984
Traduction française : Éditions Robert Laffont, S.A., Paris, 1984, 2006

ISBN 2-221-10602-4
(édition originale : ISBN 0-00-216561-9 HarperCollins Publishers Ltd, Londres)

À Barbara Amiel,
et à Assi, David, Kathy, Kopi,
Milt, Tony, Smadar et Yasir,
et à tous ceux qui sont morts
– l'hommage de ceux qui ont survécu.

Ainsi parle le Seigneur, l'Éternel :
Parce que les Philistins se sont livrés à la vengeance,
Parce qu'ils se sont vengés dédaigneusement et du fond de l'âme,
Voulant tout détruire dans leur haine éternelle,
Ainsi parle le Seigneur, l'Éternel :
Voici, j'étends ma main sur les Philistins,
J'extermine les Kéréthiens,
Et je détruis ce qui reste sur la côte de la mer.
J'exercerai sur eux de grandes vengeances,
En les châtiant avec fureur.
Et ils sauront que je suis l'Éternel,
Quand j'exercerai sur eux ma vengeance.

ÉZÉCHIEL, XXV, 15-16-17.
(Traduction Louis Segond, La Maison de la Bible, 1964.)

Ils refuseront de croire en un monde
qu'ils n'avaient pas vu ainsi.

Graham GREENE,
Les Chemins de l'évasion.

Avant-propos

Vers la fin de 1981, mes éditeurs me demandèrent si j'aimerais rencontrer un homme ayant une histoire époustouflante à raconter. Le rendez-vous ne put être organisé qu'au prix de toute une série d'arrangements fort élaborés, et fut enfin fixé dans une ville d'Amérique du Nord. Là, dans un petit bureau, je rencontrai un homme qui me donna sa version de l'un des épisodes majeurs de la guerre clandestine menée par Israël contre le terrorisme : les activités d'un groupe antiterroriste créé à la suite du massacre des athlètes israéliens lors des Jeux olympiques de Munich, en 1972.

Avant même que ce contact eût lieu, mes éditeurs s'étaient assurés de la bonne foi de l'homme. Après notre rencontre, je fis de mon côté toutes les recherches qu'il m'était possible d'imaginer, pour arriver à la même conclusion qu'eux. Il nous apparaissait évident que notre interlocuteur était bien un agent israélien « venu du froid », le premier du genre à notre connaissance.

J'entrepris alors des recherches plus approfondies, et écrivis un livre à partir de l'histoire de cet agent. Au cours de l'année suivante, j'eus l'occasion de voyager dans plusieurs pays d'Europe et du Moyen-Orient. Je passai également un certain temps dans deux villes situées derrière ce qu'on appelait encore le Rideau de fer. Pendant un certain temps, je continuai à rencontrer mon informateur en différents points du monde. Je suivis ses instructions et interviewai six autres personnes en Allemagne, en France, en Israël et aux États-Unis. J'interrogeai également un certain nombre de mes contacts personnels – experts, personnages officiels, témoins – susceptibles d'éclairer tel ou tel point précis des événements. Parmi ces derniers, il y en a beaucoup que je me sens libre de désigner par leur nom ; ce que je ne peux faire pour quelques autres, pour d'évidentes raisons.

C'est pour ces mêmes raisons que je ne peux dévoiler l'identité de mon principal informateur. De fait, il a lui-même pris les plus grandes précautions pour ne pas avoir à se fier uniquement à ma discrétion, et éviter que soit découvert un certain nombre de choses le concernant. Il ne m'a dit sur lui-même que ce qui était strictement nécessaire pour entreprendre ce livre.

Afin de mieux me faire comprendre certains éléments du récit, mes contacts prirent des dispositions pour que je puisse assister sur le terrain à certaines opérations mineures. C'est ainsi qu'en compagnie d'agents travaillant en Europe, j'ai pu me faire une idée des rudiments d'une surveillance de routine, de la manière de se procurer et d'utiliser des documents falsifiés, de la façon d'assurer la sécurité d'un bâtiment, et des méthodes employées pour contacter et payer des informateurs. Aussi insuffisante qu'elle ait été, cette étude en conditions réelles m'a tout de même permis de soulever une partie du voile qui cache habituellement le monde que je voulais décrire.

La plupart des événements que j'avais l'intention de rapporter avaient eu droit à des articles de dix ou vingt lignes dans les quotidiens à l'époque où ils s'étaient produits. Bien que n'ayant jamais été officiellement éclaircis, on attribua dès le début un certain nombre d'entre eux aux activités de groupes antiterroristes israéliens. Plusieurs ouvrages récents, portant sur le terrorisme et le contre-terrorisme internationaux, ont fait allusion à certains d'entre eux. On retrouve une partie des informations dans des ouvrages de journalisme documentaire comme *The Israeli Secret Services*, de Richard Deacon, *The Spymasters of Israel*, de Stewart Steven, ou *La Vengeance de Munich*, de David Tinnin et Dag Christensen, éd. Laffont, 1977. Edgar O'Ballance rapporte l'assassinat de plusieurs chefs terroristes palestiniens dans son excellent ouvrage, *Language of Violence*. Le gros des informations était donc disponible ; j'espère toutefois être arrivé à apporter un certain nombre d'éléments nouveaux.

Bien que n'inventant rien, je ne pouvais espérer parvenir à respecter complètement les normes rigoureuses des historiens. J'ai été en effet obligé de me fier, pour un certain nombre d'informations, à une seule source qu'en outre je ne pouvais dévoiler. Quelques-uns des détails de son histoire étaient impossibles à vérifier ; j'aurais pu me rabattre sur d'autres détails, mais il m'aurait alors fallu les maquiller pour protéger mon informateur ou mes autres sources (par exemple la description physique et les antécédents de certains des personnages de ce livre). Lorsqu'on fonde un récit sur des informations confidentielles, la pratique veut, en journalisme, que l'on dispose de deux sources de renseignements indépendantes se recoupant l'une l'autre : exigence à laquelle je n'ai pas toujours pu satisfaire au cours de cet ouvrage[1]*. De même, si je n'ai pas inventé une seule des répliques de dialogues dont il n'existe pourtant aucun enregistrement, il m'a bien fallu les reconstituer à partir des souvenirs personnels de mon informateur, tout en sachant que sa mémoire pouvait être trompeuse ou qu'il pouvait les tourner à son avantage.

J'ai en fin de compte décidé d'écrire l'histoire de cet agent comme si j'avais été son ombre – en la consolidant des recoupements obtenus des autres personnes qui apparaissent dans l'ouvrage. Contrairement à un récit qui aurait été écrit à la première personne, cette méthode me permet de voir les événements à travers les yeux de mes informateurs – parfois la seule preuve qu'ils ont eu lieu – sans être pour autant obligé de perdre mon sens critique. Comme un juré, je pouvais ainsi tirer des déductions des faits que j'avais sous les yeux.

Cette histoire ne repose pas seulement sur un informateur principal et quelques sources secondaires ; mais aussi sur des preuves et des indices en provenance d'une troisième série de sources, identifiées dans le texte ou dans les notes comme dans n'importe quel ouvrage se proposant de décrire des événements réels. Lorsque la description antérieure de ceux-ci est en contradiction avec la manière dont je les comprends, ce qui arrive parfois, je signale cette contradiction.

Étant donné que cet ouvrage soulève sans les commenter un certain nombre de questions sur lesquelles les opinions diffèrent souvent beaucoup, je crois devoir donner au lecteur ma propre vision des choses.

Comme la plupart des gens, je désapprouve le terrorisme en politique. Qui plus est, je ne souscris même pas à cette idée cynique qui veut que celui qui est un terroriste ici soit là un combattant de la liberté. Les terroristes ne se définissent pas par les buts politiques qu'ils poursuivent, mais par les moyens qu'ils adoptent pour y parvenir[2].

En revanche, je ne saurais adhérer à la notion fallacieuse courante, qui voudrait que le terrorisme ne soit pas efficace. Je crois que cette opinion relève surtout du vœu pieux. S'il est exact que le terrorisme manque souvent son but, ainsi en va-t-il également pour la guerre conventionnelle, pour la diplomatie, ou pour toute autre forme d'entreprise politique. Devant l'épreuve des faits, on pourrait tout aussi

---

* On trouvera les notes de l'auteur en fin de volume.

bien dire que la guerre et la diplomatie ne sont pas efficaces. Mon point de vue est simplement que le terrorisme se trompe, qu'il réussisse ou non.

Mais le contre-terrorisme implique également que du sang soit versé. Il est inévitable qu'un certain nombre de questions morales apparaissent, lorsque l'on raconte l'histoire d'un homme qui, agissant sur ordre de son gouvernement, en arrive à tuer douze êtres humains de ses propres mains – dont sept d'entre eux de façon délibérée et de sang-froid. Je ne cherche à aucun moment à traiter ces questions ici. Dans la mesure où il est possible d'y répondre, c'est tout le livre qui constitue cette réponse.

Entre Israël et ses ennemis, je choisis Israël. Et pour deux raisons indépendantes, outre le fait que je suis juif moi-même. Je crois tout d'abord à la suprématie de la démocratie libérale sur toutes les autres formes connues d'organisation sociale ; or au Moyen-Orient, c'est en Israël que l'on trouve la constitution qui se rapproche le plus de cet idéal. Ensuite, et même si sur ce plan Israël n'est pas non plus sans reproche, au cours de tous les conflits qui se sont produits dans cette région, les Israéliens ont toujours respecté des normes de conduite notoirement plus restrictives que leurs adversaires. Et si je ne suis pas sans éprouver quelque sympathie pour la cause palestinienne, je n'en ressens aucune pour ceux qui la soutiennent au moyen de la terreur.

Toronto, juin 1983.

GEORGE JONAS

Prologue

Munich

Comparée à la ligne élégante et agressive qui caractérise la plupart des armes automatiques modernes d'infanterie, la Kalachnikov a un aspect trapu et robuste. On prétend que cette arme d'assaut, officiellement connue sous le sigle AK 47, aurait été inventée par un paysan sibérien, s'il faut en croire la légende qui s'est bâtie autour du pistolet-mitrailleur le plus populaire du terrorisme international. Elle est simple et fruste. Mesurant environ quatre-vingt-cinq centimètres de long, elle est composée d'une poignée et d'une crosse en bois d'un blond foncé, séparées par deux pièces de métal gris. La section métallique centrale comprend la culasse et le mécanisme de détente, ainsi que le magasin qui descend par en dessous en faisant une légère courbe vers l'avant. Ce magasin contient trente cartouches de 7,62 mm, dont la balle en plomb enrobe un noyau de pénétration en acier. En position de tir automatique, la Kalachnikov crache quelque cent coups à la minute ; à la sortie du canon court, la vélocité des balles est de 700 mètres seconde, soit environ 2 500 kilomètres à l'heure. Il en existe différents modèles, fabriqués en Union soviétique ainsi que dans de nombreux autres pays appartenant au bloc communiste. Utilisée à bout portant, elle peut littéralement couper un homme en deux.

Le 5 septembre 1972, plusieurs de ces armes furent sorties de leur emballage de graisse, et distribuées au huit terroristes de Septembre Noir qui allaient se rendre au 31, Connollystrasse, le quartier résidentiel des athlètes israéliens, dans le village olympique de Munich.

Bien que n'ayant pas été identifiés comme tels, les fedayin[3] furent repérés une première fois à 4 heures du matin, le 5 septembre 1972, au moment où ils escaladaient la barrière de grillage de 1,80 mètre le long de Kusoczinskidamm. L'endroit par lequel ils pénétrèrent dans le village olympique se trouvait à environ cinquante mètres des appartements des athlètes israéliens. Il faut tout au plus une ou deux minutes à un groupe d'hommes qui avancent avec précaution pour couvrir une telle distance. Néanmoins, ce n'est que vers 4 h 25 que les terroristes introduisirent un passe dans la serrure de la porte qui conduisait au vestibule de l'appartement n° 1, au 31, Connollystrasse. Ce qu'ils ont fait, et s'ils ont été aidés entre-temps, reste sujet à controverses.

Le premier qui les entendit fut Yossef Gutfreund, un juge-arbitre de lutte, un géant de cent vingt kilos. Il aurait pu croire au début que le bruit était produit par son compagnon de chambrée, l'entraîneur de l'équipe de lutte Moshé Weinberger, auquel on avait donné une clef parce qu'il devait rentrer tard ; mais les voix qui murmuraient en arabe derrière sa porte ne tardèrent pas à le convaincre du danger. C'est en fait le mot qu'il cria en hébreu, Danger ! pour alerter son troisième compagnon de chambrée, tandis qu'il se jetait de tout son poids contre la porte, en train de s'ouvrir doucement.

Pendant les quelques secondes qui suivirent, les huit Arabes s'acharnèrent à repousser Gutfreund, qui résistait de l'autre côté. Les efforts déployés par les uns et l'autre furent tels que les gonds et le chambranle de la porte furent complètement déformés. Mais ces quelques secondes permirent au collègue de Gutfreund, l'entraîneur de l'équipe des poids et haltères Tuvia Sokolovsky, de briser une fenêtre et de s'échapper.

Quatre autres occupants de l'appartement n° 1 n'eurent pas autant de chance. L'entraîneur Amitzur Shapira, le maître d'escrime Andrei Spitzer, Kehat Shorr, l'entraîneur de l'équipe de tir et l'arbitre des poids et haltères Yacov Springer se retrouvèrent avec des armes braquées sur eux, puis furent frappés et menacés par les Arabes, qui voulaient leur faire dire où se trouvaient les autres Israéliens. On leur proposa à tous la liberté, en échange d'un geste : aller frapper à la porte de tout autre appartement où seraient logés d'autres athlètes israéliens, pour donner accès aux fedayin. À tous, sauf à Gutfreund ; au lieu de cela ils l'attachèrent comme leurs prédécesseurs de la Bible, les Philistins, avaient attaché Samson.

N'ayant obtenu aucune aide des Israéliens, les terroristes décidèrent d'explorer le 31 Connollystrasse – qui abritait également les équipes olympiques de Hong Kong et de l'Uruguay[4]. Ils manquèrent les appartements 2, 4 et 6 et leurs huit occupants israéliens, mais s'emparèrent par contre des six athlètes de l'appartement 3. Il s'agissait des lutteurs Eliezer Halfin, Mark Slavin et Gad Zobari, ainsi que des haltérophiles David Marc Berger, Zeev Friedman et Yossef Romano. Mais avant de pénétrer dans l'appartement n° 3, les terroristes durent cependant s'occuper de l'entraîneur de l'équipe de lutte, Moshé Weinberger, qui, de retour de sa soirée, remontait Connollystrasse en flânant.

Weinberger était un homme à peu de chose près du même gabarit que Gutfreund, et tout aussi peu commode. Il assomma l'un des terroristes d'un coup de poing, et ne fut mis temporairement hors de combat que par un coup de feu tiré par un autre, qu'il prit en plein visage. Bien que grièvement blessé, Weinberger ne renonça pas à lutter. Une fois que les hommes de l'appartement n° 3 eurent été faits prisonniers, les fedayin les conduisirent jusqu'à l'appartement n° 1 en empruntant la Connollystrasse ; c'est le moment que choisit le lutteur poids léger Gad Zobari pour tenter de leur échapper. En dépit de plusieurs rafales qui lui furent tirées dessus, le petit lutteur, en faisant des zigzags sur un terrain comportant de nombreuses dénivellations, se retrouva sain et sauf. Cette action ayant détourné l'attention des fedayin, Weinberger en profita pour cueillir l'un des terroristes à la mâchoire, qu'il lui fractura ; l'homme tomba, assommé. Un autre fedayin lui tira alors immédiatement une rafale à hauteur de poitrine, et il s'écroula.

Ce fut ensuite le tour de l'haltérophile Yossef Romano. En compagnie de son coéquipier David-Marc Berger, il essaya de foncer à travers la fenêtre de la cuisine de l'appartement n° 1 avant que les terroristes ne pussent l'attacher. N'ayant pas réussi, il s'empara d'un couteau sur le comptoir et frappa le terroriste le plus proche au front. Trop sérieusement blessé pour faire usage de son arme, l'homme recula, mais un autre, venant derrière lui, lâcha une longue rafale de Kalachnikov sur Romano, à bout portant. L'haltérophile s'effondra. Le lendemain, lorsqu'une équipe de sauveteurs voulut enlever le corps, il se serait séparé en deux à hauteur de la taille.

Weinberger, cependant, n'avait pas dit son dernier mot. Au lieu de se traîner le plus loin possible de l'appartement, le moniteur de l'équipe de lutte revint en chancelant vers le bâtiment pour affronter encore une fois les fedayin. Pétrifiés à la vue de la silhouette sanglante qui se dirigeait en titubant sur eux, les terroristes n'ouvrirent pas immédiatement le feu. Weinberger eut le temps d'en frapper un et, après avoir saisi un couteau de cuisine, d'ouvrir le bras d'un autre. Une balle dans la tête l'acheva.

Il était maintenant environ 5 heures du matin. La première partie de l'action avait duré vingt-cinq minutes, à peu de chose près ; les membres de Septembre Noir avaient tué deux athlètes israéliens et en avaient fait neuf prisonniers, tandis que deux avaient réussi à s'enfuir. En outre, huit autres, pourtant dans le même bâtiment, avaient échappé à leur attention.

Pendant les vingt-cinq minutes qu'avait duré l'affrontement, il semble que les services de sécurité du village olympique ne reçurent que les informations les plus vagues sur « une certaine forme de tapage » autour du bloc 31, Connollystrasse. Il n'y a là rien de surprenant, au contraire. La plupart des athlètes et des officiels étaient en plein sommeil. L'action s'était déroulée de façon sporadique, et de longues périodes de silence avaient suivi les cris et les coups de feu. Ceux que le bruit réveilla ne furent pas en mesure de l'identifier immédiatement ; ils tendirent l'oreille un moment, puis n'entendant plus rien, ils se rendormirent, selon toute probabilité. Les rares personnes à s'être levées pour voir ce qui se passait n'aperçurent rien d'anormal. Il n'y avait guère de nuit, au village, durant laquelle n'était pas célébrée une fête ou une autre ; il y avait souvent eu des jets de pétards et un joyeux tapage. Aux oreilles de la plupart des voisins des Israéliens, l'action terroriste dut certainement faire le même effet.

Quoi qu'il en soit, c'est un policier du service de sécurité, seul et sans armes, qui se présenta pour voir ce qui se passait vers 4 h 55 ou peu de temps après. Il tripota son walkie-talkie et murmura, « Was soll das heissen ? » – l'équivalent du « Qu'est-ce que ça peut vouloir dire ? » qu'aurait pu prononcer un agent de police français – quand il vit le terroriste encapuchonné qui se tenait devant le 31 Connollystrasse. Sans répondre, l'Arabe disparut derrière la porte.

Pendant ce temps, cependant, les deux Israéliens qui s'étaient échappés avaient donné l'alarme – la vraie – à partir du bâtiment qui abritait les équipes de Corée du Sud, pour l'un, et de celui des équipes italiennes pour l'autre. Au cours de la demi-heure suivante, les autorités reçurent les exigences des terroristes, tapées à la machine à écrire, en anglais, et à plusieurs exemplaires. Les fedayin jetèrent aussi le cadavre de Moshé Weinberger dans la rue.

Ces exigences étaient de trois ordres ; la libération des 234 prisonniers « détenus par le régime militaire d'Israël », et dont les noms apparaissaient sur le document tapé à la machine ; la libération d'un certain nombre de personnes détenues par le gouvernement fédéral d'Allemagne de l'Ouest, parmi lesquelles les dirigeants de la bande à Baader, à savoir Ulrike Meinhof et Andreas Baader, capturés par la police au mois de juin de cette année ; et trois avions destinés à emmener les fedayin « en territoire sûr », une fois qu'il aurait été répondu aux autres exigences. Ils relâcheraient alors les athlètes israéliens. Le communiqué donnait seulement jusqu'à 9 heures du matin aux autorités. Si elles ne s'étaient pas pliées aux demandes des Palestiniens passé ce délai, ils exécuteraient les prisonniers les uns après les autres ou bien tout de suite.

Les habituelles négociations s'ensuivirent. Des officiels de haut rang d'Allemagne fédérale se proposèrent pour prendre la place des otages – un geste courageux de la part de ces personnes, un ministre bavarois, un ministre fédéral, le maire du village olympique, un ancien maire et le préfet de police de la ville de Munich. Mais les fedayin n'acceptèrent pas le marché. Le délai fut repoussé jusqu'à midi. Willy Brandt, alors chancelier d'Allemagne de l'Ouest, aurait eu un entretien direct par téléphone avec le Premier ministre d'Israël, Golda Meir. Les résultats de cette conversation de dix minutes étaient prévisibles. L'attitude d'Israël face au terrorisme était parfaitement connue. Pas de négociations. Jamais de négociations, quelles que soient les circonstances.

Bien que les Allemands n'eussent pas essayé d'exercer des pressions sur Israël, nombre d'indices montrent qu'ils considérèrent l'attitude du gouvernement israélien comme trop inflexible et même dangereuse. Pourquoi ne pas relâcher, disons une douzaine des fedayin qu'ils détenaient ? Pourquoi ne pas laisser les terroristes sauver la face d'une manière ou d'une autre, libérer leurs otages et quitter Munich ? Pour leur part, les Allemands étaient prêts à relâcher Ulrike Meinhof et Andreas Baader, et ne se firent pas faute de le faire savoir dès le début des négociations.

Les pourparlers continuèrent. Par étapes successives, l'heure limite fut repoussée jusqu'à 9 heures du soir. Les terroristes ramenèrent leurs exigences à un seul avion, qui devait les amener jusqu'au Caire avec leurs otages. Une fois là, disaient-ils, ils exécuteraient ces derniers à moins que le gouvernement israélien ne relâche leurs prisonniers palestiniens. Cela était également une concession mineure par rapport à la menace faite à l'origine par les terroristes d'exécuter les athlètes sur-le-champ si leurs compatriotes n'étaient pas libérés avant leur départ de Munich.

À 8 heures du soir, on apporta de la nourriture aux fedayin et à leurs prisonniers. Le chancelier Willy Brandt fit une apparition à là télévision pour déplorer l'incident et exprimer son espoir d'une issue heureuse – souhaitant au passage que les Jeux olympiques ne fussent pas annulés, comme l'avait demandé le gouvernement israélien, afin d'honorer la mémoire des deux athlètes abattus. Du point de vue du chancelier allemand, un tel geste serait revenu à consacrer la victoire des terroristes. Point de vue sans aucun doute défendable, bien que la poursuite de jeux supposés être un symbole de paix et de fraternité, comme si ces meurtres étaient sans importance, eût tout aussi bien pu passer pour un triomphe du terrorisme. En fin de compte, l'ordre fut donné de descendre à mi-mât, au cours de l'après-midi, tous les drapeaux des nations en compétition. Du moins y restèrent-ils jusqu'à ce qu'une délégation arabe représentant dix pays élève une protestation, à laquelle les Allemands se soumirent docilement en faisant hisser leurs drapeaux en sommet de mât.

Vers 10 h 20 du soir, deux hélicoptères, ayant l'aéroport Fürsten-feldbruck de Munich comme destination, quittaient une zone gazon-née près du village olympique. C'est dans un minibus Volkswagen que les neuf otages et les huit fedayin avaient rejoint les hélicoptères. Les autorités allemandes, avec l'appui total du gouvernement israé-lien, avaient déjà pris la décision de ne pas laisser les terroristes partir pour Le Caire avec leurs otages ; néanmoins, il n'y eut aucune tenta-tive pour tendre une embuscade aux fedayin pendant le transfert jus-qu'aux hélicoptères. À voir les choses avec un certain recul – mais après coup « ce qu'il aurait fallu faire » paraît toujours plus facile – c'était peut-être la meilleure occasion de leur faire échec.

À l'aéroport de Fürstenfeldbruck, situé à quelque vingt-trois kilo-mètres du centre de Munich, les événements se déroulèrent rapidement. Au bout de quinze minutes de vol, les deux hélicoptères atterrissaient. Il était 22 h 35. Le premier transportait quatre otages, le second les cinq restants. Ils avaient touché le sol à une centaine de mètres d'un Boeing 727, que l'on préparait ostensiblement en vue d'emmener au Caire les terroristes arabes et leurs prisonniers israéliens. Quatre des fedayin quittèrent les hélicoptères pour aller inspecter l'avion. Au bout de cinq minutes, – sous un mauvais éclairage et d'une grande distance – cinq tireurs d'élite allemands ouvraient le feu sur eux.

Certains des terroristes furent touchés ; d'autres se mirent à tirer. Les membres d'équipage des deux hélicoptères, quatre en tout, essayèrent de s'enfuir. Deux s'en tirèrent sains et saufs. Les deux autres, pris dans le tir croisé de la police et des terroristes, furent grièvement bles-sés. Les otages israéliens ne pouvaient rien faire et restaient assis, étroitement ligotés et un bandeau sur les yeux, dans les hélicoptères immobilisés sur la piste.

Chose qui peut paraître surprenante, les fedayin ne les tuèrent pas sur le coup. Mais ils ont pu estimer que les supprimer aurait été jouer leur dernière carte ; ou bien étaient-ils trop occupés à répliquer au feu de la police et à éviter les balles. Peut-être même éprouvaient-ils une certaine répugnance à abattre neuf hommes totalement sans défense : sorte d'inhibition animale dont on sait qu'elle a arrêté la main de plus d'un meurtrier désespéré. Les fedayin repoussèrent aussi avec mépris plusieurs offres de reddition faites par les Allemands, tout en sachant probablement très bien qu'elles auraient pu leur valoir la vie sauve.

L'échange de coups de feu se prolongea pendant une heure et quart. Vers minuit, incapables de déloger les terroristes d'en dessous des hélicoptères – et leur puissance de feu étant très limitée par la présence des otages –, les Allemands prirent la décision d'envoyer l'infanterie à l'assaut, sous la protection de six véhicules blindés. Pratiquement à l'instant même où cette attaque était lancée, l'un des terroristes jeta une grenade à main dans l'hélicoptère où se trouvait le groupe de cinq Israéliens. L'appareil explosa en une boule de feu. Au cours des quelques secondes suivantes, les autres terroristes abattirent et achevèrent les quatre otages du second hélicoptère.

Par une tragique ironie du sort, Zeev Friedman, Yacov Springer, Eliezer Halfin et le géant Yossef Gutfreund auraient pu s'en sortir si l'attaque avait été repoussée ne serait-ce que de quelques minutes. Les quatre athlètes israéliens avaient en effet réussi à détendre suffisamment leurs liens – on retrouva des empreintes de dents sur les nœuds des grosses cordes qui les retenaient à leur siège – pour avoir été sur le point de se libérer et de prendre par surprise les deux terroristes qui se trouvaient à l'extérieur de l'hélicoptère. Il ne fait aucun doute que les Israéliens étaient bien déterminés à tenter de neutraliser les fedayin et à se sortir eux-mêmes de la situation. Pour ce qui est de David Marc Berger, Amitzur Shapira, Andrei Spitzer, Mark Slavin et Kehat Shorr, il est impossible de dire ce qu'ils auraient pu faire. Leurs corps furent incinérés dans l'incendie de l'appareil au point d'être à peu près inidentifiables.

Deux des cinq fedayin survivants continuèrent à se battre. La police et l'unité de gardes-frontières qui la secondait tuèrent l'un d'eux au cours du quart d'heure suivant – l'homme du nom d'Essafadi ou « Issa » que l'on avait vu lancer la grenade dans l'hélicoptère. À peu près en même temps, les Allemands firent prisonniers un terroriste grièvement blessé du nom de Badran. Deux autres, el-Denawi et

Première partie

FORMATION D'UN AGENT SECRET

1

Avner

En gros, Avner savait ce qu'il y avait dans la lettre avant même d'en avoir déchiré l'enveloppe de couleur brune. Il savait au moins d'où elle provenait, et pourquoi il la recevait. Pour ce genre de chose, il pouvait toujours se fier à son sixième sens.

Ce qui était tout aussi bien, ses cinq autres sens n'étant pas supérieurs à la moyenne. Sa vue, parfaite dans la vie quotidienne, aurait été déclarée insuffisante pour qu'il puisse faire le métier prestigieux de ses rêves : pilote de chasse, ou devenir un champion du tir au pigeon d'argile. Son ouïe n'avait rien d'exceptionnel, et son toucher n'aurait jamais fait de lui un maître de la mécanique. Il en allait tout autrement, en revanche, de son sixième sens.

Les enveloppes brunes comme celle qu'il tenait à la main étaient les plus employées par le gouvernement d'Israël. Mais un organisme gouvernemental, armée comprise, aurait apposé son tampon dessus – département de tel ou tel service, par exemple – alors que celle-ci ne comportait aucune indication.

Le texte de la lettre devait bien faire cinq lignes, tapées sur une vieille machine à écrire en caractères hébreux qui paraissaient avoir quelques difficultés à faire les M. Son correspondant suggérait qu'au cas où Avner serait intéressé à trouver du travail, « vous pourriez me rencontrer au coin des rues Frishman et Dizengoff à Tel-Aviv ». Il précisait ensuite l'heure, donnait le nom d'un café ainsi qu'un numéro de téléphone où appeler si Avner n'était pas intéressé ou voulait changer l'heure du rendez-vous. La lettre était signée « Sincèrement vôtre, Moshé Yohanan », un nom qui ne signifiait rien pour lui.

On était au début du mois de mai, en 1969, et Avner était alors un jeune homme de vingt-deux ans en excellente santé. *Sabra*, c'est-à-dire né sur le territoire d'Israël, il venait tout juste de terminer son service militaire dans une unité d'élite parmi les plus prestigieuses. Il avait comme tout le monde participé à la guerre des Six-Jours, et portait le grade de capitaine de réserve, comme tous ceux qui avaient accompli leur service dans la même unité. Une unité de commando.

« Right-on », se dit-il à lui-même ; puis il alla à l'étage prendre une douche.

Ces deux choses – prendre une douche au milieu de la journée et dire « right-on* » en anglais – étaient tout à fait caractéristiques d'Avner. Sans chercher plus loin, combien de jeunes gens, à l'armée, auraient pris la peine de bricoler une douche portable à partir d'une caisse d'oranges vide, de quelques bouts de ficelle et d'un vieux seau ? Et de la ficeler à un réservoir, tandis que tout le monde se payait sa tête, sans parler de la faire suivre dans les manœuvres en plein désert ? Et pour couronner le tout, il y avait enfin cette autre caisse d'oranges réformée avec un trou proprement découpé dans le milieu qui lui servait de toilettes improvisées, dans le désert du Néguev. Pour Avner, pas question de rester accroupi dans le sable comme un vulgaire singe à attendre que les bousiers lui escaladent le bas du dos.

Il n'attachait pas une importance démesurée au fait d'être soigné, mais il aimait à se sentir impeccable et n'en avait pas honte. Quel mal y avait-il à avoir été le seul soldat de toute l'armée d'Israël qui ait jamais rendu, le jour de sa démobilisation, son ensemble de cantine dans le même état de propreté que le jour où il l'avait reçu ?

Certes, tout cela n'allait pas sans quelque exagération de la part d'Avner ; mais exagérer était également une de ses caractéristiques. Ce qui nous ramène aux précédentes. Jusqu'alors, Avner n'avait jamais été aux États-Unis. Mais sa mère avait toujours prétendu que son premier mot d'enfant – et c'était en 1947, presque un an avant qu'Israël ne devînt officiellement un pays – n'avait pas été « Maman » ou « Papa », mais « Amérique ». Ce n'était peut-être qu'une légende, mais elle tombait juste, et rien ne l'aurait mieux décrit. Dès qu'il fut assez âgé pour courir les rues vides et brûlées de soleil de Rehovot afin de ne pas manquer le début du film de l'après-midi, l'Amérique devint l'essentiel de sa vie intérieure, la matière de ses rêves éveillés. Lana Turner, John Wayne, Rita Hayworth.

C'est au cinéma qu'Avner apprit ses premiers mots d'anglais – ou

---

* Expression courante américaine qui selon le contexte peut se traduire par « en avant », « d'accord », ou « c'est parfait ». *(N.d.T.)*

plutôt, d'américain –, une langue qu'il continua à parler, comme beaucoup d'Israéliens, avec plus d'enthousiasme que de précision. Et contrairement à l'anglais qu'il apprenait à l'école, l'américain des films était quelque chose que l'on pouvait toucher, à quoi l'on pouvait goûter. On pouvait se l'approprier et, grâce à lui, devenir quelqu'un de différent. « *O.K., mister, this is the FBI.* »

Avner, cependant, ne pensait plus guère à ce genre de chose. Comment se permettre de se laisser aller à des rêveries d'enfance, au moment où l'on est sur le point de prendre une décision capitale de son existence d'homme ? Il venait de quitter l'armée. On lui avait demandé de rester : il avait même été supplié et littéralement cajolé pour cela. Mais non. Quatre années suffisaient. D'accord ; et alors quoi, maintenant ? Trouver du travail ? Épouser Shoshana ? S'inscrire à l'université ?

Avner sortit de la douche, propre, frais, bronzé jusqu'à la racine des cheveux ; il se regarda un instant dans la glace avant de s'envelopper dans la serviette de bain. Il ressemblait à son père, mais pas complètement, tout de même ; pour cela, il aurait fallu qu'il soit plus gros. Et plus blond aussi, même si tout ce qui était arrivé à Père l'avait changé et vieilli de manière incroyable. Ses cheveux étaient maintenant presque complètement blancs ; ses muscles s'étaient enrobés de graisse, et son moral – son moral dépendait des jours : il y avait les bons et les mauvais. Père devait avoir quelque chose à voir avec l'enveloppe brune posée sur le tabouret de la salle de bains. Pas directement, Avner en était convaincu. Père ne *leur* aurait jamais parlé de lui. Bien au contraire, il y aurait mis le holà s'il l'avait pu. « Jamais vous n'aurez mon fils, aurait-il dit, ou alors il faudra me passer sur le corps. »

Mais Avner n'allait même pas lui parler de la lettre. Il leur dirait non de son propre chef. Exactement comme il avait fait à ces gens de l'Aman deux mois auparavant[6]. « Vous ne voulez pas rester dans l'armée d'active ? lui avaient-ils dit. Très bien. Mais pourquoi ne pas rentrer dans les services de renseignements de l'armée ? » « Non, vraiment pas, merci. »

Et il allait dire non à ce Moshé Je-ne-sais-plus-comment de la lettre. Il irait tout de même au rendez-vous. Il devait de toute façon aller lundi à Tel-Aviv, pour retrouver Shoshana. Pourquoi ne pas en profiter pour voir de quoi ils avaient l'air. Qu'est-ce qu'il risquait ?

Avner avait posé sa candidature auprès d'El Al, la compagnie aérienne nationale, depuis maintenant deux mois. Tout le monde prétendait qu'il était impossible d'y entrer, mais il avait fait passer son dossier par les mains d'une tante qui connaissait quelqu'un ayant un ami très proche à la direction générale. Il n'espérait pas faire partie de l'équipe des pilotes, bien entendu ; il n'aurait même pas réussi aux épreuves de sciences du concours. Qui plus est, pilotes et navigateurs provenaient tous de l'armée de l'air. Mais travailler pour El Al, c'était tout de même travailler pour une compagnie aérienne – même comme simple steward, même dans les bureaux. Il aurait peut-être une chance de voyager, de quitter une fois de plus Israël, même brièvement, de jeter un autre coup d'œil sur le monde merveilleux d'au-delà des frontières. Ou, qui sait, de rencontrer un ou deux vieux camarades de sa période de classes, entrés ensuite dans l'armée de l'air, et qui, leur temps terminé, s'étaient naturellement retrouvés à El Al. Peut-être laisseraient-ils Avner tenir les commandes pour un atterrissage ou au moins un décollage, un de ces jours…

Assis sur le siège des toilettes, encore enroulé dans sa serviette de bain, Avner fit un atterrissage impeccable aux commandes d'un Boeing 707. Les roues géantes de l'énorme appareil vinrent effleurer la piste comme se posent des plumes. Pas étonnant. Il s'exerçait à atterrir dans la salle de bains depuis l'âge de dix ans.

Avner conduisit le Boeing jusqu'à son hangar, se lava les dents et mit une chemise propre. Maman n'était pas à la maison ; Shoshana se trouvait à Tel-Aviv. Quant à Père – eh bien, Avner se dit qu'il pourrait aller jusque chez lui en bus et peut-être lui emprunter la vieille Citroën. Il avait assez d'argent pour prendre le bus. De toute façon, l'argent ne servait pas à grand-chose le samedi, en Israël. Pour ce qui était des distractions, le pays était plus fermé qu'un coffre-fort – à moins d'aimer manger des sandwiches froids de la veille dans les restaurants. Ce serait tout de même agréable d'avoir la Citroën pour lundi, même si c'était la plus vieille auto de tout le Moyen-Orient. Aller chercher Shoshana en voiture avait de toute façon un peu plus d'allure que de faire de l'auto-stop. Certes, elle s'en moquait bien. Shoshana… mince, le teint clair, les cheveux d'un blond de miel, le visage étroit aux traits aristocratiques d'une sculpture égyptienne, elle avait une apparence royale. Une apparence, seulement : en dedans, elle était une pure sabra. Rien de fragile, rien de gâté. Avner s'était trompé d'appellation, la première fois où il avait été la chercher chez ses parents, pour leur premier rendez-vous. Ils s'étaient rencontrés la veille chez un ami commun, et il n'arrivait plus à se rappeler son nom. Ce fut son petit cousin qui ouvrit la porte.

— Oui ?

— Est-ce que la princesse est à la maison ?

Ce n'était pas du tout le terme qui convenait pour décrire Shoshana, son apparence extérieure exceptée. L'enfant ne comprit pas de quoi Avner voulait parler et était sur le point de lui claquer la porte au visage, lorsque, fort, heureusement, Shoshana apparut dans l'escalier. Avner ignorait s'il aurait eu le courage de frapper une deuxième fois à la porte.

Elle s'attendait à ce qu'il l'amenât au cinéma, mais il devait retourner le soir même dans son unité. Il venait tout juste d'être admis, et il ne s'agissait pas de commencer du mauvais pied, princesse ou non.

— Il faut que tu rentres ce soir ? lui avait-elle demandé. Tous les autres sont en permission jusqu'au dimanche.

— Eh bien dans mon unité, c'est jusqu'à ce soir.

— D'accord, allons faire une promenade.

Ce ne fut pas plus compliqué que cela. Ils se promenèrent. Elle n'avait pas encore tout à fait dix-huit ans, mais elle en savait déjà suffisamment pour ne pas poser davantage de questions. En Israël, quand il s'agit de l'armée, personne ne demande rien. Et Shoshana encore moins qu'une autre. Pas une seule fois.

Il en fut toujours de même, après ce premier rendez-vous, à chaque fois qu'il put avoir deux jours de permission. Une promenade, un film, une fois par mois en moyenne. Disons, dix fois par an. En quatre ans, cela faisait quarante rendez-vous. Vingt promenades, vingt films. Auto-stop le vendredi jusqu'à la maison de maman à Rehovot, arrivée à vingt-trois heures ou minuit, salut Maman, l'Uzi* appuyé dans un coin du mur et hop, au lit. Après avoir soigneusement suspendu ses vêtements, tout de même.

Mais maintenant, au bout de près de trois ans, il fallait envisager l'avenir. Il y avait plusieurs voies ; l'une était fort simple, et aurait paru parfaitement naturelle à la plupart de leurs amis. Elle passait par un endroit situé tout à côté de celui où il attendait l'antique autobus au bruit de ferraille, dans la chaleur et la poussière. L'oncle de Shoshana pouvait leur prêter assez d'argent pour y construire une maison, sur un lotissement vide. Quoi de plus simple ? L'amitié d'Avner et Shoshana avait subi victorieusement l'épreuve du temps – ou du moins l'épreuve des vingt promenades et des vingt séances de cinéma. Elle allait bientôt être professeur titulaire. Lui ? Il avait au moins accompli

---

* Pistolet-mitrailleur de l'armée israélienne. *(N.d.T.)*

ses devoirs militaires. Bien des mariages réussis avaient commencé dans des conditions moins favorables.

Mais ils ne traînaient pas le fardeau occulte de Francfort derrière eux. Francfort, la cité miraculeuse.

Fardeau qui ne concernait qu'Avner. Shoshana était une pure sabra, issue de quatre générations de sabras, même si ses ancêtres étaient également européens. Mais cela ne signifiait rien pour elle. En vingt et un ans, elle n'avait jamais respiré le riche parfum d'une sombre forêt de contes de fées après deux jours de pluie. Pour elle, la neige n'était qu'un mot, quelque chose qu'une poignée de rares élus pouvait avoir la chance de toucher pendant quelques heures sur les collines entourant Jérusalem, un jour où soufflait un vent particulièrement mordant. Mais elle n'en avait jamais vu, de même qu'elle n'avait jamais vu de ville ayant plus de vingt ans. Ou alors, bien entendu, c'est qu'elle avait plus de deux mille ans.

Ce qui était arrivé à Avner en 1959, quand il avait douze ans, lui avait paru si exaltant et tellement perturbant qu'on éprouve de la peine à le rendre avec des mots. Étant infiniment plus réel, ce fut bien plus intense que John Wayne. On ne pouvait le rejeter comme une vulgaire rêverie. C'était aussi quelque chose d'inexplicable, quelque chose que ni son père ni sa mère n'aurait pu prévoir lorsqu'ils décidèrent de l'emmener, avec son jeune frère Ber, rendre visite à son grand-père à Francfort.

Au fond, où était le problème, si les origines d'Avner étaient européennes? Il était un sabra, un enfant du Moyen-Orient, l'un des premiers et précieux fruits du grand regroupement d'exilés venus des quatre coins de la terre. Pourquoi ne se serait-il pas senti chez lui en Palestine? Même si ses parents ressentaient des accès de nostalgie, et n'appréciaient pas trop les parfums et les saveurs du Moyen-Orient, pourquoi en irait-il de même pour lui, qui n'avait aucun souvenir d'un milieu différent? Pour la plupart des enfants nés en Israël, le problème ne se posait pas; pour Avner, si.

Cela commença comme des vacances parfaitement normales. Tout avait été organisé pour le plus grand profit d'Avner, lequel n'aurait pu moins s'en soucier, au début. L'Amérique était une chose, mais l'Allemagne en était une autre, et n'excitait nullement son imagination. Au contraire. L'Allemagne n'était-elle pas le pays où les nazis tuaient les juifs? Pourquoi Grand-Père, qu'Avner n'avait jamais vu, voulait-il les faire venir maintenant?

Mais à son grand émerveillement, Avner trouva, au cours de cet été-là, tout ce qui lui plaisait dans la vie – y compris des choses dont il ignorait qu'elles lui plaisaient attendu qu'il n'en avait jamais entendu parler –, rassemblé en une même ville, comme sur un coup de baguette magique. Plus tard, une fois de retour en Israël, il essaya bien de décrire Francfort à ses amis, mais c'était un effort inutile. Un rêve, un miracle. Les mots ne pouvaient rien en dire.

Il était difficile de savoir par où commencer. Imagine une ville, bien plus grande que Tel-Aviv, où tout est propre et où les gens ne passent pas leur temps à se bousculer dans les rues. Et pourtant tout y est gigantesque et grouille d'activité, les néons brillent d'un éclat incomparable et des millions de voitures parcourent les avenues.

Ils étaient à peine depuis une semaine à Francfort lorsque Grand-Père offrit un cadeau à Avner. Ouvrant le paquet, il y découvrit une radio à transistors. Une radio à transistors ! Certes, Avner savait bien que de telles choses existaient, il se souvenait même en avoir vu des photos dans une revue américaine. Mais que quelqu'un vous en donne une comme il vous aurait tendu une pomme, voilà qui était inconcevable. En Israël, un tel cadeau aurait été digne de Ben Gourion !

Mais l'aspect essentiel du miracle de Francfort était l'air.

C'était le terme qu'employait encore Avner, bien des années après, pour décrire son impression. Il ne s'agissait pas du climat. Avner aimait le climat d'Israël – le soleil puissant, le ciel bleu et la plage d'Ashod, même s'il n'apprit à nager qu'à l'armée. Il préférait sans aucun doute avoir chaud que froid. Non, ce n'était pas le climat, mais bien l'air.

Avner trouvait que l'air de Francfort avait quelque chose de particulier, quelque chose de vif, de propre, de reposant, de sain. Ou peut-être était-ce quelque chose qui lui manquait : il n'était pas oppressant, humide, menaçant. Il n'y avait pas seulement à Francfort, comme il le découvrit plus tard, que l'on trouvait un tel air ; il y avait le même en Suisse, et dans d'autres villes d'Europe du Nord, à Amsterdam, à Paris. Le même air qu'à Londres ou en Amérique.

— Es-tu content que nous soyons venus ? lui demanda son père au bout de quelques jours. Est-ce que ça te plaît, ici ?

— J'adore ça !

Père se contenta de rire, mais Maman parut éprouver des sentiments plus mitigés devant sa réaction.

— N'oublie jamais, lui dit-elle un jour à brûle-pourpoint et sur un ton beaucoup plus tendu que d'habitude, que tous ces gens si sympathiques que tu vois dans la rue ont essayé de faire disparaître la famille de ton père et la mienne.

— Laisse tomber, dit son père.

— Je veux simplement qu'il s'en souvienne bien.

Avner n'avait pas besoin de ce genre de rappel. Il ne se passait guère une journée à l'école de Rehovot sans une leçon sur l'Holocauste, c'est du moins ce qu'il lui semblait. Mais il n'en aimait pas moins Francfort – comme il aimerait plus tard les autres villes d'Europe qu'il allait connaître.

C'est le jour même où ils devaient prendre l'avion pour retourner en Israël qu'intervint le destin, prouvant ainsi à Avner que les choses les plus insignifiantes peuvent avoir les conséquences les plus profondes.

S'il n'y avait pas eu cet escabeau dans la salle de bains, Avner ne serait pas resté dix mois de plus à Francfort. Il n'aurait pas été dans une école allemande, et n'aurait pas appris à parler l'allemand comme quelqu'un du pays. Il ne se serait pas lié d'amitié avec Andreas, un fils de riches. Et toute sa vie aurait pris un cours différent.

L'événement lui-même se résuma à un bruit mat, et à la vue de Grand-Père assis par terre, secouant la tête et sifflant comme un serpent, de surprise autant que de douleur. Il venait de tomber de l'escabeau. Il ne s'agissait que d'une fracture de la cheville : mais comment partir à l'aéroport, dans ces conditions, et laisser le vieil homme se débrouiller tout seul ? Les parents d'Avner décidèrent de rester. L'enfant pourrait aller à l'école sur place pour cette année. Ils demeureraient auprès de Grand-Père et le soigneraient jusqu'à ce qu'il soit guéri.

Curieusement, étant donné qu'il s'agissait de son propre père, c'est la mère d'Avner qui eut le plus de difficulté à prendre cette décision. Père paraissait tout à fait satisfait à l'idée de rester à Francfort. Il sembla à Avner – lui-même ravi au-delà de tout pour ses propres raisons – qu'il n'aurait pas déplu à son père de s'installer définitivement à Francfort.

— On pourrait très bien rester ici – telle est la remarque que surprit un jour Avner dans la bouche de son père. À cette époque, ils avaient déjà loué un appartement à quelques pas de la maison de Grand-Père, et cela faisait un mois qu'Avner allait à l'école.

— Tu ne parles pas sérieusement ! répondit sa mère.

— Et pourquoi ? demanda son père, un ton de surprise non feinte dans la voix. De toute façon, je dois voyager ; toi et les enfants…

— Je ne veux même pas en discuter.

Et elle n'en discuta pas, ni sur le moment ni plus tard. Pour Maman, la seule idée de quitter Israël, même pour des vacances, était déjà un péché véniel. Avoir son foyer et élever ses enfants ailleurs qu'en Israël – et en Allemagne, par-dessus le marché –, voilà qui était proprement impensable. Femme par ailleurs enjouée et douée d'un véritable sens de l'humour, avec un certain penchant dont Avner avait hérité pour les plus ou moins bons tours, elle ne savait plus plaisanter lorsqu'il était question de la patrie. Que le sujet de la conversation tombât sur Israël, et un calme glacial venait figer son visage vivant – celui d'une absolue certitude. Israël était de l'ordre de la révélation, quelque chose situé au-delà du Bien et du Mal, du juste et de l'injuste.

Avner l'admirait pour cela.

Le problème était qu'Avner admirait aussi son père, et que de ce point de vue, il était étrangement différent de Maman. Qui aurait pu dire s'il était patriote ? Il se contentait de hausser les épaules et de plaisanter. Il allait falloir que passent encore bien des années avant qu'Avner ne se rendît compte de quoi son père était capable pour son pays.

Avner n'avait aucune idée de la façon dont son père gagnait sa vie. Officiellement il travaillait dans l'import-export, sans plus de précision, mais sans horaires réguliers. Il avait toujours été obligé de voyager, parfois pendant plusieurs mois, aussi loin que remontaient les souvenirs d'Avner.

Encore une chose de bien à l'actif de Francfort : durant toute l'année qu'ils y restèrent, Père n'eut pas besoin de voyager. Bien entendu il devait travailler : rencontrer des gens dans des restaurants ou des cafés, parfois même à des coins de rue. Il arrivait de temps en temps qu'Avner l'accompagnât en voiture. Ils roulaient tranquillement jusque dans le centre, depuis le tranquille faubourg résidentiel d'Eschersheim, puis patrouillaient le long de Kaiserstrasse ou de la Goetheplatz, jusqu'à ce que Père eût repéré l'homme qu'il était censé rencontrer. Il garait alors le véhicule, à l'intérieur duquel Avner l'attendait, puis allait à la rencontre de son correspondant avec lequel il échangeait quelques mots. Parfois Père lui tendait une enveloppe, et Avner n'avait pu s'empêcher de remarquer que chaque fois l'homme jetait autour de lui des coups d'œil inquiets avant de la glisser dans sa poche. Il s'agissait chaque fois de personnes différentes, mais les coups d'œil inquiets étaient tous identiques. C'était assez comique.

Lors de l'une de ces occasions, Avner décida d'en parler à son père.

— Papa, qui était ce type ?

— Ne t'occupe pas. Les affaires. Il n'est que 3 heures. Veux-tu aller voir un film ?

Et ils allaient alors voir un film de Hitchcock ou un western. Toujours un film américain, c'étaient aussi les préférés de Père. Le paradis ! Malheureusement, cela n'arrivait pas assez souvent au gré d'Avner.

La seule chose qui paraissait curieuse à Avner était que pour un homme d'affaires, son père n'était pas bien riche. Les hommes d'affaires passent pour être tous riches, non ? À Rehovot ce n'était pas aussi évident, puisque là-bas personne n'était riche – du moins personne parmi les gens que connaissait Avner. Ils n'avaient pas de voiture, par exemple, mais personne n'en possédait.

Ici, à Francfort, ils avaient bien une voiture, mais la plupart des parents de ses copains en avaient aussi une. Certains, comme les parents d'Andreas, son meilleur ami, en possédaient même trois. Et il avait fallu attendre Francfort pour qu'Avner entendît ses parents parler d'argent, ou son père répliquer, avec une légère note d'irritation dans la voix, après qu'il lui avait montré un jouet ou un gadget dans une vitrine :

— Désolé, mon gars, mais on ne peut pas s'offrir ça. Peut-être un jour gagneras-tu assez d'argent pour pouvoir te le payer.

Mais ce n'étaient là que quelques nuages légers dans un ciel par ailleurs sans tache. En dépit de la désapprobation de sa mère, Avner ne tarda pas à décider de profiter de tout ce que Francfort pouvait offrir. L'hiver était venu et, après l'école, il se rendait au Siedlung Hohenblick faire de la luge, ou bien empruntait le tramway rouge qui descendait la Eschenheimer Landstrasse jusqu'au magasin PX américain, situé au coin d'Adickesallee*. Encore l'un des aspects particuliers de Francfort : la présence du quartier général de l'OTAN en faisait une ville presque américaine, avec tous les militaires américains et leur famille vivant juste de l'autre côté de Hügelstrasse, dans la banlieue de Ginnheim. Américaines les voitures, américains les clubs, les programmes de radio, les restaurants et les films. Sans parler des hot-dogs et des frites – et de nombre de leurs enfants qui se retrouvaient sur le même banc d'école qu'Avner.

C'est ainsi qu'il réussit même à se faire une petite amie américaine,

---

* Magasins réservés (en principe) aux soldats américains et à leur famille stationnés en Europe et considérés comme de véritables cavernes d'Ali Baba après la guerre. *(N.d.T.)*

Doris. Blonde, recherchée de tous, elle était terriblement plus âgée – quatorze ans, alors qu'Avner en avait à peine douze. Son ami Andreas avait prédit qu'elle ne voudrait jamais sortir avec lui, mais c'était mal connaître l'opiniâtreté, voire l'obstination d'Avner. Même à cette époque, ce n'était pas un simple « non » qui pouvait l'arrêter. Il était capable de persévérer avec une constance, un calme, et un sentiment de certitude tels que cela accomplissait des miracles auprès de certaines filles. Et puis bien sûr Avner était mignon et habile, se comportant déjà comme s'il était plus âgé, et de plus parlait mieux l'américain que la plupart des petits Allemands. Si bien qu'à la fin Doris la blonde Américaine accepta de s'asseoir derrière lui sur la luge, et il put sentir ses petits seins pressés contre lui tandis qu'ils descendaient le raidillon de la colline qui aboutissait à la Ludwig-Tieckstrasse. Directement dans les buissons. Doris en sortit tellement couverte d'égratignures qu'elle refusa de sortir une deuxième fois avec lui. Il avait pris des risques pour l'impressionner. C'était une bonne leçon. Quand on prend des risques et que l'on perd, les gens ne sont pas impressionnés.

L'autobus de Tel-Aviv était enfin arrivé, dans un grand bruit de ferraille et de grincements, suivi d'un nuage de poussière brûlante. Avner monta. Seigneur, où était donc cet hiver à Francfort, maintenant ? Et qu'avait bien pu devenir Doris la blonde ? Ou même Andreas, le fils de cette famille opulente, le garçon dont la prestance et les bonnes manières avaient tellement impressionné Avner ? Ils n'avaient pas gardé le contact. Deux ou trois lettres, quelques cartes postales, puis plus rien. Non pas qu'il aurait été difficile d'entretenir une correspondance depuis le kibboutz.

Ils étaient revenus en Israël en 1961. C'est vers cette époque que Père avait quasi disparu du tableau ; il revint avec eux et resta même quelques mois à Rehovot, puis son travail d'import-export l'obligea à partir de nouveau. Non pas, comme précédemment, pendant un mois ou deux, mais pour de bon cette fois.

Sur le moment, Avner ne comprit pas que c'était pour de bon. Ses parents eux-mêmes l'ignoraient, tout en sachant cependant que ce serait pour longtemps.

— Je ne peux rien y faire, avait dit Père. Ce sont les affaires. Je vais rester parti pendant deux ans, peut-être.

— Et où vas-tu ? avait demandé Avner.

— Ne me le demande pas. Un peu partout. Ce sont les affaires.

— Mais j'ai de bonnes nouvelles pour toi, avait alors annoncé Maman. Ton père et moi avons fait intervenir quelques relations, nous avons parlé à des personnes importantes. Il y a un grand kibboutz, pas loin d'ici. Ils acceptent de te prendre.

— Mais pourquoi ? demanda Avner, qui n'en croyait pas ses oreilles.

— Ils t'acceptent ! Tu pourras aller à l'école du kibboutz. Dès le mois prochain.

— Si c'est bien ce que tu veux, ajouta son père en regardant Maman. Je veux dire, si c'est ce que toi aussi tu désires.

— Oh, comment peux-tu dire une chose pareille, lança Maman avant qu'il ait pu ouvrir la bouche. C'est évident qu'il ne demande qu'à y aller. C'est un kibboutz, la chose la plus merveilleuse au monde pour un gamin. Et de toute façon, je ne pourrais pas y arriver avec deux enfants.

— Eh bien ? demanda Père.

Avner était bouleversé. Il n'arrivait pas à croire que ses parents parlaient sérieusement. Ce n'était pas tant le kibboutz qui le choquait que le fait qu'ils veuillent se séparer de lui. Il aurait certes été ravi de rester à Francfort, mais aurait refusé d'y rester seul, par exemple. Et maintenant, comme s'il ne suffisait pas d'être revenu dans ce trou minable de Rehovot, ils voulaient se séparer de lui. Mais pourquoi ? Sa mère le haïssait-elle donc tant que ça ?

Eh bien, il ne lui donnerait pas la satisfaction de laisser voir combien lui-même la détestait en ce moment.

— Bien sûr, dit-il les yeux fixés sur le sol. Ça m'est égal.

— Bon, dit Maman, c'est une affaire entendue.

Ce jour-là s'ouvrit entre Avner et sa mère un contentieux qui devait durer toute la vie. Malgré tout, Avner s'était très rapidement rendu compte, une fois passé le premier choc d'apprendre qu'on l'éloignait de chez lui, que sa mère ne voulait nullement lui faire du tort, mais qu'au contraire elle était convaincue qu'il n'y avait rien de mieux pour lui que le kibboutz. Son sixième sens avait reconnu la sincérité de son plaidoyer passionné et de son enthousiasme à l'idée du kibboutz[7]. Mais comment pouvait-elle autant se tromper sur son compte à LUI ?

Peut-être lui revenait-il de prouver que sa mère s'était trompée. S'il s'y mettait sérieusement – non, ça ne suffisait pas, il fallait s'y mettre de tout son cœur, travailler plus dur et plus longtemps que tous les autres garçons, les vrais kibboutzniks ! C'était cela, la réponse. Il serait reconnu pour ce qu'il était, et on serait obligé d'écrire à sa mère pour lui dire quel fils extraordinaire elle avait. Il faudrait alors qu'elle vienne et lui fasse des excuses, et elle lui demanderait de revenir à Rehovot.

Excellente résolution, certes, mais dont l'essentiel s'était évaporé à mi-chemin de la route brûlante et poussiéreuse qui, en autobus, l'avait amené à Gedera. Cette petite ville ne constituait même pas sa destination finale. Le kibboutz se trouvait en effet encore à une heure de route, une route de terre qui serpentait entre les collines basses, au milieu des champs de coton et des plantations d'orangers, allant vers un horizon aveuglant sur lequel se détachaient les silhouettes noires d'eucalyptus poussiéreux. La chaleur de trente-cinq degrés était littéralement perceptible dans l'air ; dans les champs le bétail était maigre à faire peur. Pouvait-on appeler vaches de telles créatures ? Mais les vaches, c'étaient ces bêtes grasses et amicales qu'il avait vues dans les livres d'images de sa classe, ou dans la campagne opulente et si soigneusement travaillée de l'Allemagne.

Ce qui rendait les choses encore pires, en un sens, c'est qu'il n'y avait aucun reproche à faire au kibboutz. En lui-même, Avner dut l'admettre. Aucun reproche à faire aux poignées de main amicales, au grand réfectoire, aux chariots de plats chargés d'œufs et de légumes frais, aux dortoirs immaculés où l'on dormait à trois ou quatre par chambre, filles et garçons confondus. Tout cela était parfait, et ceux qui s'y plaisaient, qui s'y sentaient chez eux, en tiraient d'autant plus de bénéfices. Mais Avner pouvait se rendre compte qu'il ne s'y sentirait jamais chez lui, rien qu'à la manière dont les autres kibboutzniks regardaient les mocassins allemands que sa mère lui avait achetés à Francfort. Les autres garçons portaient tous des bottes de travail. Comme sa mère aurait pourtant dû le savoir.

Un individu qui sent qu'il n'appartient pas à un groupe, mais qui est obligé de vivre avec, a le choix entre trois attitudes à prendre. Il peut se retirer en lui-même ; il peut essayer de s'intégrer dans un esprit de vengeance ; il peut enfin exagérer son propre isolement et se présenter lui-même comme un hors-la-loi.

Avner n'en choisit aucune, ou plutôt choisit les trois, passant de l'une à l'autre dans la même journée. Se retirer en soi-même était la plus facile à adopter. Ce n'était pas une retraite totale ; elle n'était pas perceptible pour les autres. Il s'agissait plutôt d'un état de stupeur intérieure, une sorte de brouillard, au sein duquel ses fantasmes les plus somptueux pouvaient prendre racine dans l'humus léger de la réalité. À 6 heures du matin, John Wayne se levait comme tout le monde au son de l'antique sirène, en provenance d'une canonnière anglaise, placée près du mât du drapeau. Il prenait une douche rapide, glissait le colt 38 dans son holster et avalait un jus de fruits dans le grand réfectoire. Durant les deux premières heures de classe du matin, avant le petit déjeuner, il lançait des coups d'œil protecteurs, à travers les fenêtres, aux travailleurs qui s'activaient au loin dans les champs. Ils étaient en sécurité. Le lieutenant-colonel Wayne disposait d'un plan de secours parfait au cas où les Jordaniens attaqueraient à l'est. À son commandement, des blindés jailliraient d'abris enterrés, situés derrière les étables, mais au lieu de se lancer dans une attaque de front, comme s'y attendaient les Jordaniens, ils entreprendraient un débordement par le flanc, à travers les champs de coton. Alors, sur la simple pression d'un bouton, les buissons s'écarteraient pour laisser apparaître les plaques d'acier perforées d'une piste d'atterrissage temporaire, sur laquelle les lourds blindés – auxquels entre-temps étaient poussées des ailes – s'engageraient pour s'envoler majestueusement, transformés en bombardiers.

Le héros protecteur de son peuple, le tireur le plus rapide en deçà du Jourdain, pénétrait alors ensuite à 2 heures dans la conserverie, où sa tâche consistait à couper les griffes des poulets. Il en ressortait à 4 heures sous la forme d'Avner-le-bandit, un fort méchant garçon, qui ne cachait pas ses sentiments envers la loi et l'ordre imposés par les oppresseurs. Lui et sa bande – Itzig, Yochanan, Tuvia et Yemenite – se promettaient de saboter tout ce qu'ils pourraient.

Vise-moi donc Moshé le Moujik, en train de placer de nouvelles ampoules au-dessus de la cour. Comment va-t-il atteindre les douilles ? Ces immigrés russes sont très forts, il suffit de le regarder. Peu importe que l'échelle soit trop courte ; il attelle la vieille rosse à la carriole des poubelles, et installe l'échelle dessus. Et si jamais le cheval… non, cette vieille carne ne bougera pas d'un pouce. En revanche, si on chauffe ce morceau de fil de fer et qu'on lui pique la croupe avec, elle va sauter !

Par miracle, Avner et ses acolytes ne tuèrent jamais personne, et il n'y eut même pas, en quatre ans, un seul blessé sérieux. Y compris le jour où Avner fit en classe une démonstration de ses talents d'apiculteur en amenant « par erreur » dans la salle une ruche en activité. Y compris la fois où il conduisit dans le réfectoire le taureau que le kibboutz venait d'emprunter, ou bien celle où il enferma Moshé dans la chambre froide pendant une demi-journée. Plus miraculeux encore, ils ne furent jamais pris sur le fait.

Par une étrange ironie du sort, les sanctions se produisaient toujours inévitablement lorsque Avner-le-bandit cédait la place à la troisième de ses incarnations : Avner-le-kibboutznik modèle, le *tchaver*, le bon camarade. Lorsqu'il avait apposé son nom au tableau du réfectoire, en bas de la liste des volontaires acceptant d'aller donner un coup de main pour les récoltes au kibboutz voisin un samedi, jour de congé, on avait refusé sa candidature devant tous les autres garçons. Allons donc, M. Mocassin, qu'irais-tu fabriquer là-bas ? Te couper les doigts avec la faucille ? Nous avons une réputation à soutenir. Si tu as tellement envie de travailler, va donc tailler les griffes des poulets.

Car alors que John Wayne aurait liquidé les Jordaniens d'une seule bouchée et qu'Avner-le-bandit ne se faisait jamais prendre, la vérité était qu'Avner-le-kibboutznik n'accomplit jamais rien d'extraordinaire. Il faisait juste partie du gratin des paysans. Il n'était pas spécialement faible ou lent, même si les autres enfants – ces enfants qui avaient grandi le long des fossés d'irrigation au milieu de nulle part, ces enfants qu'il admirait et méprisait en même temps – étaient plus forts et plus rapides. Et alors ? Il était plus malin. Il parlait des langues étrangères, l'anglais et l'allemand. Il avait vu des tas de choses, avait fréquenté des Américains et voyagé de par le monde. Pour ces kibboutzniks qui le rejetaient, aller dans une carriole attelée d'un âne jusqu'à Bnei Rem faisait figure de voyage.

Ils auraient dû être impressionnés par Avner. Il n'avait jamais eu de difficultés, pour ce qui était d'impressionner les autres garçons, même en Allemagne, ou les filles ; mais quelle que fût la manière dont il s'y prenait, ça ne marchait pas au kibboutz. Il était tout d'abord arrivé avec son transistor, et les autres enfants s'étaient tout de suite rassemblés pour l'écouter. Mais quelqu'un parmi les responsables avait aussitôt écrit à la mère d'Avner pour qu'elle vînt chercher l'appareil, car ici c'était un kibboutz, et un enfant ne pouvait posséder quelque chose que les autres ne possédaient pas. Elle vint donc la semaine suivante et remporta le transistor. La radio donnée par son grand-père !

Ces enfants qui n'aimaient pas beaucoup Avner l'avaient surnommé le *Yekké potz*. Être un Yekké était encore quelque chose de nouveau qu'il avait appris au kibboutz, quoiqu'il l'aurait de toute façon appris un jour ou l'autre. Tant qu'il avait vécu à Rehovot, Avner avait tenu pour acquis que tous les Israéliens l'étaient au même titre ; il y avait bien peut-être une légère différence de degré entre les sabras comme lui-même, nés au pays, et les gens comme ses parents, ceux qui étaient venus s'installer avant l'indépendance, ou encore avec les nouveaux immigrants qui ne parlaient même pas l'hébreu. Puis il y avait également, quoique en très petit nombre à Rehovot, des Israéliens très pieux, ayant tout à fait l'allure des juifs de la Diaspora et se comportant comme eux, des juifs de l'Holocauste, même s'ils habitaient Israël depuis plusieurs générations. Ils portaient des caftans noirs, des chapeaux à larges bords et des mèches de cheveux bouclés. Mais pour ce qui était d'être un Yekké – c'est-à-dire d'appartenir à un sous-groupe au lieu d'être simplement un Israélien – cette idée ne lui était jamais venue à l'esprit. C'est donc dans ce kibboutz qu'Avner apprit à distinguer entre les différents types d'Israéliens – en fonction d'une échelle purement autochtone. La plupart des autres enfants du kibboutz étaient des Galiciens, ce qui signifiait pour Avner tout un tas de juifs d'Europe de l'Est, vulgaires, plastronneurs et ignorants. Lui était en revanche un Yekké, un sabra civilisé et sophistiqué originaire d'Europe occidentale.

Les deux termes – du moins tels que les comprenait Avner – décrivaient des qualités autant morales que géographiques. La Galicie, la province polonaise la plus orientale de l'ancien Empire austro-hongrois, avait constitué le terroir sur lequel avait poussé tout ce qui chez les juifs était corrompu, trompeur et plébéien, où régnaient l'esprit de clocher, les messieurs-je-sais-tout. Il était incontestable que les Galiciens faisaient également preuve d'intelligence, d'inventivité et de détermination ; Avner l'aurait admis sans hésiter. Ils faisaient aussi parfois montre d'un merveilleux sens de l'humour. Individuellement, ils pouvaient être très courageux et manifester un dévouement sans bornes à Israël. Mais ils étaient toujours à la recherche d'un coup à faire. Ils étaient insensibles à l'art comme à la beauté. Ils n'hésitaient pas à mentir et à tricher, et se montraient terre à terre au-delà de ce qui était imaginable. Sans compter qu'ils restaient soudés les uns aux autres. Ils ne disaient pas trois mots sans parler de *le 'histader* – prendre soin de soi –, ou de « partager les boulettes ». Ils ne venaient pas forcément tous de Galicie, bien entendu ; mais ils étaient Galiciens s'ils possédaient ces qualités.

Les Yekkés provenaient avant tout d'Allemagne et d'autres pays de l'Europe de l'Ouest ; mais d'où qu'ils vinssent, leur caractéristique principale était le fait qu'ils avaient été des juifs assimilés. Ils n'avaient jamais vécu dans des ghettos, dans des *shtels*. Ils ne possédaient guère cet instinct de survie propre à l'animal pourchassé, ce sens instantané du geste à accomplir dont les juifs de Galicie avaient dû faire leur seconde nature simplement pour rester en vie. Les Yekkés étaient des gens polis, méthodiques et soigneux. On trouvait des livres chez eux, et ils écoutaient de la musique classique. Plus fondamental – car certains Galiciens lisaient des livres et écoutaient de la bonne musique – les Yekkés se faisaient une idée différente de la civilisation européenne. À leurs yeux, Israël devait devenir une sorte de Scandinavie pour les juifs, avec quantité d'orchestres symphoniques jouant du Beethoven et des galeries d'art exposant des œuvres de Rembrandt.

Les Yekkés avaient également une conception différente des vertus civiques. En période de restrictions, ils s'attendaient à ce que les choses fussent rationnées et à voir des queues bien ordonnées se former devant les magasins. Ils étaient prêts à recevoir des ordres ou à en donner, mais non à arranger, bricoler, manipuler. Ils se montraient ponctuels, méthodiques, avec quelque chose, peut-être, d'un peu compassé. Dans la grande ville yekké de Nahariya, les maisons étaient construites en rangées bien alignées, sans être entassées. À bien des points de vue, ils étaient plus allemands que les Allemands eux-mêmes.

Avner finit par comprendre qu'il n'y avait en fait rien de personnel dans l'esprit de clan des Galiciens. Ils prenaient soin des leurs, et en termes pratiques, « les leurs » signifiait les autres juifs d'Europe de l'Est, essentiellement des Polonais et peut-être des Russes. Ils constituaient le cercle magique. Les meilleurs postes, et les meilleures occasions leur revenaient. La conduite du kibboutz leur était dévolue – à perpétuité, aurait-on dit. Lorsque par exemple se posait la question de savoir le fils de qui irait poursuivre des études de médecine, peu importaient notes et compétence. Extérieurement, les choses avaient bien entendu l'air de se passer démocratiquement, et tout le kibboutz votait sur de telles questions, lors des assemblées générales ; mais on aurait pu parier son dernier shekel que le type qui allait bénéficier de cette chance serait un Galicien.

Exacte ou non cette conception des choses – ou plutôt la prise de conscience qu'il en avait eue, comme il aurait lui-même dit – lui vint pendant son séjour au kibboutz, et ne fit qu'aller en se renforçant. Elle l'accompagna pendant son service militaire et même au-delà. C'étaient les Galiciens, en Israël, qui avaient le gouvernail en main, et les autres juifs – allemands, hollandais ou américains – n'avaient guère de chance de barrer. Quant aux juifs orientaux, ils auraient été réduits à rien, s'il n'en avait tenu qu'aux Galiciens.

Le fait qu'Avner en vînt à partager cette opinion ne signifiait nullement qu'il allait se mettre à bouder et à remuer des idées noires, ou à croire qu'il était l'objet d'une discrimination. Bien au contraire ; il ne signifiait qu'une chose : lutter. Battre les Galiciens sur leur propre terrain. Il deviendrait tellement exceptionnel et extraordinaire, tellement imbattable dans un domaine donné qu'à la fin il se retrouverait tout en haut. Devant les Galiciens, les kibboutzniks – précisément. Aussi brillants, forts, déterminés et dépourvus de scrupules qu'ils fussent. il les battrait.

En suivant le même chemin qu'avait emprunté son père, s'il le fallait.

Car il existait un moyen de se faire adopter lorsque l'on n'appartenait pas au clan, en Israël. Même pour un Yekké potz qui, au fond de lui-même, se sentait mieux à Francfort. Ce moyen, c'était de devenir un héros. Un véritable héros, un Har-Zion[8], l'homme qui se jette dans le feu, le petit Hollandais qui presse de son doigt la fuite dans le barrage.

C'est au cours de la dernière année qu'il passa au kibboutz qu'Avner découvrit la qualité d'agent secret de son père. En réalité, personne ne le lui avait dit. Si quelqu'un l'avait fait, d'ailleurs, le terme employé n'aurait pas été « agent ». Sa mère aurait par exemple pu dire, eh bien, ton père travaille pour le gouvernement. Et la plupart des gens se seraient contentés de préciser, en baissant inconsciemment la voix, oh, il fait quelque chose, tu sais, pour le *Mossad*.

Traduit littéralement, le mot d'hébreu signifie simplement « institut ». On peut trouver toutes sortes d'instituts, pour la recherche biochimique ou pour la sécurité routière. Mais utilisé tel quel, sans autre précision, Mossad ne signifie qu'une chose : l'organisme relativement modeste, étroitement gardé, extrêmement secret et hautement respecté et qui passe pour absolument vital pour ce qui est d'assurer la sécurité d'Israël.

Il y avait plusieurs enfants dans le dortoir d'Avner dont les parents servaient le pays à l'extérieur du kibboutz dans un domaine ou un autre. Deux ou trois étaient des officiers de haut rang dans l'armée. Un autre siégeait à la Knesset, le parlement d'Israël. Et il y avait un garçon dont on savait que le père faisait « quelque chose » pour le Mossad.

Un jour, alors qu'Avner se trouvait à l'extérieur de l'entrée principale du kibboutz en compagnie de ce garçon, le père en question arriva en voiture. Il lui rendait visite comme Avner avait espéré que son père le ferait lui-même un jour ou l'autre. L'homme sortit de son véhicule et, en fait d'embrassades, secoua son gamin par les épaules et le boxa gentiment. Puis ses yeux tombèrent sur Avner.

— C'est Avner, expliqua le fils.

— Content de faire ta connaissance, dit le visiteur en écrasant la main d'Avner dans la sienne. Tu es nouveau ici ? Comment s'appelle ton père ?

Avner le lui dit.

— Tiens ! dit l'homme en regardant Avner avec un peu plus d'intérêt. Tu es donc son fils. Bien ! Dis-lui bonjour de ma part la prochaine fois que tu le verras.

— Vous connaissez mon père ? demanda Avner, un peu surpris.

— Si je le connais ? répondit l'homme en entraînant son fils dans l'entrée.

Ce fut tout, pas un mot de plus. Avner sentit la tête lui tourner. Bien entendu, le simple fait qu'un homme dont on disait qu'il faisait « quelque chose pour le Mossad » ait connu son père était loin de prouver que ce dernier était un agent secret. Mais il y avait cette manière particulière dont l'homme l'avait regardé, cet éclair d'identification dans l'œil qui disait « l'un de nous ». Pour le sixième sens d'Avner, il n'y avait guère de doute. Si l'on ajoutait à cela le travail dans une vague affaire d'import-export et les voyages constants, ainsi que les hommes rencontrés à Francfort aux coins des rues et qui jetaient des coups d'œil nerveux autour d'eux, on avait bouclé la boucle. Il ne s'agissait que de mettre deux et deux ensemble pour faire quatre.

Comme contre-vérification, Avner n'avait qu'à poser la question à sa mère, sur un ton banal, la prochaine fois qu'il serait seul avec elle.

— Dis, Maman, est-ce que Papa est un espion ?

— Es-tu devenu fou ? lui répondit sa mère en jetant des coups d'œil effarés autour d'elle.

— Allons, Maman, ne me raconte pas d'histoires. Je n'ai plus quatre ans. Il y a au kibboutz des gens qui connaissent Père. Tu préfères que je me mette à demander autour de moi ?

Ce qui aurait été la pire des entorses à faire à la règle du jeu, comme Avner le savait très bien.

— Écoute, Avner on n'est pas au cinéma, ici. Les espions, il n'y en a pas. Ton père travaille dans une entreprise d'import-export, et il lui arrive de temps en temps de faire quelque chose pour le gouvernement. Tu comprends ?

— Bien sûr, Maman.

— C'est parfait, alors, répondit-elle d'un ton raide.

C'était donc vrai. Avner était tellement excité qu'il pouvait sentir son cœur battre plus fort. Ce n'était pas seulement parce qu'il pouvait maintenant excuser son père d'avoir laissé sa mère se séparer de lui et l'envoyer au kibboutz ; c'était important, mais ce n'était pas tout. C'était qu'Avner se sentait à présent au moins égal sinon supérieur aux kibboutzniks les plus éminents. Lui, le Yekké potz tout juste bon à tailler les griffes des poulets, l'égal des gros bonnets galiciens !

Mais il ne pourrait jamais en parler à personne.

Il aurait été possible d'en parler à son père, si ce dernier était venu lui rendre visite. Pendant les quatre années passées au kibboutz, avant le service militaire, il ne l'avait vu qu'à deux reprises, chaque fois à Rehovot, au cours d'un bref congé, alors que son père était aussi à la maison. À peine un jour ou deux, car il avait un avion à prendre, toujours pour les affaires, le lendemain ou le surlendemain. En de telles occasions, Avner n'avait pas eu une chance de se retrouver seul avec lui, entre sa mère qui lui tournait autour et son jeune frère n'arrêtant pas de l'embêter, un gosse de six ans en pleine forme.

Si seulement son père était venu lui rendre visite au kibboutz, ils auraient été seuls, Avner aurait pu parler. Quel dommage qu'il ne soit jamais venu...

Maintenant, en 1969, il pouvait voir son père quand il voulait. Ou ce qui restait de son père, plutôt : un homme malade, prématurément vieilli. Maintenant, alors qu'il avait vingt-deux ans, qu'il était capitaine de réserve, avec quatre années de service derrière lui dans une unité d'élite, maintenant que ça n'avait plus d'importance, il pouvait le voir quand il voulait. Mais ça avait encore de l'importance.

En sueur après le voyage en autobus depuis Rehovot, ayant déjà envie d'une autre douche, Avner poussa le portail. Père était là, allongé sur la chaise longue du jardin, en train de dormir. Des mouches s'activaient sur le rebord d'un verre de jus d'orange posé à côté de lui. Il faisait une chaleur écrasante. Père avait encore pris du poids et respirait lourdement pendant son sommeil.

— Salut, P'pa.

— Humm ?

Son père ouvrit un œil, puis l'autre. Une vieille habitude ; Avner n'avait jamais vu quelqu'un d'autre faire de même.

— Comment tu te sens ?

— Humm.

— As-tu besoin de la Citroën pour le week-end ? Puis-je l'avoir ?

— Non, prends-la, prends-la. Son père toussa, s'éclaircit la gorge et se redressa sur la chaise longue. Quelle heure est-il donc ?

Avner jeta un coup d'œil à sa montre.

— Près de 3 heures, répondit-il.

— Wilma est-elle là ?

Wilma était sa nouvelle femme, celle qu'il avait épousée à l'étranger après avoir divorcé d'avec Maman. Avner avait supposé que d'une certaine manière, ces événements étaient en rapport avec ses « affaires d'import-export ». Ils n'en avaient jamais parlé. La version officielle voulait que Père l'ait épousée et qu'ensuite ils aient travaillé ensemble, mais ce pouvait tout aussi bien être le contraire. De toute façon, il avait été arrêté et jeté en prison. Lorsqu'il avait finalement été relâché, un an et demi auparavant, environ, peu après la guerre des Six-Jours, Père avait ramené Wilma avec lui en Israël. Avner l'aimait bien, et avait une certaine admiration pour elle. Une grande dame, et elle n'était même pas juive.

— Comment va ta mère ? demanda Père.

— Très bien.

Avner sortit l'enveloppe brune de sa poche et la tendit à son père. Il pourrait dire ce qu'il voudrait, il prendrait de toute façon sa décision tout seul.

Père mit ses lunettes pour lire la lettre. Elle ne comportait que quatre lignes, et il dut donc la lire au moins deux fois, car il fut une minute sans rien dire. On n'entendait même plus sa respiration trop lourde. Le seul bruit du jardin provenait des mouches tournant autour du verre d'orange.

Son père plia la lettre et la lui tendit.

— Ce n'est même pas la peine de leur répondre, dit-il à Avner.

De l'entendre parler sur ce ton l'énerva.

— Pourquoi ? demanda-t-il. Je ne peux pas me contenter de l'ignorer !

— Ne sois pas stupide, essayes-tu de me forcer à les appeler ? Il faudra qu'ils marchent sur mon cadavre pour t'avoir.

Avner eut toutes les peines du monde à s'empêcher de sourire ; il avait dit exactement ce qu'il avait prévu qu'il dirait. C'était donc ça, alors.

— Appelle-les, répondit Avner, et je ne t'adresse plus jamais la parole. Laisse-moi me débrouiller tout seul.

— Tu diras non.

— Bien sûr, je dirai non. Je voulais simplement te la montrer, c'est tout.

— Il ne s'agit pas d'une plaisanterie ; tu peux te l'imaginer, mais ce n'est pas le cas. Regarde-moi.

Avner regarda son père.

— Allons voyons, P'pa, dit-il en passant un bras autour de son épaule. Ne t'en fais pas. Ils t'ont peut-être eu, mais laisse-moi te dire une bonne chose. Moi, ils ne m'auront JAMAIS.

Avner allait garder pour toujours le souvenir de cette conversation, jusqu'en ses moindres détails. La chaleur, la chaise longue, l'expression sur le visage de Père, les mouches suçant le jus d'orange. Comme il n'oublierait pas non plus le parcours dans la vieille Citroën, ensuite ; puis la promenade avec Shoshana, leur flirt, comment ils se tenaient la main et le film qu'ils allèrent voir sans qu'il lui dît rien. Puis le jour suivant, un lundi, il se rendit au café qui faisait le coin de Frishman et Dizengoff. À 10 heures précises du matin.

Moshé Yohanan était un homme de petite taille, d'une cinquantaine d'années, portant une chemise blanche. Il était en train de lire un journal et fit joyeusement signe à Avner de s'asseoir dès l'instant où il l'aperçut. Ils échangèrent une vigoureuse poignée de main, et Avner commanda une glace double, citron-vanille.

Moshé Yohanan alla tout de suite droit au fait.

— Écoutez, lui dit-il, que puis-je vous dire ? Je ne sais même pas si vous êtes la personne qui convient. Il nous faudra le découvrir. Mais si vous l'êtes, notre pays a besoin de vous.

2

Andreas

Si entre-temps l'ami de sa tante lui avait proposé un poste quelconque à El Al, Avner n'aurait jamais appuyé sur la sonnette de l'appartement nº 5 du deuxième étage, dans cet immeuble indescriptible de la rue Borochov. Il aurait répondu à Moshé Yohanan : « Oubliez tout ça. Je retourne chez moi. Quel que soit le boulot, ça ressemble trop à l'armée. »

La jeune femme qui lui ouvrit la porte donnait l'impression d'appartenir à l'armée, elle aussi, bien que portant des vêtements civils. Il y avait cependant quelque chose qui ne trompait pas dans la manière précise, efficace et froide dont elle lui tendit plusieurs feuilles de papier en lui demandant de bien vouloir remplir les questionnaires, là, sur la table de bois. En dehors de deux chaises également de bois, elle constituait d'ailleurs le seul mobilier de la pièce.

La secrétaire disparut derrière une porte anonyme, et Avner se mit à contempler les longs questionnaires imprimés. Question nº 36 : Avez-vous des parents vivant en Union soviétique ? Il n'était certainement pas trop tard pour se lever et partir. Non pas que répondre à une longue liste de questions de ce genre, dont certaines étaient très personnelles, eût offensé ses tendances libertaires – une pensée qui ne lui serait même pas venue à l'esprit – mais parce que ça l'ennuyait. Et plus encore à cause des tâches ennuyeuses qu'elle présageait. Des formulaires, des rôles de service, des ordres, des horaires. Des notes comminatoires : *Toutes les permissions suspendues jusqu'à nouvel ordre. Au rapport à 6 heures.* N'en avait-il pas eu son content, pendant quatre années ?

Ce n'étaient pas les choses habituelles qu'Avner avait détestées dans l'armée. Ça ne le gênait pas, par exemple, de traverser presque tout Israël à pied en une nuit, avec vingt kilos d'équipement sur le dos. Si la moitié de ses camarades, aspirant à entrer dans le même commando, s'évanouissaient en route et devaient être ramenés en camion à l'hôpital, c'était autant de concurrents éliminés. Car Avner, lui, ne s'évanouissait pas. Il n'était pourtant ni le plus grand ni le plus fort. Il restait solidement debout sur ses jambes. De même il se classa premier en plongée, alors qu'il avait appris à nager en entrant à l'armée. Et c'est lui qui devint finalement homme de commando. L'un des quinze hommes-grenouilles, sur la centaine qui s'était présentée. Il portait l'insigne d'élite qui venait au second rang parmi les plus prestigieux des forces israéliennes. Juste après les pilotes de chasse.

Il ne détestait pas non plus s'enfoncer sans bruit dans les eaux, avec son chargement de mines magnétiques, comme il l'avait fait en conditions réelles au cours de la guerre des Six-Jours. Il avait eu peur, bien entendu. Il aurait fallu être fou pour ne pas avoir eu peur, et les fous n'avaient pas leur place dans les commandos.

Non ; ce que détestait Avner, c'était les douches bricolées sous lesquelles on n'arrivait jamais à se laver comme il faut. La nourriture immangeable – les samedis, froide, immonde, avec la bénédiction du rabbin. La bureaucratie, aussi, avec ses règlements sur tout ce qui se trouvait sous le soleil et qui n'avait rien à voir avec la sécurité ou l'efficacité au combat. Les permissions annulées sans raison – en tout cas sans raison aux yeux d'Avner. Les missions, attribuées non pas en fonction de ce qui était le mieux pour l'unité, mais distribuées comme des faveurs, des récompenses ou des punitions.

Et il avait en horreur de devoir faire de l'auto-stop pour retourner chez lui, en essayant de faire l'aller-retour en douze heures. De gaspiller un temps précieux planté au bord de la grand-route en attendant le bon vouloir d'un de ses concitoyens. C'était peut-être bien le sort de tous les soldats de par le monde, même des héros ; Avner n'en disconvenait pas. Simplement il ne voulait plus que ce fût le sien, il avait déjà donné. Mourir pour la patrie, n'importe quand. Faire du stop, plus question.

Une dernière chose enfin fit hésiter Avner avant de remplir le formulaire. Il se rendait bien compte que ce qu'il avait dit à son père dans le jardin – *Ne t'en fais pas. Ils t'ont peut-être eu, mais laisse-moi te dire une bonne chose. Moi ils ne m'auront* JAMAIS – n'était que des mots, un geste de forfanterie plus qu'une conviction. Avner ne savait pas très bien comment «ils» pourraient l'avoir. En fait, il ne savait même pas très bien comment «ils avaient eu» son père.

Ne rien dire ou presque était peut-être l'habitude de toute une vie ;

toujours est-il qu'il n'avait jamais réellement expliqué ce qui s'était passé à Avner, lorsqu'il était revenu en Israël avec une nouvelle femme. En épouser une autre n'était pas vraiment de la bigamie, comme il l'avait expliqué en plaisantant à Avner, car la personne qui avait été autrefois l'époux de sa mère n'était plus la même que celle qui s'était mariée à l'étranger avec Wilma. L'une des deux personnes n'avait aucune existence légale. Oui, il avait été emprisonné pour espionnage pour le compte d'Israël. C'était du moins ce qui disaient les actes d'accusation. Et la vérité ? Eh bien, qu'est-ce que tu en penses, toi ?

Selon toute apparence, les relations entre ses parents restèrent cordiales. Son père prit l'habitude de venir presque une fois par semaine à la vieille maison de Rehovot, et il passait de longues heures à discuter avec Maman, dans la cuisine. Un jour, Avner fit remarquer à sa mère qu'elle le voyait en fin de compte plus souvent qu'à l'époque où ils étaient mariés ; elle se contenta de hausser les épaules.

— Tu t'imagines sans doute que la chose la plus importante est comment tu te sens ? lui répliqua-t-elle. Détrompe-toi. Il n'en est rien.

Avner interpréta cette remarque comme voulant dire que pour sa mère, accepter sans rancœur son mariage brisé n'était qu'une autre façon de remplir ses devoirs. Pourquoi ne serait-elle pas capable de sacrifier son statut de femme mariée, quand tant d'autres avaient sacrifié leur vie pour Israël ? Elle n'eut jamais un mot de blâme pour Père, ou même pour Wilma, bien qu'évitant de parler d'elle. Les rares fois où elle y faisait allusion, elle devenait l'une de ces choses « par lesquelles ton pauvre père a dû passer », comme avoir été pris et jeté en prison. Attitude qu'Avner pouvait comprendre, non sans toutefois la trouver légèrement méprisante pour Wilma. En un certain sens, il aurait préféré entendre sa mère gémir et se plaindre.

L'attitude de Père était différente. Il ne cherchait pas à cacher son amertume, tout en restant toutefois discret sur ses causes.

— Quand c'est terminé, c'est terminé, disait-il. Rien n'est trop bon tant qu'ils ont besoin de toi. Tu es traité comme un caïd. Mais quand c'est terminé, ils te crachent dessus.

Puis après un bref silence il ajoutait, « si tu as encore la chance d'être là pour te faire cracher dessus ».

Il était arrivé à Avner de demander, mais qu'est-ce que tu veux dire, « ils » ? Qui ça, « ils » ?

Père ne répondit jamais ; au bout d'un autre moment de silence, il se contentait de reprendre :

— On te traite comme une orange. Pressuré jusqu'à la dernière goutte. Puis on te jette.

Même si Père n'avait jamais donné davantage de détails, en un sens, ce qu'il disait était assez clair. Le vieil homme – d'ailleurs pas si vieux que ça, puisqu'il avait cinquante-cinq ans – était devenu quelqu'un de brisé après son retour en Israël. Brisé par quelque chose d'autre que les interrogatoires et l'emprisonnement qu'il avait subis.

— D'un certain point de vue, avait-il expliqué une fois à Avner, trois ans d'incarcération, c'est terrible. Mais d'un autre point de vue, ce n'est rien. J'aurais pu les faire en me tenant sur la tête.

Ce n'était pas non plus ses ennuis de santé qui l'avaient détruit, même s'il n'arrêtait pas de consulter des médecins, non plus que ses ennuis d'argent, alors qu'il était complètement fauché. Il n'avait pas de travail, rien qu'une petite pension. Il s'était essayé à deux sortes d'occupation après son retour, mais avait échoué dans l'une comme dans l'autre.

Le vrai problème tenait à quelque chose de plus profond.

— Ils te laissent ramasser les diamants, avait-il aussi remarqué une fois devant Avner. Ils te laissent les tenir dans ta main, et jouer un peu avec. Toutes ces pierres seront à toi, disent-ils, si tu fais ci et ça. Et puis ci encore, et puis ça… Puis, lorsque arrive le moment où tu viens frapper à la porte pour chercher tes diamants, ils te disent : « Je vous demande pardon ? Quels diamants ? Quel est votre nom, déjà ? »

— Mais qu'est-ce que tu veux dire ? se souvenait avoir demandé Avner.

Son père s'était contenté de secouer la tête sans répondre.

Père disait la vérité : de cela Avner ne doutait pas. Mais peut-être était-ce seulement sa vérité, une vérité qui n'aurait pas été celle de quelqu'un d'autre. Si ce devait être la vérité pour tout le monde et en tout temps, que restait-il pour le petit garçon hollandais ? Un garçon qui n'avait la tête faite ni pour acheter et vendre ni pour la chimie et les mathématiques ?

Allait-il devoir rester éternellement en dehors du cercle magique ? Couper les griffes des poulets pour le reste de ses jours ? Ne jamais revoir Francfort ? Aller à la plage une fois par semaine en auto-stop avec Shoshana ? Attendre que l'ami de sa tante débarque un jour avec un poste pour lui à El Al ? Devait-il se contenter de rester un bon petit Yekké potz, en dépit de toutes les années passées au kibboutz et de ses états de service dans l'armée ? Ne rien faire pour s'en sortir, ne rien faire pour son pays, parce que les choses n'avaient pas bien tourné pour Père ? Peut-être n'était-ce pas leur faute, après tout, ou du moins pas entièrement. Peut-être que d'une manière ou d'une autre, c'était Père qui avait tenu le mauvais bout du bâton.

Avner remplit les questionnaires sur la table de bois et les tendit à la jeune femme. Au bout de quelques minutes, elle le fit passer dans une autre pièce par une porte tout aussi anonyme que la précédente. Un homme d'âge moyen s'y trouvait assis derrière un bureau en bois plein. Il y avait une armoire à classeurs et une chaise rembourrée sur roulettes, destinée au visiteur, pour compléter le mobilier. L'homme regarda Avner droit dans les yeux et lui serra la main avec fermeté avant de lui faire signe de s'asseoir.

— Comment allez-vous ?

— Très bien, répondit Avner, un peu surpris.

— Et votre père ?

— Très bien, merci.

— Bien, bien. Et comment va – ici l'homme mentionna le nom du commandant de l'unité d'Avner à l'armée.

Les noms des officiers des unités spéciales, comme celle à laquelle avait appartenu Avner, n'étaient pas dans le domaine public. Avner ne comprit pas pourquoi l'homme avait éprouvé le besoin de le nommer ; pour établir un rapport avec autre chose, peut-être, ou pour bien vérifier l'identité d'Avner – ou encore pour établir sa légitimité aux yeux de ce dernier. Quelle que fût la raison, il décida de répondre sans détour.

— Il allait très bien, la dernière fois que je l'ai vu.

— C'était en… voyons ça… en février, n'est-ce pas ? demanda l'autre comme en passant, tout en tirant vers lui une chemise de documents guère épaisse.

— Non, en mars, répondit Avner, sans que sa voix trahît irritation ou surprise.

En vérité, il était un peu les deux. Irrité par ce petit jeu, et surpris et impressionné par l'attention qu'y portait l'homme. Ils devaient avoir vérifié et revérifié toutes les données le concernant avant cette entrevue ; et malgré tout, ils ne prenaient pas le moindre risque.

L'homme lui offrit une cigarette. Il la refusa, et remarqua que lui-même n'en prenait pas. Il est bien rare qu'un non-fumeur offre une cigarette ; il devait donc s'agir encore d'une vérification, pour voir si Avner était bien la personne qu'il prétendait être. Un fumeur qui aurait pris sa place aurait pu spontanément accepter la cigarette. Habile, très habile ! Il eut beaucoup de difficulté à résister à la tentation – Avner-le-Bandit qui se réveillait –, de faire semblant de changer d'idée, simplement pour voir comment l'autre allait réagir. Mais il n'en fit rien.

Au lieu de cela, il se mit à écouter ce que l'homme lui expliquait, à savoir qu'il aurait un travail très intéressant s'il était accepté. À ce stade, il ne pouvait même pas lui dire s'il serait seulement invité à passer l'examen d'entrée. S'il franchissait cette épreuve avec succès, il lui faudrait subir une longue période d'entraînement. Mais s'il triomphait de tous les obstacles, il aurait une activité fascinante.

Fascinante, et d'une grande importance pour le pays. Cela signifiait également une sécurité d'emploi, et un régime de retraite ; il aurait des assurances, une protection médicale et même la gratuité des soins dentaires. Il pourrait effectuer de nombreux et passionnants voyages à l'étranger. Il s'apercevrait que l'organisation était comme une pyramide, ajouta l'homme, avec beaucoup de gens à la base et peu, très peu au sommet. Cela dépendrait de lui, et de lui seul qu'il arrive plus ou moins près du sommet.

— Regardez mon cas, par exemple, continua-t-il, s'échauffant comme il parlait ; j'ai commencé tout en bas. Il m'a fallu passer pas mal d'épreuves avant d'en arriver où je suis maintenant.

Ouais, mais où en était-il au juste maintenant ? Avner se demanda en lui-même. Un vieux schnoque de quinquagénaire, assis sur une chaise en bois dans une petite pièce étouffante, en train d'interroger d'éventuelles nouvelles recrues. Vraiment passionnant.

Et puis alors ? Cet appartement désertique de la rue Borochov était de toute évidence la base de la pyramide. Cela n'empêchait pas forcément l'organisation d'être tout à fait passionnante au sommet. Le sommet, auquel John Wayne aspirait, pouvait se présenter bien différemment.

Après cette première entrevue, néanmoins, Avner n'entendit plus parler de cet attirant personnage et de ses soins dentaires gratuits. Pas d'appels de téléphone, pas de lettres. Avner était loin d'avoir pris une décision, et laisser les choses suivre leurs cours était ce qui lui convenait le mieux pour le moment, au cours de cet été de 1969.

— Tu n'as toujours pas entendu parler de ce type d'El Al ? lui avait demandé Shoshana lors d'un week-end qu'ils avaient passé ensemble.

— Mm… avait fait Avner en secouant la tête.

— Il n'est pas très pressé, non ?

Bien que Shoshana ne fût pas elle-même spécialement pressée, elle n'avait pas posé la question par hasard. À la rentrée, elle serait professeur certifiée ; il n'avait pas été question de mariage de façon directe, mais ils s'étaient très bien compris. Dès qu'Avner aurait un travail, ils se mettraient à la recherche d'un appartement. Ils s'aimaient profondément. Pendant les quatre années qu'Avner avait passées à l'armée, elle n'était sortie avec personne d'autre. S'ils se mariaient, les parents de Shoshana les aideraient à s'installer. Après tout, ils ne pouvaient pas continuer à se voir éternellement dans une voiture d'emprunt hors d'usage.

— Il ne s'agit pas simplement d'El Al, reprit Avner. J'ai une autre casserole sur le feu.

— Vraiment ? Et quoi ?

— Oh, un travail pour le gouvernement. Un très bon travail, si ça marche. J'attends des nouvelles.

Il ne lui en dit pas davantage sur le travail en question, et Shoshana ne lui posa pas d'autre question. C'était une chose qu'Avner aimait chez elle, comme il aimait ses cheveux couleur de miel, son visage étroit aux traits aristocratiques, ses yeux d'un bleu de porcelaine. Mais là n'était pas l'essentiel. Comme toujours, l'essentiel était au-delà du pouvoir des mots.

Le télégramme arriva au domicile de sa mère un peu plus d'un mois plus tard. À ce moment-là, l'affaire lui était presque complètement sortie de l'esprit, et s'il attendait quelque chose, c'était plutôt des nouvelles d'El Al. Une place de commissaire de bord ou même de steward, n'importe quoi pour qu'il puisse voyager. Mais avec ces gens de la rue Borochov, qui pouvait savoir ?

L'appartement dans lequel il lui était donné rendez-vous, cette fois-ci, ne se trouvait pas dans la rue Borochov ; mais il n'était pas plus reluisant. Il eut droit au même accueil froid d'une autre fille, qui lui demanda d'attendre, puis qui le conduisit dans une autre pièce intérieure par une autre porte sans marque distinctive. Le bureau de bois paraissait être le même, mais l'homme assis derrière était différent.

— C'est au sujet de cette situation dont nous avons déjà discuté avec vous, dit l'homme. Êtes-vous toujours intéressé ?

— Oui.

— Parfait.

L'homme prit le calendrier posé devant lui, entoura une date d'un cercle, et la montra à Avner. Puis il lui tendit un morceau de papier par-dessus le bureau.

— Rendez-vous à l'adresse indiquée ici, ce jour-là. Apprenez-la par cœur, et rendez-la-moi. Ne vous faites pas conduire par quelqu'un d'autre. Empruntez les moyens de transport public. Vous suivrez un court programme de formation à cet endroit. Vous subirez quelques examens tout en le suivant, et il y en aura un autre à la fin. Quant au reste, nous verrons.

Avner hésita.

— Avez-vous des questions à poser ?

— Eh bien... suis-je pris ? demanda Avner. Ai-je un salaire ?

— Vous êtes pris en stage de formation. Vous serez bien entendu payé. Vous ferez partie d'une équipe temporaire dans un service public, je ne sais plus trop lequel. C'est de lui que vous recevrez votre chèque hebdomadaire par la poste. D'autres questions ?

— Non, c'est parfait. Avner se leva. Merci.

— Bonne chance.

L'homme lui tendit la main sans se lever de derrière son bureau. Déjà la jeune femme, toujours aussi froide, lui ouvrait la porte. Une minute après le nouvel agent du Mossad était dans la rue.

Un peu plus tard, ce même jour, alors qu'il était dans la vieille Citroën avec Shoshana, Avner lui demanda, sous le coup d'une impulsion subite, si elle envisagerait éventuellement d'émigrer d'Israël. Lui-même fut surpris de lui poser cette question, surgie de nulle part. Il ne voyait vraiment pas pourquoi il la lui avait posée.

Shoshana lui jeta un regard d'incompréhension.

— Mais pour aller où ? demanda-t-elle.

— Je ne sais pas. En Allemagne, n'importe où. En Amérique, peut-être.

— Définitivement, tu veux dire ?

— Bien sûr, définitivement. Quand on émigre, c'est définitif.

Shoshana se mit à rire, mais d'un rire un peu gêné.

— Ne me dis pas que tu es sérieux, lui lança-t-elle. Je commence à enseigner à la prochaine rentrée. Mes parents... ici... c'est chez nous ?

Elle jeta un coup d'œil à Avner et ajouta :

— Ne t'en fais pas. Tu finiras bien par trouver un bon travail.

Avner ne répondit rien. Et n'expliqua pas qu'il avait déjà du travail, et peut-être une bonne situation. Mais s'il ne connaissait pas l'expression « déjà vu », il fut submergé par l'impression d'avoir déjà assisté à cette scène auparavant. Bien étrange tout de même. Il n'arrivait pas à s'expliquer la chose. Et puis le soir même, au moment de s'endormir, la scène lui revint soudain en mémoire. Bien sûr ! C'était lorsque son père avait demandé à sa mère si elle n'aimerait pas rester à Francfort, et qu'elle lui avait répliqué : « Tu ne parles pas sérieusement ! »

Son rendez-vous pour le stage de formation avait beau n'être que dans deux semaines, Avner ne put résister à la tentation d'emprunter la Citroën une fois de plus le jour suivant pour se rendre – seul, bien entendu – dans le quartier de Hakirya, à Tel-Aviv. De là, il prit la route du nord, vers Haïfa.

Il était intrigué. Il connaissait bien cette partie de la ville, mais n'arrivait pas à se figurer quel bâtiment pouvait bien servir de centre de formation pour le Mossad. Il fit un aller-retour dans la rue, et ne vit rien d'autre que des jeunes gens aux allures d'étudiants assis en groupes sur des marches de ciment. La rue se terminait sur un champ entouré d'une palissade et au milieu duquel, enfoncée dans le sol, se trouvait une coupole en forme de chapeau de champignon. On aurait dit une centrale électrique, ou à la rigueur le toit d'un abri antiaérien. Avner commença à se demander si cela ne constituait pas la première des épreuves qu'il aurait à passer. Il ne pouvait évidemment se mettre à demander son chemin, mais il lui était tout aussi difficile de retourner voir l'homme derrière son bureau de bois pour lui dire qu'il ne trouvait pas l'adresse. D'autant plus qu'il y avait toutes les chances pour qu'il n'y trouve plus personne. Les deux endroits – l'appartement de la rue Borochov et l'autre – avaient l'air d'avoir été loués très temporairement.

Une idée lui vint à l'esprit. Faisant encore demi-tour avec la Citroën, il roula jusqu'à l'endroit où la rue donnait dans une artère principale, et s'arrêta sur une place de stationnement libre. Puis il attendit. Le trafic n'était pas très important, mais au cours de l'heure suivante, plusieurs voitures empruntèrent la rue ou la quittèrent. Avner les examina et les laissa toutes passer. Il attendait un signal de son sixième sens. Quelque chose qui lui permettrait d'additionner deux et deux pour faire quatre.

Le véhicule qu'il attendait se fit attendre encore une heure. Il ne présentait rien qui pût le distinguer de n'importe quelle autre voiture, et les deux hommes assis à l'intérieur auraient très bien pu être deux jeunes professeurs assistants de l'université. Mais Avner comprit qu'il n'en était rien. Il n'aurait su dire comment il l'avait deviné, si ce n'est, comme il l'expliqua plus tard, qu'un véhicule administratif reste toujours un véhicule administratif, même en Israël.

Avner laissa la voiture prendre une distance respectueuse, puis se mit à la suivre le long de la rue tortueuse avec la Citroën. Le véhicule du gouvernement se dirigeait vers la palissade qui bordait le champ ; mais avant de l'atteindre, il tourna brusquement à droite et s'enfonça directement, aurait-on dit, dans le côté du dernier bâtiment de la rue. Si ce n'est qu'au lieu de heurter un mur de béton, il s'engagea dans un passage étroit entre le mur et la palissade qu'Avner n'avait pas remarqué avant. Au bout du passage, se trouvait une barrière électrique qui s'ouvrit lentement pour laisser pénétrer l'automobile. Au-delà, le chemin plongeait en pente raide. Le véhicule administratif disparut sous le champ.

Avner ne le suivit pas, mais se présenta quinze jours plus tard au stage de formation. Il se retrouva dans un groupe de treize personnes, toutes de son sexe, et à peu près du même âge que lui, à part deux ou trois qui paraissaient nettement moins jeunes. L'une d'elles avait même l'air d'avoir dépassé quarante ans. Avner ne connaissait aucun de ces hommes, mais il lui sembla cependant avoir déjà rencontré deux ou trois des plus jeunes, peut-être pendant son service militaire, lors de manœuvres conjointes. Il ne vit personne de son ancienne unité.

Une semaine plus tard, il recevait son premier salaire, un chèque envoyé par la poste. Il émanait du Service des Eaux de Tel-Aviv et avait été adressé à Rehovot chez sa mère ; il était de 120 livres israéliennes. Une somme modeste. De quoi y penser à deux fois avant d'envisager de fonder un foyer. Mais pour le moment, ça n'avait pas d'importance. Avner ne se souciait guère de l'argent, surtout à cette époque. Tout ce qui l'intéressait était de mener une existence passionnante, de voyager, de prendre plaisir à faire ce qu'il aurait à faire, et si possible de faire bonne figure par la même occasion.

La plupart des instructeurs étaient jeunes, et n'avaient guère que quatre ou cinq ans de plus qu'Avner. L'instructeur en armes à feu constituait une notable exception. Répondant au nom de Dave, il avait le visage d'un sexagénaire, mais le corps mince et nerveux d'un athlète de vingt-cinq ans. Avner avait rarement vu un homme aussi bien bâti.

Américain, Dave était un ancien marine qui n'avait jamais appris à parler correctement l'hébreu. Comme plusieurs de ses camarades, Avner aurait eu plaisir à parler anglais avec lui, mais il tenait absolument à s'exprimer en hébreu. « Tu apprends foutues armes à feu, j'apprends foutu hébreu », dit-il à Avner la première fois qu'ils se rencontrèrent, d'une voix traînante et grinçante comme celle de Popeye.

Bizarrement, cela lui conférait une certaine autorité. « On apprend bien tous les deux, O.K. ? »

— C'est O.K. pour moi, répondit Avner.

— Toi venir de l'armée, hein ? Apprendre à tirer à l'armée, hein ?

— Nous avions des armes, en effet, admit prudemment Avner.

— Toi me faire grande faveur, continua Dave avec le plus grand sérieux. Toi te faire grande faveur. Tu oublies tu as déjà vu armes. Tu vois armes ici, première fois.

D'une certaine manière, c'était vrai. Avner avait beau en avoir appris pas mal sur les armes de poing et leur usage à l'armée – il avait appartenu à un commando, après tout –, c'était la première fois qu'on lui présentait de cette façon la manière de s'en servir. Tout d'abord, le vieux Popeye était un fanatique de la mise en condition physique. Non pas la force, mais la coordination.

— Tu crois haltérophiles tirent bien ? demandait-il. Haltérophiles tireurs de merde. Tu veux lancer rochers ennemi ? Tu soulèves poids. Tu veux tirer dessus ? Tu sautes à la corde. Comme petites filles.

Et pendant au moins une heure, chaque jour, tout le groupe sautait à la corde dans le gymnase du sous-sol. Une douzaine de prétendants au titre d'agent secret sautant à la corde comme des gamines de douze ans. On aurait dit que Dave avait une foi mystique dans le rapport qu'il y avait entre le saut à la corde et l'aptitude à se servir efficacement d'une arme de poing, qu'il exprimait selon cette maxime sibylline :

— Pas pouvoir sauter à la corde, pas pouvoir tirer.

Avner ne mit jamais en doute sa parole. Dave était capable d'enfoncer un clou dans un mur à dix mètres de distance, d'une main comme de l'autre.

Mais là n'était pas davantage la question. Comme Dave le disait lui-même :

— Vouloir apprendre tir à la cible ? Vous allez dans équipe olympique. Moi j'enseigne foutue manière tirer en combat.

Le tir de combat, selon Dave, signifiait qu'il fallait apprendre aussi quelque chose de l'arme de l'adversaire.

— Tu crois lui comme foutue cible, lui attendre coup de feu ? disait-il à Avner. Lui tirer premier, lui peut-être meilleur que toi. Si tu apprendre à tirer, toi vivre longtemps, avec chance. Si apprendre à te couvrir vivre plus longtemps encore.

Se couvrir ne signifiait pas qu'il fallait apprendre à éviter les balles, évidemment, mais apprendre à identifier immédiatement les armes, au cours de longues leçons, d'après des plans et des diapositives.

Tous les modèles imaginables que l'ennemi était susceptible d'utiliser. Car, comme l'expliquait Dave, chacun avait ses caractéristiques propres et les connaître pouvait vous sauver la vie.

— Une balle n'est pas comme foutu taon ; une balle te suit pas ; une balle va tout droit.

Si l'on savait comment fonctionnait l'arme tenue par l'homme que l'on avait en face, on pouvait disposer d'un centième de seconde pour décider dans quelle direction allait partir la balle – et plonger de l'autre côté.

— Tu vois il a revolver, peut-être. Toi malin, savoir tous les revolvers tirent un peu à droite, même si l'homme champion. Alors tu plonges à droite. À ta droite. Si pas très malin, tu plonges à gauche, tu te fais avoir. En plein dedans. T'as le gros lot.

En disant cela, Dave plantait son index entre les deux yeux d'Avner.

La deuxième chose importante était de connaître sa propre arme, bien entendu. Le jour où le vétéran des marines leur permit enfin de tenir un véritable revolver entre les mains, Avner eut la surprise de voir qu'il leur distribuait de petits Beretta semi-automatiques de calibre 22[9]. Bon, peut-être s'agissait-il simplement d'armes utilisées pour s'entraîner.

— Non. Dans boulot, c'est ton arme. Pour de bon.

Comme Dave l'expliqua, dans le travail un peu particulier d'agent secret, la précision, le silence et le faible encombrement d'une arme importaient davantage que sa portée et sa force de pénétration. Selon toute apparence cette philosophie, et en particulier l'adoption du Beretta calibre 22, semble avoir été la contribution personnelle de Dave à l'armement des agents sur le terrain du Mossad. Avant cette époque, les agents israéliens employaient les mêmes armes de poing que dans l'armée de la police, des calibres beaucoup plus puissants comme des 32, des 38 ou même des 45.

— Ils me disaient, qu'est-ce que c'est que ça, le 22 ? On a besoin d'un gros ! Je répondais : croyez-moi. Gros, pas besoin.

Dave avait même absolument tenu à ce que l'on diminuât la charge explosive des cartouches. Avec pour résultat que le petit 22 avait une vitesse à la sortie du canon plus basse et un pouvoir de pénétration plus faible que le modèle habituel. Mais d'un autre côté, il faisait un petit bruit peu alarmant, comme un bouchon de champagne, quelque chose comme *pfmm*, quand on s'en servait. Ils n'avaient pas besoin de

silencieux. Et on pouvait les utiliser à l'intérieur d'une cabine pressu-
risée avec infiniment moins de risque de percer la cellule d'alumi-
nium et d'engendrer la réaction connue sous le nom d'explosion de
décompression – laquelle peut littéralement réduire un avion en pièces
en plein ciel, ce qui rend les armes de calibre plus puissant extrêmement dangereuses dans un avion à réaction moderne.

— Tu t'en fais, petit calibre ? demandait Dave. Tu veux gros
calibre ? Ton ennemi, c'est éléphant, peut-être ? Ton ennemi c'est TANK
peut-être ? Si ton ennemi c'est tank, pas de revolver assez gros ;
besoin bazooka. Si ton ennemi homme, petit calibre très bien.

Rien n'agaçait davantage Dave que de voir certains des camarades
d'Avner, ayant reçu un entraînement militaire, s'inquiéter du faible
rayon d'action du petit Beretta. Mais le travail d'un agent secret sur le
terrain était différent ; pour cette activité, l'entraînement militaire
était pire que pas d'entraînement du tout, aux yeux de Dave. L'armée
entraînait les hommes à devenir des tireurs d'élite, à grimper dans un
arbre, pour descendre un ennemi à un kilomètre. À l'armée, les soldats apprenaient aussi à tirer en rafales dès qu'ils appuyaient sur la
détente.

— Bon sang, toi grand agent à Londres, disait Dave d'un ton sarcastique, peut-être tu veux pistolet-mitrailleur, Heckler & Koch, par
exemple, bonne mitraillette, une balle à la seconde. Quelqu'un te
regarde de travers, tu tues tout le monde dans métro.

L'armée – ou sur ce point, la police – apprenait à ses recrues à
introduire une cartouche dans la culasse, à remonter le cran de sûreté,
puis à avancer, l'arme à la main. Dave disait d'oublier le cran de
sûreté ; le cran de sûreté, ça n'existait pas. Il peut tout aussi bien ne
pas empêcher le coup de partir – si par exemple on fait tomber accidentellement son arme – qu'empêcher de tirer au moment précis où
l'on en a un besoin urgent. Donc pas de cartouche dans la culasse. Pas
d'arme à la main, sauf avec l'intention de s'en servir. Apprenez à saisir votre revolver, à tirer la culasse mobile vers l'arrière, ce qui introduit en même temps une balle dans la chambre, en utilisant les deux
mains à la fois. Refaites ce geste des millions de fois. Jusqu'à ce que
vous puissiez le faire en dormant, d'un seul mouvement, fluide et efficace. Et quand il est armé, tirez. Ne sortez jamais votre arme sans
vous en servir. C'est comme cela qu'on se sert d'un revolver.

— Vous n'êtes pas des foutus flics, répétait Dave. Mais des agents
secrets. Vous sortez votre pétard, bon pour personne, votre couverture

foutue. Vous le sortez pas pour avertir. Vous le sortez, vous tirez. Et si vous tirez, vous tuez.

Tel était l'essentiel de la leçon, répétée maintes et maintes fois. « Ne sortez votre arme que pour tirer, et si vous tirer, tuez. Si un voleur vous demande votre portefeuille, donnez-le-lui. Donnez-lui vos chaussures, donnez-lui votre chemise. Laissez-le vous boxer et vous insulter. Mais si pour une raison ou une autre, vous ne pouvez lui donner ce qu'il vous demande, abattez-le. Ne sortez même pas votre arme pour le menacer. Ne lui tirez pas dans les jambes. Vous n'êtes pas un agent de police, mais un agent secret. Vous êtes payé pour éviter de vous faire repérer. Avant toute chose, c'est votre boulot. Et si vous devez appuyer sur la détente, faites-le toujours deux fois. »

Dave était un fanatique du coup doublé ; c'était aussi important que de sauter à la corde. C'était la clef de voûte du tir de combat avec n'importe quelle arme, et en particulier avec le Beretta 22. Comme l'expliquait l'ancien marine : « On ne tient plus son arme dans la même position, si l'on fait une pause entre deux coups. Aussi longtemps que l'on s'entraîne. Il est impossible d'empêcher sa main de bouger ; inconsciemment, on la déplace. Si l'on a touché au but au premier coup, on passera à côté au second si l'on fait une pause.

« Mais si vous appuyez deux fois sur la détente, dans la même seconde, il y aura deux balles dans la cible, quoi qu'il arrive, si vous avez bien visé avec la première. Sinon, peu importe que vous ayez tiré deux balles au lieu d'une. Si vous manquez, vous ajustez votre tir et tirez deux autres balles. Si vous avez le temps. Mais deux. Toujours deux. Chaque fois que vous appuyez sur la détente, vous redoublez. »

— Ne l'oubliez jamais, disait Dave. Pensez-y en dormant. Toujours *pfmm-pfmm*. Jamais simplement *pfmm*, bon sang. Pas bon. C'est *pfmm-pfmm*, même dans votre sommeil.

Une fois, plusieurs années après la fin de son entraînement de base, Avner tomba par hasard sur Dave, rue Jabotinski, à Tel-Aviv.

— C'est toi, hein ? lui dit l'Américain tout souriant. Comment ça va ? Tu te souviens *pfmm-pfmm* ? Je vois que tu n'as pas oublié !

Avner n'avait pas oublié, et n'allait jamais l'oublier.

Ce n'était pas une façon naturelle de tirer, mais il s'exerça inlassablement, à la manière d'un bon Yekké bien consciencieux, jusqu'à ce qu'il y arrive à la perfection. Il ne fut jamais le meilleur de son groupe – il fallait pour cela disposer d'un coup d'œil, d'un sens du rythme qu'Avner ne possédait pas – mais il était bien déterminé à aller aussi loin que pourrait le porter sa volonté. Et il y alla. Il apprit à ne pas tirer trop tôt son revolver au cours des exercices de combat – « Tu crois que tu tires un missile, ou quoi ? » commentait alors Dave – mais il apprit aussi à surmonter la peur d'être trop loin et de manquer.

— Sûr, si le bout du canon le touche, tu manques pas. Mais l'autre frappe très fort, et toi, sur le cul.

Telle était la réaction de Dave à ce genre d'erreur, si ce n'est qu'il n'eut pas l'occasion de l'avoir plus d'une fois avec Avner.

Il en allait de même avec les autres cours. Photographie, communications, explosifs – dans ce dernier domaine, Avner avait moins besoin que les autres d'être initié, ayant appris à les manipuler dans son unité de commando. Ces soldats doivent apprendre les bases de la destruction ; cela fait partie de leur travail. Avner n'était cependant pas un expert dans l'art de fabriquer ou de désamorcer une bombe – ou à la rigueur un modèle rudimentaire. Tout ce qu'un agent ordinaire sur le terrain devait savoir se réduisait à peu de chose : comment placer, armer et faire sauter un engin explosif. Rien de bien sorcier, à ce niveau. Tout était préfabriqué, le détonateur, le transmetteur, la charge de plastic. Il n'en fallait qu'une poignée pour souffler la porte d'un coffre, mais il n'y avait nul besoin de la manipuler avec précaution. On pouvait laisser tomber une charge par terre, la frapper, ou même éteindre sa cigarette dessus, tellement elle était stable. Il suffisait d'apprendre à la mettre en forme – n'importe quelle forme, et on pouvait même la peindre – à placer le détonateur et à connecter les fils. Le rouge sur le rouge, le bleu sur le bleu. Enfantin.

La documentation était infiniment plus passionnante. Avner y excellait, peut-être parce que cela avait quelque chose à voir avec le sixième sens. Non pas à la fabrication de faux documents, un travail d'expert pour lequel quelques notions suffisaient lorsqu'on était agent sur le terrain, mais à leur utilisation et à leur détection. Il s'agissait d'une science subtile, qui exigeait de celui qui la pratiquait de savoir assembler les pièces d'un puzzle. L'instructeur était un juif argentin du nom d'Ortega[10]. Comme il le remarquait lui-même, c'était avant tout affaire de psychologie ; il fallait savoir certaines choses sur l'emploi du papier, et beaucoup sur les gens.

Avant d'apprendre comment se procurer de faux documents et la manière de les utiliser, pensait Ortega, les agents sur le terrain devaient plutôt apprendre la façon de les détecter. Bien que leur travail dans le cadre du Mossad ne comportât pas d'activité de contre-espionnage à l'intérieur d'Israël (un autre organisme, le *Shin Bet*[11], s'en chargeait), il pouvait néanmoins en comprendre une à l'extérieur du pays. Plus important encore, en étant au courant des fautes que faisaient les autres en se servant de faux documents, on pouvait éviter de commettre des erreurs semblables.

Par exemple, Ortega leur donnait à chacun un passeport en leur demandant de faire une légère altération sur n'importe quelle page, comme effacer une notation à la lame de rasoir et la remplacer par une autre.

— Faites-le chacun sur une page différente, et lorsque vous me rendrez le passeport, ne me dites pas sur quelle page vous l'avez faite.

Ce qu'ils firent, pour découvrir que Ortega était capable de dire instantanément la page sur laquelle ils avaient travaillé, en laissant simplement les documents s'ouvrir dans ses mains. Les passeports les trahissaient invariablement en présentant la page sur laquelle les apprentis faussaires venaient de peiner laborieusement pendant une heure. En toute logique, la reliure présentait une pliure plus marquée à la page en question.

— Mais tandis que je laisse le passeport s'ouvrir, ce n'est pas lui que je regarde, mais vous.

Parce que n'importe quel passeport, même non trafiqué, s'ouvrait forcément sur une page ou une autre. Chose sans signification, si ne s'y ajoutait pas un petit éclair dans les yeux de son propriétaire. Et ce petit éclair était ce que l'on pouvait espérer de mieux, étant donné qu'il ne fallait pas s'attendre à voir un agent de l'ennemi s'effondrer et tomber en larmes. Cela dit, la petite lueur pouvait n'avoir aucune signification, ou encore une signification sans le moindre rapport avec l'enquête que l'on menait. Peut-être votre bonhomme était-il simplement en train d'essayer de passer des cigarettes en fraude. C'était là qu'intervenait votre sixième sens, que l'on fût en train d'essayer de détecter des faux documents ou de passer soi-même avec.

Pour Avner, toute la beauté du travail d'un agent sur le terrain se résumait à ça. Car c'était quelque chose qui demandait précisément le talent qui était son point fort. Certes, des aptitudes dans des domaines aussi rébarbatifs que les mathématiques ou les sciences pouvaient être parfois nécessaires. Le matériel était dans certains cas d'une redoutable complexité, en particulier dans le domaine des communications. Il y avait les codeurs et les décodeurs. Les transmetteurs capables d'expédier en une seconde un message d'une durée réelle d'une heure. Avner éprouva pas mal de difficultés à se familiariser avec les principes de base du codage et du décodage. Les carnets de clefs-blocs à usage unique restèrent toujours un mystère pour lui, comme les ordinateurs. Ses aptitudes mnémotechniques étaient médiocres et sa coordination physique simplement bonne, sans plus. Même sa façon de conduire tenait plus de la témérité que de l'habileté, un peu comme son aptitude à parler l'anglais et l'allemand. Il pouvait saisir assez rapidement un tableau dans son ensemble, mais n'avait pas la patience d'examiner les détails.

Cependant – et c'était le point important – il y avait place au Mossad pour les gens n'ayant pas de talents spéciaux. Les génies de l'encodage et les petits sorciers de la chimie ne manquaient pas ; c'étaient des gens capables de passer toute leur vie assis à leur bureau ou debout devant leur paillasse de laboratoire pour fabriquer de l'encre invisible. Mais on avait aussi besoin de gens capables de voir l'ensemble du tableau. D'hommes et de femmes comme Avner, dénués de dons extraordinaires dans tel ou tel domaine précis, mais d'un remarquable esprit de synthèse.

Un art dans lequel Avner excellait. On aurait dit, par moments, qu'une voix intérieure lui murmurait *ne fais pas attention à cela, mais surveille bien ceci*. Que ce soit face à des documents ou à des personnes, il avait le don de percevoir la plus infime anomalie, presque inconsciemment. Ce passeport belge lors d'une séance de travaux pratiques, par exemple. Il n'aurait su dire sur-le-champ ce qui n'allait pas – les visas paraissaient authentiques, les couleurs ne lui restaient pas sur les doigts quand il en frottait les pages, il n'y avait pas non plus de minceurs suspectes du papier quand il le mettait face à la lumière, mais une sonnerie d'avertissement s'était déclenchée dans sa tête. Il devait prendre sa décision en trente secondes, maximum, comme s'il se trouvait à un véritable aéroport : laisser passer le porteur ou le retenir. Il regarda de nouveau et, bien sûr ! la photo… Le petit œillet de métal qui la retenait était convenablement rouillé, comme il devait l'être pour un document ayant deux ans, porté dans une poche imprégnée de sueur ; mais sur la page en regard, les petites taches de rouille ne correspondaient pas. Elles ne correspondent jamais en cas de substitution de photographies, car il est impossible de les remettre exactement à la même place.

Avner se défendait également bien dans l'art du « balayage visuel » (scanning), lorsqu'il s'agissait d'être en alerte pour n'importe quoi d'inhabituel. Art qui ne faisait l'objet d'aucun cours particulier, étant donné qu'être en alerte permanente était considéré comme une exigence de base pour tout agent. Le balayage visuel consistait simplement à se servir de ses yeux, un peu à la manière d'un faisceau radar, pour faire le tour de son environnement à intervalles réguliers. Ne jamais fixer toute son attention plus de quelques secondes sur le même objet. Afin d'en faire une habitude constante, présente vingt-quatre heures sur vingt-quatre, les instructeurs tendaient des pièges aux recrues dans les endroits et aux moments les plus inattendus, y compris pendant les promenades à Tel-Aviv quand elles n'étaient pas de service. On leur apprenait à se servir de toutes les surfaces réflé-chissantes, devantures de magasin, vitres de voiture, comme de rétro-viseurs pour rester constamment en contact avec tout ce qui se passait autour d'elles, mais sans que leur attitude trahisse qu'elles se fussent rendu compte de quoi que ce soit.

Le balayage visuel est devenu une seconde nature chez la plupart des agents ; mais chez Avner elle produisit un résultat inattendu. Il s'aperçut qu'elle pouvait trahir celui qui s'en servait. C'est ainsi que, par exemple, les agents secrets ne sourient que rarement. Il est très difficile de balayer des yeux le paysage autour de soi en permanence sans figer le reste de ses traits. Encore un détail engrangé dans l'in-conscient d'Avner pour un éventuel usage ultérieur.

Observer non seulement les choses susceptibles de vous affecter directement, mais aussi relever toute information pertinente offerte par les circonstances, constituait un élément central de l'entraînement des agents sur le terrain. Peut-être davantage que sur tout autre chose, c'est là-dessus que fut mis l'accent au cours des six mois passés par Avner sous la coupole en forme de champignon. Les sorties les plus fréquentes sur le terrain avaient pour but l'observation : « Prenez le bus jusqu'à Haïfa, asseyez-vous dans un hall d'hôtel, revenez et dites ce que vous avez vu. N'oubliez rien. Ne choisissez pas, n'essayez pas de déterminer ce qui est important et ce qui ne l'est pas. Rendez sim-plement compte de tout ce que vous avez vu et dont vous vous souve-nez – et souvenez-vous de tout. »

Chose qui exigeait, bien entendu, mémoire et patience – un peu les points faibles d'Avner – mais qui lui en apprit également beaucoup sur la nature humaine. Souvent, inconnu du premier élève-agent, un autre élève-agent appartenant à un autre groupe se trouvait assis dans le hall de l'hôtel de Haïfa. Si des différences significatives apparais-saient dans leurs rapports, l'instructeur pouvait leur dire : « Écoutez les gars, pourquoi vous n'allez pas un peu dans la pièce à côté me trier tout ce bazar ? »

En règle générale, ce qu'il y avait à dire était simple. L'un des deux élèves-agents était gagné par l'ennui ou par la faim pendant sa période d'observation, et se levait pour partir à la recherche d'un café ou d'un sandwich. Les agents sont aussi des êtres humains, qui peuvent tomber à court de cigarettes ou avoir envie d'aller aux toilettes. Facteur souvent ignoré dans les calculs d'un autre agent. Certains, doués d'une imagination un peu trop vive, avaient tendance à exagérer, voire à inventer. Ces exercices ne servaient d'ailleurs pas uniquement à les entraîner et à mettre leurs aptitudes à l'épreuve, mais aussi à détecter certains de leurs traits en tant qu'êtres humains. Allaient-ils embellir ou maquiller une histoire ? Pouvaient-ils faire la part de ce qui était observation et imagination ? Et, s'ils se trouvaient confrontés à une contradiction, allaient-ils l'admettre ou tenter de bluffer avec effronterie ?

Cet aspect des choses était vital, par rapport à l'un des autres domaines de la formation, dans lequel Avner excellait. La planification : monter une opération simulée. Il fallait sélectionner son personnel, et faire la liste du matériel et des aides indispensables. Qui choisir pour remplir quelle fonction dans le groupe, en tenant compte des aptitudes, des points forts, de la personnalité, pouvait constituer la clef conduisant au succès.

Comme ses instructeurs ne tardèrent pas à le remarquer rapidement, Avner étudiait le caractère et le tempérament de ses camarades de formation et leur distribuait les rôles en en tenant compte. Mais il était capable d'aller bien au-delà de ce qui était évident. Si par exemple la mission imaginaire consistait à s'introduire en cachette dans l'ambassade d'un pays arabe à Rome, afin d'en détruire la salle des communications, Avner commençait par faire faire par l'agent résidant à Rome un rapport, minute par minute, sur l'emploi du temps de l'ambassade, par période de vingt-quatre heures, durant toute une semaine. Trois jours avant l'opération, il envoyait son agent le plus « couleur des murs » mais le plus sûr relever la façon dont se faisait le trafic dans toutes les rues avoisinantes. Si l'ambassade fictive occupait une suite de bureaux dans un immeuble à caractère commercial, il se réservait la tâche de se présenter sous les traits d'un homme d'affaires allemand, cherchant à louer des bureaux dans le même immeuble, afin d'avoir accès aux plans des étages. Il s'efforçait d'employer un minimum de personnes pour chaque phase de l'opération. Il ne se réservait jamais de fournir à chacun le détail des directives, mais confiait au contraire ce rôle à l'homme le plus érudit et le plus méticuleux dans chacun des domaines en cause.

Et finalement, il apposait une signature ferme et bien lisible au bas de son plan. Il en était fier, et sentait qu'il était important d'en être fier. Une fois, regardant le plan de quelqu'un d'autre, l'instructeur tendit un papier sur lequel s'étalait un gribouillis hésitant et lança avec sarcasme :

— Regardez, voici la signature d'un héros !

Avner eut en revanche droit à un bon point de la part de l'instructeur. Plus la signature de quelqu'un était illisible, moins il avait confiance dans son plan. Avner se promit de toujours demander à voir la signature au bas d'un plan qui l'enverrait en mission réelle. S'il pouvait déchiffrer le nom sans peine, il aurait de bonnes chances de revenir en vie.

Problèmes psychologiques que tout cela. Ce qui fit la plus forte impression sur Avner, dans tous les domaines touchés par la formation, fut l'aspect psychologique qui se cachait derrière chaque information. Peut-être oublierait-il l'information, mais pas son aspect psychologique. Il pouvait toujours demander à quelqu'un d'autre de s'occuper des détails techniques. La psychologie était plus importante ; c'est elle qui lui permettrait de remodeler l'information pour lui-même.

Par exemple, Avner n'allait jamais oublier cette remarque faite par l'instructeur à propos des documents ; une simple petite remarque, faite en passant, mais dont il se souviendrait toujours.

En fonction de leur qualité, il y avait toute une gamme de faux papiers. Ils pouvaient aller de l'identité permanente qu'un agent résident était susceptible d'utiliser pendant des années, au document devant faire une heure d'usage – comme le passeport d'un touriste, volé dans les toilettes d'un aéroport – destiné à lui faire franchir une frontière dans un seul sens, en cas d'urgence. « Cependant, expliquait Ortega, votre confiance dans la source du document est plus importante que sa qualité. Les papiers ne font pas le travail tout seuls ; ils fonctionnent en interaction avec vous. Si vous n'avez pas confiance en eux ou en la personne qui vous les a procurés, vous pouvez ramener une identité permanente à la valeur d'un passeport d'une heure d'emploi. Par ailleurs, on peut faire bien du chemin avec un permis de conduire volé dans lequel on croit. »

Il n'y avait pas de domaine d'activité d'un agent sur le terrain sans un aspect psychologique. S'il s'agissait d'organiser une surveillance à Paris ou Amsterdam, un jeune couple avait moins de chance d'attirer l'attention qu'un homme seul en imperméable mastic en train de lire son journal à la terrasse d'un café, par exemple. En revanche, en

Sicile ou en Corse, un homme seul faisait mieux l'affaire. Et si les meilleurs gérants d'une planque, un peu partout dans le monde, étaient les couples âgés, des jeunes gens passaient davantage inaperçus dans le quartier de la Sorbonne. Lorsque l'on demanda pour la première fois à Avner de filer la voiture de son instructeur de conduite dans un autre véhicule, il se prépara à toutes sortes de tours ; mais il ne s'attendait pas à voir l'homme qu'il devait suivre dans Tel-Aviv conduire comme une vieille dame, faisant fonctionner son clignotant à tous les carrefours. Jusqu'au moment où, après avoir ralenti au feu orange, l'instructeur bondit au milieu d'une importante intersection au moment où le feu passait au rouge. Impossible pour Avner de le suivre sans provoquer un accident. Simple, mais impressionnant.

Nombreux étaient les autres élèves qui s'attendaient à apprendre des règles solidement établies, des procédures précises. Ces règles existaient, certes, mais les suivre à la lettre pouvait constituer une faute capitale pour un agent. Il ne s'agissait pas d'un travail de routine, et c'est d'ailleurs pour cette raison qu'Avner trouvait qu'il lui allait si bien. Apprendre les règles sans se laisser ligoter par elles, tel était le secret. C'était un travail dans lequel celui qui était capable d'improviser et de procéder régulièrement de façon inattendue arriverait au sommet. Contrairement à l'armée, qui appartenait en dernier ressort aux bureaucrates, cette activité était taillée sur mesure pour les francs-tireurs. C'est du moins ainsi qu'Avner voyait les choses.

À l'issue des six premiers mois, l'entraînement se poursuivit sur le terrain pour un certain nombre de recrues. On ne procéda à aucun examen formel avant de passer à ce stade. On pouvait dire plutôt que les épreuves passées quotidiennement avaient servi aux instructeurs de moyens d'évaluation tout au long de cette période. Qui avait réussi, qui avait échoué, Avner n'en avait aucune idée. Ces informations restaient confidentielles. Le fait de ne plus voir un camarade du groupe voulait peut-être simplement dire qu'il avait été affecté ailleurs, ou dirigé vers un domaine plus spécialisé, mais il avait peut-être aussi été jugé incompétent et remercié. Ces spéculations alimentaient les commérages parmi les élèves, sans qu'il y eût de questions ni de réponses officielles.

Avant de passer au stade de l'entraînement sur le terrain, Avner dut suivre un certain nombre de cours spéciaux, ayant tous quelque chose à voir avec le travail et les méthodes pour rendre compte et qui contenaient certaines informations techniques intéressantes, mais aucune révélation particulière. L'un d'entre eux, néanmoins, lui parut assez étrange, et il se demanda s'il devait le considérer comme secondaire – d'une certaine manière il avait même un côté comique – ou comme un présage inquiétant pour l'avenir. Son sixième sens lui disait qu'il s'agissait de l'un de ces ténébreux problèmes auxquels son père avait fait allusion. Il décida finalement d'en rire, mais c'était d'un rire un peu contraint.

L'homme chargé de ce point précis d'instruction portait une couronne de cheveux blancs, comme Ben Gourion, sans toutefois dégager la même aura charismatique que le vieux chef d'État. Il avait un visage malin de gnome qui s'accordait bien avec sa taille de nain : il devait mesurer moins d'un mètre cinquante. Ses pieds touchaient à peine le sol, depuis le tabouret sur lequel il était juché, derrière un bureau croulant sous les piles de dossiers. Ses doigts étaient jaunis par le tabac. Ses yeux brillants observaient Avner d'un air railleur d'en dessous de sourcils en broussaille, dont l'un, relevé et courbé sur son front, faisait penser à un point d'interrogation placé là en permanence. On pouvait supposer que la couleur originale de sa chemise crasseuse était blanche.

Ce n'était pas un vulgaire Galicien comme les autres, se dit Avner, mais le grand-père de tous les Galiciens.

— Ainsi donc vous voilà parti pour explorer le monde, commença le vieux Galicien. C'est très bien. Bon, asseyez-vous et écoutez-moi. J'ai un petit nombre de choses à vous expliquer. En premier lieu, ne vous sentez pas offensés par ce que je vais vous dire. Ça n'a rien de personnel, c'est la première fois de ma vie que je vous vois. Ce que je vais vous expliquer je l'ai expliqué à tous les autres avant vous. Vous vous demandez à quoi servent tous ces registres sur mon bureau ? Ce sont des livres de comptes. Vous voulez savoir à quoi ils sont destinés ? Assis là, je mets le nez dedans parce que je veux savoir ce que vous dépensez et pour quelles raisons. Je vous dis cela parce que certains des types dans votre genre s'imaginent être en croisière de luxe, offerte par l'État d'Israël pour leur seul plaisir. Mon rôle est de vous rappeler qu'il n'en est rien. Je ne vous le rappellerai qu'une seule fois, comme à tout le monde. J'ai horreur de devoir me répéter. Ce que je veux, ce sont des REÇUS. Je veux un reçu pour chaque centime que vous dépensez quand vous êtes en service. Si vous devez prendre un taxi, très bien, vous me rapportez un reçu. Si vous devez louer un bateau, très bien, vous m'apportez un reçu. Si vous devez respirer et que ça vous coûte quelque chose, vous me rapportez un reçu. Sinon, c'est déduit de votre salaire. Et si vous prenez un taxi, mieux vaut que vous en ayez réellement besoin pour votre travail. Car je vous demanderai pourquoi vous l'avez pris. Quand vous pouvez prendre le métro, prenez-le. Ou l'autobus, comme tout le monde. Marchez. Vous dépensez de l'argent et les raisons pour lesquelles vous l'avez dépensé ne me satisfont pas : je le retire de votre salaire. Ne vous méprenez pas, cependant : si vous en avez besoin pour le travail, allez-y. Votre travail est très spécial ; vous, non. Pour moi vous n'êtes pas un héros, quoi que vous fassiez. Vous m'amenez ici Hitler, menottes aux poings, je vous demanderai encore, et mes reçus ? Et ce coup de téléphone longue distance était-il privé ? Appeliez-vous votre petite amie ? Parce que si c'est le cas, ça sort de votre salaire. J'insiste bien là-dessus, parce que certains d'entre vous pensent travailler pour le baron Rothschild, et qu'il n'y a rien de trop beau pour eux. Que puis-je ajouter ? Vous ne travaillez pas pour le baron Rothschild, mais pour Israël. Et quand il s'agit d'argent, vous travaillez pour moi.

Le Galicien s'arrêta, releva la tête et se mit à fixer Avner des yeux.

— Ne me laissez pas dans l'incertitude, s'il vous plaît, ajouta-t-il. Si je n'ai pas été assez clair, dites-le.

Avner se leva.

— Vous avez été très clair, répondit-il.

Qu'est-ce qu'il s'imaginait donc, à quoi s'attendait-il ? On juge toujours les autres selon ses propres normes. Ce vieux Galicien, ce *ganef*, ce voleur, devait probablement barboter tout ce qui n'était pas relevé noir sur blanc. Et il supposait que tout le monde, à sa place, en aurait fait autant.

Si ce n'était que pour Avner, il se trompait complètement ; non seulement sur lui mais sur presque tous les autres. Le genre de personne ayant envie de voler, et sans même parler de voler, de gagner de l'argent, n'était pas intéressé par un boulot où l'on était sur la brèche vingt-quatre heures sur vingt-quatre pour 650 livres israéliennes. C'était absurde.

Les seuls examens officiels qu'il fallait subir avant d'être envoyé sur le terrain étaient des tests psychologiques. Les patrons étaient d'évidence curieux de savoir ce qui les faisait vibrer. En dépit des plaisanteries incessantes – il faut être cinglé pour faire ce boulot, et ainsi de suite – il était bien clair que la plupart des élèves se considéraient comme des personnes tout à fait normales. Les autres – eh bien les autres étaient peut-être légèrement excentriques. Le but de ces tests psychologiques semblait cependant être ailleurs. Avner éprouvait l'intime conviction qu'il fallait finasser avec certains d'entre eux pour les tourner en sa faveur.

Pas ceux portant sur le stress, cependant. Ils étaient sans détour. Et pleins de bon sens, aux yeux d'Avner. Il était intéressant de savoir s'il serait capable de résoudre un problème de mathématiques, domaine qui n'était pas son fort en temps normal, après vingt-quatre heures passées sans manger et sans dormir. Et la réponse, à savoir que non seulement il pouvait, mais réussissait un peu plus vite et tombait plus juste, lui fit plaisir tout en l'intriguant.

Mais il fallait se fier à son instinct dans le cas des autres tests. Avner se dit qu'il devait deviner ce que l'on attendait de lui et essayer de le faire, que cela corresponde ou non avec ce qu'il ressentait lui-même. L'essentiel, de son point de vue, tenait à ce que le Mossad n'aimait pas beaucoup que ses agents fussent pourvus de certaines qualités ; précisément celles sans lesquelles ils n'auraient pas pu et n'auraient probablement pas voulu être des agents. Un cercle vicieux.

Par exemple, son sixième sens lui souffla que le Mossad ne voulait surtout pas du numéro John Wayne. Ou même de celui du petit garçon hollandais. Pour être plus précis, on voulait bien de la partie dans laquelle John Wayne s'attaque tout seul à toute une ville de méchants, mais pas de celle dans laquelle il se débrouillait pour se faire attribuer le premier rôle. Ils avaient les héros en horreur. Si l'expression « en horreur » est peut-être un peu forte, toujours est-il qu'ils ne les aimaient certainement pas, et ne leur faisaient pas confiance. Avner se rendait compte qu'ils ne voulaient pas de gens qui prissent plus de plaisir qu'il ne fallait dans leur travail. Les gens du Mossad ne semblaient même pas vouloir que l'on éprouve trop de sentiments négatifs envers l'ennemi. L'une des recrues, par exemple, un juif d'Alexandrie, se montrait d'un fanatisme exacerbé dès qu'il était question des Arabes, ce qui n'était guère surprenant lorsque l'on savait que toute sa famille avait été lapidée à mort, en 1949, par de la populace arabe. Mais, à la façon dont les instructeurs le regardaient, Avner comprit que son avenir dans l'institut était compromis.

L'agent secret idéal, du point de vue du Mossad, était quelqu'un d'aussi précis, d'aussi sûr et d'aussi discret qu'une machine bien conçue. À un certain niveau, il ne devait pas manifester plus d'enthousiasme pour son travail qu'un microprocesseur ou une aiguille de boussole. Ses résultats ne dépendraient pas de la façon dont il allait « sentir » sa mission, bien qu'on ne lui demandât pas d'être simplement stupide ou insensible. Car dans ce cas, il ne serait pas en mesure de faire preuve de l'inventivité requise pour réussir, non plus que de loyauté. Il fallait qu'il fût un patriote passionné, mais sans la moindre trace de fanatisme. Il devait se montrer d'une habileté exceptionnelle, mais sans avoir une seule idée en propre dans la tête. Il lui fallait être à la fois un casse-cou et un expert-comptable. En un mot, combiner des qualités que l'on trouvait rarement réunies dans la même personne, peut-être même jamais.

En ce qui concernait Avner, c'était chimérique. Il n'était pas fait ainsi. Mais dans la mesure où il pouvait en juger, les autres recrues qu'il connaissait étaient comme lui de ce point de vue. Elles étaient – franchement, elles étaient différentes les unes des autres, exactement comme les gens ordinaires parcourant les rues de Tel-Aviv. Des patriotes, certes, mais qui ne l'était pas en Israël, en particulier en 1969? Néanmoins si tel était le personnage que le Mossad voulait qu'il fût, il le deviendrait. Il devinerait les bonnes réponses à faire. Ce n'était pas un malheureux test psychologique qui allait l'empêcher de mener la vie excitante d'un agent secret.

Qui plus est, Avner avait le sentiment qu'on ne regretterait jamais de l'avoir choisi, que le Mossad eût aimé ou non son côté John Wayne. Il deviendrait le meilleur fichu agent qu'ils aient jamais eu. Il sauverait Israël un millier de fois sans que personne le sache. Quand, après de nombreuses années de bons et loyaux services, le Premier ministre lui écrirait à titre privé une lettre de remerciements, il pourrait à la rigueur la montrer à sa mère. « Qu'as-tu donc fait de si extraordinaire? » allait-elle s'exclamer. « Oh, je ne peux pas vraiment te le dire. Mais ce n'était rien. »

En fin de compte, bien entendu, Avner n'eut aucun moyen de savoir s'il avait réussi à tromper ou non les psychologues du Mossad. Peut-être avaient-ils été incapables de voir le petit garçon hollandais qui sommeillait en lui; ou peut-être l'avaient-ils vu, mais il leur convenait. De toute façon on lui laissa pousser ses ailes. Presque au sens littéral. Sa première mission sur le terrain se déroula sous la couverture d'El Al, la compagnie dans laquelle il aurait pu se retrouver si l'ami de sa tante lui avait offert un poste à temps. Il devint commissaire du ciel, l'un des responsables de la sécurité à bord des avions.

D'autres auraient pensé qu'un tel poste revenait à débuter par les basses besognes. Mais pour Avner, à l'époque, c'était un rêve devenu réalité; même si ce n'était pas en tant que pilote, il volait tout de même. Il aurait trouvé ça merveilleux même si l'appareil s'était contenté de tourner en rond au-dessus de l'aéroport. Mais il faisait infiniment mieux que cela. Il se rendait un peu partout dans le monde. En quelques mois, Avner eut visité aux frais du gouvernement la plupart des villes importantes d'Europe.

En dépit de sa formation d'agent de renseignements, ses premières missions ne comportèrent pas de recueil d'informations ; en tout cas rien de ce que l'on associe d'habitude à l'activité d'un agent de renseignements. Dans la mesure où il pouvait s'en rendre compte, rares étaient les agents chargés de faire de l'espionnage véritable, comme l'infiltration auprès de postes clefs dans des gouvernements étrangers ou la photographie d'objectifs militaires. Et encore plus rares les maîtres espions comme le légendaire Eli Cohen[12]. La plupart des agents paraissaient faire exactement ce qu'Avner avait été entraîné à faire.

Ce que l'on attendait de lui – en dehors de son rôle de garde du corps pour les passagers et les équipages des vols d'El Al – était une surveillance clandestine des lieux publics. Il devait faire naturellement des comptes rendus détaillés de ses observations. À Paris, par exemple, il avait dû passer toute une journée à l'aéroport d'Orly. Il avait étudié l'aéroport lui-même, relevant les emplacements des entrées et des sorties. Il avait fait une description détaillée des véhicules de service ayant accès aux pistes ; il avait repéré l'emplacement des caméras de surveillance et essayé de voir si elles étaient vraies ou fausses. Jouant les cinéastes amateurs intéressés par les hôtesses de l'air, il filma les rotations des équipes à différents points de contrôle de la police et des douanes.

À Rome, Londres et Athènes, il avait dû passer une demi-journée à l'extérieur d'une ambassade donnée, arabe ou russe. On attendait de lui qu'il ne se fasse pas remarquer, mais comment il y arrivait était son problème. Dans les villes touristiques, il était souvent judicieux de rester simplement assis à une terrasse de café ; son sixième sens lui avait toujours conseillé de se méfier des déguisements trop élaborés. À Londres, en revanche, faire promener son chien dans le parc situé de l'autre côté de la rue où se trouvait l'ambassade était la chose la plus naturelle à faire. Une fois, à Rome, il loua un camion, posa sur la chaussée un panneau « travaux » et fit semblant de travailler dans une bouche d'égout à proximité de l'ambassade libyenne.

Il lui était parfois simplement demandé de noter l'importance des entrées et des sorties de l'ambassade et de relever les numéros minéralogiques des voitures qui y pénétraient ou stationnaient à peu de distance. Il avait plus fréquemment pour tâche, néanmoins, de retenir un visage de mémoire d'après une photographie, et d'observer si l'individu entrait dans l'ambassade en question ou en sortait. On ne lui demandait pas de le suivre, simplement de passer assez près pour être sûr de son identification.

Il y avait cependant des moments où son travail se rapprochait de tâches administratives. Il s'agissait de faire certaines courses, de payer des informateurs, ou bien, comme il le fit plus tard, de louer des appartements destinés à servir de planques, à Londres. Il devait s'assurer que les immeubles se trouvaient à proximité d'au moins deux avenues principales, et veiller à ce que les placards soient toujours bien garnis en provisions. À cette occasion, il fit équipe avec une jeune femme, et tous deux jouaient le rôle d'un jeune couple à la recherche d'un appartement comme en louent les gens de la classe moyenne. La femme vivait elle-même à Londres, changeant constamment d'adresse, et conservait les clefs des différentes planques.

Avner accomplissait avec sérieux et enthousiasme toutes les tâches qui lui étaient confiées. Et, très sincèrement, il les trouvait intéressantes. Quand il entendait parler, comme cela se produisait de temps en temps, d'un de ses camarades faisant un stage de perfectionnement dans des domaines comme la communication, la photographie ou les langues, en vue, de toute évidence, de se préparer à effectuer une pénétration de haut niveau, de faire un séjour prolongé à l'étranger ou d'aller recueillir des informations élaborées, il ne lui venait même pas à l'esprit de se sentir jaloux. Qui pouvait souhaiter se perfectionner dans l'art de faire des faux ou de fabriquer une bombe, lorsqu'on se retrouvait dans une grande ville différente chaque semaine ? Certes, il aurait fait de son mieux si on lui avait demandé de suivre l'un de ces stages, mais il était tout autant satisfait qu'on ne le lui demandât pas, de devoir rester assis dans un café de Rome ou glisser une enveloppe à quelqu'un à Paris. Avner s'amusa à calculer qu'avec son salaire il lui aurait fallu économiser pendant un an pour s'offrir un seul des voyages qu'il faisait chaque semaine.

Il était maintenant devenu un véritable maniaque des reçus. Il l'aurait été, de toute façon : après tout, n'était-il pas un Yekké, un personnage méticuleux ? Mais après sa rencontre avec le grand-père de tous les Galiciens, dans les entrailles du Mossad, il vérifiait plutôt trois fois qu'une l'usage qu'il faisait de chaque centime alloué par le gouvernement. Non pas parce que le vieux Galicien l'avait effrayé, mais parce qu'il voulait à tout prix éviter de lui donner la satisfaction de relever une erreur ou de mettre une dépense en question. Il aurait préféré en être de sa poche, ce qui d'ailleurs lui arrivait parfois. Il y eut cette fois où il laissa échapper accidentellement le bon de caisse d'un jus de pamplemousse, et se mit à courir après entre les jambes des autres consommateurs d'une terrasse encombrée, à Paris, à proximité d'une ambassade arabe. « Comme un vrai crétin, se dit-il en lui-même. Une bonne chose que l'ennemi ne sache pas que ce sont les Galiciens qui dirigent le Mossad. Ils pourraient piquer les agents israéliens rien qu'en observant tous les gens en train de courir frénétiquement après un reçu de cinq francs ! »

D'une certaine manière, tout se passait exactement comme au kibboutz. Il était un Yekké entouré de Galiciens. Mais cela ne l'ennuyait guère ; en réalité, être un Yekké était même un capital au Mossad. Au kibboutz, les Galiciens n'avaient pas spécialement besoin de lui, pouvant eux-mêmes tout faire, et mieux. Mais ici, et en particulier parmi les agents de terrain travaillant en Europe, disposer de ce rôle de Yekké était loin d'être gênant. Aussi brillants et courageux qu'ils fussent, les Galiciens n'arrivaient pas à se fondre dans l'environnement. Avec leurs façons bien particulières de se comporter et leurs attitudes habituelles, ils n'étaient pas faits pour l'assimilation. Puis il y avait le problème des langues. Si dans son ensemble Israël constituait une société hautement polyglotte, les jeunes sabras dont les parents étaient originaires d'Europe de l'Est parlaient rarement très bien les langues étrangères. En revanche, les Yekkés arrivaient plus souvent à maîtriser l'allemand et le français au point de pouvoir passer pour des citoyens des pays francophones ou germanophones, et avaient moins tendance à porter des baskets avec des costumes trois-pièces[13].

Avner se sentirait toujours chez lui en Europe, bien plus chez lui qu'il s'était jamais senti en Israël. Faire les magasins, traverser une rue, commander un repas et appeler un taxi à la mode européenne lui convenait très bien. La manière dont les gens s'habillaient et se saluaient et la façon qu'avaient les femmes de lui retourner ses regards correspondaient avec l'idée qu'il se faisait de ce que devaient être l'apparence et le comportement humains. Bien que n'ayant à peu près rien appris sur l'art, l'architecture ou l'histoire de Rome et de Paris, il savait tout de leurs bons petits hôtels pas chers, de leurs quartiers commerçants et des meilleurs itinéraires pour se rendre à l'aéroport. Il s'informa des cafés à touristes et des boîtes de nuit ; il devint un expert en horaires de train, en heures d'ouverture des bureaux de poste et en souvenirs de quatre sous. Et plus que tout, il se délectait de l'ambiance des villes européennes actives et sophistiquées. Il se délectait de l'AIR.

À tout cela s'ajoutait le fait – peu courant pour quelqu'un né en Israël – qu'il disposait d'un contact personnel en Europe. Son ami d'enfance le plus proche, à l'époque où il allait à l'école à Francfort. Andreas.

Pour tout avouer, il ne pensa même pas à lui lors de son premier voyage à Francfort. Ce n'était guère surprenant : il s'était passé tellement de choses au cours de cet intervalle de onze ans, le kibboutz, la guerre des Six-Jours, le Mossad – qu'en dehors du souvenir qu'il gardait de son grand-père, Avner n'avait plus pensé à Francfort que comme à l'événement exceptionnel qui lui était arrivé. Mais il pensa à Andreas au cours du vol de retour vers Tel-Aviv, et rechercha son nom dans l'annuaire du téléphone lors de son voyage suivant.

Andreas n'y figurait pas, mais il y trouva ses parents. Ils ne parurent pas savoir – ou ne pas vouloir dire – où se trouvait leur fils, et lui conseillèrent d'appeler une jeune femme de ses amies. Elle resta très froide au téléphone et prétendit tout ignorer d'Andreas.

Averti par son sixième sens, Avner eut cette réaction :

— Écoutez, je me suis peut-être trompé. Mais je suis descendu au *Holiday Inn*, chambre 411. Je suis à Francfort pour encore une journée.

Andreas le rappela vers minuit. Ce fut stupéfiant ; ils pouvaient se parler comme si seulement quelques jours s'étaient écoulés depuis qu'ils s'étaient vus pour la dernière fois. Ils décidèrent de se rencontrer le jour suivant dans un café avec terrasse de la Goethe Platz. Avner arriva avec dix minutes d'avance. Précaution de routine, même pour rencontrer un ami d'enfance. Soyez toujours sur place tôt, évitez-vous les mauvaises surprises. Il y en eut une cependant, pas mauvaise, mais de taille.

D'où il était assis, Avner reconnut immédiatement Andreas quand il apparut au coin de la rue, peut-être à une trentaine de mètres de lui. Mais en réalité, ce ne fut pas l'ami d'enfance qu'il reconnut. Il venait de retrouver en lui l'un des individus dont il avait eu à mémoriser la photo. Un terroriste allemand mineur, ancien étudiant, membre de la bande Baader-Meinhof. Du menu fretin, pas du gros gibier.

Avner observa Andreas qui s'arrêtait, hésitait et se mettait à dévisager les hommes assis à la terrasse. Il attendit quelques secondes de plus, le temps de remettre ses idées en ordre.

Le regard d'Andreas finit par atterrir sur lui, et il fit un pas dans sa direction.

— Avner ? demanda-t-il doucement.

Avner avait pris sa décision. Il se leva, lui fit un large sourire, et tapa son ami dans le dos, comme il le faisait autrefois. Un coup de chance inespéré. Il aurait fallu être innocent pour ne pas s'en apercevoir.

Andreas ne le connaissait que par le nom qu'il portait enfant, mais il en avait changé comme tout le monde, dans son unité[14]. Il ne lui dit pas le nouveau ; il ne devait aussi à aucun prix lui révéler quelles étaient ses occupations, même pour dire qu'il était commissaire de bord à El Al. Le plus simple était de ne rien dire du tout. De laisser Andreas s'exprimer. Qui pouvait dire le genre de contact qu'il aurait la possibilité d'établir, un jour, grâce à lui ?

Pensée prophétique, même si Avner n'avait aucun moyen de savoir à quel point elle l'était. Moins de deux ans après, elle aurait bouleversé toute son existence.

Mais cet après-midi-là, à la terrasse du café de la Goethe Platz, ils se contentèrent d'évoquer leurs souvenirs en buvant de la bière. Ils parlèrent du bon vieux temps, et de rien d'autre. Andreas ne donna presque aucune information sur ce qu'il faisait – il avait laissé tomber l'université, dit-il, et envisageait de devenir écrivain – et Avner resta tout aussi vague quant à ses occupations. Il devait faire beaucoup de voyages en Europe, expliqua-t-il seulement, pour le compte d'une société israélienne de cuirs et peaux. Ils n'abordèrent aucun sujet politique. Avant de se séparer, Andreas lui donna un numéro de téléphone où il pourrait toujours soit le joindre, soit lui laisser un message.

À partir de ce jour, Avner contacta régulièrement Andreas, chaque fois qu'il vint à Francfort. Parfois, ils avaient le temps de se rencontrer et de boire une bière ensemble, mais il leur arrivait aussi d'échanger un simple coup de téléphone. Le sujet principal de conversation restait toujours le bon vieux temps, comme s'ils avaient eu la quarantaine et non pas vingt-trois ans tous les deux. Avner se rendit compte qu'Andreas essayait, avec prudence, de renouer leurs anciens liens d'amitié. Il le laissa faire sans forcer le pas. Une fois, il dit à Andreas qu'il repartait pour Zurich, et celui-ci lui demanda de poster pour lui une lettre de Suisse. « C'est pour une fille, expliqua-t-il. Je lui ai dit que je devais quitter la ville. »

Avner prit la lettre et la posta, sans chercher à savoir quel était son contenu, ni à qui elle était destinée. C'était une faveur, une lettre de crédit tirée sur Andreas dont il pourrait se servir un jour. Non sans hésiter, il avait décidé, au lendemain de leur première rencontre, de ne pas signaler au Mossad son contact avec Andreas. Ce n'était pas une question de conflit d'allégeance ; mais il s'était rappelé quelque chose que son père lui avait dit.

Ce dernier avait découvert son nouvel emploi dès le début, au moment où la formation venait à peine de commencer. Avner ne lui demanda pas comment il l'avait appris ; ses anciens contacts au Mossad avaient pu le lui dire, comme il avait très bien pu mettre deux et deux ensemble tout seul. Il s'était contenté de faire cette simple remarque :

— Tu es stupide. Mais c'est ton problème, après tout.

— Est-ce là ton meilleur conseil ?

Son père secoua la tête.

— Si je te le donnais, tu ne le suivrais pas, c'est donc inutile de le faire. Mais je vais tout de même te donner mon second meilleur conseil. Une fois que tu seras dans le coup, défonce-toi au boulot. Respecte scrupuleusement les formes. Sois le petit prince. Mais ne leur montre pas toutes tes cartes. Laisses-en toujours une dans ta manche.

C'est pourquoi Avner avait décidé de ne rien dire à propos d'Andreas. Il ne prenait guère de risques. Au cas où quelqu'un les aurait vus ensemble, et en admettant qu'il ait identifié Andreas, il s'agissait simplement de son vieil ami d'enfance, et il n'avait pas fait le lien avec la mauvaise photo d'un terroriste de la bande à Baader-Meinhof. Une négligence, peut-être, mais rien de plus. S'il y avait risque, il était bien faible comparé au joker qu'il avait en réserve.

Les deux années suivantes de la vie d'Avner passèrent rapidement et sans événements remarquables. Il aimait toujours autant son travail, et il était apprécié de ses supérieurs. Il restait un agent au bas de l'échelle qui ne prenait part à aucune recherche importante de renseignements, mais ses missions se faisaient toutefois graduellement plus complexes. À quelques reprises, il eut à se rendre dans une capitale européenne avec un passeport de service, Athènes ou Londres, par exemple ; le responsable local de l'antenne du Mossad lui procurait un autre passeport avec une nouvelle identité, celle d'un homme d'affaires allemand, par exemple. Avec ce nouveau passeport, il prenait alors l'avion pour une autre ville, comme Zurich ou Francfort. Là, il rencontrait alors un agent israélien travaillant en pays arabe, en général un juif oriental, et son rôle était de lui transmettre des instructions ou de recevoir ses informations. La règle voulait en effet que les agents qui s'étaient infiltrés en pays arabes sous de fausses identités arabes ne revinssent jamais en Israël pour recevoir des instructions de routine ; il s'agissait de leur éviter le risque d'être reconnus par des agents arabes, soit en Israël, soit en Europe, au moment où ils montaient dans un avion à destination d'Israël ou en descendaient. Les services de renseignements de la plupart des grandes puissances fonctionnent de cette manière. Les trois quarts des informations secrètes sont ainsi échangées dans les grandes villes touristiques du monde.

Avner inventa une théorie quelque peu cynique à ce propos. Pour des rencontres brèves et discrètes, une ville comme Birmingham pouvait tout aussi bien faire l'affaire que Londres, Nancy aussi bien que Paris. Mais les espions sont aussi des êtres humains. Qui aurait envie de passer deux jours à Nancy quand il peut aussi bien les passer à Paris ? Pour sa part, Avner ne voyait aucune objection à cette façon de procéder. C'était l'un des petits avantages du métier.

Pendant cette période, les missions confiées à Avner concernèrent souvent des opérations défensives contre le terrorisme, soit directement, soit indirectement. La vague de terrorisme international, et en particulier du terrorisme dirigé contre Israël, qui commença peu après l'engagement d'Avner au Mossad pendant l'été 1969, était en train de devenir un phénomène quotidien ou presque dans beaucoup de pays. À la fin de 1972, on comptait plus de vingt incidents majeurs dans lesquels était impliquée l'une ou l'autre des factions palestiniennes[15]. Jusqu'à la fin de l'année 1972, les terroristes palestiniens s'attaquèrent essentiellement au transport aérien et aux installations appartenant à Israël ainsi qu'à diverses nations occidentales. Le 21 février 1970, quarante-sept personnes trouvèrent la mort lorsque le « Commandement Général », l'une des factions du Front populaire pour la libération de la Palestine, fit sauter un avion de ligne de la Swissair au moment du décollage, à Zurich. Le même jour, une explosion endommagea un appareil autrichien transportant du courrier à destination d'Israël. Ces attaques se produisirent quelques jours à peine après qu'un autre terroriste palestinien avait lancé des grenades dans un autobus d'El Al à l'aéroport de Munich, tuant un passager et en blessant onze autres, parmi lesquels Hannah Marron, une actrice israélienne bien connue, à qui on dut amputer la jambe. C'est ensuite entre le 6 et le 9 septembre de la même année qu'eut lieu une opération spectaculaire, organisée par le Front populaire pour la libération de la Palestine : le détournement de cinq avions de ligne. Seul un appareil y échappa, un Boeing 707 d'El Al à destination d'Amsterdam ; le commissaire de vol abattit l'un des terroristes et fit prisonnier son acolyte, une femme du nom de Leila Khaled. L'un des autres appareils fut détourné sur Le Caire et détruit au sol, tandis que trois autres se trouvaient retenus sur l'ancienne base militaire de Dawson's Field en Jordanie, avec trois cents otages à bord. Ces derniers furent finalement relâchés en échange de terroristes capturés auparavant en Suisse, en Grande-Bretagne et en Allemagne de l'Ouest.

En dépit du succès de cette opération, les Palestiniens ne tardèrent pas à avoir des raisons de la regretter. Il ne fallut en effet que quelques semaines au roi Hussein de Jordanie pour chasser les groupes terroristes de son territoire, en massacrant un certain nombre à cette occasion. Il en résulta par contrecoup la formation de Septembre Noir, vraisemblablement la plus fanatique de toutes les organisations palestiniennes.

Le terrorisme n'a cependant pas été inventé par les Palestiniens, et n'a pas vu le jour pour la première fois à la fin des années 1960. L'arme de la terreur politique peut être abandonnée pendant quelques décennies, puis être redécouverte par une nouvelle génération ; et bon nombre de nations ou de mouvements par ailleurs respectables en ont fait usage à un moment ou un autre de leur histoire. L'unique découverte faite par les groupes palestiniens à la fin des années 1960 fut qu'Israël – une nation coriace si on s'y attaquait par la guerre conventionnelle, ou des opérations de guérilla sur son propre territoire – possédait cependant un « ventre mou » : en Occident. En dépit de ses dénégations ultérieures, l'un des individus qui propagea cette idée fut un ex-étudiant ingénieur de l'université de Stuttgart, du nom de Aba a-Rahman (Yasser) Arafat. Bien que refusant de prendre la responsabilité officielle des actes terroristes commis en dehors d'Israël et des territoires occupés par Israël, Arafat ne tarda pas à les utiliser à son profit, tout d'abord par le biais d'Al Fatah lui-même, puis surtout par celui de la manipulation occulte de Septembre Noir, tout en niant publiquement toute association avec cette organisation.

C'est en 1971 qu'eurent lieu les premières opérations d'Al Fatah, l'organisation de Yasser Arafat, qui commencèrent par une tentative de sabotage des dépôts de carburant de Rotterdam, et se continuèrent par des attaques de la compagnie aérienne jordanienne – pour venger les Palestiniens massacrés sur l'ordre du roi Hussein – et de bureaux gouvernementaux à Paris, au Caire et à Rome. Encouragé par les succès d'Al Fatah, Septembre Noir monta sa première opération un peu plus tard, au cours de la même année. En novembre, ses tueurs assassinaient le Premier ministre de Jordanie sur les marches de l'hôtel *Sheraton* au Caire. Moins de trois semaines plus tard, à Londres, ils blessaient grièvement Zaïd Rifaï, l'ambassadeur de Jordanie.

Les terroristes de Septembre Noir furent moins heureux dans leurs opérations contre Israël. En mai 1972, ils détournèrent un appareil de ligne belge à destination de Tel-Aviv et tentèrent de l'échanger contre 317 guérilleros palestiniens détenus dans les prisons de l'État hébreu. Au lieu de cela, le nombre des prisonniers palestiniens s'accrut de deux personnes, les deux terroristes capturés au cours de l'assaut donné à l'appareil par les parachutistes israéliens.

Cette année, les seules opérations menées avec succès contre Israël continuèrent à être celles organisées par le Front populaire pour la libération de la Palestine (FPLP), la plus ancienne et la plus importante des fractions palestiniennes se livrant au terrorisme international, fondée par le Dr George Habache. À cette époque, les actions terroristes se déroulaient sous la responsabilité du Dr Wadi Hadad[16]. C'est le Dr Hadad qui fut le premier à créer un réseau de terrorisme international. Le 31 mai 1971, il envoya trois tueurs-kamikazes, appartenant à l'Armée rouge japonaise, à l'aéroport de Lod[17], près de Tel-Aviv; les trois hommes se lancèrent dans un massacre systématique à coups de grenade et d'arme automatique. Il y eut vingt-six morts et soixante-seize blessés; par une tragique ironie du sort, la plupart des victimes étaient des pèlerins chrétiens de Porto Rico.

Certaines des missions confiées à Avner consistaient à traîner littéralement dans les aéroports européens et à essayer d'identifier les terroristes en puissance, avant qu'ils puissent s'emparer d'un appareil à destination d'Israël. Il arrivait parfois que ses informateurs signalent au Mossad une opération terroriste imminente, mais sans pouvoir donner de précision quant au point exact d'embarquement, à la compagnie aérienne visée, ou sur l'identité et le nombre de terroristes devant y participer. Même si les terroristes étaient souvent de jeunes Arabes, ils pouvaient être théoriquement de n'importe quel âge et de n'importe quelle nationalité. Ils pouvaient être de sexe masculin ou féminin, voyager en groupes ou seuls. Et il fallait aussi penser aux complices involontaires.

Les opérations terroristes ne se limitaient pas au sabotage d'appareils ou à leur détournement. Certains terroristes allaient en Israël afin d'y accomplir certaines missions ; d'autres allaient recruter des Palestiniens vivant dans les territoires occupés pour en faire des espions ou leur apprendre à saboter des installations.

Le Mossad mit au point une sorte de portrait-robot du suspect possible ; et si dans le détail aucun terroriste n'y ressemblait exactement, il présentait en général des traits en commun. En interrogeant les terroristes faits prisonniers, par exemple, le Mossad fut à même de reconstituer l'horaire d'un jeune guérillero palestinien au cours des quarante-huit heures qui précédaient sa mission. Ils avaient fréquemment tendance à faire la noce et à descendre dans les meilleurs hôtels, et avaient souvent juste assez d'argent pour s'acheter un aller simple pour Israël. La plupart ne pensaient pas à faire une réservation d'hôtel dans le pays qu'en principe ils s'apprêtaient à visiter, et ne pouvaient donner le nom d'amis ou de parents susceptibles de les recevoir. Il était aussi de pratique courante de prendre un itinéraire compliqué pour gagner Israël. C'est pourquoi un aller simple pour Tel-Aviv via Paris, Rome et Athènes, acheté par un jeune homme se prétendant étudiant, mais installé dans l'un des hôtels les plus luxueux de Genève, et n'ayant aucun projet précis pour son séjour en Israël, ne manquait pas de soulever la suspicion.

Les terroristes se comportaient aussi souvent de façon prévisible, comme des gens soumis à une tension psychologique prolongée. Ils ne s'encombraient habituellement pas de bagages, mais avaient en revanche tendance à s'accrocher à leur sac de voyage ou à leur attaché, qui ne quittait pas leurs genoux, et qu'ils ne posaient que rarement sur le sol ou sur le siège vide à côté d'eux, dans le hall de l'aéroport. Ils fumaient parfois beaucoup, et se rendaient fréquemment aux toilettes. Ils n'étaient guère enclins à se plonger dans un livre ou un magazine, même s'il n'était pas rare de les voir en train d'en feuilleter un de manière distraite. Ils semblaient avoir de la difficulté à se concentrer. Pour une opération de détournement d'avion, ils voyageaient par groupes de trois ou quatre ; mais ils ne s'asseyaient jamais ensemble en attendant le départ, gardant en général le contact entre eux par des échanges de coups d'œil fréquents. (C'est ainsi qu'un agent du Mossad, ayant identifié un terroriste d'après une photographie, à l'aéroport de Schipol à Amsterdam, n'eut aucun mal à découvrir ses deux complices en suivant simplement les regards nerveux qu'il leur lançait.) Les terroristes semblaient également préférer de beaucoup les sièges situés près des hublots, lors même que les places situées en bordure de l'allée auraient été plus fonctionnelles d'un point de vue opérationnel.

Tout cela restait cependant très vague et incertain, en dépit de la terminologie ronflante des psychologues du Mossad, qui parlaient de «profil projeté». En réalité, il n'y avait rien de bien scientifique là-dedans. Certaines remarques relevaient du sens commun, mais il aurait été bien difficile de s'en contenter pour procéder, sans cette impression spéciale, cette aptitude particulière qu'avaient certains à mettre deux et deux ensemble. Au cours de douzaines de missions de ce genre, Avner lui-même donna l'alarme deux fois. Dans le premier cas, tous les signes étaient présents – mais le jeune couple en question n'avait rien de plus terrible à cacher qu'une appréciable quantité de hachisch. Le second se montra payant; son suspect se révéla être l'un des plus notables recruteurs de terroristes de la Rive occidentale. Il avait beau détenir un billet aller-retour, ne pas fumer, ne pas aller toutes les deux minutes aux toilettes et ne lancer de coups d'œil inquiets à personne, Avner, sans pouvoir expliquer pourquoi, éprouva le besoin de téléphoner à Tel-Aviv pour suggérer qu'à son arrivée l'homme soit retenu pour interrogatoire. Certes, il était arabe – mais c'était le cas de bon nombre d'autres passagers.

Il serait cependant inexact de prétendre qu'Avner était devenu un spécialiste de la lutte antiterroriste. Tout au long de cette période il ne fit qu'accomplir des missions mineures, les unes après les autres, ce qui lui convenait très bien. Tout d'abord parce qu'il ne les considérait pas lui-même comme mineures, et ensuite parce qu'il s'agissait la plupart du temps de missions à l'étranger, synonymes de voyages. À la fin de 1971, il avait même été jusqu'à New York. Le voyage absolu, un rêve devenu réalité.

Il ne voyageait plus en tant que commissaire de vol, tout en ayant de temps en temps des missions de sécurité à accomplir. Une fois, il participa à une opération au cours de laquelle un transfuge d'Allemagne de l'Est – il ne sut jamais qui – devait quitter Berlin-Ouest à la barbe des autorités. Opération en elle-même complexe, mais où Avner ne fit rien de plus, en fin de compte, que de conduire un véhicule de service de la compagnie El Al d'un trou dans la barrière entourant l'aéroport à l'emplacement sur lequel attendait un Boeing 707. Il n'aperçut même pas le fugitif. Une autre fois, il servit de garde du corps à Golda Meir lors d'un voyage officiel à Paris.

Il n'y avait plus d'obstacle au mariage d'Avner et de Shoshana, et la cérémonie eut lieu en 1971, à l'époque où Avner poursuivait encore sa formation sur le terrain. En tant que femme célibataire, venant de terminer ses études, Shoshana courait le risque d'être appelée sous les drapeaux ; ce ne fut pas la raison principale pour laquelle ils se marièrent, mais elle eut une certaine influence sur le choix de la date. Comme beaucoup d'hommes, Avner se satisfaisait très bien d'une relation sans attaches officielles.

Avner n'avait jamais fait d'infidélité à Shoshana au cours de ses voyages, mais ce n'était pas pour respecter quelque règlement interne du Mossad ou parce qu'il ne s'intéressait pas aux jolies femmes. La plupart du temps, il avait tout simplement bien trop à faire. Et puis, il y avait au fond de lui quelque chose qui le retenait, quelque chose ayant peut-être un rapport avec son père. *Ne fais pas ce que Père a fait ; tâche d'avoir une vie de famille normale.* Cependant, la raison principale pour laquelle Avner résistait à la tentation tenait sans doute au sentiment qu'il éprouvait de n'avoir rien qui pût impressionner les femmes. Les femmes ont bien besoin d'être impressionnées, n'est-ce pas ? Et certes, elles l'auraient été si elles avaient seulement su ce que faisait Avner pour gagner sa vie. Or c'était bien la dernière chose dont il pouvait leur parler. Il y en avait qui étaient capables de les impressionner en leur parlant de n'importe quoi, chose qu'Avner ne savait pas faire. Rencontrait-il quelque belle fille, il restait planté là comme un idiot à la regarder. Il trouvait frustrant d'avoir un as dans son jeu et de ne pouvoir s'en servir.

Par réaction Avner adopta l'attitude du renard de la fable : « Ils sont trop verts… » À chaque fois que l'un des hommes de l'équipage s'enflammait pour quelque superbe blonde, Avner se contentait de hausser les épaules, même si les yeux lui sortaient de la tête.

— Oh, elle peut faire l'affaire, disait-il dédaigneusement, nous sommes sur le terrain, après tout.

Shoshana était différente. Elle était belle, elle aussi, même si ce n'était pas d'une beauté fracassante, mais plutôt d'une beauté paisible. Et puis c'était une sabra. Elle n'avait pas besoin d'être impressionnée. Elle comprenait Avner sans avoir besoin de parler. Et, bien que n'ayant jamais posé la moindre question, elle avait certainement sa petite idée sur la raison des voyages constants qu'Avner était amené à faire. Et à chaque fois qu'on lui demandait quel était le métier de son mari, elle se contentait de répondre : « Oh, Avner travaille pour le gouvernement. » En Israël, cela suffisait.

Le mariage se passa très bien. Sur les photographies prises ce jour-là, on voit un Avner bronzé comme un maître nageur, en blazer blanc, souriant jusqu'aux oreilles. Shoshana a un air plus grave, avec quelque chose de mystérieux, dans sa robe longue toute blanche. Il y eut les voisins, les amis, et même trois ou quatre des camarades de l'ancienne unité d'Avner à l'armée. Des gâteaux compliqués étaient posés en bonne place sur la longue table, au milieu d'un bel assortiment de bouteilles de vin doux israélien à la couleur de miel. Maman était là, bien entendu, ainsi que Père toujours aussi charmant en société. Il était venu avec Wilma, sa nouvelle femme. Il régnait une ambiance cordiale qu'aucune fausse note ne venait troubler. Sur certaines photos, on peut même voir ensemble le père et la mère d'Avner avec Wilma – ainsi qu'avec les parents de Shoshana. Mais sa mère et Wilma regardent dans des directions différentes.

Deuxième partie

CHANGER LE COURS
DE L'HISTOIRE JUIVE

3

Golda Meir

Avner se trouvait à Paris au moment du massacre de Munich, collé à un écran de télévision comme tous les Israéliens, où qu'ils fussent. Il revint en avion en Israël au moment des obsèques des victimes. En dépit de la solennité de l'occasion, de caractère national, Golda Meir, alors Premier ministre, n'assista pas à la cérémonie. La raison invoquée pour justifier son absence fut la mort récente de sa sœur et son chagrin personnel; mais certains observateurs pensent qu'elle craignait, si elle assistait aux funérailles, qu'on lui crachât dessus ou qu'on lui lançât des pierres. S'il n'y avait guère de raison de la critiquer à cause de la tragédie, jamais les sentiments de douleur et d'outrage n'avaient atteint un tel degré chez ses compatriotes.

Avner resta à peine une journée en Israël, devant immédiatement repartir pour une mission mineure, un courrier, à New York. En temps normal, la perspective d'un tel déplacement l'aurait ravi, mais cette fois-ci il partageait les sentiments de tristesse de toute la nation. Pour une fois il se sentit mal à l'aise à New York, au milieu de l'activité indifférente des Américains. Le vendredi, deux semaines après l'attaque des terroristes contre les athlètes israéliens, Avner reprit avec soulagement l'avion pour Israël.

Il était comme d'habitude chargé de souvenirs bon marché, des T-shirts pour Shoshana, des porte-clefs et des salières pour Maman et les parents. Même Charlie, leur chiot de berger allemand, eut droit à une boîte d'os à mâcher de New York. Shoshana et Avner étaient fous de cet animal; il leur avait été offert lors de leur mariage par les camarades de l'ancienne unité d'Avner, qui s'étaient souvenus de la façon dont il leur parlait de Bobby, le berger allemand de son enfance.

Il était tard quand l'appareil atterrit. Avner avait un instant espéré pouvoir emmener Shoshana dîner en ville, mais il était impossible d'obtenir un repas chaud le vendredi après le coucher du soleil, en Israël ; et il fut encore moins heureux lorsque la première personne qu'il vit, à sa descente d'avion, fut son chef de section qui l'attendait.

— Avez-vous fait bon voyage ? lui demanda-t-il.

— Oui, excellent, répondit Avner.

D'habitude, ses supérieurs hiérarchiques ne venaient pas l'accueillir ainsi à l'aéroport, sauf s'ils étaient déjà sur place pour quelque autre affaire.

— Est-ce qu'il se passe quelque chose de particulier ? J'aimerais être chez moi avant la tombée de la nuit.

— Non, non, aucun problème pour ça ; je venais juste vous avertir de ne faire aucun projet pour demain. Quelqu'un va passer vous prendre chez vous à 9 heures.

— Qu'est-ce qui se passe ?

— Je l'ignore complètement. Soyez simplement prêt à 9 heures précises.

Avner n'était pas très content.

— Bon sang, dit-il, je suis crevé de fatigue ; c'est un vol de douze heures. J'aurais bien aimé dormir un peu !

— Eh bien allez dormir tout de suite, répondit le patron. Qui vous en empêche ?

Ce fut tout.

Avner avait presque oublié cette conversation le lendemain matin ; il était déjà en train de préparer sa tenue de bain – le samedi étant jour de plage à Tel-Aviv – lorsqu'elle lui revint à l'esprit.

— N'y pensons plus, lança-t-il à Shoshana. Je ne peux pas y aller. Diable, il est déjà presque 9 heures. Quelqu'un va venir me chercher dans moins de deux minutes.

Shoshana, comme d'habitude, ne posa pas la moindre question ; elle ne montra même pas sa déception. Elle resta simplement debout, la tasse à la main, tandis qu'Avner essayait de lacer ses chaussures et de boire son café en même temps.

À 9 heures et une minute, la sonnette retentit. Avner descendit les deux volées de marches de son appartement, situé au premier étage, tout en finissant de boutonner sa chemise. Mais dans l'entrée il s'arrêta net en reconnaissant l'homme qui l'attendait. En fait il le connaissait seulement de vue ; il s'agissait d'un autre agent, comme lui-même, à ceci près qu'il avait un poste permanent : celui de chauffeur du *memune*, du patron, le général Zvi Zamir, chef du Mossad.

La première chose qui lui vint à l'esprit fut qu'il s'agissait d'une erreur.

— C'est vous qui avez sonné ? demanda-t-il à l'homme tout en s'escrimant sur son dernier bouton.

Le chauffeur acquiesça d'un signe de tête tout en lui tenant la porte ouverte. Puis il le suivit dans la rue et ouvrit la portière de la voiture qui s'y trouvait garée. L'homme assis à l'arrière était le général Zamir en personne.

Avner eut un instant d'hésitation.

— Montez, montez, dit le général avec un geste impatient de la main.

Avner monta donc à l'arrière du véhicule, à côté du chef du Mossad. Il se trouvait dans la plus grande confusion d'esprit. Il avait déjà rencontré Zamir à deux reprises. La première fois, lorsqu'il lui avait été présenté brièvement pendant sa période de formation, avec d'autres futurs agents comme lui-même ; et la seconde lors d'un vol Tel-Aviv-Rome, sur lequel Zamir était passager et Avner commissaire du ciel. Ce jour-là, ils avaient échangé quelques mots.

Et maintenant, il se retrouvait assis dans une voiture à côté de Zamir ! Tout simplement.

Mais en même temps, il s'agissait d'Israël, un petit pays où l'on ne faisait pas de manières et où l'on avait le sens de l'égalité. Aussi surpris qu'il fût, Avner ne l'était certainement pas autant que l'aurait été un modeste agent du FBI se retrouvant en compagnie de J. Edgar Hoover. La distance socio-professionnelle séparant deux personnes en Israël était moins grande que dans la plupart des autres pays. Tous ici étaient des juifs, des juifs ramant sur le même bateau de sauvetage, et faisant ce qu'il y avait à faire.

La voiture emprunta la rue Hamasgar puis, passant le Derekh Kibboutz Galouyot, elle prit la route nationale en direction de l'est. « Nous allons à Jérusalem », dit Zamir. Avner acquiesça. Il était inutile de poser la moindre question. Il saurait bien assez tôt de quoi il s'agissait. Il lui vint un instant à l'esprit qu'il avait peut-être fait quelque chose de travers ; mais il aurait fallu que ce fût absolument énorme pour que Zamir en personne s'en occupât. Avner ne voyait rien justifiant son intervention et se détendit.

La route de Jérusalem était presque déserte ce samedi matin. Le soleil de septembre était encore brûlant au moment où ils avaient quitté Tel-Aviv ; mais l'air devint sensiblement plus frais au fur et à mesure qu'ils montaient entre les collines qui entourent Jérusalem.

Avner avait toujours aimé la route qui serpentait au milieu de la forêt clairsemée des collines de Jérusalem, avec ses rochers rouillés et son air sec et doux ; l'odeur lui rappelait celle des chaudes journées d'Europe. On rencontrait en chemin des « sandwiches », des camions dotés d'un blindage de fortune et réduits à l'état d'épaves : les restes des convois qui avaient gardé la route ouverte entre Jérusalem et le reste du pays au cours de la guerre d'Indépendance, les véhicules tombés en embuscade tandis qu'ils traversaient de longues étendues de territoire contrôlées par les Arabes. Nombreux étaient les endroits, dans le pays, où l'on trouvait ce genre de monument du souvenir. La plupart des Israéliens y étaient tellement habitués que c'est à peine s'ils les regardaient, mais ils faisaient toujours un certain effet sur Avner.

Zamir se montra amical, mais il était visiblement préoccupé. Il ne dit pas grand-chose pendant le trajet, si ce n'est pour demander à Avner des nouvelles de son père. Avner avait l'habitude de ce genre de question. Son père était devenu célèbre après son arrestation et son procès, presque aussi célèbre qu'Eli Cohen. On avait écrit des articles relatant ses exploits pour le compte d'Israël, et on en avait même fait un livre. Bien entendu, les auteurs ne savaient que peu de chose de sa vie privée, et ignoraient à peu près tout de ses sentiments personnels. Le nom sous lequel il était connu publiquement n'était pas le même que celui sous lequel il avait vécu à Rehovot ; et de toute façon, Avner avait changé son propre nom à l'armée.

— Il va bien, répondit-il à Zamir. Mais sa santé n'est pas très bonne.

Le général acquiesça.

— Dites-lui que je vous ai demandé de ses nouvelles, dit-il à Avner. Et que je passerai le voir chez lui un de ces jours.

— Ça lui fera plaisir, admit poliment Avner, qui ignorait tout à fait si son père serait ou non content.

Il aurait plutôt soupçonné Zvi Zamir d'appartenir à la mystérieuse bande des « ils » à laquelle son père faisait allusion en termes si noirs.

Ils gardèrent le silence pendant le reste du voyage. En conduisant à vive allure, la distance qui séparait Tel-Aviv de Jérusalem pouvait être couverte en une heure environ ; ils mirent un peu moins ce samedi-là. Avner se souvenait très bien qu'il n'était pas encore 10 heures lorsqu'ils s'arrêtèrent à proximité d'un bâtiment situé près des limites de la ville.

Avner crut savoir où ils se trouvaient, non sans éprouver de sérieuses difficultés à l'admettre. Tout d'abord le général Zamir, et maintenant cela ! Il jeta un coup d'œil interrogatif au *memune*, mais ce dernier sortait déjà de la voiture et faisait signe à Avner de le suivre.

Un policier se tenait à l'extérieur du portail, qu'il ouvrit en grand quand ils s'approchèrent.

Avner marchait derrière le général comme dans un rêve. L'appartement et la salle de séjour étaient pleins de charme, dans un style un peu démodé, mais sans luxe. Avner n'avait pas le moindre doute sur l'endroit où ils se trouvaient, mais quelque chose en lui refusait de l'admettre. Jusqu'à ce qu'il vît ses photos sur un mur. Des photos d'elle en train de couper un ruban d'inauguration, de s'incliner devant Nehru, et aux côtés de Ben Gourion.

Golda Meir arriva dans la salle de séjour. Avner remarqua qu'elle arrivait de la cuisine au moment où elle ouvrit la porte. Un peu courbée, portant un sarrau de ménagère, et clopinant dans ses gros souliers noirs. Elle tendit la main à Avner.

— Comment allez-vous ? lui demanda le Premier ministre d'Israël. Et comment va votre père ?

Avner n'a aucune idée de la réponse qu'il bredouilla.

— Bien, bien, dit Golda Meir. Ça me fait plaisir de l'apprendre. Connaissez-vous tout le monde ?

Ce n'est qu'à ce moment-là qu'Avner remarqua la présence d'un autre homme dans la pièce, en dehors du général Zamir et du garde du corps. Il était en uniforme et portait les insignes d'Israël sur l'épaule, une mince tige de blé et une règle à calcul d'ingénieur. Avner le connaissait depuis l'époque où il était à l'armée ; il s'agissait du major général Ariel Sharon[18], l'un des héros de sa jeunesse. Ils se serrèrent la main.

— Voulez-vous un peu de thé ? demanda Golda Meir. Du café ? Quelques fruits, peut-être ?

Le général Zamir et Ariel Sharon s'assirent sur des chaises ; après un instant d'hésitation, Avner les imita. Il était dans l'incapacité la plus totale d'imaginer ce qu'il était en train de faire dans la salle de séjour de Golda Meir. Même son sixième sens restait dans le brouillard le plus opaque. Il resta comme frappé de stupeur quand il la vit retourner à la cuisine, puis en revenir au bout d'un moment avec un plateau et se mettre à disposer des tasses et des soucoupes sur la table. Le garde du corps avait disparu. Le général Zamir et le général Sharon parlaient entre eux à voix basse, n'offrant aucune aide à Avner.

Avner se leva, puis se rassit sur un signe de tête de Golda Meir. Fasciné, il contemplait ses cheveux gris indisciplinés, ses mains fortes aux doigts un peu carrés, la montre d'homme carrée, démodée, qu'elle portait au poignet. Bien qu'il l'eût déjà rencontrée une fois, au cours d'un vol pour Paris où il avait fait partie des agents de sécurité de l'escorte, il ne l'avait jamais véritablement regardée. Elle lui faisait penser à sa grand-mère, mais il se dit qu'elle devait faire la même impression à tout le monde. En particulier quand elle se mit à éplucher une pomme et à leur tendre des quartiers, chacun leur tour et en commençant par le général Zamir, comme s'ils étaient des enfants.

Puis le Premier ministre se mit à parler.

Sur le moment, Avner n'aurait su dire à qui elle s'adressait en particulier. Pendant une seconde, il crut qu'elle lui parlait, mais elle ne le regardait pas. Il pouvait cependant voir qu'elle ne regardait pas davantage Ariel Sharon ou le général Zamir. Son regard paraissait se perdre sur un point du mur au-dessus de leurs têtes, comme si elle s'adressait à quelqu'un en dehors de la pièce, à un auditoire invisible l'écoutant d'au-delà des murs. Peut-être parlait-elle à toute la ville de Jérusalem, à tout le pays, sans cependant jamais élever la voix. Peut-être se parlait-elle simplement à elle-même.

L'étonnement d'Avner ne fit que s'accroître comme il l'écoutait. Non pas à cause de ce qu'elle disait ; elle s'exprimait avec simplicité, d'une façon émouvante, pleine de force, et Avner était d'accord avec chacun des mots qu'elle prononçait. Elle parlait d'histoire. Elle racontait comment, encore une fois, des juifs tombaient en embuscade et étaient massacrés n'importe où dans le monde, simplement parce qu'ils voulaient un pays qui fût le leur. Elle parlait des passagers innocents et des membres d'équipage qui avaient été assassinés à Athènes, à Zurich, à Lod. Exactement comme trente ans auparavant, rappela-t-elle, on avait attaché des juifs, on les avait bâillonnés, et on les avait massacrés. Et cela, sur le sol allemand, tandis que le reste du monde n'avait d'yeux que pour le quatre cents mètres. Les fanfares jouaient, la torche olympique brûlait, tandis que l'on emmenait des cadavres de juifs dans leur cercueil. Les juifs étaient seuls, comme ils l'avaient toujours été. Les autres, dans le meilleur des cas, n'émettaient que des vœux pieux. Personne n'allait prendre leur défense. Il revenait aux juifs de se défendre eux-mêmes.

L'État d'Israël existait pour défendre les juifs, reprit Golda Meir, pour arracher les juifs à leurs ennemis, pour donner aux juifs un havre de paix dans le monde qui les tourmentait. Mais, même en combattant, Israël avait toujours essayé de tirer un trait sur le passé. Il s'agissait de ne pas s'abaisser jusqu'au niveau de leurs ennemis. Il s'agissait de ne pas dépasser certaines limites même pour défendre ses propres enfants. Elle voulait qu'ils fussent sauvés mais qu'Israël gardât les mains propres ; elle voulait qu'ils fussent sauvés sans que l'on touchât aux principes d'un comportement civilisé. Sans cruauté inutile. Sans risquer la vie d'un passant innocent. Israël était un pays où la peine de mort n'existait pas, même pour les terroristes, les espions ou les sabo-teurs [19]. Pour sa part, ajouta Golda Meir, elle s'était toujours opposée à tous ceux qui auraient voulu qu'Israël s'écartât de ce chemin. Elle avait toujours mis son veto à tout plan nécessitant d'enfreindre un seul de ses commandements moraux.

Pour la première fois, le Premier ministre regarda Avner directe-ment dans les yeux.

— Je veux que vous sachiez, lui dit-elle, que ma décision est prise. J'en porte l'entière responsabilité.

Sur ces mots, elle quitta la pièce.

Avner était abasourdi. Pour ce qui était de lui, tout ce que Golda Meir avait dit d'Israël et de son histoire était absolument vrai. Mais pourquoi avait-elle tenu à le lui rappeler précisément à lui ? Ou à Ariel Sharon, ou au général Zamir ? Pourquoi le patron du Mossad avait-il éprouvé le besoin de l'emmener à Jérusalem le jour du sabbat pour qu'il entende de la bouche du Premier ministre des choses que lui comme la plupart des Israéliens considéraient comme allant de soi ? Et quant à sa décision, de quelle décision parlait-elle ? Qu'y avait-il, dans ce qu'elle avait dit, que l'on pût considérer comme une décision ?

C'est le général Sharon qui rompit le silence le premier.

— Comme vous pouvez certainement vous en rendre compte, dit-il sèchement à Avner, ce qui est en train de se passer est de la plus grande importance. Je n'ai pas besoin d'insister. Vous savez que vous ne seriez pas ici s'il en allait autrement.

Avner acquiesça, comme de toute évidence on attendait qu'il le fît.

— La question est, reprit Sharon, allez-vous accepter d'entreprendre cette mission ? Une mission importante, je n'ai pas besoin de vous le dire. Je vous dirai par contre qu'il s'agit d'une mission dangereuse. Elle va complètement bouleverser votre vie. Vous allez devoir quitter le pays. Vous n'y reviendrez pas, qui sait, de quelques années, peut-être.

Avner ne dit rien.

Sharon lança un coup d'œil à Zamir et poursuivit.

— Bien entendu, vous ne pourrez parler de tout cela avec per-sonne. Nous avons pris nos dispositions pour que vous puissiez ren-contrer votre épouse de temps en temps, dans un autre pays. Mais vous ne serez pas autorisé à lui révéler ce que vous faites.

Avner gardait toujours le silence. Silence que, pendant quelques instants, personne n'interrompit. Puis le général Sharon reprit la parole.

— Je ne regrette qu'une seule chose, qu'on ne m'ait pas chargé de cette mission.

Avner commença à émerger de son abasourdissement. Comme si son cerveau, resté depuis le début incapable d'émettre la moindre idée, commençait à former des embryons de pensées cohérentes. Une mission : évidemment, il s'agissait d'une mission. Il aurait bien dû s'en douter. Pour quelle autre raison un agent aussi modeste que lui aurait-il été convoqué chez le Premier ministre, dans son propre appartement ? Et une mission importante, c'était tout aussi évident. Mais pourquoi lui ? Et de quelle genre de mission pouvait-il bien s'agir ?

Il sentait qu'il fallait qu'il dise quelque chose, et c'est pourquoi il posa la première question qui lui passa par l'esprit :

— Serai-je seul ?

Pour la première fois, le *memune* prit la parole.

— Non, dit-il, mais pour l'instant ce n'est pas important. Nous voulons connaître votre réponse. Êtes-vous volontaire ?

— Il faut que... commença Avner,... il va falloir que j'y réfléchisse. Est-ce que je peux vous donner ma réponse dans une semaine ?

Il ne comprenait pas ce qui le faisait hésiter ; son sixième sens, peut-être. Ce n'était en tout cas pas le danger. Avner ne s'en souciait toujours pas à vingt-cinq ans, après quatre années passées à l'armée, après la guerre des Six-Jours, après les missions déjà remplies à l'étranger. Alors pourquoi hésitait-il ? À cause de Shoshana ? Shoshana qui était enceinte, et qui était restée tellement mince, alors qu'elle en était au cinquième mois de sa grossesse. Mais non, ce n'était pas Shoshana. Et voilà qu'il se retrouvait ici, dans l'appartement de Golda Meir, que le chef du Mossad lui proposait de partir en mission et qu'il hésitait à répondre !

Le général Zamir secoua la tête.

— Vous avez un jour pour vous décider. Repensez-y. Quelqu'un qui n'est pas capable de se décider en vingt-quatre heures ne se décidera jamais.

Le général Sharon lui tendit la main.

— Vous ne me reverrez probablement jamais, dit-il à Avner. Eh bien... bonne chance.

Puis, le regardant droit dans les yeux :

— Bonne chance, quelle que soit votre décision.

Si seulement il avait pu poser quelques questions ! Mais il savait que ce n'était pas possible. S'agissait-il d'une mission comme celle d'Eli Cohen ? Ou comme celle confiée à son père ? Cela signifiait-il qu'il allait devenir une « taupe » et prendre une nouvelle identité ? Est-ce que…

Golda Meir revint dans la pièce. Une fois de plus, le vide se fit dans la tête d'Avner.

— Eh bien, comment ça se passe ? demanda-t-elle. Tout est-il réglé ?

— C'est réglé, répondit Zamir avec courtoisie. Puis il ajouta : Nous serons définitivement fixés demain… mais c'est réglé.

En dépit de la confusion d'esprit dans laquelle il se trouvait, Avner vit que le *memune* et le Premier ministre échangeaient un coup d'œil, et que Golda Meir eut un petit hochement de tête, comme si elle avait voulu dire : « Je vous l'avais dit, que ce ne serait pas si facile », à quoi le regard de Zamir avait répondu : « Ne vous inquiétez pas, avec celui-là ou un autre, nous le ferons ! » Mais peut-être était-ce un tour de son imagination.

Golda Meir s'approcha de lui – cette fois-ci ce n'était pas un tour de son imagination – et passa un bras autour de ses épaules, l'entraînant lentement vers la sortie. Comme ils parcouraient ainsi le hall d'entrée, elle lui dit : « Saluez votre père de ma part, ainsi que votre femme… comment s'appelle-t-elle, déjà ? Ah oui, Shoshana… C'est de tout mon cœur que je vous souhaite bonne chance. » Et comme elle lui serrait la main sur le pas de la porte, elle ajouta : « Souvenez-vous de cette journée. Ce que nous faisons changera le cours de l'histoire juive. Souvenez-vous-en, parce que vous y avez pris part. »

Avner n'essaya même pas de formuler une réponse. Il était étourdi, saisi d'effroi, terriblement impressionné, mais il mourait aussi de savoir à quoi elle faisait allusion. Il espéra que son sourire figé ne lui donnait pas l'air trop idiot. Il regarda Golda Meir serrer la main du général Sharon et du *memune* avant de disparaître derrière la porte.

C'est la voix du général Zamir qui brisa l'enchantement. « Vous comprendrez naturellement qu'il ne faut rien dire de cette rencontre à votre père. Pas plus qu'à votre femme ou à qui que ce soit d'autre. Et quelle que soit votre décision. Ce qui vient de se passer ne concerne que le Premier ministre, le général Sharon, vous, Avner, et moi-même. » Le *memune* s'interrompit quelques instants.

— Très bien, reprit-il, attendez-moi dans la voiture. Il y a encore deux ou trois choses dont je dois parler.

Avner s'installa dans le véhicule. Il avait encore toutes les peines du monde à croire qu'il n'avait pas rêvé. À notre époque, les agents secrets ne s'attendent guère à se voir demander de partir en mission directement par le premier personnage de l'État. Pas plus en Israël qu'ailleurs. En des temps anciens, il a pu se faire que des princes s'adressassent directement à leurs sujets pour des choses suffisamment importantes ; mais de tels contacts paraissent presque impensables dans les communautés contemporaines, hautement complexes et impersonnelles.

Selon toute vraisemblance, bien que ceci ne soit que de la spéculation, et qu'à l'époque Avner ne disposât d'aucun moyen de le savoir, Golda Meir choisit, ou se vit conseiller de choisir un procédé aussi inhabituel afin de souligner à quel point la demande qui était faite était inhabituelle. Elle avait pu ressentir elle-même, et en tout cas avait réussi à faire ressentir à Avner, que l'on allait lui demander d'accomplir quelque chose comme on ne l'avait jamais demandé à aucun soldat israélien.

L'une des raisons de cette attitude tient peut-être aux sentiments ambivalents qu'éprouvent les Israéliens quand il s'agit d'utiliser secrètement la violence. Certes, Israël s'était déjà lancé dans des actions isolées de contre-terrorisme et de déstabilisation bien avant les massacres de Lod ou de Munich. En 1956, par exemple, après que l'Égypte avait inspiré les premières incursions de fedayin sur le territoire d'Israël, des colis piégés avaient tué le lieutenant-colonel Hafez et le colonel Moustapha, deux officiers de renseignements égyptiens responsables du terrorisme palestinien. Mais ce genre d'opération avait toujours fait l'objet de controverses beaucoup plus vives en Israël qu'ailleurs. Les grandes puissances, et non pas seulement l'Union soviétique, mais aussi les États-Unis, la Grande-Bretagne ou la France, acceptent toujours, dans une certaine mesure, l'emploi de la force lorsque l'intérêt national est en jeu ; façon de penser qui n'a jamais réellement été celle d'Israël. Un agent secret disposant d'un « permis de tuer » n'aurait pas été accepté sans réticence dans le folklore israélien (ou juif).

La deuxième raison pouvant expliquer l'intervention du Premier ministre en personne, raison qu'Avner, à l'époque, ne pouvait pas davantage connaître que la première, relevait peut-être bien d'un problème politique interne du Mossad. À la fin de 1972, le général Zamir était loin d'être en odeur de sainteté, pour n'avoir pas su prévenir des attaques de terroristes comme celles de Lod et de Munich. Le général

Aharon Yariv, un spécialiste du renseignement militaire, venait d'être nommé « Assistant spécial pour les affaires terroristes », et on disait qu'il avait pris sous sa coupe certaines des responsabilités revenant normalement au *memune*. On disait également que Yariv était l'un des favoris de Golda Meir. La présence du Premier ministre lors de cette réunion était peut-être une idée à lui ; mais le général Zamir pouvait avoir lui-même préféré la tenir en sa présence, soit pour l'impliquer, soit pour lui montrer l'étendue des efforts qu'il déployait, en tant que chef du Mossad, pour lutter contre le terrorisme, dont la menace se faisait de plus en plus pressante et qui, à la fin de 1972, sapait le moral de la nation.

Par la vitre, Avner pouvait encore voir Sharon et Zamir debout devant le portail, en train de parler sans élever le ton, mais avec des gestes qui trahissaient une certaine animation. Il prit une longue inspiration et s'efforça de se détendre. Compter jusqu'à cent lui parut la meilleure chose à faire. Lentement. En ne pensant à rien.

Il en était à quatre-vingt-sept lorsque le général Zamir prit place dans le véhicule. Le général Sharon avait disparu.

— Je reste à Jérusalem pour la journée, dit le *memune*. Le chauffeur va me déposer, puis il vous ramènera à Tel-Aviv. Demain, ajouta-t-il en jetant un coup d'œil à sa montre, demain... soyez à mon bureau à midi juste.

Avner regarda sa propre montre. Il était exactement midi. Le général lui donnait vingt-quatre heures. Pas une minute de plus.

Mais il n'en avait déjà plus besoin, en réalité. Il savait ce qu'il allait faire.

Néanmoins, tandis que la voiture se rangeait le long du trottoir devant chez lui, à Tel-Aviv, il ne put s'empêcher de se demander si les passants n'allaient pas le remarquer, en train de descendre d'une grosse Dodge conduite par un chauffeur. Et s'ils n'allaient pas reconnaître la voiture officielle du chef du Mossad, le général Zvi Zamir... Pensée peut-être mesquine et indigne de quelqu'un s'apprêtant à jouer un rôle dans un épisode qui devait changer le cours de l'histoire d'Israël. Mais à ce moment-là, c'est la seule chose qui lui vint à l'esprit.

4

Éphraïm

Une dizaine de jours plus tard, l'après-midi du 25 septembre 1972, Avner se trouvait assis sur le lit d'une modeste chambre d'hôtel de Genève. Aussi discret que respectable, l'*Hôtel du Midi* avait une façade rose et blanc donnant sur la place Chevelu, en plein centre du quartier commerçant élégant de la ville. Depuis sa fenêtre, Avner pouvait apercevoir les bâtiments plus sombres du quartier des affaires, de l'autre côté du Rhône dont le cours étroit s'élargissait à la sortie du lac de Genève, à quelques centaines de mètres un peu plus à l'est.

La ville suisse était comme une maison de verre : les personnes qui y séjournaient faisaient bien attention à ne pas faire de vagues. La règle de neutralité se trouvait rarement violée. Par une entente mutuelle et non formulée, Genève était devenu l'endroit de choix où les puissances internationales de désordre pouvaient comploter, se regrouper et reprendre des forces.

Reportant son regard vers la chambre, Avner posa les yeux sur les quatre hommes qui l'observaient, détendus et confiants. Ils attendaient de lui qu'il parlât.

Une semaine à peine auparavant, Avner ne savait même pas qu'ils existaient. Ils étaient maintenant ses partenaires, ils constituaient son équipe. Il était leur chef. Il avait beau avoir de la peine à le croire, il était le responsable de la mission.

Jusqu'à ce qu'elle fût menée à son terme, ces quatre étrangers allaient devoir être plus proches de lui qu'aucun autre être humain sur terre. Plus proches que son père et sa mère. Plus proches que Shoshana. Plus proches que ses plus vieux amis, que ses *Chaverims*, ses compagnons d'armes dans son unité et pendant la guerre. Il devait avoir en eux une confiance absolue ; sa vie serait entre leurs mains, comme les leurs seraient entre les siennes.

En l'espace de ces dix jours, il était arrivé à Avner plus de choses importantes que dans tout le reste de sa vie antérieure. Son existence s'était radicalement transformée en un instant, même si son présent n'était pas sans rapport avec son passé. Après tout, les choix qu'il avait faits depuis l'époque où il était entré dans l'unité de commando le mettaient en bonne place pour le faire aboutir là où il se trouvait maintenant. Néanmoins, à partir du moment où Golda Meir lui avait souhaité bonne chance, il avait eu l'impression de perdre complètement le contrôle des événements. Non pas qu'il avait peur. Il remarquait simplement, avec une sorte de détachement clinique, qu'il avait fini par faire le pas. Il avait sauté par-dessus bord ; il était dans l'eau jusqu'au cou, et les courants l'entraînaient vers le large. Qu'il le veuille ou non, il n'y avait plus rien qu'il pût faire. Nager contre ce courant était d'une totale inutilité.

Lorsqu'il s'était présenté au bureau du général Zamir à midi, le lendemain de la réunion dans l'appartement de Golda Meir, le *memune* lui était apparu froid, se désintéressant presque de la question. «Oui ?» dit-il à Avner sans bouger de derrière son bureau.

— Je me porte volontaire, dit Avner.

Le général acquiesça d'un signe de tête. Un signe fait d'une manière distante et détachée, comme s'il avait entendu la seule réponse possible. Avner ne se trouva pas surpris – en Israël, on ne saute pas en l'air à chaque fois que quelqu'un se déclare volontaire pour quelque mission inhabituelle ou dangereuse – mais se sentit en revanche un peu déprimé.

— Attendez-moi une minute à l'extérieur, dit alors le général. Je veux vous faire rencontrer quelqu'un.

L'homme à qui Avner fut présenté, environ une demi-heure plus tard, était de haute taille, avec quelque chose de professoral dans l'allure. D'âge moyen, il avait des cheveux prématurément gris et des épaules tombantes ; sa bouche trahissait de la mélancolie, mais son regard était vif. Un homme agréable. Mieux que cela, même : dès l'instant où ils se serrèrent la main, il sut parler à Avner comme s'ils se connaissaient tous les deux depuis des années. Avner n'éprouvait pas vraiment un sentiment de fraternité envers lui, car c'était de toute évidence encore un Galicien, mais il lui plut beaucoup.

— Appelez-moi Éphraïm, commença-t-il. C'est moi qui serai votre officier correspondant. Écoutez, il va nous falloir avancer un peu à tâtons. Vous devez avoir beaucoup de questions à me poser, et il se peut que je ne possède pas encore toutes les réponses. Il vous faudra vous montrer patient. Hummm… Avez-vous déjeuné ? Que diriez-vous si nous commencions autour d'une table ?

Ils déjeunèrent donc ensemble et, après le repas, se promenèrent longuement sur la plage, tandis qu'Éphraïm parlait.

Plus tard, Avner se rendit compte que même si Éphraïm lui avait dit quelle serait sa mission dans les cinq premières minutes de leur entretien, il n'en comprit vraiment la nature qu'au bout de deux jours. Superficiellement, il comprenait bien les mots, mais leur sens profond, fondamental, lui échappait.

Lorsque Éphraïm dit : « Nous avons décidé de mettre sur pied une équipe pour détruire les terroristes en Europe », Avner acquiesça, se sentant tout à fait d'accord. Il en était bien temps. Il ressentit même une légère impression de soulagement à l'idée que la mission pour laquelle il s'était porté volontaire ne relevait pas de l'espionnage solitaire, comme pour son père, et ne comportait pas de fastidieux travaux préparatoires en langues ou en cryptographie. Une équipe : c'était parfait. Une formule qui ressemblait beaucoup à ce qu'il avait connu à l'armée. L'Europe, c'était parfait, également. Quant au terme « détruire » (*rehashmid* en hébreu), rien de plus naturel que son emploi dans ce contexte. C'était un terme militaire, un terme utilisé des milliers de fois au cours des séances de briefing. Il pouvait signifier un coup de main, une expédition de reconnaissance en force, le sabotage d'une installation radar, d'un dépôt de munitions ou d'un centre de communications. Un terme de commando. Il pouvait aussi signifier une attaque surprise, et la capture de quelques prisonniers. Un terme qui n'avait rien qui fût susceptible de surprendre ou choquer l'ancien soldat d'une unité spéciale.

— Mais avant de parler de tout cela plus en détail, dit Éphraïm, voyons un peu la procédure.

Le premier point de la « procédure » concernait Shoshana ; il devait lui expliquer qu'il ne serait pas à la maison pour quelques jours. Puis il se rendrait dans un appartement dans le centre de Tel-Aviv, au rez-de-chaussée, les étages supérieurs étant occupés par une entreprise de confection. Il y passerait quarante-huit heures en la seule compagnie d'Éphraïm. Une fois de temps en temps, Éphraïm serait obligé de le laisser pendant une heure ou deux, mais quelqu'un d'autre resterait avec Avner – afin de « vous tenir compagnie », pour employer l'expression de l'officier. Une compagnie bien morne, cependant, car l'homme en question n'ouvrit pas une seule fois la bouche : de toute évidence, il n'était là que pour s'assurer qu'Avner restait sur place et ne téléphonait à personne pendant qu'il recevait ses instructions.

La première chose importante que l'on exigea d'Avner fut sa démission du Mossad. Quant au premier contrat qu'Éphraïm lui fit signer, il ne décrivait pas à quoi s'engageaient les deux parties ni les tâches à accomplir, mais établissait simplement une liste de ce que les deux parties ne s'engageaient pas à faire. Le Mossad n'engageait pas les services de l'autre partie contractante. On ne lui donnerait aucun subside, aucune pension, aucune aide légale. À aucun moment et en aucune manière on ne reconnaîtrait qu'il travaillait pour l'institut. Il ne lui procurerait aucune assistance consulaire, aucune assistance médicale. Quant à Avner, il s'engageait à ne rien réclamer de la première partie ; il ne chercherait pas à obtenir son aide, et ne la tiendrait pas responsable de ses actions et de leurs conséquences éventuelles. Il ne révélerait pas qu'il était employé par elle, ni qu'il s'était engagé à ne pas le révéler.

— Comprenez-vous ce que cela signifie ? demandait Éphraïm, chaque fois qu'il lui mettait une nouvelle feuille de papier sous le nez. Lisez-le. Je ne veux pas vous voir signer quelque chose que vous n'auriez pas lu.

Avner acquiesçait, lisait et signait, même si à deux ou trois reprises, l'idée qu'il ne gardait aucune carte dans sa manche, comme le lui avait conseillé son père, lui traversa brièvement l'esprit. Mais que fallait-il faire, demander un avocat ? Alors que Golda Meir elle-même avait passé son bras autour de ses épaules et lui avait dit qu'il allait entrer vivant dans l'histoire du peuple juif ?

Et puis, quoi que l'on puisse dire des Galiciens, ce ne sont pas des gens à laisser tomber l'un des leurs. En ce sens, Avner faisait une confiance absolue à ses compatriotes, même à ceux dont il se serait le plus méfié dans un autre contexte. En dépit de leur façon de toujours tirer la couverture à soi. En dépit de leur manière de toujours partager entre eux les dépouilles. Qu'un camarade soit en difficulté, et ils remueraient ciel et terre pour le récupérer. Au besoin ils tricheraient, mentiraient, emploieraient les flatteries ou les menaces, et finalement tueraient ou se feraient tuer plutôt que de laisser un camarade aux mains de l'ennemi. Contrat ou pas. Voyez le cas d'Eli Cohen, et ce qu'a tenté Israël pour lui sauver la vie, alors que tant d'autres pays se seraient contentés de le désavouer, comme ils le font la plupart du temps lorsque l'un de leurs agents est découvert. Israël avait été jusqu'à risquer la vie des hommes d'un commando simplement pour ramener la dépouille mortelle d'Eli Cohen de Syrie[20]. Avner avait le sentiment que c'était quelque chose dont il n'avait pas à se soucier.

C'est ce qu'il dit à Éphraïm, qui grimaça un sourire.

— En effet, mais pour l'instant occupons-nous de votre dépouille bien vivante, lui répondit l'officier. Signez ceci. Vous pouvez dire adieu au remboursement de vos soins dentaires.

— Adieu, lança Avner avant de signer.

Une fois remplis tous les papiers, Éphraïm lui tendit un chèque d'un peu moins de deux mille livres israéliennes. Cette somme représentait le remboursement du plan de retraite pour lequel Avner avait cotisé pendant les trois années où il avait été officiellement employé par le Mossad.

— Mes félicitations, lui dit alors Éphraïm. Vous êtes maintenant un homme libre. Je suis sérieux, ajouta-t-il. Car si à un moment ou un autre, tant que nous discutons ici, vous décidez de changer d'avis, et me dites que vous ne vous sentez pas capable de le faire, pas de problème. Tant que vous êtes ici, vous avez le droit de changer d'avis.

— Et après ? demanda Avner.

Éphraïm le regarda et se mit à rire.

— Je suis content que vous ayez le sens de l'humour.

L'idée directrice de la mission, lui expliqua Éphraïm, était d'attaquer le terrorisme à sa source. Contrairement aux armées, qui ne sont que le prolongement d'un pays pris dans son ensemble, les mouvements terroristes, aussi infiltrés partout qu'ils paraissent, se résument en réalité à un petit nombre de sources identifiables. Leur point faible est de n'être constitués que de relativement peu de personnes, et d'être extrêmement dépendants d'une poignée d'organisateurs et de chefs. Ce sont des mouvements clandestins. Il leur faut opérer à partir de bases mobiles situées derrière les lignes de l'ennemi ; leur existence secrète et leur invisibilité constituent peut-être une force, mais c'est également une faiblesse. Contrairement aux forces armées régulières, ils n'ont aucune vie propre, aucun pouvoir indépendant. Tout ce dont ils ont besoin pour survivre doit leur être fourni par des canaux clandestins, de façon artificielle : argent, armes, papiers, planques, entraînement et recrutement. Qu'un seul de ces cordons ombilicaux soit coupé, et c'est tout un réseau qui en pâtit.

— Le terrorisme est une hydre, commenta Éphraïm ; mais heureusement il n'a qu'une douzaine de têtes, environ. Nous pouvons les couper, les unes après les autres.

— Mais de nouvelles têtes ne peuvent-elles pas pousser ?

Éphraïm sourit et se mit à examiner ses ongles.

— Je suis sûr que c'est possible, répondit-il. Mais il faut voir les choses ainsi : cela prend du temps. Un terroriste de grande envergure est un fanatique, mais aussi quelqu'un de très fort, de très habile. La plupart des gens ne sont pas fanatiques ; et la plupart des fanatiques ne sont ni forts ni habiles. En éliminant un des chefs du terrorisme, on gagne du temps : il faut un an ou deux pour qu'apparaisse une nouvelle tête. En attendant, l'ancien réseau s'est démantelé ; il faudra peut-être encore une année au nouveau chef pour le reconstituer. Pour cela, il faut qu'il s'expose d'une manière ou d'une autre. Nous sommes alors en mesure de l'identifier et de l'éliminer, lui aussi, avant qu'il ait fait trop de dégâts. Et pendant ce temps-là, vous avez sauvé des centaines de vies innocentes. Est-ce que ça ne vaut pas la peine ? Et puis le meilleur des terroristes est un peu comme une allumette : il lui faut un baril de poudre pour qu'il puisse déclencher une grosse explosion. Cela dit, en ce moment, le monde est comme un baril de poudre, je n'ai pas besoin de m'étendre là-dessus. Dans un an ou deux, qui sait ce qui peut arriver ?

Éphraïm s'arrêta de parler. Il quitta ses doigts des yeux et tendit une main à Avner pour qu'il les voie.

— Regardez, lui dit-il ; regardez mes ongles. Ils ont besoin d'être coupés ; allez-vous me dire, pourquoi s'en soucier, puisqu'ils vont repousser ?

— Vous avez raison, concéda Avner.

— De toute façon, ce ne sont que des considérations philosophiques, et nous ne sommes pas ici pour ça. Nous sommes ici pour parler de la manière d'agir. Je ne vous dis pas de ne pas me poser de questions ; s'il vous en vient une à l'esprit, posez-la-moi. Mais pour l'instant, voyons le problème des opérations.

Ils parlèrent opérations. Le Mossad s'était penché sur le problème en détail, expliqua Éphraïm, et en avait conclu que la meilleure façon de procéder consistait à former un petit groupe autonome. Un groupe capable de survivre sur ses propres ressources en Europe pendant des mois, voire des années. Une équipe qui ne dépendrait pas du soutien d'Israël. Une équipe qui serait composée d'experts dans divers domaines : en armement, en explosif, en logistique, en documents, et qui n'aurait donc pas besoin de faire appel aux ressources du Mossad. Il ne s'agissait pas seulement de les tenir à distance, même si ce facteur jouait un rôle, comme l'admit sans hésiter Éphraïm ; mais aussi de leur propre sécurité. La plupart du temps, les agents secrets se faisaient repérer lorsqu'ils devaient reprendre contact avec leur service afin de recevoir des instructions, des armes ou des documents. Mais une équipe – une équipe capable de fabriquer ses propres papiers, de trouver ses propres armes et de bâtir son propre réseau d'informateurs, une équipe dont les membres ne seraient jamais obligés de s'approcher d'une ambassade, d'un agent résident, ou d'une source de contact employée dans le cadre d'autres opérations du Mossad, qui n'aurait jamais d'informations à transmettre par quelque canal de communication que ce fût –, une telle équipe serait pratiquement invulnérable. Elle serait semblable à un groupe de terroristes, mais avec infiniment plus de ressources. Elle pourrait même s'infiltrer dans le réseau terroriste pour se procurer ce dont elle aurait besoin ; idéalement, c'était même ainsi qu'elle devrait agir. Pourquoi pas ? Faire d'une pierre deux coups. Les groupes terroristes étaient nombreux et ne se connaissaient guère entre eux ; mais tous avaient besoin de planques, de passeports et d'explosifs. Devenir comme l'un d'eux constituerait une couverture idéale.

— Nous n'avons pas besoin d'un système de communication, dit Éphraïm. Comment apprenons-nous que les *mechablim*, les terroristes, ont fait sauter un avion ? Je trouve l'information dès le lendemain matin dans *Le Monde* ou dans le *Corriere della Serra*. Peut-être même dans le *New York Times*, s'il y a des Américains à bord. Bon ; j'ouvre *Le Monde*, et j'apprends qu'un *mechabel* vient d'être abattu. Ai-je besoin d'en savoir davantage ?

Plus Éphraïm parlait, plus Avner devenait intéressé et s'enthousiasmait. C'était quelque chose d'énorme. Un vrai boulot pour lui. Il se sentait en mesure d'organiser une telle affaire. Chargé d'une mission semblable, il allait leur montrer de quel métal il était fait. Il fit cependant attention à ne rien révéler de son enthousiasme à Éphraïm. Il garda un visage de joueur de poker. Souviens-toi des tests psychologiques. Le genre insouciant, le genre héros qui fait de l'humour, ils n'en veulent pas. Mieux valait prendre un air pensif, morose même.

C'était d'ailleurs tout aussi bien ; car encore à ce stade, Avner ne comprenait toujours pas en quoi la mission consistait exactement. Il comprenait bien quelque chose, mais pas sa réalité. Cette compréhension ne commença à venir que lorsque Éphraïm lui demanda, après une courte pause pour déjeuner, de lui poser les questions qui lui étaient venues à l'esprit.

— Cette équipe, demanda Avner, est-ce moi qui dois la constituer ?

— Non. Les hommes ont déjà été sélectionnés.

— Quand pourrai-je les rencontrer ?

Éphraïm sourit.

— Patience, dit-il en arabe, patience, chaque chose en son temps. Ils ne sont pas… ils ne sont pas encore en Israël pour l'instant.

Son sixième sens souffla à Avner que pour une raison ou pour une autre, Éphraïm ne lui disait pas la vérité sur ce point, mais cela lui sembla sans importance.

— Très bien. Bon, en quoi sont-ils experts ? Il y en a un qui connaît les explosifs ?

— Exact.

— Un autre les faux documents ?

— Exact.

— Puis un ou deux pour le boulot lui-même, continua Avner, qui remarqua que les sourcils d'Éphraïm se soulevaient d'étonnement. Eh bien, reprit-il, ceux qui feront le coup, je veux dire. Qui appuieront sur le bouton…

— Qu'est-ce que vous voulez dire, appuyer sur le bouton ?

Ce fut au tour d'Avner de se montrer étonné.

— Je parle d'un spécialiste en – vous savez bien, appuyer sur la détente. Un type entraîné à tirer en situation réelle.

Éphraïm regardait Avner comme quelqu'un au comble de la stupéfaction.

— Un *spécialiste* pour appuyer sur la détente ? demanda-t-il lentement.

Avner resta silencieux.

— Entraîné à tirer en situation réelle ? reprit Éphraïm. Mais qui est entraîné pour ça ? Vous connaissez un endroit où l'on entraîne les gens à ça ? Première nouvelle ! Et comment entraîneriez-vous les gens à tirer en situation réelle, de toute façon ? En les faisant tout d'abord tirer sur des chiens, puis en leur disant : *Vous voyez ce vieux bonhomme qui traverse la rue Machin-chouette, allez-y et descendez-le !*

Avner garda encore le silence.

— Nous entraînons nos gens à se servir d'un revolver, reprit Éphraïm au bout d'un moment. Nous entraînons les soldats à mener des actions de commando, à poser une bombe, à se servir d'un poignard, de n'importe quoi. Comme vous avez été vous-même entraîné.

Mais nous n'entraînons jamais personne en situation réelle. Nous ne disposons d'aucun expert dans ce domaine.

Avner s'éclaircit la gorge.

— Je vois, dit-il, puis il s'arrêta. J'ai simplement posé la question parce que... essaya-t-il de continuer, mais il s'arrêta à nouveau.

Éphraïm s'était enfoncé dans sa chaise et l'observait. Peut-être faisait-il semblant mais, en tout cas, il avait l'air tout aussi étonné qu'Avner.

Ce dernier retrouva finalement sa voix. Peu importe qu'il se fût montré naïf et qu'il eût dû s'y attendre : il avait été pris de court, le fait était là. Était-ce pour cela qu'il avait été choisi ? Il allait en avoir le cœur net, définitivement.

— Disons alors les choses carrément. Pourquoi moi ?

Sa voix s'était durcie.

— Quoi, pourquoi vous ? Éphraïm, de son côté, s'impatientait.

— Pourquoi m'avoir choisi ?

— Et pourquoi pas vous ? Y a-t-il chez vous quelque chose qui ne va pas ?

— Non, tout va bien ; je connais l'Europe, je suis un bon organisateur, je... je pense que je suis capable d'achever ce que j'ai entrepris. Mais pourquoi moi ? Je n'ai jamais fait ce genre de chose auparavant.

— Mais qui l'a fait ? Éphraïm s'inclina en avant, et sa voix se fit plus douce. Ne vous méprenez pas ; si vous ne voulez pas le faire, dites-le tout de suite. Personne ne vous y force... Mais qui aurions-nous dû choisir ? Nous n'avons que des gars comme vous. Jeunes, bien entraînés, en pleine forme, ayant toujours bien travaillé, parlant plusieurs langues... Si vous voulez le savoir, ce n'est pas un grand secret. Le fait est que peut-être personne en particulier ne vous a choisi, et que la sélection a été faite par l'ordinateur. Nous lui posons quelques questions, et il nous donne des noms.

« Et que croyez-vous donc que nous avons demandé à l'ordinateur ? Qu'il nous donne la liste de tous les voleurs de banque du pays, de tous les tireurs fous, de tous les tueurs psychopathes ? Nous irions demander à des criminels de sauver Israël, parce que tous nos bons petits gars font les dégoûtés ? »

L'ordinateur. C'était peut-être vrai. Cela paraissait logique ; quand on y pensait un peu, cela paraissait même tout à fait logique. Néanmoins...

— Écoutez, reprit Éphraïm, je sais que ce n'est pas facile. N'allez pas vous imaginer que je ne m'en rends pas compte... Alors parlons-en pendant une minute, afin que nous puissions passer à autre chose. Connaissiez-vous Yossef Gutfreund, l'arbitre de lutte tué à Munich ? Un balèze... Il se trouve que je le connaissais. Deux filles, et un petit commerce à Jérusalem. Un jour il a sauvé une douzaine d'Égyptiens en train de crever de soif dans le désert... Peu importe ; à Munich, ils l'ont ficelé comme un saucisson. De la tête aux pieds, avec une corde qui lui rentrait dans la chair, avant de lui tirer quatre balles dans le corps. C'est tout. Bon, maintenant, vous voyez l'homme qui a donné l'ordre que l'on fasse cela à Yossef. L'homme qui a distribué les armes, qui a donné les instructions. Vous le voyez, je ne sais pas, moi, en train de prendre tranquillement le café à Amsterdam. Il a fait assassiner Yossef. Il y a une fille, à Tel-Aviv, une jolie fille, qui se traîne sur des béquilles ; ils lui ont pratiquement arraché une jambe à Lod... et c'est ce même bonhomme qui a donné l'ordre. Il est là, tranquillement en train de boire son café en se demandant quelles seront ses prochaines victimes. Vous vous êtes là aussi, vous le voyez, et vous avez un revolver. Vous pouvez me dire, d'accord, mais peu importe, je ne me sens pas capable d'appuyer sur la détente. Je comprends. Je ne vous critique pas. Je parle sérieusement : je ne vous blâme pas. On se serre la main, et au revoir. Je ne vous en estime pas moins pour autant. C'est très dur de tuer un homme. Mais ne venez pas me parler d'entraînement. Ne venez pas me parler de *spécialistes*. Si vous ne pouvez pas le faire, vous ne pouvez pas, c'est tout. Vous avez tout l'entraînement imaginable. Vous avez tout l'entraînement dont vous aurez jamais besoin.

— Je ne sais pas, répondit Avner. Peut-être pourrai-je le faire.

Il garda le silence pendant ce qui lui parut être un long moment, puis reprit la parole.

— Vous avez raison. Je peux le faire.

— Je sais que vous le pouvez, dit Éphraïm. Voulez-vous que je vous avoue quelque chose ? Vous ne seriez pas ici si vous ne pouviez pas. Ce n'était pas ça qui m'inquiétait.

C'était tout aussi bien qu'Éphraïm ne s'inquiétât pas, se dit Avner, car pour ce qui était de lui, il s'inquiétait sérieusement. Très sérieusement, même ; jamais de sa vie ne s'était-il autant inquiété pour quelque chose. Son cœur battait tellement fort, pendant toute cette conversation, qu'il paraissait étonnant que son interlocuteur ne l'entendît pas. Ce n'était pas le cas, semblait-il. On passa aux problèmes de logistique. L'aspect philosophique de la question était réglé.

Le jour suivant, le 20 septembre, Avner fit son premier voyage à

Genève. Il prit une chambre à l'*Hôtel du Midi*, puis traversa le pont du Mont-Blanc au volant d'une voiture de location et longea le quai du Général-Guisan. Il déposa sa voiture dans un parking près de la rue du Commerce, dans le quartier des affaires de la ville, et se rendit à pied jusqu'au bâtiment de style ancien qui abrite l'Union des Banques Suisses. Il ouvrit deux comptes et loua un coffre. Il ne déposa qu'une somme symbolique sur l'un des comptes, mais approvisionna l'autre avec une lettre de crédit d'un quart de million de dollars. Puis il retira immédiatement cinquante mille dollars en liquide qu'il plaça dans son coffre.

Le premier compte était celui sur lequel seraient déposés son salaire et l'argent pour ses frais personnels. Le total s'élèverait à quelque chose comme trois mille dollars par mois ; peut-être pas une rente princière, mais tout de même plus de deux fois son ancien salaire. Qui plus est, on ne lui demandait pas d'y toucher. Chaque fois qu'il aurait à venir à Genève, il pourrait voir son « capital grossir », comme le lui avait dit Éphraïm, car ses repas, ses notes d'hôtel et ses dépenses courantes seraient en fait couverts par les fonds opérationnels. C'était l'un des avantages d'une mission pour laquelle on attendait d'eux qu'ils fussent en service vingt-quatre heures par jour et sept jours par semaine.

— Ce qui signifie toutes vos dépenses, avait précisé Éphraïm, dans des limites raisonnables, s'entend. Nous ne payons pas les tapins ni les diamants. Mais si vous avez besoin d'une chemise, d'une paire de chaussures ou d'un imperméable, achetez-les. Faites simplement attention à bien conserver les reçus.

Les fonds opérationnels étaient illimités ; il le fallait car personne ne pouvait prévoir combien coûteraient un informateur, un voyage, un faux document, un véhicule ou telle quantité de gélignite. On ne leur demandait pas la même rigueur dans ces dépenses opérationnelles ; difficile de demander un reçu à un indic ou à un marchand d'armes qui travaille au marché noir. Il n'y avait là rien de surprenant. Mais ce qui avait toujours paru bien plus étrange à Avner était que le même agent à qui l'on confiait, sans la moindre hésitation, des dizaines de milliers de dollars en fonds opérationnels se voie demander de produire une facture de deux dollars pour une pizza.

Le compte des fonds opérationnels serait régulièrement réapprovisionné de façon à toujours rester au niveau de 250 000 dollars. Le transfert des fonds serait effectué par l'intermédiaire de diverses banques au fur et à mesure qu'il serait utilisé. Les opérations seraient menées sous la responsabilité de personnes n'ayant pas la moindre idée de l'emploi qui devait être fait de ces fonds.

Le coffre servait à d'autres fins. En premier lieu, l'équipe y laisserait une partie des fonds opérationnels en liquide. Ils auraient de nombreux paiements à effectuer en liquide et sans délai, et il était plus simple de retirer directement l'argent d'un coffre que de le prélever à chaque fois du compte. Dans certains cas, il valait mieux disposer de liquide pour procéder à des transferts d'une banque à une autre, plutôt que de se servir d'effets bancaires classiques. L'origine des sommes devenait beaucoup plus difficile à retrouver.

En second lieu, le coffre servait de moyen de communication. Éphraïm garderait l'une des deux clefs. Il pourrait laisser un message dans le coffre, tout comme l'équipe pourrait lui en laisser un, même si la chose ne devait guère se produire souvent pendant la mission. Ce serait de toute façon leur seul moyen de communiquer avec la hiérarchie.

Une fois ces questions réglées avec la banque, Avner, laissant son véhicule au parking, retourna à son hôtel en empruntant le pont de la Machine. Cette manière de procéder n'était pas de rigueur, et il ne pensait pas être suivi ; mais les banques étaient de toute évidence des endroits où l'on risquait de se faire repérer. Au cours des missions qu'il avait déjà effectuées, il avait eu l'occasion de fréquenter les banques précisément pour détecter d'autres agents. Quand il en avait le temps, Avner alternait systématiquement déplacements à pied et en véhicule, et sortait d'un bâtiment par une autre porte que celle par laquelle il était entré. Il s'agissait d'être le plus imprévisible possible, de se comporter systématiquement de manière inattendue quand c'était envisageable, et d'en faire une habitude – celle de ne pas en avoir. Si quelqu'un l'avait suivi en voiture, il devait en ce moment avoir des problèmes : le pont de la Machine est en effet réservé aux piétons et les voitures n'y ont pas accès. Quelqu'un cherchant à savoir où se rendait Avner ne pouvait donc ni le suivre ni abandonner son véhicule en plein trafic pour le filer à pied.

Éphraïm ne lui communiquait ses informations que petit à petit, se contentant de répéter, « patience, patience », chaque fois qu'il n'était pas prêt à répondre à une question. Qui sont les autres membres de l'équipe ? Patience, vous les rencontrerez à votre retour de Genève. Et que ferons-nous si la combinaison est mauvaise et si nous sommes incapables de travailler ensemble ? Calmez-vous : à la manière dont vous avez été sélectionnés, vous vous entendrez très bien. Et si nous n'arrivons pas à fabriquer tel document dont nous avons besoin, si nous n'arrivons pas à nous procurer d'armes ? Je n'ai encore jamais acheté d'armes. Ne vous en faites pas pour ça. Les hommes qui sont avec vous sauront s'y prendre. C'est leur formation. Parfait, mais dans ce cas-là pourquoi avez-vous besoin de moi ?

— Ce sont eux qui auront besoin de vous, Avner. Pour diriger l'équipe.

Le lendemain de son arrivée à Tel-Aviv, retour de Genève, il rencontra le reste de l'équipe. Et l'autre grande inconnue, maintenant ? On ne les envoyait évidemment pas à la pêche au menu fretin, aux petits mecs, aux jeunes fedayin des camps de réfugiés, aux étudiants d'extrême gauche ou à ces déséquilibrés qui se laissent convaincre d'une manière ou d'une autre, propagande ou lavage de cerveau, d'assassiner quelqu'un au péril de leur vie. Mais quelles étaient donc exactement leurs cibles ? Et combien étaient-elles ? Une ou deux paraissaient évidentes. Avner avait lancé leurs noms devant Éphraïm, mais l'officier s'était contenté de hausser les épaules.

— Patience, avait-il répondu. Chaque chose en son temps. Nous vous donnons deux choses : de l'argent et une liste. Vous avez l'argent ; allez le déposer et revenez. Et jusqu'à votre départ, ne vous en faites pas. Vous aurez votre liste.

— Ne vous en faites pas ! C'est facile à dire. Et si nous nous trompons de cible ?

— Ne redites jamais un truc pareil – telle avait été la réaction d'Éphraïm à cette remarque.

Le jour suivant Avner quitta l'*Hôtel du Midi*, après s'être réservé une chambre pour le 25 suivant. Puis il se rendit en flânant jusqu'à l'hôtel *Ambassador*, et y réserva deux autres chambres pour la même date. Il alla chercher sa voiture dans le parking où il l'avait laissée la veille, sur l'autre rive, revint par le pont du Mont-Blanc pour s'assurer qu'il n'était pas suivi, puis rendit le véhicule au bureau de location avant de sauter dans un taxi pour l'aéroport. Quatre heures plus tard, il atterrissait à Tel-Aviv.

L'appartement où le conduisit Éphraïm vers 5 heures de l'après-midi se trouvait à la périphérie de la ville. La jeune femme à la mine sérieuse qui leur ouvrit la porte ne fut pas sans lui rappeler celle de la rue Borochov qui l'avait accueilli lors de sa première entrevue avec les gens du Mossad, trois ans auparavant. Elle les conduisit dans une autre pièce et referma la porte derrière eux.

Les quatre hommes qui se trouvaient déjà dans la pièce levèrent les yeux sur les nouveaux arrivants. L'un d'eux posa le livre qu'il était en train de lire ; le deuxième décroisa les jambes et s'inclina en avant, mais cependant ne se leva pas ; le troisième, qui était en train de secouer sa pipe contre un cendrier de métal, interrompit son geste ; quant au quatrième, qui était debout, il fit un pas en avant.

Il y eut un bref instant de silence. Les quatre hommes et Avner se regardaient.

— Bon, dit Éphraïm en s'éclaircissant la voix, mais sans ajouter autre chose. Bon. Les gars, je vous présente Avner... Avner, voici Carl... voici Robert... Hans... et bien sûr, Steve.

Ils se serrèrent la main. Vigoureusement, en soldats. Avner n'avait pas la moindre idée de ce que les quatre autres étaient en train de se dire. Pour sa part, il était complètement dérouté ; choqué, même. Ces hommes étaient *vieux*. Celui qui paraissait le plus jeune, Steve, devait bien avoir dix ans de plus que lui. Carl, manifestement le plus âgé, avait plus de quarante ans, semblait-il.

Ce n'était pas qu'il les trouvait trop âgés pour remplir la mission ; sur ce point, Avner n'avait pas d'opinion tranchée. Mais c'était lui qui devait les commander. Alors que tous, manifestement, avaient une expérience bien plus grande que lui. Alors que tous devaient avoir fait la campagne de Sinaï. Carl avait même l'air assez vieux pour avoir participé à la guerre d'Indépendance. Attendait-on de lui qu'il dirigeât une équipe d'hommes dont certains auraient pu être son père ?

Accepteraient-ils d'être menés par lui ?

— O.K., dit Éphraïm, nous n'avons pas de temps à perdre. Asseyons-nous et examinons un certain nombre de points. C'est la seule et unique fois où nous nous trouverons tous réunis. Lors de votre prochaine rencontre, vous serez à Genève, en mission.

Avner se sentait trop tendu pour s'asseoir. Il regardait Carl en train de bourrer sa pipe, et se prit à souhaiter, pour la première fois de sa vie, être un fumeur lui-même. Hans, Robert et Steve paraissaient tous parfaitement détendus. Carl se mit à se tapoter les poches, comme s'il ne pensait qu'à trouver une allumette. Avner prit une profonde inspiration.

Parfait. Du calme.

— Voici le programme, reprit Éphraïm. Deux jours de cours intensifs pour se rafraîchir la mémoire, sauf pour Carl et Avner. Ce qui nous conduit au 24. Quartier libre. Que chacun règle ses affaires personnelles. Le 25, vous prenez vos passeports de service et vous vous rendez à Genève. Choisissez individuellement itinéraires et horaires, mais soyez sur place avant la soirée. Avner vous a déjà réservé des chambres d'hôtel. Il vous donnera tous les détails. Après vous être fait enregistrer à la réception et avoir récupéré vos passeports, déposez-les dans un coffre. Ne vous en servez jamais pendant toute la durée de la mission. Pendant que vous suivrez les cours intensifs, reprit Éphraïm, Avner et Carl étudieront la liste des cibles que nous avons préparée. Lorsque vous vous retrouverez à Genève, ils en sauront autant que nous sur elles, et ce sont eux qui vous passeront les informations. Bon. Nous vous donnerons la liste des *mechablim* dans ce qui est pour nous l'ordre d'importance ; mais l'ordre dans lequel vous les supprimez vous regarde uniquement. Trouvez-les, et descendez-les. Premier trouvé, premier servi. Je ne crois pas avoir rien oublié. Après le 25, vous roulez tout seul. Si ça marche, j'aurais de vos nouvelles par les journaux. Sinon – mais ça marchera. J'ai la plus grande confiance en vous.

Éphraïm avait parlé debout ; il tira un tabouret à lui et s'y installa maladroitement, les bras pendants. Il prit un mouchoir de papier dans sa poche, comme s'il avait l'intention de se moucher, mais au lieu de cela il se mit à le contempler un moment, l'air songeur, pour le remettre dans sa poche après l'avoir roulé en boule. Tous les autres gardaient le silence, sauf Carl, qui paraissait avoir des difficultés à faire fonctionner sa pipe et soufflait dedans comme un buffle dans une rizière. Il s'interrompit soudain, et regarda les autres avec un sourire d'excuse aux lèvres.

Avner ne ressentait encore rien vis-à-vis des autres ; en revanche, il avait l'impression qu'il pourrait s'entendre avec Carl, même s'il était assez vieux pour être son père.

Éphraïm reprit la parole.

— Il y a deux principes dont nous n'avons pas encore parlé, ou du moins pas suffisamment. Ils sont extrêmement importants. Permettez-moi d'y revenir une dernière fois. Tout d'abord, vous connaissez la devise des *mechablim* : frappez-en un pour en terroriser cent. Cela dit, comment terroriser un terroriste ? Si vous le descendez simplement quand il est à découvert, exposé, se rendant de A à B, cela ne suffit peut-être pas. Les autres peuvent se dire, « D'accord, ils ont eu Ahmed parce qu'il avait mis le nez à la fenêtre, mais moi, je ferai davantage attention. » Vous en aurez supprimé un, mais les autres continueront à agir comme par le passé ; ils ne seront pas effrayés. Mais si vous réussissez à descendre un *mechabel* pendant qu'il est entouré de ses gens, lorsqu'il se sent en sécurité, au moment où il s'y attend le moins, c'est une autre histoire. Si vous vous y prenez avec habileté, de façon inattendue, je… je ne peux pas vous donner d'exemple, mais si vous procédez à un endroit peu probable et à un moment aussi peu probable, ou en vous y prenant d'une manière imprévisible, alors… alors les autres commenceront à avoir peur. « Oh, ces salauds de juifs sont rudement forts », se diront-il. « S'ils ont pu avoir Ahmed de cette façon, ils peuvent peut-être aussi m'avoir. »

Avner remarqua à cet instant que Carl regardait Robert pendant le petit discours d'Éphraïm. Robert ne lui rendait pas son regard : il avait les yeux fermés, le menton posé dans les mains, comme s'il était plongé dans ses pensées. De façon instantanée et inconsciente, Avner mit deux et deux ensemble. Il ne connaissait encore rien de l'équipe, mais il comprit que Robert devait être un spécialiste en explosifs ou en armes inhabituelles, et qu'il avait déjà dû travailler avec Carl. Parfait.

— Le second principe, continua Éphraïm, est quelque chose que m'a déjà fait remarquer Avner. Et si vous vous trompez de bonhomme ? Ou si vous réussissez à avoir le bon, mais descendez en même temps un passant innocent ? Je tiens à être très clair sur ce point. La réponse est simple : si un passant innocent est dans la ligne de mire, vous ne tirez pas.

Certes, il y a toujours un risque ; vous devez le réduire autant que possible. Vous n'êtes pas des terroristes, chargés de lancer des grenades sur des autobus, ou de mitrailler des gens dans une entrée de cinéma. Vous n'êtes même pas comme un pilote de l'armée de l'air qui bombarde une cible, et tant pis si deux civils se trouvent dans les parages. Les opérations que vous avez à mener doivent être d'une propreté chirurgicale : une personne, un criminel homicide, et personne d'autre. Si vous n'êtes pas sûr à cent pour cent de son identité, vous le laissez filer. Point final. Vous devez l'identifier avec autant de certitude que s'il s'agissait de votre propre frère. Vous le laissez s'identifier lui-même. Et si vous éprouvez le moindre doute, vous ne faites rien ; vous le laissez.

Éphraïm se leva.

— Je tiens à ce que vous gardiez cela bien présent à l'esprit, car c'est l'une des choses importantes qui pourraient aller de travers dans cette mission. Onze noms figureront sur votre liste. Si vous n'en avez que trois, nous serons déçus, mais vous n'aurez rien fait de travers. Bien entendu, si vous n'en attrapez pas un seul, cette mission sera un échec complet, et nous serons encore plus déçus. Mais vous n'aurez toujours rien fait de travers. En revanche, si vous les avez tous les onze mais que vous avez descendu un passant innocent pour cela, vous aurez fait quelque chose de travers. Ne l'oubliez jamais. Tout est une question de priorité. Dans cette opération, ce point est votre première priorité. S'il est avec sa petite amie, vous ne bougez pas. Si un chauffeur de taxi se trouve derrière lui, vous ne bougez pas. Je ne veux pas savoir si cela fait des mois que vous le filez, et que c'est la première fois que vous avez une chance de l'avoir. Vous l'aurez le lendemain. Du calme. Vous n'êtes pas aux pièces ; vous êtes payés au mois. Cette mission a reçu le feu vert à certaines conditions. Nous ne voulons surtout pas une nouvelle affaire Kanafani.

Ghassan Kanafani était un écrivain palestinien, porte-parole du Front populaire de libération de la Palestine. Cinq semaines après l'attaque des kamikazes à l'aéroport de Lod, la voiture de Kanafani avait explosé à Beyrouth. D'après les rumeurs qui, à l'époque, étaient parvenues jusqu'à ses oreilles, Avner soupçonnait que certains des membres de son ancienne unité avaient dû participer à l'attentat, en collaboration avec le Mossad. Il n'était pas évident que Kanafani eût joué un rôle dans la tuerie de Lod, ou du moins un rôle autre que celui qu'il tenait en tant qu'apologiste des méthodes terroristes. Il était par ailleurs évident que sa nièce, une jeune fille du nom de Lamees, qui mourut avec lui dans l'explosion du véhicule, n'en avait joué aucun[21]. C'était la première fois qu'Avner entendait mentionner cette affaire depuis qu'elle s'était produite ; les gens, en Israël, n'aimaient pas beaucoup en parler.

Et de toute évidence, Éphraïm n'aimait pas beaucoup l'évoquer non plus.

— Pas question de se lancer dans des discussions philosophiques pour chercher à déterminer s'il est ou non possible d'éviter des erreurs comme l'affaire Kanafani, ajouta-t-il bien que personne n'eût ouvert la bouche. À ce stade, les positions des uns et des autres sur ce qui est bien et ce qui est mal ne m'intéressent pas. Je ne fais que vous expliquer la règle du jeu pour cette mission particulière.

Carl souffla un gros nuage de fumée et tourna les yeux vers Avner.

Les autres suivirent son regard. Avner se sentit mal à l'aise, mais les hommes avaient raison : après ce que venait de dire Éphraïm, la question devait être posée. Et puisque c'était lui le chef, il lui revenait de le faire.

— Et pour ce qui est de notre propre protection ? demanda-t-il. Que devons-nous faire si un passant sort un revolver ? Ou tente de nous arrêter ?

Éphraïm grimaça.

— Si, si ! s'écria-t-il en leur lançant des regards furibonds. Si vous vous y prenez bien, ça ne doit pas arriver. Mais si ça se produit… que puis-je vous dire ? Si un passant innocent exhibe un revolver, ce n'est plus exactement un passant innocent, non ?

Il reprit place sur le tabouret et tira à nouveau le mouchoir de papier tout froissé de sa poche.

— Écoutez, dit-il d'un ton de voix très doux, dans… dans ce genre de mission, qui pourrait tout prévoir ? Qui ne préférerait que nous nous abstenions d'en venir là ? Je ne fais qu'établir des priorités, et vous dire ce que nous voulons. Quant au reste… Éphraïm eut un geste éloquent des mains – Je ne doute pas que vous ferez du mieux que vous pourrez. Et c'est tout ce que nous pouvons vous demander.

C'était le ton juste. Avner avait beau comprendre ce que l'officier était en train de faire, à savoir employer la technique du bâton et de la carotte, du bon flic et du méchant flic, en alternance et tout seul, il ne pouvait s'empêcher de l'admirer. Son numéro était excellent. C'était un meneur d'hommes sur lequel il pouvait prendre modèle. Et comme l'équipe se détendait, comme la tension baissait, tandis que chacun prenait la résolution de faire exactement ce que demandait Éphraïm !

« S'il s'agissait d'un truc, d'un tour de passe-passe, se dit Avner, autant ne pas oublier la leçon. »

— C'est parfait, reprit Éphraïm. Quant à la manière dont nous avons conçu l'équipe, chose dont nous avons déjà discuté, le principe est le suivant : tout le monde peut tout faire, en fonction du besoin du moment. Une souplesse totale. Personne de spécialisé en une seule chose. Cependant, chacun de vous a une spécialité, c'est évident, et il ne serait pas mauvais de faire le tour d'horizon de ce que vous savez faire ; je suis sûr qu'Avner est impatient d'être mis au courant.

— Permettez-moi de commencer, intervint vivement Avner, car c'était la façon de procéder traditionnelle en Israël. Le leader doit faire le premier la preuve de ses titres. Je viens de l'armée, d'une unité de commando. Je suis né en Israël, mais j'ai été à l'école en Allemagne pendant un certain temps. Je suis marié ; pas encore d'enfants.

Éphraïm acquiesça d'un signe de tête.

— Hans ? dit-il.

L'homme qui était à première vue le deuxième plus âgé du groupe s'éclaircit la gorge. Il était le seul à porter une cravate. Mince, des cheveux noirs qui commençaient à se clairsemer, il avait de longs doigts osseux ; s'il avait fallu le comparer à un objet, on aurait certainement pensé à un crayon. Avner ne fut pas du tout surpris d'apprendre quelle était sa spécialité.

Hans aurait la responsabilité des documents. Né en Allemagne, il était venu encore enfant en Israël, avant la Seconde Guerre mondiale. Après son service militaire, il avait travaillé dans les affaires avant d'entrer au Mossad. Ses missions précédentes l'avaient conduit en France, où sa femme, également israélienne, l'avait suivie. Il n'avait pas non plus d'enfants.

— J'aurais besoin d'argent pour mon matériel, expliqua Hans, et de préférence d'un endroit qui me soit réservé. Dans ces conditions, je pourrais m'occuper des documents ; il est plus facile de ne faire que des retouches, bien entendu, mais je pourrai probablement faire des faux complets. J'aurais besoin de certains détails sur chacun d'entre vous pour établir les identités, mais je pense que nous pourrons régler cela plus tard. Nous aurons tout le temps voulu.

La chose était importante. Le nom et deux ou trois détails étaient faciles à retenir, mais en général, les agents secrets sélectionnent un certain nombre de données de base pour leurs différentes identités. Il ne s'agissait pas seulement d'une question de mémoire : se souvenir de son âge, de son adresse ou de sa prétendue profession ; il fallait également situer tout cela dans un contexte qui fût familier au porteur. Il aurait été très risqué, pour prendre un exemple, d'établir des papiers au nom de quelqu'un disant que la personne était de Bilbao, si celle-ci n'y avait jamais mis les pieds et ne parlait ni l'espagnol ni le basque. En fonction de leur mémoire, des langues qu'ils connaissaient et du degré de sophistication qu'ils avaient atteint, la plupart des agents expérimentés arrivaient à se débrouiller avec entre trois et six identités différentes ; mais les cas d'agents en ayant jusqu'à quinze n'étaient pas tellement rares. Bien entendu, s'il s'agissait de traverser une frontière en catastrophe, n'importe quel passeport de « vingt-quatre heures » pouvait faire l'affaire, pourvu qu'il soit du bon sexe et que la photo montre une vague ressemblance avec la personne qui « l'empruntait ».

— Je parle allemand et anglais, dit Avner ; et toi ?

— Allemand et français.

— Très bien, dit Éphraïm en faisant un geste en direction du suivant. Robert ?

Robert était également grand et mince, mais beaucoup moins fluet que Hans ; il avait peut-être entre trente-cinq et quarante ans. Ses yeux gris et calmes étaient très écartés, et il avait une chevelure châtain clair toute bouclée. Avner fut surpris de l'entendre parler hébreu avec un accent anglais très marqué ; quant à ses talents particuliers, il ne s'était pas trompé : Robert était un spécialiste des explosifs.

Il venait d'une famille britannique de fabricants de jouets, et son passe-temps favori consistait à bricoler des appareils ingénieux et inédits bien avant qu'il n'entrât au Mossad. Robert était marié à une Française d'origine juive, et ils avaient plusieurs enfants.

— Si tu veux que ça saute, j'ai l'impression que je pourrais te fabriquer ce que tu souhaites, dit Robert. Je sais où me procurer tout ce dont j'aurais besoin, mais en fonction du matériel, il faudra prévoir un certain soutien logistique. Et de l'argent, bien entendu.

— Des langues ?

— Seulement l'anglais, j'en ai bien peur. Et à la rigueur l'hébreu, si tu insistes…

Avner sourit, ainsi que tous les autres. En fait, Robert parlait l'hébreu tout à fait couramment.

— Quand es-tu venu en Israël ? demanda Avner.

— Il y a quatre ans seulement, répliqua Robert. Après cette semaine où vous vous êtes tellement marrés.

Avner était loin d'être sûr si la description convenait bien à la guerre des Six-Jours, mais il sourit et hocha la tête. Éphraïm se tourna alors vers le plus jeune.

— Steve ?

— Les bagnoles, les gars. Et comment se rendre d'un point à un autre avec, en un temps record.

Steve avait lui aussi un léger accent étranger, mais Avner ne put l'identifier. Il avait bien l'allure d'un pilote ; il n'était pas très grand, mais musclé et beau garçon. Et sans complexes, aussi. Il devait avoir au moins trente-cinq ans, soit dix ans de plus qu'Avner, ce qui n'empêchait pas ce dernier d'avoir l'impression d'être son aîné. Mais il n'en était nullement gêné.

— Je parie que tu parles l'anglais, non ? demanda Avner.

— En effet, et aussi l'allemand. Ainsi qu'un peu l'afrikaan, mais je doute que cela soit utile à quelque chose. Je suis originaire d'Afrique du Sud.

— Je suppose que c'est à mon tour, intervint Carl, après avoir jeté un coup d'œil à Éphraïm.

Il se leva, et se mit à frapper machinalement le fourneau de sa pipe dans le creux de la main.

— Je crains bien de n'avoir aucune aptitude particulière... mais j'ai pas mal roulé ma bosse. Je trouverai certainement le moyen de me rendre utile. Je me propose comme homme à tout faire.

— Le nettoyage? demanda Avner avec une intonation respectueuse.

Le « nettoyage » pouvait être souvent la partie la plus délicate d'une opération; c'était certainement celle où l'on était le plus exposé. L'homme qui assurait le nettoyage était le dernier à quitter la scène de l'action. Il était chargé de préparer les voies de dégagement pour les autres, mais ne quittait lui-même les lieux qu'après les avoir inspectés, estimé dans quelles directions iraient les premières investigations, et ramassé tout ce qui pouvait constituer un indice dangereux pour le groupe. Il fallait pour cela un homme d'un sang-froid absolu, aux nerfs d'acier, capable de penser à la vitesse de l'éclair et doué d'une grande expérience.

Carl était naturellement l'agent du groupe le plus ancien dans le métier; ce vétéran du Mossad avait été engagé dès la fondation des services secrets israéliens. Comme Hans, il était né en Allemagne, et était venu enfant en Israël. Il avait épousé une juive d'origine tchèque qui vivait à Rome avec leur fille adoptive; c'est en effet à Rome que Carl était en poste avant d'avoir été sélectionné pour la mission.

— Je possède l'allemand et l'italien, dit Carl. L'allemand est ma langue maternelle. Je ferai de mon mieux pour ramasser les morceaux.

— Nous ferons l'impossible, répondit Avner, pour que tu aies des morceaux à ramasser. Très heureux de t'avoir parmi nous.

Le groupe allait marcher. C'était exactement comme à l'armée. Tous étaient des types sensationnels, bien mieux que ce qu'il aurait pu espérer; et, comme il leur parlait, il comprit en un éclair pour quelles raisons le Mossad l'avait choisi comme chef d'équipe.

Fort logiquement, l'institut choisissait des Européens pour une mission devant se dérouler en Europe. Tous des Yekkés, nom d'un chien! Il n'y avait pas un seul Galicien dans le lot. Tous des citoyens israéliens, bien entendu, mais Avner semblait bien être le seul sabra parmi eux. Si être né sur place était bien loin d'être la seule chose qui comptât en Israël, elle n'en constituait pas moins un avantage appréciable. C'était quelque chose qui avait une signification particulière aux yeux des juifs, après des millénaires passés en terres étrangères, que de pouvoir s'enorgueillir de citoyens nés au pays, comme partout ailleurs. Les sabras étaient précieux.

— Juste un mot sur le partage de l'autorité, dit Éphraïm, comme s'il avait suivi les pensées d'Avner. Dans ce genre d'opération, chacun dépend de tous les autres. Vous discuterez tous ensemble de chaque question, cela va sans dire. Le responsable est simplement le premier parmi ses pairs. Comme vous le savez, ce responsable est Avner. Et le deuxième parmi ses pairs est Carl.

Sur ces mots, Éphraïm se servit enfin de son mouchoir. « D'accord ? D'autres questions ? »

Personne n'en avait, et comme ils commençaient à quitter la pièce, Carl jeta un coup d'œil à Avner, puis à l'officier. Ils étaient les derniers à sortir, les autres ayant déjà franchi le seuil.

— Simple affaire de curiosité, dit Carl. Demain, vous allez nous donner une liste de onze noms. Onze, ce n'est pas rien. Sommes-nous la seule équipe chargée de nous en occuper ?

Il y eut un bref silence.

— Je ne peux pas répondre à cette question, dit finalement Éphraïm, parce que j'ignore la réponse [22].

Le jour suivant, on donna à Avner et Carl une liste de noms, ainsi que des renseignements d'ordre biographique sur les intéressés. Ils passèrent toute la journée à les apprendre par cœur, car il n'était pas question d'amener à Genève ces informations sous une forme écrite. Ils emporteraient en revanche des photos pour les montrer aux autres, puis ils les détruiraient.

— J'espère que ta mémoire est meilleure que la mienne, dit à un moment donné Avner à Carl, qui se contenta de sourire en haussant les épaules.

L'identité des onze cibles n'était pas une surprise. Ce n'étaient pas les généraux, comme Arafat, Habache ou Jibril, mais les hauts responsables du terrorisme anti-israélien. Le premier inscrit sur la liste était Ali Hassan Salameh, un Palestinien fort bel homme ayant à peine dépassé la trentaine, qui passait pour avoir été le cerveau du massacre de Munich. En deuxième lieu venait Abou Daoud, l'expert en explosifs de Septembre Noir. En troisième lieu Mahmoud Hamshari, un intellectuel et un diplomate, porte-parole de la cause palestinienne, dont les activités en tant que chef terroriste n'étaient en général pas connues à cette époque. Il en allait de même pour Wael Zwaiter, un poète, qui arrivait en quatrième position sur la liste. À la cinquième place, se trouvait le professeur de droit Basil al-Koubaisi, l'acheteur d'armes pour le compte du FPLP du Dr Habache. À la sixième venait Kamal Nasser, un autre intellectuel, responsable des relations publiques d'Al Fatah et, en 1972, porte-parole officiel de l'OLP. Contrairement à Hamshari, Zwaiter ou Koubaisi, Kamal Nasser ne faisait pas un secret de ses liens avec le terrorisme. Pas plus que Kemal Adwan, la septième cible, le responsable des opérations de sabotage pour Al Fatah dans les territoires occupés par Israël. Mahmoud Youssouf Najjer, le numéro huit, connu sous le nom de Abou Youssouf, était l'un des premiers personnages officiels du mouvement palestinien, et était responsable des liaisons entre Al Fatah et Septembre Noir. L'Algérien Mohammed Boudia, numéro neuf, était comédien et directeur de théâtre, un personnage très mondain bien connu à Paris – mais comme artiste et homme à femmes par la plupart de ses relations, plutôt que comme l'une des figures importantes du terrorisme international. En dixième position se trouvait Hussein Abad al-Chir, l'un des principaux contacts de l'OLP avec le KGB. Le dernier homme de la liste, le Dr Wadi Haddad, était universellement connu comme l'un des grands cerveaux du terrorisme, qui ne le cédait en importance qu'à son ami, le Dr George Habache.

À l'exception de deux ou trois noms, c'était une liste que n'importe quel agent du Mossad, et même un certain nombre de citoyens israéliens ordinaires, aurait pu facilement dresser.

Avner passa la journée suivante avec Shoshana.

Ce fut difficile. La grossesse avait donné à la jeune femme une silhouette plus épanouie et des seins plus fermes, mais c'est à peine si son ventre commençait à s'arrondir ; tandis qu'ils restaient étendus sur le lit, l'après-midi, sans rien dire, Avner se prit à souhaiter qu'elle se mît à pleurer. Mais Shoshana était Shoshana, et elle ne lui octroierait pas cette faveur. Elle faisait courir ses doigts sur la poitrine de son mari, le regardant de ses yeux d'un bleu de porcelaine.

— Cela ne prendra peut-être que quelques mois, lui dit Avner. Simplement, je n'ai aucun moyen de prévoir quand je serai de retour.

— Je ne te l'ai pas demandé, répondit Shoshana.

— Je t'écrirai aussi souvent que je le pourrai. Tu n'auras pas à t'inquiéter pour les questions d'argent, poursuivit-il.

— Je ne m'inquiète pas.

Moins elle élevait d'objections, plus Avner se sentait devenir agressif vis-à-vis d'elle, ce qui le rendait furieux.

— Je t'avais dit que c'était quelque chose qui pourrait arriver ; nous en avons déjà parlé.

— Je n'ai pas oublié.

— Eh bien alors si tu n'as pas oublié, s'écria Avner fort peu logiquement, pourquoi tu restes avec moi ? Je ne peux rien y changer.

Shoshana se mit à rire et lui prit la tête entre les mains. Ses cheveux couleur de miel retombèrent sur son visage, et elle les rejeta en arrière d'un mouvement de tête.

— Le problème avec toi, dit-elle, c'est que tu ne comprends rien, vraiment rien !

Elle l'embrassa.

— Essaye tout de même d'être à la maison pour la naissance de l'enfant !

— Je te le promets, répondit Avner avec enthousiasme ; je t'en donne ma parole.

En réalité, il n'avait pas la moindre idée si la chose serait possible ou non. Le lendemain matin, sa douche prise et ses bagages faits, il revint dans la chambre sur la pointe des pieds. Shoshana dormait toujours, ou faisait semblant. Avner se pencha sur elle et l'effleura d'un baiser. Ils s'étaient fait une règle de ne pas éterniser leurs adieux, et Shoshana ne l'accompagnait jamais à l'aéroport.

Et maintenant, en cette fin d'après-midi du 25 septembre, Avner contemplait le paysage depuis sa fenêtre de l'*Hôtel du Midi*. Il put voir s'allumer les premières lumières du quai du Général-Guisan, sur l'autre rive du Rhône. Leurs reflets dansants et scintillants s'élancèrent sur le fleuve en s'éparpillant. Plus que jamais, Genève lui donnait l'impression d'une maison de verre.

S'arrachant à sa contemplation, Avner se retourna pour regarder Carl, puis Hans, Robert et Steve ; calmes et confiants, tous quatre lui rendirent son regard. Ils attendaient. À les voir assis ainsi, Avner eut soudain l'impression qu'il n'avait jamais connu d'autres personnes au monde que ces quatre hommes ; qu'il ne s'était jamais senti dans une aussi grande intimité avec quelqu'un qu'avec les membres de son équipe, qu'à l'exception de Carl il voyait pour la deuxième fois de sa vie. Il sentait la vibration de leur présence sur sa peau, il devinait cha-

cune des nuances de leurs pensées ou de leurs émotions. Ils attendaient qu'il s'adressât à eux.

Avner parla. Il s'exprima avec facilité et simplicité, jetant de temps
en temps un coup d'œil à Carl, en train de tirer calmement sur sa pipe,
qui confirmait ses propos d'un hochement de tête, ou les corrigeait
d'un mot ou d'un geste. Hans griffonnait machinalement sur un bout
de papier, tandis que Robert restait bien calé dans son fauteuil, les
yeux fermés, les mains dans les poches. Steve lançait de temps en
temps un bref sifflement aigu, comme un gamin de douze ans.

Il se tut cependant lorsque Avner commença l'énumération de leurs
onze cibles ; Hans arrêta de griffonner pendant un instant, et même
Robert ouvrit les yeux. Le silence se prolongea après qu'Avner eut
terminé.

— Eh bien, dit Hans en se remettant à ses petits dessins, on dirait
bien que nous ne savons pas grand-chose d'eux. Ça manque sacré-
ment d'informations précises sur leurs occupations habituelles...

— Nous savons ce que nous avons besoin de savoir, intervint
Avner. Je ne suis pas sûr de vouloir être au courant s'ils aiment jouer
aux échecs, par exemple.

— Je vois ce que tu veux dire, admit Hans ; si l'on s'en tient aux
directives d'Éphraïm, quant aux passants innocents, cela élimine les
explosifs dans la plupart des cas.

Robert se redressa.

— Tu te trompes, dit-il. Cela n'élimine pas forcément une
méthode ou une autre. Il faut seulement analyser le problème plus en
détail.

— Nous verrons ça demain, dit Avner. Pour ce soir, nous nous ins-
tallons.

Ça marchait. C'était son équipe ; ils étaient ses *chaverim*, ses camarades.

Les chambres retenues à l'hôtel *Ambassador* étaient destinées à Carl,
Hans et Robert, tandis que Steve restait à l'*Hôtel du Midi*. À l'issue de
la réunion, les deux hommes décidèrent d'aller faire un tour à pied. La
circulation était encore intense ; la foule du soir, dans les environs de
la place Chevelu, paraissait élégante et joyeuse. Presque instinctivement, Avner et Steve se dirigèrent vers le fleuve.

À mi-chemin du pont de la Machine, Steve s'arrêta et se pencha
par-dessus le parapet décoré en pointes de diamant de la passerelle
tranquille réservée aux piétons. Les lumières de la ville, comme les

reflets d'une grande roue, tourbillonnaient de façon hypnotique dans les vaguelettes.

Steve prit une profonde inspiration qu'il laissa échapper lentement, comme s'il venait de se libérer d'un énorme poids.

— Mon vieux, j'ai l'impression qu'aucun d'entre nous n'en sortira vivant.

Avner ne répondit rien.

— Ne t'en fais pas, cependant, ajouta Steve, dont le visage s'illumina soudain d'un sourire enfantin. Il se trouve que j'ai aussi le sentiment que toi et moi nous nous en sortirons.

Troisième partie

LA MISSION

5

Wael Zwaiter

Le *Leonardo da Vinci* est un hôtel de style moderne qui pratique des prix raisonnables, via dei Gracchi, à Rome, non loin de la Cité du Vatican ; comme tel, il convenait parfaitement aux goûts d'Avner.

Les chambres du dernier étage avaient même la vue sur la basilique Saint-Pierre, et un peu plus loin, sur le Castel Sant'Angelo. Mais ce qui importait davantage, aux yeux d'Avner, était la propreté de l'établissement et la présence de douches en parfait état de marche dans les salles de bains. En dehors des grands hôtels de luxe, ce genre de détail, en Italie et à cette époque, n'était pas toujours évident. Et puis il y avait aussi à proximité un restaurant du nom de Taberna dei Gracchi, avec dans la vitrine une énorme tête de porc qu'Avner trouvait irrésistiblement comique. La nourriture, en outre, y était excellente.

Avner et Carl descendirent au *Leonardo da Vinci* le dimanche 15 octobre, presque trois semaines après leur départ d'Israël. Mais cela faisait quelque temps déjà qu'ils rôdaient dans les parages de la Ville éternelle. Steve et Carl s'étaient installés au *Holiday Inn* tout proche de Fiumicino, l'aéroport de Rome, dès le 10 octobre, tandis que Hans, Avner et Robert avaient fait leurs quartiers généraux d'un hôtel d'Ostie, la station balnéaire populaire des Romains, à une trentaine de kilomètres de la ville.

Mais juste avant de quitter l'hôtel d'Ostie et de partir pour Rome, ce dimanche 15, Robert avait rencontré l'un de ses contacts dans un parking en face de la plage. L'homme lui avait remis un solide sac à commissions dans lequel se trouvaient cinq Beretta calibre 22, avec deux chargeurs complets par revolver.

Le jour suivant, lundi 16 octobre, vers 20 h 30, une voiture conduite par un jeune Italien s'arrêta à deux coins de rue de l'hôtel *Leonardo da Vinci*, à l'endroit où la via dei Gracchi se termine et laisse la place à un charmant petit parc, la piazza della Libertà ; Avner et Robert montèrent dans le véhicule. Conduit à une allure tout à fait raisonnable – pour Rome, en tout cas – la voiture franchit le Tibre en empruntant le pont Margherita, contournant la piazza del Popolo, longea les magnifiques jardins de la Villa Borghèse, puis accéléra un peu le long du Corso d'Italia pour gagner la via Nomentana. Elle tourna par deux fois à gauche, dont une fois sous un panneau interdisant cette manœuvre, pour déboucher sur le Corso Trieste, où elle suivit l'itinéraire sinueux de ce boulevard d'un quartier résidentiel, en direction du nord, vers la piazza Annibaliano.

Bien que se trouvant à peine à dix minutes en voiture du centre touristique toujours animé de la via Veneto, la piazza Annibaliano est complètement en dehors des sentiers battus ; c'est l'une des innombrables places anonymes de Rome, l'une de celles qui ne peuvent se glorifier d'un temple antique, d'une fontaine Renaissance ou d'une église baroque. La piazza Annibaliano n'a en effet rien de remarquable, si ce n'est en son centre un minuscule square constitué d'une demi-douzaine d'arbres cernés par l'asphalte, et pris d'assaut par la marée vespérale des Fiat 600, des petites Renault, des Volkswagen et bien entendu des scooters, entassés pare-chocs contre pare-chocs, à la romaine, sur une surface qui n'était pas faite pour eux.

Six rues venaient donner au petit bonheur sur cette place. Les deux qui se dirigeaient au nord, presque parallèles, étaient d'une part la via Massaciuccoli et de l'autre la viale Eritrea, qui se transforme un peu plus loin en viale Libia. Ces deux rues constituent une sorte de coin dont le bord méridional est formé par la piazza Annibaliano. Le corps de ce coin est un sinistre immeuble de rapport de sept étages, informe, dont les appartements sont loués aux Romains n'ayant que des revenus médiocres. Il comportait une entrée sur chaque rue ainsi que sur la partie donnant sur la place Annibaliano ; cette dernière entrée, l'entrée C, était entourée de petites boutiques en rez-de-chaussée d'immeuble : un coiffeur sur la gauche, un restaurant de quartier, le *Bar Trieste*, sur la droite.

Avner toucha le conducteur à l'épaule lorsque le véhicule atteignit le coin de la via Bressanone. L'Italien se gara, laissa descendre Avner et Robert, puis fit le tour de la piazza Annibaliano pour repartir dans la direction d'où il était venu. Son travail était terminé ; il était 21 heures passées de quelques minutes.

Avner et Robert traversèrent la petite place en flânant, notant au passage la présence de Hans, assis à la place du passager, dans une voiture garée entre l'entrée C et le *Bar Trieste*. Hans les vit également, sans cependant faire le moindre signe de reconnaissance. Au lieu de cela, il dit quelques mots à l'Italienne installée derrière le volant. Avner et Robert la suivirent des yeux tandis qu'elle descendait de la voiture ; elle se dirigea d'un pas lent vers le coin de la viale Eritrea, fit demi-tour une fois au carrefour, et revint à la voiture.

Quoique l'Italienne l'ignorât, ce signal signifiait que l'homme qu'Avner et son équipe préféraient désigner comme « la cible », et qui vivait dans l'un des appartements au-dessus de l'entrée C, était rentré chez lui, mais venait de ressortir. S'il était resté dans son appartement, la fille n'aurait pas bougé de derrière le volant. Si Hans avait remarqué quoi que ce fût obligeant d'interrompre la mission à ce stade, il aurait dit à la fille de démarrer et de partir en voyant arriver Avner et Robert. Dans ce dernier cas, les deux hommes auraient continué jusque de l'autre côté de la place, où Steve les attendait dans une Fiat 125 verte de location avec des plaques minéralogiques de Milan. Steve était également accompagné d'une Italienne, mais celle-ci était assise à la place du passager. Si Hans avait donné le signal « interruption », Avner et Robert seraient montés dans la voiture de Steve, et ils auraient quitté les lieux.

Mais à ce stade, la mission continuait, apparemment. Les deux hommes firent tranquillement le tour du parc tout en échangeant quelques mots, mais sans jamais perdre ni Steve ni Hans de vue. Ils savaient que de son côté, Carl avait réglé la note du *Leonardo da Vinci* (ce qu'avaient déjà fait les autres dans leur hôtel un peu plus tôt), et déposé, dans des endroits convenus à l'avance dans Rome, passeport, permis de conduire et argent liquide pour chacun d'eux, au cas où ils seraient séparés, et se verraient obligés de quitter la ville chacun par ses propres moyens. À l'heure actuelle, Carl devait être tranquillement installé devant un Campari-soda dans l'un des nombreux petits bars des environs, près de la fenêtre, surveillant les principales rues qui débouchaient sur la place. L'essentiel de son travail était pour plus tard.

À ce moment de la soirée, c'est-à-dire vers 21 h 30, environ, il y avait encore pas mal de monde dans les rues, même si la circulation avait sensiblement diminué par rapport à la journée, où la plupart du temps les véhicules avancent roues dans roues. Dans la soirée, néanmoins, un calme relatif s'établissait dans les artères de Rome, du moins dans les zones résidentielles. En dehors de hordes de chats, la rue appartenait aux jeunes Romains et Romaines, qui faisaient pétarader leurs scooters, tandis que des personnes de tous les âges flânaient, ou discutaient debout à un coin de rue, comme le faisaient Robert et Avner, sans attirer le regard d'un seul passant. Rome est une ville où l'on ne s'occupe guère des affaires des autres.

Au bout d'une demi-heure, Avner aperçut Hans qui sortait du véhicule garé en face de l'entrée C. Il regarda sa montre, fit le tour de la voiture et, appuyé sur le rebord de la vitre ouverte, parla quelques instants avec la jeune femme au volant. Puis il la salua de la main, et sans jeter le moindre coup d'œil à Avner et Robert, il partit dans la direction du Corso Trieste en traversant la petite place. La fille démarra et partit. Steve était toujours dans l'autre voiture, l'Italienne à ses côtés, à une douzaine de mètres à peine.

Il était temps de prendre position. La cible semblait avoir des habitudes régulières. Si elle les respectait ce soir-là, elle reviendrait à pied dans quelques minutes de l'appartement de sa petite amie, à cinquante mètres de là. Avant d'emprunter l'entrée C, elle ferait vraisemblablement un arrêt au *Bar Trieste* pour donner un ou deux brefs coups de téléphone. Elle avait le téléphone dans son appartement, mais la ligne avait été coupée pour non-paiement des redevances.

Le fait que Hans eût renvoyé sa voiture signifiait non pas qu'il avait repéré son homme, mais un jeune couple d'Italiens se dirigeant en flânant vers la piazza, la jeune fille pendue des deux mains au bras de son compagnon. Leur rôle consistait à précéder la cible d'environ une minute, au moment où elle retournait chez elle. Si le jeune couple n'ignorait pas que leur présence sur la piazza Annibaliano signalerait que l'homme qu'il surveillait et filait depuis trois jours approchait, il ne savait cependant rien de son identité et des raisons de cette filature.

Ayant repéré le couple, Hans alla prendre position à côté du deuxième véhicule de retraite, une camionnette déglinguée avec un vieil Italien au volant attendant patiemment, garée à quelques centaines de mètres de la piazza. Toujours d'un pas lent, Avner et Robert se mirent à traverser la place, en direction de l'entrée C de l'immeuble, tout en surveillant du coin de l'œil Steve dans la Fiat verte. Il aurait été inutilement dangereux de traîner trop longtemps dans le hall de l'entrée ; les deux hommes n'y pénétreraient que lorsque la fille assise à côté de Steve sortirait de la voiture.

Mais il y avait une variante : si elle ne faisait que s'éloigner, Avner et Robert ne bougeraient pas. C'était le dernier final pouvant interrompre la mission. Après... Il pouvait par exemple signifier que la cible était accompagnée d'une autre personne, ou avait pris une tout autre direction. Tant qu'il ne serait pas arrivé au coin de la place, l'homme resterait invisible pour Avner et Robert, qui ne voyaient qu'une chose : la fille dans la voiture de Steve, ou plutôt les cheveux blonds sur sa nuque.

Avner sentit les muscles de son estomac se nouer.

Il jeta un rapide coup d'œil à son partenaire, mais le visage de Robert ne trahissait aucune tension. La seule expression que l'on pouvait à la rigueur y lire était d'un léger ennui : coins des lèvres tombants, paupières à demi baissées sur son œil gris.

C'était à la fille blonde de jouer.

Elle sortit de la voiture. Mais elle ne partit pas d'un pas tranquille. Au lieu de cela, elle courut, avec cette démarche maladroite que donnent les talons hauts, vers le jeune couple qui venait d'apparaître au coin de la rue. Elle leur lança un joyeux «Ciao !» et prit le deuxième bras de l'homme, elle aussi à deux mains. Riant, plaisantant, le trio passa sans s'arrêter devant le Bar Trieste.

En principe en avance d'une minute sur la cible.

D'un pas vif et décidé, comme s'il n'avait jamais fait autre chose de toute sa vie, Avner pénétra dans le hall de l'entrée C. Il ne fit pas signe à Robert de le suivre ; il ne lui dit rien, non plus. Il ne doutait pas que son coéquipier était sur ses talons ; il serait de toute façon entré dans l'immeuble. Donner l'ordre d'agir, le moment venu, n'était pas dans la tradition de l'armée israélienne. Simplement, un chef fonçait vers son objectif en s'attendant à être suivi. Et si personne ne bougeait, c'est qu'il était le seul survivant.

À l'intérieur, l'atmosphère était plus fraîche et plus humide ; bien dans la tradition des immeubles de rapport européens, le hall était plongé dans l'obscurité totale, car la minuterie était éteinte.

Les deux hommes avaient rapidement inspecté cette entrée, la veille, afin de se faire une idée de sa disposition. Là, les escaliers. Ici, derrière sa grille métallique, l'ascenseur démodé, que l'on ne pouvait utiliser qu'en glissant une pièce dans le monnayeur. Une sorte de paroi réfléchissante sur l'un des murs, qui, en lui renvoyant son image, fit sursauter Avner ; il aurait pourtant dû s'en souvenir. Mais en voyant sa silhouette à peine esquissée dans la pénombre, il eut l'impression que son cœur s'était arrêté de battre. Pendant une seconde, il crut que quelqu'un d'autre attendait dans l'obscurité du hall d'entrée. Merde ! Sursauter devant son ombre ! Une bonne chose que Robert n'eût rien remarqué, apparemment.

Se retournant vers l'entrée, un passage étroit, ils pouvaient voir la silhouette des passants s'y encadrer pendant une fraction de seconde. Une femme. Un couple âgé. Un chien, qui s'arrêta, regarda derrière lui, remua la queue et repartit en bondissant.

Puis, sans aucun doute, l'homme qu'ils s'apprêtaient à tuer.

Il lui avait fallu moins d'une seconde pour passer devant l'entrée, une simple silhouette comme les autres, portant un sac rempli d'épicerie, mais Avner et Robert savaient qu'il ne pouvait s'agir que de lui, en train de se rendre jusqu'au Bar Trieste. Comme prévu. Juste à cet instant-là, un bref coup de klaxon parvint à leurs oreilles : le signal de Steve, lancé depuis la Fiat verte. Mais il était inutile.

L'homme devait être en train de donner ses coups de fil. Quatre, cinq, peut-être six minutes. Dix, s'il fallait qu'il attende son tour. Ou seulement deux. La durée exacte de ses communications était impossible à prévoir, mais ce n'était pas important. Car il finirait par emprunter l'entrée C. Pour rentrer chez lui, seul.

Bien entendu, d'autres personnes pouvaient se présenter en même temps à l'entrée C ; ou arriver par l'ascenseur ou les escaliers, pour sortir. Auquel cas ils ne feraient rien. Opération annulée pour cette fois. Peut-être définitivement annulée, si la cible avait une chance de pouvoir les dévisager.

Et que se passerait-il, si des gens arrivaient après le début de ce qu'ils appelaient entre eux « l'action » ? La meilleure idée qui vint à l'esprit d'Avner fut de simplement en rejeter la possibilité. Agir en risque zéro voulait dire en réalité agir le plus près possible du risque zéro, et non pas attendre d'atteindre le zéro absolu. Éphraïm lui-même avait reconnu que, dans ce genre d'opération, il était impossible de prévoir absolument tout. Pour atteindre un degré zéro de risque, il fallait rester chez soi à regarder la télévision – et encore : le toit pouvait vous tomber sur la tête.

La cible franchissait le seuil de l'entrée.

Si ce n'est qu'un homme et une femme le suivaient. Un couple de passants innocents. Robert les vit en même temps que lui. Ils étaient sur le point de franchir le seuil, à quelques pas en arrière de l'homme au sac d'épicerie. Tout en marchant, ce dernier fouillait dans sa poche de sa main libre, peut-être à la recherche d'une pièce pour l'ascenseur.

À ce moment-là, Robert fit un mouvement soudain, peut-être à cause de la présence du couple derrière l'homme. Plus tard, il ne se souvint plus pour quelle raison il avait bougé ; peut-être croyait-il l'opération avortée et s'apprêtait-il déjà à sortir. Toujours est-il qu'il bougea ; de loin, le couple aperçut peut-être un mouvement, une silhouette inconnue et sombre au fond du hall d'entrée. Ou peut-être changea-t-il tout simplement d'idée. Ils s'arrêtèrent. Puis l'homme parut tirer la femme par la main, et ils rebroussèrent chemin.

Devant eux (tout cela n'avait pris que quelques secondes), l'homme au sac d'épicerie n'avait rien remarqué. Il continuait à se diriger vers l'ascenseur. Du pas assuré d'un familier des lieux, qui ne craint pas l'obscurité. Il avait toujours la main dans la poche de sa veste. Un petit homme mince ne soupçonnant rien du danger. Avner pouvait deviner la forme de ce qui devait être une bouteille de vin dépassant du sac de commissions.

Robert tendit la main et appuya sur le bouton de la minuterie.

En dépit de l'éclairage soudain, plutôt faible, à la vérité, l'homme ne ralentit pas, ne s'arrêta pas. Il n'avait pas l'air effrayé. Même pas surpris ; tout juste un peu étonné, peut-être. Il paraissait s'apprêter à passer devant Avner et Robert. Son attitude semblait dire que ce que pouvaient faire deux étrangers debout dans l'obscurité du hall ne le regardait pas.

Robert s'adressa à lui en anglais, alors qu'il était à encore deux ou trois pas d'eux.

— Êtes-vous bien Wael Zwaiter ?

Question de pure forme. Dès l'instant où la lumière avait jailli, les deux agents du Mossad avaient reconnu le svelte poète palestinien qui avait été pendant des années le représentant de l'OLP à Rome. Ils avaient étudié dans leur moindre détail toutes les photographies qu'ils avaient eues de lui. Ils connaissaient par cœur sa biographie officielle : près de quarante ans, né dans la ville de Tchem sur la rive ouest du Jourdain. Un lettré, populaire dans les cercles intellectuels de gauche, très pauvre, vivant de modestes travaux et allant d'un appartement minable à un autre. Actuellement employé comme traducteur à l'ambassade de Libye à Rome. La discrétion même ; sa petite amie était une femme plus âgée que lui, un peu empâtée mais toujours bien habillée, qui paraissait beaucoup aimer passer ses vacances en Union soviétique. Rien de criminel dans tout ça ; tout comme il n'était pas criminel d'avoir eu un frère expulsé d'Allemagne après le massacre de Munich. Ce n'était pas non plus un délit majeur d'exprimer, comme le faisait Zwaiter, des sentiments patriotiques dans des articles et dans des livres, ou même de soutenir les œuvres littéraires d'autres Arabes patriotes comme le poète syrien Nizar Qabbani, qui célébrait Al Fatah avec des vers comme ceux-ci :

Seules les balles, et non la patience,
Feront sauter le verrou de la délivrance...

Ces sentiments n'avaient rien de rare, et étaient partagés par nombre d'intellectuels occidentaux de gauche. De la nouvelle gauche comme de l'ancienne. Ou même, en la matière, par ceux de l'extrême droite. Ni crime ni délit.

La raison pour laquelle Wael Zwaiter apparaissait en quatrième position sur la liste d'Éphraïm était d'un autre ordre. Le Mossad avait tout lieu de croire que Zwaiter était l'un des principaux organisateurs chargés de la coordination du terrorisme en Europe. Du point de vue du Mossad, il était responsable du détournement d'un appareil d'El Al, en 1968, de Rome sur Alger. Le premier d'une décennie d'actes terroristes. Zwaiter était l'auteur – ou du moins le Mossad le croyait-il – non seulement d'une traduction moderne des contes des *Mille et Une Nuits*, mais aussi de la tentative d'août 1972 pour faire exploser un autre appareil d'El Al au moyen d'une bombe cachée dans un magnétophone placé à bord, « cadeau » d'une dame anglaise[23]. Le commandant de l'avion avait réussi à faire demi-tour et à atterrir sans casse à Rome et deux terroristes palestiniens avaient été arrêtés. Le commandant du prochain appareil n'aurait peut-être pas autant de chance.

— Êtes-vous bien Wael Zwaiter ?

Robert s'était exprimé d'un ton modéré, courtois même. Pendant une fraction de seconde, Zwaiter ne soupçonna encore rien, vraisemblablement. Robert et Avner n'avaient aucune arme à la main. « Ne sortez votre revolver que pour tirer » : et il n'était pas question de tirer tant que le problème de l'identité n'était pas complètement réglé. « Identifiez-le comme s'il était votre propre frère », telles avaient été les paroles d'Éphraïm. « Laissez-le s'identifier lui-même. »

Zwaiter commença par confirmer son identité : ses yeux, sa tête entamèrent un mouvement affirmatif en réaction à la question de Robert. Puis quelque chose, une prémonition, un vague pressentiment, lui fit interrompre son geste, qu'il ne termina jamais. Avner s'est souvent demandé, depuis, ce qui, en une fraction de seconde, lui avait fait prendre conscience du danger mortel qu'il courait.

— Non !

Avner et Robert agirent simultanément. Un demi-pas en arrière du pied droit, genoux ployés, pour adopter la position de combat ; la main droite glissant sous la veste pour venir s'emparer de la crosse de l'automatique ; main gauche paume vers le bas, décrivant un petit demi-cercle pour venir se poser sur le Beretta qui venait de jaillir au poing droit ; la culasse mobile tirée en arrière puis s'encliquetant sèchement vers l'avant, armant le percuteur, et introduisant la première cartouche dans la culasse.

Moins d'une seconde. Exactement comme Avner l'avait déjà fait un million de fois pour le vieux Popeye.

Une seconde pendant laquelle l'ennemi avait le temps de tirer le premier. Si, par exemple, il avait eu un revolver dans la main, caché par le sac de commissions. Avec une balle déjà introduite dans la chambre, et le cran de sûreté baissé. Le compromis du Mossad, cette seconde du risque zéro, voulant que l'on n'ait jamais une arme à la main, jamais une cartouche dans la culasse, prête à être percutée. Jusqu'au moment où l'on avait l'intention de tirer. À cet instant-là, plus d'avertissement, plus d'hésitation. « Vous sortez votre arme, vous tirez », avait répété l'ancien marine.

— Et si vous tirez, vous tuez.

Wael Zwaiter n'était pas prêt, en principe : si leurs informations sur lui étaient correctes, il ne portait même pas d'arme sur lui. Pas de garde du corps, pas d'armes. Pour sa sécurité, Zwaiter comptait uniquement sur la qualité de sa couverture. Un poète sans le sou ; un intellectuel inoffensif ; un expatrié, un traducteur immigré sans foyer, avec peut-être une sympathie après tout bien naturelle pour son peuple. Un homme qui n'avait même pas les moyens de payer sa note de téléphone. Et qui faisait ses courses lui-même.

Et s'il n'était que ce qu'il prétendait être ?

Un homme désarmé et qui criait « non ! » Serrant contre lui son sac d'épicerie et sa bouteille de vin. Un homme qui réagissait comme n'importe qui aurait réagi à ce moment-là. Pétrifié de peur, ses yeux s'ouvrant de plus en plus grand. Et si quelqu'un du service s'était trompé ?

Il serait inexact de prétendre que toutes ces pensées traversèrent l'esprit d'Avner au cours de cette interminable seconde ; quant à celles qui passèrent par la tête de Robert, il n'en avait pas la moindre idée. Ils n'en reparlèrent jamais par la suite. Une chose est cependant certaine : pendant une seconde de plus, rien ne se produisit.

La première seconde, s'assurer de l'identité avant de dégainer, c'était le règlement. Mais alors qu'ils avaient le Beretta en main, s'écoula une deuxième seconde qui ne devait rien à leur formation. Une pause qui n'avait jamais été répétée. Un instant de silence et de grâce pour honorer un commandement qu'ils étaient sur le point d'enfreindre. « Comment entraîne-t-on les gens, lui avait demandé Éphraïm, à tirer en conditions réelles ? »

Un peu plus tard, Avner pensa qu'ils avaient simplement espéré que l'autre ferait feu le premier.

Zwaiter fit un mouvement. Il commença à faire demi-tour. Avner et Robert appuyèrent en même temps sur la détente. Deux fois. Visant comme on leur avait appris à la plus grande cible, le corps. Genoux ployés, main gauche tendue pour assurer l'équilibre, en position d'escrimeur, bien que le recul du Beretta fût négligeable. Deux fois, puis encore deux fois, le viseur de l'arme suivant la chute du corps de Zwaiter en train de s'effondrer. Avner ne se souvient plus si la bouteille de vin se brisa, mais il a gardé en mémoire l'image de biscottes s'éparpillant sur le sol.

Leur rythme n'était pas parfaitement synchronisé ; Robert tirait plus vite. Avner appuya le dernier sur la détente. Puis il y eut une courte pause. Et Robert tira encore, par deux fois.

Mais déjà Zwaiter gisait, immobile sur le sol.

Si aucun des deux ne l'avait manqué – chose peu probable à une distance de moins de deux mètres – il devait avoir quatorze balles dans le corps. Le chargeur du Beretta était conçu pour contenir huit cartouches, mais Avner comme Robert en avaient introduit deux de plus. C'était parfaitement faisable, à condition de ne pas maintenir le ressort comprimé à bloc pendant plusieurs jours de suite. Avner avait tiré six fois : il devait donc lui rester quatre cartouches. Le magasin de Robert devait en contenir encore deux.

Avner vit Robert se pencher pour une raison qui lui échappa ; il pensa tout d'abord que son partenaire voulait examiner le corps de Zwaiter, mais en réalité il se mit à ramasser les cartouches éjectées. Un geste inutile, comme Robert aurait pourtant dû le savoir. Il avait beau se sentir presque complètement engourdi par la tension, voir l'état de confusion dans lequel Robert se trouvait apparemment plongé eut pour effet de rendre une partie de son calme à Avner.

— Laisse ça, lui lança-t-il en glissant son automatique à la ceinture et en commençant à se diriger vivement vers la porte.

Jetant un coup d'œil derrière lui, il put voir Robert se redresser et lui emboîter le pas. Il paraissait complètement sonné, et essayait sans y parvenir de ranger son arme ; à la fin il se contenta de la tenir cachée sous sa veste.

Ils franchirent le seuil de l'entrée C et se retrouvèrent sur la place.

Derrière eux, la lumière de la minuterie ne s'était pas encore éteinte. Moins de trois minutes s'étaient donc passées entre le moment où Wael Zwaiter était entré dans le bâtiment et celui où eux-mêmes en ressortirent ; peut-être même moins de deux.

Ils se dirigèrent vers la Fiat verte, accélérant le pas en s'en rapprochant. Les yeux fixés sur le véhicule, garé à seulement une douzaine de mètres d'eux, Avner ne remarqua même pas s'ils avaient ou non croisé des passants. Ils se rapprochaient de la Fiat par l'arrière, la voiture ayant été garée de façon à pouvoir bondir sans manœuvrer, mais Avner était sûr que Steve surveillait leur arrivée dans le rétroviseur. Ils ne pouvaient s'empêcher d'aller de plus en plus vite, et c'est en courant qu'ils franchirent les quelques derniers mètres qui les séparaient de la Fiat. Avner ouvrit brutalement la porte, et fit entrer Robert d'abord. Steve tourna la tête.

— Qu'est-ce qui s'est passé ? demanda-t-il avec anxiété au moment où Avner faisait claquer la portière.

— Pourquoi n'avez-vous rien fait ? reprit-il.

Stupéfiant ! Les détonations des deux Beretta, dans le hall, lui avaient paru tellement puissantes qu'il était convaincu qu'on avait dû les entendre à l'autre extrémité de la planète, et cette impression le tenaillait ; il n'arrivait pas à comprendre comment le son sec, habituellement étouffé du Beretta calibre 22, s'était brusquement transformé en un grondement de tonnerre. Et voici que Steve, qui se trouvait garé à quelques mètres de l'entrée et avait sans aucun doute tendu une oreille attentive, prétendait n'avoir rien entendu !

— C'est fait, répondit Avner. Partons.

La Fiat bondit en avant. En se glissant dans la circulation de la piazza Annibaliano, elle obligea une autre voiture à freiner brutalement ; le véhicule dérapa et tourna presque complètement sur lui-même. Ils se frôlèrent au point que, pendant un instant, Avner anticipa le bruit de tôle froissée qui n'allait pas manquer de se produire. Il fut surpris de ne pas l'entendre. Dans son souvenir, les quelques centaines de mètres suivants, le long du Corso Trieste, se passèrent dans le brouillard le plus complet[24].

Hans, par contraste, paraissait d'un calme absolu quand ils s'arrêtèrent derrière la camionnette, à quelques pâtés de maisons de la piazza Annibaliano. Il fit signe au conducteur italien d'avancer pour faire un peu de place à Steve, et ouvrit la porte coulissante latérale du véhicule, non sans quitter des yeux la circulation en provenance de la petite place. Rien n'indiquait que la Fiat avait été suivie.

— Tu n'as rien oublié ? demanda Avner à Robert, en montant dans la camionnette.

Robert lui fit signe que non, tout en gardant une expression perplexe. Il avait enfin rangé le Beretta, mais continuait à se tâter les poches, comme s'il cherchait quelque chose. Avner décida de ne pas insister. Quel que fût l'objet perdu par Robert, Carl devait être en train d'inspecter les lieux de l'action, à l'heure actuelle, et il verrait ça plus tard avec lui. Cela faisait partie de son travail[25].

Plus personne ne dit mot après cela. Le vieil Italien conduisait à une allure modérée, ignorant, tout comme ses compatriotes, l'identité réelle de ses passagers et les raisons pour lesquelles ils étaient là. Des outils de jardinage bringuebalaient à l'arrière de la camionnette, et une petite madone était fixée sur le tableau de bord. Lorsque Robert, Steve et Avner bondirent dans le véhicule, il ne se tourna même pas pour les regarder.

Au bout de vingt minutes, environ, ils s'arrêtèrent dans ce qui paraissait être le chantier d'un tailleur de pierre, quelque part au sud de Rome. Avner sentit sa tension remonter quand la camionnette s'immobilisa. Tout comme Robert, il avait glissé un nouveau chargeur dans le magasin de son arme pendant qu'ils roulaient encore dans la Fiat. Hans et Steve étaient également armés. Ils attaquaient néanmoins la phase de leur mission où ils seraient le plus vulnérables, se trouvant entre les mains de personnes dont ils ignoraient à peu près tout, mais qui, en tout cas, n'étaient pas des leurs.

La camionnette repartit, les laissant sur le sol sablonneux de la cour, contre quelques hangars bas, remplis de pierres tombales en cours d'exécution. Un peu plus loin, deux petites Fiat étaient garées en plein air, perpendiculairement l'une à l'autre. Le conducteur de l'une d'elles fumait dans la pénombre, Avner pouvait voir la lueur intermittente de la cigarette.

Ils se déployèrent instinctivement en éventail en s'approchant des deux voitures. Une idée traversa soudain l'esprit d'Avner, comme il s'avançait, à environ trois mètres de Hans : que le concept de « risque zéro » n'était en fait qu'une mauvaise plaisanterie. En particulier si on le leur appliquait, à ce moment précis.

Par ailleurs, ils avaient réussi leur premier coup.

Les moteurs des deux petites Fiat démarrèrent. Steve et Robert s'installaient déjà dans la première ; le chauffeur de la deuxième écrasa son mégot et ouvrit la porte pour Avner et Hans. Si quelque chose de désagréable devait arriver, ce ne serait pas ici.

Une fois les limites de la ville franchies, les deux véhicules prirent la direction de Naples, au sud. Mais ils n'empruntèrent pas la grande autoroute, l'Autostrada del Sole, prenant au contraire une voie secondaire qui longeait la côte méditerranéenne. Sur un panneau de signalisation, Avner put lire qu'ils étaient sur la route 148, et se dirigeaient vers la petite ville de Latina.

Hans, comme Avner, garda le silence pendant un bon moment. Avner ne cessait de surveiller dans le rétroviseur que la deuxième Fiat les suivait bien. C'est finalement Hans qui parla le premier.

— Eh bien… et d'un ! dit-il en hébreu. À titre de curiosité, veux-tu savoir ce qu'il nous a coûté ?

Avner trouva que Hans n'avait jamais autant ressemblé à un crayon.

— En chiffres ronds, reprit Hans, quelque chose comme trois cent cinquante mille dollars.

6

Le groupe

La ferme tranquille des environs de Latina constituait un endroit idéal pour se détendre et réfléchir pendant quelques jours. Le ciel de cette fin de mois d'octobre était presque sans nuages, et, lorsqu'il se promenait dans le verger planté d'abricotiers, Avner pouvait sentir le parfum salé de la mer. Il lui aurait suffi d'une petite marche pour la voir, mais il estimait plus sûr de ne pas s'éloigner de la maison. Latina n'était pas Rome. Des étrangers, dans une petite bourgade, attirent davantage l'attention des gens. Ce n'était pas le moment.

Il n'avait pas été surpris par le chiffre lancé par Hans dans la voiture. Supprimer un individu devenait une entreprise coûteuse. Avner essaya de se rappeler où était parti l'argent ; c'était un moyen comme un autre de mettre en perspective les événements de ces trois dernières semaines.

Il n'eut pas de difficulté à se souvenir de la destination des premiers cinquante mille dollars : ils étaient allés dans la poche d'Andreas. En une seule fois, et en échange de rien de tangible, à ce stade.

Au cours des premiers jours passés à Genève, Avner et ses camarades s'étaient retrouvés sans la moindre idée sur la manière de commencer les opérations. C'était bien aimable de la part d'Éphraïm de leur dire qu'ils seraient complètement autonomes, et ils avaient tous été d'accord ; se débrouiller seuls, choisir leur manière de procéder, et ne pas être envoyés à la chasse au dahut à cause des rêveries de quelque ponte de Tel-Aviv. Il fallait que leur fût épargné le fardeau d'un règlement compliqué à observer et d'instructions contradictoires. En théorie, c'était parfait.

Dans la pratique, cela se traduisit les premiers jours par de longues heures passées à traîner dans les cafés de Genève, des heures mornes pendant lesquelles ils beurraient machinalement les tranches de ce pain dur et noir que l'on trouve en Suisse, et contemplaient la pluie en train de battre en rafales les maisons à pignons. Le pire, pour Avner, était que les autres attendaient de lui qu'il s'exprimât le premier, en tant que chef de leur groupe. Mais pas plus qu'eux, il ne savait par où il devait attaquer.

Il décida de commencer par ce qu'il possédait : la liste des cibles. Que savaient-ils en réalité des onze responsables terroristes qui constituaient la tête de l'hydre d'Éphraïm ? La liste avait été établie par ordre d'importance décroissante, selon les estimations du Mossad, et Carl comme Avner avaient été surpris de trouver le Dr Wadi Haddad à la dernière place ; de toutes leurs cibles, il était la plus connue. Bien entendu, il ne leur avait pas été demandé de s'attaquer dans l'ordre aux cibles de la liste. Il aurait été stupide de se lancer pendant des mois aux trousses d'un terroriste terré quelque part, et d'en laisser pendant ce temps-là filer deux ou trois autres qui leur seraient passés sous le nez. La liste pouvait également être analysée de manière différente ; les numéros 1, 2, 6, 7, 8, 10 et 11 étaient, pour employer le vocabulaire quasi militaire qui avait la faveur de l'équipe, des cibles « dures ». Salameh, Abou Daoud, Nasser, Adwan, Najjer, al-Chir et le Dr Haddad étaient tous des révolutionnaires avoués, des responsables et des organisateurs de mouvements terroristes dont on savait à peu près tout – sauf l'endroit où ils se trouvaient au moment présent. Ils étaient armés et physiquement protégés par des gardes du corps, même lorsqu'ils voyageaient incognito. On pouvait s'attendre à ce qu'ils prissent toutes leurs précautions pour éviter d'être repérés et de tomber dans une embuscade, non seulement du fait de leurs ennemis israéliens, mais également de leurs camarades révolutionnaires appartenant à quelque faction rivale du « combat armé ». Ces hommes étaient en alerte permanente, vivaient dans de véritables places fortes, et modifiaient constamment leur façon de se déplacer. Certains d'entre eux ne devaient même jamais dormir deux fois sous le même toit.

Les numéros 3, 4, 5 et 9 étaient des cibles « douces ». De même que Zwaiter à Rome, on pouvait présumer que des hommes comme Hamshari, Koubaisi et même Boudia seraient avant tout protégés par leur couverture, ou du moins essentiellement par elle. Ils ne cachaient pas leur sympathie pour la cause palestinienne, mais ne s'attendaient pas à être identifiés comme terroristes. Vivant au grand jour dans des villes d'Europe occidentale, ils paraissaient ne s'occuper que des aspects éducatifs, culturels et diplomatiques de leurs convictions politiques. Leur existence clandestine, s'ils en avaient une, n'occupait que la moitié de leur vie. Alors même que la police officielle, en France, en Allemagne ou en Italie, se serait mise aux trousses de terroristes connus, de trafiquants d'armes ou d'explosifs, ne serait-ce que pour les expulser, elle ne s'intéressait pas à ceux qui écrivaient des articles ou ouvraient des centres d'information destinés à défendre une cause : ce n'était pas un délit dans les sociétés occidentales. Des terroristes de ce genre pouvaient donc se sentir en sécurité, sachant que les Israéliens eux-mêmes ne considéraient pas le soutien de l'OLP comme une activité risquant d'entraîner des représailles physiques. Du moins, tant que l'on ignorait tout de leur activité cachée.

— Vous n'allez descendre personne, comme Éphraïm l'avait dit à Avner, pour avoir pensé ou dit que les Palestiniens doivent avoir une patrie. Bon sang, je suis le premier à penser qu'ils devraient en avoir une ! Ceux que vous descendrez sont des gens qui ont fait sauter un car scolaire ou assassiné des athlètes olympiques.

C'est pour cette raison que les cibles « douces » prenaient moins de précaution quant à leur sécurité ; en fait, l'adresse habituelle de l'une d'elles à Paris figurait même dans la liste des renseignements glanés par le Mossad. Ce qui ne signifiait pas que l'équipe pût les assassiner sans préparer leur coup. En réalité, c'était la mise en œuvre de l'opération, et en particulier les moyens de retraite qui posaient des problèmes, aussi « douce » que fût la cible visée. Les questions de logistique étaient complexes. Néanmoins, les cibles « douces » étaient plus faciles à atteindre. Elles étaient au moins faciles à repérer. Et lorsqu'elles l'étaient, l'équipe n'aurait pas à se frayer le passage jusqu'à l'intérieur d'une forteresse pour les abattre.

On risquait également moins de se tromper sur l'identité des cibles « douces ». Contrairement aux cibles « dures », les terroristes qui travaillaient sous une couverture permanente et de qualité n'avaient aucune raison de se déguiser ou de prendre de fausses identités. Elles se laissaient photographier, et apposaient même parfois leur nom sur leur porte. Si on le leur demandait, elles déclineraient vraisemblablement leur nom. Il n'y avait aucune erreur possible, sauf si cette erreur était le fait du Mossad, et que ces cibles douces fussent exactement ce qu'elles prétendaient être.

Une raison supplémentaire militaire en faveur du choix d'une cible douce : le temps. Le massacre de Munich s'était produit au début de septembre. Les cibles dures pouvaient rester terrées pendant plusieurs mois encore ; passé ce délai, l'opinion publique et peut-être les *mechablim* eux-mêmes ne feraient pas le rapprochement, d'un point de vue affectif ; un assassinat, dans ces conditions, pourrait donner l'impression d'avoir été fait sans provocation. Avner ne connaissait pas la remarque de Lord Byron, voulant que la vengeance soit un plat qui se mange froid. Mais s'il l'avait connue, il n'aurait pas été d'accord.

« Au diable tout cela, s'était dit Avner au cours de la deuxième journée, continuellement pluvieuse, passée à Genève. Oublions cette ville. Elle est trop calme, nous n'y avons pas le moindre contact. Nous allons transporter notre quartier général à Francfort, puis nous disséminer. Ouvrir des comptes bancaires, glaner des informations, chacun dans l'endroit qu'il connaît le mieux. »

— Steve, tu files à Amsterdam. Carl, à Rome, bien entendu. Hans à Paris, Robert à Bruxelles. Nous nous retrouvons tous à Francfort dans cinq jours. Il faut avoir notre premier *mechabel* dans deux semaines, avait-il ajouté.

Réaction qui paraissait impulsive, mais ne manquait pas de bon sens. Ils allaient de toute évidence avoir besoin de comptes en banque, de coffres, de contacts et de planques dans la plupart des grandes villes d'Europe. L'une ou l'autre des cibles pouvait se trouver ici un jour, là le lendemain. Ils avaient eux-mêmes besoin d'itinéraires de fuite et de planques aménagées à l'avance, au cas où ils réussiraient un premier coup. Idéalement, ils devraient même avoir de nouveaux passeports et de nouvelles identités toutes prêtes dans plusieurs villes d'Europe, ainsi qu'assez d'argent pour tenir sans bouger pendant deux semaines. Il allait falloir ne jamais quitter un pays sous la même identité que lorsqu'on y était entré, et ne jamais transporter d'armes sur eux en franchissant les frontières. Du moins, tel était l'idéal, si tout était bien préparé. Ils ne devraient même pas avoir sur eux deux identités différentes en même temps.

Carl était chez lui à Rome, comme Hans à Paris ou Steve à Amsterdam. Leurs vieux informateurs – car tout comme dans la police ordinaire, les quatre cinquièmes des renseignements des services secrets provenaient de mouchards mécontents ou avides – pouvaient avoir recueilli des rumeurs sur l'une ou l'autre de leurs cibles.

La destination de Robert correspondait à un autre aspect de la mission ; la capitale belge était restée l'un des centres mondiaux du trafic des armes et des explosifs illicites. Sur le plan technique, Avner ne s'y connaissait guère (c'était la spécialité de Robert), mais tout le monde savait qu'avec le bon contact et le portefeuille suffisamment garni, n'importe qui pouvait acquérir un assez joli arsenal, ainsi que se le faire livrer par le fournisseur belge n'importe où en Europe occidentale. Peut-être même au-delà[26].

Après le départ de ses partenaires, Avner donna son coup de téléphone de 50 000 dollars à Andreas, à partir d'une cabine publique, à l'extérieur d'un café de Genève. Un coup de téléphone donné sous l'aiguillon de son sixième sens. Mais qui avait aussi quelque chose à voir avec les propos tenus par Éphraïm, sur le fait de s'introduire dans le réseau même des terroristes. Faire d'une pierre deux coups. Après tout, Avner et ses camarades constituaient maintenant une petite cellule parfaitement étanche, exactement comme nombre d'autres, dans le terrorisme international. Ils n'étaient tenus à aucune règle de procédure de quelque service secret que ce fût. Ils étaient livrés à eux-mêmes. Ils n'avaient de relations officielles avec aucun gouvernement. Ils travaillaient pour un pays tout en ne travaillant pas pour lui.

Ils ressemblaient beaucoup à ces groupes d'anarchistes armés, qui s'étaient apparemment créés spontanément dans la mouvance du grand mouvement turbulent des années 1960 : drogue, écologie, refus de l'engagement américain au Viêt Nam, féminisme, nouvelle gauche. Ces groupes, que l'on retrouvait de l'Uruguay à l'Allemagne, travaillaient pour un autre pays : l'Union soviétique. Mais en 1972, peu de gens, encore, en avaient conscience.

Nombreuses étaient les raisons qui poussaient les commentateurs et les politiciens les plus libéraux des démocraties occidentales à refuser d'envisager l'action en sous-main de la Russie avant la fin des années 1970. En premier lieu, on avait vu s'épanouir, au cours des années 1960, une immense sympathie, parfois méritée, pour un certain nombre de causes et d'idées partagées par les terroristes. Bien que l'opinion publique occidentale, à une majorité écrasante, n'éprouvât aucune sympathie pour les méthodes et la stratégie terroristes – c'est-à-dire le meurtre, le détournement d'avions, le vol et l'enlèvement –, beaucoup de gens considéraient facilement que les fanatiques les plus violents n'étaient que des individus instables et immatures, hélas portés aux pires extrémités par une vision des choses par ailleurs honorable.

En second lieu, l'Union soviétique avait toujours eu tendance à condamner, ou à tout le moins à ne pas applaudir, la plupart des formes du terrorisme, dans ses déclarations officielles. À la tribune des Nations unies, Andrei Gromyko, ministre des Affaires étrangères de l'Union soviétique, déclara « qu'il était impossible de trouver des excuses aux actes de terrorisme de certains éléments palestiniens, comme ceux qui avaient conduit aux tragiques événements de Munich[27] ». Les experts en kremlinologie, pouvaient aussi faire remarquer, non sans quelque raison, le gouffre qui séparait les anarchistes des communistes orthodoxes, ces derniers parlant des premiers comme de « petits-bourgeois romantiques » qui, « objectivement, ne faisaient que retarder la victoire finale du prolétariat ». En outre, il arrivait que certains groupes terroristes condamnassent publiquement, à l'occasion, « l'impérialisme soviétique », en le mettant sur le même pied que le « colonialisme occidental ». La seule différence étant qu'ils se gardaient bien de traduire en actes concrets cette condamnation verbale[28].

En troisième lieu, la rapide multiplication des groupes de terroristes, aussi bien en Europe que dans les deux Amériques, dans le tiers-monde et au Moyen-Orient, entraînait une telle confusion de leurs philosophies, de telles contradictions et de telles incohérences, qu'il était vraiment difficile d'y voir les diverses manifestations d'une seule et même politique, d'un seul et même dessein. On trouvait des fanatiques religieux ; des ultranationalistes ; des marxistes de toutes les nuances ; des antiautoritaires ou anti-impérialistes, même s'ils ne s'élevaient jamais bien activement contre l'autoritarisme et l'impérialisme du bloc communiste.

Beaucoup de ces groupes, y compris de ceux qui s'appelaient eux-mêmes « communistes », souscrivaient à des idées qui, propagées en Union soviétique, auraient été rapidement condamnées comme étant du déviationnisme de gauche, et auraient valu la prison ou l'hôpital psychiatrique à leurs auteurs. Qui plus est, ils prenaient très au sérieux leurs divergences idéologiques, et passaient presque autant de temps à s'excommunier et à se faire mutuellement sauter qu'à terroriser les peuples et les gouvernements occidentaux.

Le bloc soviétique et au début les communistes chinois, qui lancèrent, entraînèrent, armèrent et financèrent partiellement les terroristes, ne s'intéressèrent jamais au détail de leurs activités. Personne ne leur demandait de faire la preuve de leur orthodoxie communiste ; nul besoin de s'aligner sur les thèses du parti. La fonction des terroristes, aux yeux des organes soviétiques de la sécurité d'État, consistait à déstabiliser les démocraties occidentales, et pour le Kremlin les méthodes employées et les idées qui sous-tendaient ces méthodes n'avaient aucune importance. La seule chose qui comptait était leur effet final, et à quel point elles pouvaient pousser les gouvernements démocratiques à réagir avec le même degré de violence.

Ainsi conçus, ces groupes n'avaient pour but que d'engendrer la répression contre laquelle ils luttaient ostensiblement ; et que leurs actes de violence fussent fondés sur les idéaux religieux, sur une volonté de libération nationale, sur des théories de justice sociale restait totalement indifférent au KGB[29]. Peu leur importait, en outre, que ces causes fussent saugrenues ou eussent au contraire comporté certains aspects justes et vrais.

Les terroristes eux-mêmes – à coup sûr pour ceux qui se trouvaient au bas de l'échelle, mais parfois aussi pour ceux qui étaient à leur tête – étaient souvent loin de se rendre compte dans quelle mesure ils étaient les jouets de la politique soviétique. Ou alors, ce qui ne manquait pas d'ironie, ils s'imaginaient que c'étaient eux qui manipulaient l'Union soviétique pour servir leurs propres buts. Ce qu'une telle méthode avait de génial tenait dans le fait que les Soviétiques avaient là le moyen de faire le plus grand tort aux démocraties libérales, dans des pays comme par exemple la Turquie ou l'Espagne postfranquiste, tout en gardant officiellement les mains propres. Ces mêmes mains qui tendaient le rameau d'olivier de la Détente.

C'est ici, en fin de compte, que se trouve peut-être la grande raison qui poussait les pays occidentaux à refuser de reconnaître le rôle joué par l'Union soviétique dans le terrorisme international, au cours des années 1970, même lorsque ce rôle ne fut plus un secret pour personne[30]. À une époque dominée par l'angoisse de l'arme nucléaire, il paraissait plus sage, aux yeux de beaucoup d'hommes d'État, de ne pas jeter de l'huile sur le feu pour des questions de détail. Le terrorisme n'était au fond pas un problème tellement grave, pensaient-ils ; et la mort d'un diplomate, d'un grand industriel, d'un journaliste ou de quelques passagers d'avion était le prix à payer – prix acceptable – pour ne pas remettre en question le dégel des relations Est-Ouest ou les accords d'Helsinki. Et en particulier depuis que l'Union soviétique avait retrouvé courtoisie et diplomatie dans ses relations et se permettait de soutenir le terrorisme par Cubains ou autres interposés : beaucoup d'instructeurs étaient palestiniens ou cubains ; les camps d'entraînement se trouvaient en Tchécoslovaquie ou au Sud-Yémen ; une grande partie des armes étaient fabriquées en Allemagne de l'Est, ou expédiées de là ; les instructions étaient plus souvent données à Sofia, en Bulgarie, qu'à Moscou.

La principale raison de cette attitude, comme l'ont pourtant cru bon nombre de personnes par ailleurs bien informées, n'était pas simplement de laisser l'URSS en dehors des affaires sanglantes et des crimes odieux. Le Kremlin ne cherchait pas particulièrement à tromper l'opinion publique occidentale, et encore moins ses responsables politiques ou ses services de renseignements : la terreur n'est la terreur que si sa source ne fait pas le moindre doute Mais ils voulaient pouvoir fermer les yeux si cela les arrangeait. Excellente manière d'ajouter l'insulte à l'agression, de démoraliser et d'humilier les responsables occidentaux, d'obliger un ambassadeur à baiser une main tandis que l'autre tirait, jusqu'à ce que les grandes démocraties perdent toute confiance en leurs propres valeurs et en leurs forces.

Il ne s'agit pas de prétendre, bien entendu, que les Soviétiques auraient inventé les maux et les tensions qui ravagent notre planète. Ils se contentent de les identifier et de les exploiter. Sans rien oublier. Pas question de laisser guérir la moindre blessure, s'ils pouvaient faire qu'elle s'infectât. Tout conflit larvé, traité par leurs soins, devenait une guerre ; que se dessine un mouvement en faveur d'une cause, légitime ou non, ils attendaient alors qu'un fanatique émergeât, prît les positions les plus extrêmes et lui fournissaient les armes dont il avait besoin. Pas de fanatiques ? On en inventait un. Le calcul du KGB était simple : formons et équipons un nombre suffisant d'extrémistes violents, puis larguons-les dans la nature. Inutile de les contrôler ou de leur donner des instructions. Ils ne pouvaient faire que des dégâts.

En 1972, néanmoins, tout cela était loin d'être connu. Les personnes ayant accès à ce genre de renseignements étaient peu enclines à leur faire confiance ; et si elles publiaient prématurément les preuves et les indices qu'elles avaient accumulés, elles risquaient souvent le discrédit[31]. Avner ne connaissait pas l'expression du droit latin, *cui bono* (à qui profite le crime), mais il la mit pourtant rapidement en pratique. Au milieu de toutes ces eaux délicieusement troubles, devait bien se trouver quelque pêcheur.

S'il en était ainsi, Avner pouvait lui aussi jeter sa ligne dans ces mêmes eaux. Du poisson, il devait y en avoir assez pour tout le monde.

À Francfort, c'est Yvonne, la petite amie d'Andreas, qui décrocha le téléphone. Cette même jeune femme soupçonneuse avec laquelle Avner avait parlé pour la première fois quelques années auparavant. Mais cela faisait maintenant longtemps qu'Yvonne avait abandonné tout soupçon vis-à-vis d'Avner. Elle l'avait même une fois invité à dîner. C'était une superbe brune avec de grands yeux verts, et Avner s'était senti légèrement jaloux d'Andreas en la voyant. Elle devait même bien faire trois centimètres de plus que lui.

Avner décida de miser sur son sens de l'improvisation.

— Écoute, Yvonne, dit-il, j'appelle de Suisse. Est-ce qu'Andreas est ici ? J'ai… j'ai quelques embêtements.

Il y eut un court silence à l'autre bout du fil.

— Juste une seconde, répondit Yvonne. Ne quitte pas ; je vais te le trouver.

Andreas saisit le combiné environ une minute plus tard, l'air essoufflé.

— Désolé, dit-il, j'étais sur le point de sortir. Qu'est-ce qui se passe ?

— Je risque d'avoir des ennuis.

Avner se tut ; il attendait la réaction. Moins il en disait, lui soufflait son sixième sens, mieux cela valait.

— Veux-tu venir ici ?

— C'est là le problème : aller à Francfort, c'est aller dans un autre pays.

Il reprit sa respiration comme s'il s'apprêtait à ajouter quelque chose, espérant être interrompu par son ami. C'est ce qui arriva.

— O.K., pas besoin d'en parler au téléphone. As-tu assez d'argent sur toi ?

— Oh oui, répondit Avner.

Ça marchait.

— L'argent, j'en ai même tant que je veux. Un paquet.

— Appelles-tu de Zurich ? demanda Andreas. Mais peu importe. Appelle un homme du nom de Lenzlinger[32].

Il épela le nom et donna un numéro de téléphone.

— Dis-lui que c'est moi qui t'envoie ; il t'aidera.

Andreas se tut à nouveau, puis ajouta :

— Quand tu dis que tu as beaucoup d'argent, le paquet, qu'est-ce que tu veux dire, exactement ?

— Un gros paquet. Ne t'en fais pas. Et merci. Je resterai en contact.

Il raccrocha avant qu'Andreas ait eu le temps de poser d'autres questions.

L'après-midi même, après avoir appelé au numéro communiqué par Andreas, Avner prenait le train pour Zurich. Un chauffeur en uniforme l'attendait et, vingt minutes plus tard, il franchissait la porte d'entrée d'une opulente villa, dans une banlieue résidentielle calme et chic. La maison était entourée d'un mur bas dans lequel s'ouvrait un portail en fer forgé, tandis que par-dessus retombaient les branches de deux énormes saules pleureurs.

Son hôte possédait un ocelot, comme le lui apprit Lenzlinger, à qui il posa la question, une fois surmonté le choc de voir la tête de l'animal, qu'il prenait pour un jeune léopard, se dresser au-dessus du tapis.

— Elle est tout à fait inoffensive, expliqua l'homme en souriant.

Court de taille, il avait de petites mains, de petits yeux. L'un des murs de son bureau décoré de boiseries sombres était recouvert de masques et d'armes africains, du sol au plafond. L'ocelot était peut-être inoffensif, se dit Avner, mais il en allait certainement autrement du maître. Il exigeait mille dollars pour chacun des Beretta calibre 22 avec trois chargeurs, et de deux à trois mille dollars par passeport, en fonction du pays demandé, livrable dans un délai de deux jours. De très grosses sommes, en 1972, même au marché noir. Avner paya sans murmurer.

Il n'avait pour l'instant pas besoin des sept automatiques et des cinq passeports qu'il acheta, mais ils seraient très bien, à l'abri dans un coffre à Genève. L'important était d'avoir établi un premier contact. Il avait fait ces achats un peu particuliers quelques heures seulement après son premier coup de téléphone, et sans beaucoup plus de difficulté que s'il avait été chercher des œufs au supermarché. En s'adressant à l'une des sources du terrorisme !

Les conditions de la transaction étaient les suivantes : la moitié de la somme en liquide sur-le-champ, et livraison du matériel dans une pâtisserie de la place Kléber à Genève, dans quarante-huit heures. Il voulait que Lenzlinger eût le temps d'en informer Andreas. Pour pénétrer dans ce monde, les contacts, l'amitié et les histoires faramineuses ne suffisaient pas. Avoir traité une véritable affaire était un premier pas indispensable pour pouvoir avancer.

Avner décida de ne préparer aucune explication d'avance, lorsque, trois jours plus tard, il appela Andreas depuis l'aéroport de Francfort. Il pensait plus vite quand il improvisait. Entretemps, Lenzlinger aurait certainement raconté à Andreas que son ami avait eu besoin de certaines choses, et n'avait eu aucune difficulté à poser 20 000 dollars sur la table en liquide. De quoi mettre le feu à l'imagination d'Andreas, qui n'allait pas manquer de faire toutes sortes d'hypothèses sur les activités réelles d'Avner ; si l'histoire lui convenait, Avner l'adopterait.

— Lenzlinger m'a dit, lança un peu plus tard Andreas en tapotant sa tasse à café, que tu étais en train de te constituer une petite armée…

Avner se mit à rire. Yvonne leur avait mitonné un agréable repas – style grande cuisine en un clin d'œil, comme elle avait dit en plaisantant – et était en train de faire la vaisselle. Avec sa beauté sculpturale, elle avait un peu l'air déplacé dans le petit appartement modeste, meublé à la scandinave. Deux valises se trouvaient dans l'entrée et, en passant à côté, Avner avait essayé d'en faire bouger une ; elle était de toute évidence pleine. Tout était prêt pour un départ sur les chapeaux de roues. Andreas avait l'air tout aussi déplacé qu'Yvonne, d'ailleurs, car Avner se souvenait fort bien de la maison cossue de son enfance.

— Mais non, pas une armée, dit-il à Andreas, qui tout en riant lui aussi ne l'en surveillait pas moins. Puis il jeta un coup d'œil à Yvonne signifiant qu'il voulait être seul avec son vieil ami.

— Et il semblerait aussi que le messager ait reçu un pourboire confortable reprit Andreas.

Avner acquiesça. Les nouvelles se propageaient vite. Il avait en effet glissé cinq billets de cent dollars dans les mains du jeune homme qui lui avait remis la valise de Lenzlinger à Genève. Il ne savait pas ce qui se faisait, en la matière ; mais en revanche, il n'ignorait pas les risques que couraient les porteurs.

— Si tu possèdes ta propre planche à billets, continua Andreas, je ne verrais aucun inconvénient à te l'emprunter pendant quelques heures.

— Si j'en avais une, je me ferais un plaisir de te la prêter pour toute une journée !

Tous deux se mirent à rire.

— Dis-moi tout, vieux camarade. Aurais-tu des problèmes avec la loi ?

— En un certain sens, oui.

— As-tu pillé une banque ? demanda cette fois Andreas sans sourire. Et c'est sans sourire qu'Avner lui répondit que non.

— Détournement de fonds ?

Andreas semblait bien avoir sa petite idée, et Avner aurait donné beaucoup pour savoir laquelle.

— Eh bien, répondit-il, plusieurs autres types et moi, nous… nous avons dû abandonner un peu rapidement les affaires sur lesquelles nous étions, et… je ne sais pas si ça sortira dans la presse ou non. Mais c'est… c'est un très gros truc.

— Tu m'en diras tant ! s'exclama Andreas. Vieux pirate ! Tu viens du Liechtenstein.

Avner poussa un profond soupir, sans se cacher. Ainsi c'était donc à ça que pensait Andreas. À cette époque, les journaux étaient remplis d'histoires d'affaires traitées en sous-main par l'une des institutions financières les plus importantes de la petite principauté. Le krach risquait d'atteindre des banques en France, et on disait que des Israéliens auraient été impliqués dans l'escroquerie. Un énorme scandale financier.

Avner plaida aussitôt coupable ; et il n'eut même pas besoin de faire appel à son sixième sens pour deviner ce qui lui apparaissait maintenant comme évident : Andreas avait besoin d'argent.

— Écoute, vieux camarade, reprit Andreas en se roulant un mince joint de marijuana, nous nous sommes rencontrés à plusieurs reprises au cours des années passées, mais… nous n'avons jamais réellement parlé. Tu faisais tes affaires et moi… et moi et Yvonne nous faisions les nôtres. Peut-être as-tu deviné quelque chose ; ou peut-être que non. Je l'ignore… mais toujours est-il que tu m'as appelé. Tu dois avoir une bonne raison, non ?

— J'avais besoin d'un coup de main, répondit Avner. Mais ne crois pas que je me montrerai ingrat.

— N'y pense plus, j'étais content de pouvoir faire quelque chose.

Andreas alluma son joint et inhala profondément la fumée.

— Mais peut-être pourrais-tu aussi m'aider… Tu as quelque chose qui me manque. Corrige-moi si je me trompe, car si tu ne l'as pas, nous resterons toujours aussi bons amis, et cela ne m'empêchera pas d'essayer de t'aider… Voilà : je crois que tu es en fonds, et j'ai besoin d'argent.

Avner fit semblant de réfléchir.

— De quelle somme parles-tu exactement ?

— Tu veux dire immédiatement ? Avner tira une deuxième longue bouffée. Entre cinquante et cent mille dollars.

— Je peux t'avoir cent mille, repartit aussitôt Avner, en regardant son ami droit dans les yeux. Qu'il regrette de ne pas avoir demandé davantage. Qu'il croie pouvoir le faire un peu plus tard. S'il reste utile.

— Et je peux te donner cinquante mille tout de suite.

Il fut amusé par la façon dont Andreas lui lança une claque dans le dos, et dans son euphorie lui offrit de tirer sur le joint, alors qu'il savait que son ami ne fumait et ne buvait que très occasionnellement. Il n'était pas surprenant que le jeune Allemand fût excité. Comme la plupart des groupes terroristes, la bande Baader-Meinhof avait toujours besoin de fonds. Si l'on s'en référait aux tarifs pratiqués par Lenzlinger, ils devaient avoir des frais considérables. Rien que leur style de vie devait déjà leur coûter beaucoup. La sécurité se payait cher. Les voyages aussi. Il fallait maintenir des planques en état de les recevoir en permanence, payer des informateurs, acheter du matériel de communication, acheter ou louer des véhicules. L'ensemble constituait des sommes énormes[33].

Tout cela, Avner le savait déjà ; cela faisait partie, d'une manière générale, du profil de tous les groupes terroristes un peu importants. On le lui avait appris lors de sa formation comme agent secret. Mais pour ce qui était de son ami Andreas, son sixième sens lui disait qu'il y avait autre chose.

Il s'agissait d'un enfant gâté, ayant le goût de l'aventure, mais resté sensible, et qui se trouvait entraîné dans un univers qui n'était pas le sien. Andreas était un garçon séduisant, en bonne forme, mais avec en même temps quelque chose d'un peu trop sérieux, d'un peu trop facilement excitable. Il avait l'habitude de toujours essuyer ses lunettes rondes de grand-mère avec des mouchoirs de batiste blancs. Avner se souvenait très bien de ces mouchoirs ; sa mère devait les lui acheter à la douzaine alors qu'il était encore au collège. La bande Baader-Meinhof n'acceptait probablement pas automatiquement une jeune recrue comme celle-là. Son droit d'entrée devait être sans aucun doute de l'argent, ou à défaut, certaines choses que l'argent pouvait procurer.

Pendant un certain temps, Andreas pouvait s'en être sorti en tirant sur ses fonds propres, en vidant un compte d'épargne placé sur sa tête, en extorquant des fonds à ses parents et à ses amis, ou en leur faisant des emprunts. Des sources qui n'avaient sans doute pas tardé à tarir, et il s'était trouvé terrifié, redoutant d'être rejeté par le groupe.

Ou pis encore.

Si Avner avait raison, Andreas se garderait bien de trop le presser de questions sur les raisons de ses dons, et des faveurs, contacts ou informations, qu'il demanderait en échange. Même s'il soupçonnait qu'Avner n'était pas un simple fugitif, un contrebandier ou un détourneur de fonds. Même s'il lui venait à l'esprit qu'en tant qu'Israélien, il pouvait travailler dans le même domaine que lui, mais de l'autre côté de la barricade, Andreas fermerait probablement les yeux sur ses propres soupçons. Et si Avner avait raison, il jouerait le rôle du radeau de sauvetage qui permettrait à Andreas de chevaucher un peu plus longtemps les rapides et les tourbillons de la révolution. Il ne ferait rien qui pût le faire chavirer.

— Certains de mes amis vont arriver dans les jours qui viennent, reprit Avner. Je vais avoir besoin de trois appartements ; des appartements dans le genre du tien. Penses-tu qu'Yvonne pourrait en trouver quelques-uns pour moi, que j'irais visiter ensuite ? Je ne veux pas qu'elle les loue elle-même ; simplement qu'elle me donne les adresses. Des endroits très, très tranquilles. Tu vois ce que je veux dire ?

— Bien sûr.

— Disons demain. Nous nous rencontrerons à l'heure du déjeuner, et je te donnerai l'argent.

Le lendemain soir, Yvonne avait sept planques à proposer à Avner. Il ne lui en fallait que trois : une pour Steve et Robert, une autre pour Carl et lui-même, et une troisième pour Hans, seul. Il y avait plusieurs raisons pour partager ainsi le groupe ; certaines étaient d'ordre opérationnel, d'autres d'ordre privé.

Il avait suffi à Avner de voir Steve et surtout Robert pour savoir qu'il ne pourrait partager le même appartement qu'eux sans devenir fou. Steve, c'était les cendriers débordant de mégots, les chaussettes sales dans le réfrigérateur, le désordre roi ; quant à Robert, ses habitudes étaient encore plus déconcertantes. Il collectionnait les jouets mécaniques, et passait des heures à jouer avec. Lui-même n'aurait pas employé le mot « jouer » car pour lui, rien n'était plus sérieux que les jouets. Sa famille en possédait une fabrique à Birmingham, et avant de partir pour Israël, Robert avait conçu quelques-uns de leurs modèles les plus élaborés et ingénieux. Mais les jouets restaient son passe-temps favori, et il consacrait l'essentiel de son temps libre à en rechercher pour les collectionner.

Carl, par ailleurs, montrait le même goût de l'ordre et de la propreté qu'Avner dans ses habitudes. Il fumait la pipe en permanence, et il n'y avait cependant jamais de cendre renversée nulle part ; la fumée elle-même semblait ne pas stagner en l'air. Carl ouvrait les fenêtres pour aérer, et disposait toujours les oreillers au carré sur le lit une fois refait. Fort heureusement, il était logique pour Carl et Avner de loger ensemble, puisque tous deux étaient chargés de dresser les plans et de prévoir les moyens de chaque mission.

C'est pour des raisons de sécurité que Hans devait rester seul ; son logement serait le seul qui contiendrait des objets compromettants. Il avait, en outre, réclamé un endroit où il puisse travailler en toute tranquillité pour mettre ses documents au point.

Avner avait encore deux jours devant lui avant l'arrivée de ses équipiers ; en attendant, il alla visiter les planques dénichées par Yvonne. Elle savait s'y prendre, de toute évidence, car chacune convenait parfaitement : quartier résidentiel respectable et discret, proche d'une artère importante. Le jour suivant, Avner retourna seul en louer trois ; il dit à Yvonne n'en avoir gardé qu'une, pour un ami et lui-même, car le reste de son groupe avait changé d'idée et ne venait pas à Francfort. Il était inutile de lui faire savoir l'emplacement de toutes ses planques. Celle qu'il choisit pour Carl et lui-même était située dans un immeuble à appartements de taille moyenne sur Hügelstrasse, à un pâté de maisons de l'endroit où il avait vécu étant enfant. Un choix qui se passe d'explication.

Les logements qu'il sélectionna pour Hans, Robert et Steve se trouvaient sur une rue du nom de Roderberweg à environ vingt minutes en voiture de Hügelstrasse, et dans un quartier semblable. Ils étaient situés à proximité d'un parc de la ville immense, entretenu avec un soin maniaque. Steve était un mordu de l'exercice physique, qui courait quotidiennement ses huit kilomètres, tandis que Hans, qui disait ne courir que si quelqu'un le poursuivait un couteau à la main, aimait au contraire les longues promenades solitaires. À ce moment-là, Avner n'avait aucune idée du temps qu'ils passeraient dans leurs quartiers généraux au cours de leur mission. Peut-être très peu. Mais tant qu'à faire, autant choisir des endroits qui convenaient à leurs goûts et à leurs habitudes.

La veille au soir de l'arrivée de son équipe, Andreas amena Avner à une réunion. On aurait dit qu'il tardait à Andreas de gagner l'argent qu'il avait déjà reçu.

Le petit appartement rempli de fumée semblait tenir lieu de club pour une cellule de sympathisants de la bande Baader-Meinhof ; à la manière dont il fut reçu, Andreas y était certainement la personne la plus importante, comme le comprit tout de suite Avner. Ce qui rendit pour lui la soirée particulièrement ennuyeuse. Cinq des hommes et deux des femmes qu'il rencontra avaient beau être à peu de chose près de son âge, Avner éprouva l'impression d'avoir soixante ans à côté. Il eut la plus grande difficulté à garder les yeux ouverts au cours de l'interminable discussion politique qui occupa l'essentiel de la soirée. Tels étaient donc ces terroristes tant redoutés de l'Europe occidentale, du moins à leurs débuts ! Ils faisaient penser à une bande d'étudiants en train de discuter de livres et d'idées qui n'évoquaient pas grand-chose pour Avner, mais lui paraissaient être un mélange de clichés communistes et de totales absurdités. Et qui leur tenait lieu de gourou ? Frantz Fanon et Herbert Marcuse, certes ; il en avait entendu parler. Mais qui diable étaient donc Régis Debray et Paul Goodman ? Et l'un de ces beaux parleurs serait-il capable de se servir d'un automatique ou de faire sauter une bombe ? Avner se souvint alors combien il était facile de placer une charge explosive. Le rouge va au rouge, le bleu au bleu.

Toujours est-il qu'il n'y eut ce soir-là aucune discussion relative à une opération terroriste, passée ou présente, ni au problème palestinien, même pas sur un plan théorique. Avner se contenta d'acquiescer et de sourire lorsque les autres essayèrent de le faire participer à la conversation – tandis que lui s'efforçait d'enregistrer leurs traits dans sa mémoire.

— J'espérais que d'autres personnes viendraient, lui dit Andreas d'un ton d'excuse, sur le chemin du retour. Tous ces gens qui nous tournent autour parlent beaucoup, mais tu sais, ce n'est pas la peine de s'occuper de leur baratin. Ils sont parfaits pour transporter un porte-documents d'un point à un autre, pour louer un véhicule ou une maison retirée. Personnellement, je ne me considère même pas comme marxiste. Mais c'est sans importance. On aura tout le temps d'éliminer tous ces bavards après la victoire.

Avner acquiesça d'un hochement de tête. Il n'était pas indispensable d'exprimer une opinion sur qui éliminerait qui après la victoire.

Aucun de ses coéquipiers n'avait la moindre nouvelle intéressante à rapporter lorsqu'ils se retrouvèrent, le lendemain. Tous avaient effectué leurs travaux préparatoires, comme l'avait fait Avner ; des coffres, de l'argent, des documents d'identité et des planques les attendaient à Paris, Amsterdam et Rome, et il suffirait d'un coup de téléphone de Robert pour se faire livrer n'importe où, en quarante-huit heures, tout le matériel dont ils pourraient avoir besoin.

— L'artillerie lourde mise à part, comme l'avait dit Robert, mais je n'en vois pas l'usage !

— Au point où nous en sommes, je ne vois même pas l'usage d'une fronde, lui avait répondu Avner. Aucune nouvelle, personne ?

Tout le monde secoua négativement la tête. Non seulement leurs informateurs habituels ne savaient rien sur l'endroit où se trouvaient leurs cibles dures, mais ils n'étaient même pas capables de dire si les organisateurs, c'est-à-dire les cibles douces, dont les noms apparaissaient pourtant dans l'annuaire du téléphone, étaient ou non chez elles. Avner ne put recueillir la moindre information sur leurs habitudes et leurs horaires.

— À la manière dont se présentent les choses, les gars, nous ne sommes prêts à aller nulle part, dit Avner à l'issue de cette première réunion.

Ce qui résumait parfaitement leur situation dans l'après-midi du 2 octobre 1972.

Le jour suivant, Avner emmenait Andreas faire une petite promenade.

— Je t'ai promis cent mille dollars, lui dit-il, et je pourrai te donner dans quelques jours l'autre moitié. Mais j'ai moi aussi besoin de quelque chose.

— Tout ce que tu voudras, répondit Andreas. Veux-tu un autre contact comme Lenzlinger, ici en Allemagne ? Je peux…

Avner secoua la tête. Le moment était particulièrement délicat ; il allait savoir s'il avait ou non bien jugé de la situation d'Andreas.

— Non, dit-il doucement. J'ai besoin de quelque chose en rapport avec les Palestiniens. Quelqu'un qui les connaisse ; qui sache des choses sur eux. Comprends-tu ?

Andreas marcha en silence à côté d'Avner pendant un moment.

— Je ne suis pas sûr d'avoir encore tellement besoin de cinquante mille dollars, finit-il par dire.

— Il n'y a pas que ça, intervint aussitôt Avner. Lorsque tu me mettras en contact avec cette personne, quelle que soit son identité, je ne la paierai pas. C'est à toi que je donnerai les fonds pour la régler. Tu lui donneras ce qu'elle te demande.

Andreas se mit à rire doucement. Il venait de comprendre que son ami lui offrait de jouer un rôle d'intermédiaire, et l'opportunité d'empocher de jolies commissions ; sans compter le prestige qu'il pourrait acquérir dans le milieu terroriste. Il serait l'homme avec une source de fonds. Car dans l'internationale terroriste comme ailleurs, l'argent était le nerf de la guerre.

— Tu envisages maintenant les choses correctement, reprit Avner, poussant son avantage un peu plus loin. Tu ne fais que récupérer une partie de ton argent. Est-ce que les Palestiniens ne vous font pas payer le prix fort pour votre entraînement, pour vos armes ? Vous vous battez pour la même cause révolutionnaire, et cependant vous payez. Un peu de cet argent revient maintenant pour votre cause. Ce n'est pas comme si tu le gardais pour toi ; Yvonne se moque bien des manteaux de fourrure.

L'allusion à Yvonne était habile. Elle ne restait certainement pas avec Andreas pour des raisons intéressées. Elle n'était pas femme à se laisser impressionner par des bijoux ou des fourrures ; mais il fallait tout de même qu'un homme l'impressionne par quelque chose, et Avner était persuadé que toutes les femmes avaient besoin d'être impressionnées, d'une manière ou d'une autre. L'image du guérillero urbain, révolutionnaire et romantique, voilà qui pouvait faire de l'effet sur Yvonne. Mais se rendait-elle compte, néanmoins, des sommes qu'il allait falloir à Andreas pour atteindre un tel statut ? Et ce qu'il deviendrait, une fois l'argent dépensé ?

Andreas, lui, le savait. Il s'arrêta de rire.

— Tu ne travailles certainement pas en franc-tireur, vieille branche ; et tu ne t'occupes pas d'affaires de cuirs et peaux au Liechtenstein.

— Je travaille à mon compte, répondit Avner. Et parfois, je m'occupe d'informations. Une bonne information, c'est de l'argent. Tu seras payé pour cela ; et peut-être pourrai-je la revendre plus cher. Un point c'est tout.

Présentées ainsi, les choses avaient l'air tout à fait plausibles.

— Et puis écoute, continua Avner, n'oublie pas que nous sommes deux vieilles branches, comme tu aimes à le dire, deux vieux amis. Je ne ferais jamais rien qui puisse te porter tort. Mais je possède déjà certaines informations.

Chose également plausible ; et comportant une menace.

— Crois-moi, même si je voulais le faire, dit Andreas en retirant ses lunettes de grand-mère pour les essuyer, je ne connais personne… et je ne vois pas qui, à Francfort… Il te faudrait quelqu'un comme Tony. Mais il est à Rome.

— Rome, as-tu bien dit ?

L'affaire était dans le sac. Elle l'était à l'instant où Andreas s'était mis à essuyer ses lunettes.

— Arrange ça pour moi, dit Avner.

Les deux hommes prirent place à bord d'un vol de la Lufthansa pour Rome, le matin du 3 octobre. Ils louèrent une voiture à l'aéroport, mais Andreas n'alla pas plus loin que le village de Fiumicino, à quelques kilomètres de là. Ils s'installèrent dans une petite trattoria, à peu de distance de la via Molo di Levante. À travers la fenêtre, on pouvait voir un vol de mouettes criardes en train de tournoyer et de plonger dans la mer pour y pêcher des détritus.

Ils venaient juste de finir leur première bière lorsqu'un homme jeune et de petite taille se présenta à leur table. Il portait un costume léger tout froissé, mais avec gilet et cravate, et tenait d'un doigt un imperméable rejeté sur l'épaule. Il avait les cheveux noirs, les yeux sombres mais la peau très blanche, presque maladive. À première vue, un directeur de service dans une fabrique de chaussures, venant d'avoir trente ans mais paraissant plus vieux.

— Hello Tony ! dit Andreas en anglais.

Tony sourit, adressa un signe de tête aux deux hommes, tira une chaise à lui et s'assit. Il jeta un rapide regard à Avner, un regard neutre, ni amical ni hostile. Mais avant même qu'il ait ouvert la bouche, Avner sut qu'il venait de grimper un nouveau barreau sur l'échelle. Qu'il lui soit utile ou non, Tony était quelqu'un d'une autre envergure.

— Avez-vous déjà commandé ? demanda-t-il dans un anglais correct, mais fortement teinté d'accent italien. Moi, je suis affamé.

Il parcourut le menu des yeux, et passa la commande au garçon, sélectionnant soigneusement le vin. Avner remarqua qu'il avait un début de brioche. Son regard était sardonique et intelligent. Il ne jouait pas un personnage, ne tenait pas de rôle.

— Avner est l'ami dont je t'ai parlé au téléphone, commença Andreas une fois que le serveur eut disposé les plats. L'un de nous, bien entendu. Et… il a donc quelques questions à poser.

— Bien, répondit Tony, qui se mit à manger sans hâte, en y prenant un plaisir évident. Ça bouge beaucoup dans la communauté arabe, en ce moment ; pas mal de recrutement, aussi. Ce genre de choses. En particulier de la part d'une personne.

Avner avait l'impression d'avoir les cheveux qui se dressaient sur son crâne. Tony lui jeta un coup d'œil, la tête légèrement inclinée de côté, comme pour lui demander : « N'est-ce pas cela qui vous intéressait ? »

C'était bien cela. Inutile de finasser : mieux valait se montrer tout aussi direct dans sa réponse.

— Et le nom de cette personne ? demanda Avner.

Tony s'essuya les lèvres, tapotant délicatement les commissures, puis reposa sa serviette sur la table.

— À partir de maintenant, nous parlons affaires, dit-il.

Il y eut un court silence. Andreas regarda Avner, puis se tourna vers Tony.

— Écoute, Tony, je garantis les fonds. Inutile de s'inquiéter pour cela. Mais tu comprendras qu'Avner a besoin de savoir si tes informations présentent ou non un intérêt pour lui. Équitable, non ?

Tony ne quitta pas Avner des yeux tandis qu'Andreas parlait. Puis il hocha la tête.

— Zwaiter. Le nom de cette personne est Zwaiter.

Il avait parlé très vite et seul quelqu'un connaissant déjà ce nom aurait pu le saisir.

— Wael Zwaiter, dit aussitôt Avner, lui aussi très vite, de façon que son ami ne puisse pas le comprendre, et comme s'il s'agissait d'un mot de passe. En un sens, c'était bien cela. Une cible douce, juste ici, à Rome. Le numéro 4 sur la liste d'Éphraïm. Tony était bien l'homme qu'il lui fallait.

Les pensées de Tony durent suivre un cours parallèle, car après avoir pris une gorgée de vin, il ajouta à l'intention d'Avner :

— Bon, est-ce qu'il y a autre chose que je puisse faire pour vous ?

Avner réfléchit pendant quelques secondes.

— Pouvez-vous, dans un délai de cinq jours, me donner son emploi du temps, ses habitudes ? Son adresse, les lieux où il se rend et à quels moments ? La liste des personnes qu'il rencontre ? C'est tout ce qui nous intéresse.

À ce stade, il ne trahissait rien avec une telle série de questions ; il pouvait y avoir toutes sortes de raisons pour les poser. Andreas avait présenté Avner comme « l'un des nôtres ». Autrement dit, quelqu'un de la bande Baader-Meinhof. Différents groupes s'intéressant mutuellement à leurs activités : mobile plausible. Des terroristes voulant par exemple vérifier qu'une autre organisation n'avait pas été infiltrée avant de se lancer dans une mission conjointe ; ou suspectant qu'un personnage clef comme Zwaiter, qui venait de les contacter, était un agent double. Dans cet univers de l'ombre, la surveillance était constante.

— Oui, répondit Tony. En cinq jours c'est possible. Ce dont nous parlons vaut environ cinquante mille dollars.

Avner se leva.

— Andreas vous retrouvera ici dans cinq jours, avec l'argent.

Andreas se montra débordant d'enthousiasme pendant tout le vol du retour vers Francfort.

— Comment trouves-tu Tony ? n'arrêtait-il pas de répéter. Ça fait longtemps que je le connais. C'est quelqu'un qui va jusqu'au bout. Il est de Milan, à l'origine. Mais il ne parle jamais politique. Cela fait des années qu'il a dépassé ce stade.

Avner admit qu'en effet Tony devait avoir dépassé ce stade depuis longtemps.

Au cours de la réunion de son équipe, le soir même, Avner proposa un plan d'action étape par étape. On faisait tout d'abord passer Zwaiter en numéro un de liste ; le 8 octobre, ils se rendraient tous à Rome, à l'exception de Steve, qui irait à Berlin-Ouest vérifier une piste concernant leur première cible, Ali Hassan Salameh. Ce tuyau provenait d'un vieil informateur arabe de Carl, l'un des contacts réguliers employés par le Mossad. S'il se montrait solide, ils abandonneraient Zwaiter pour l'exploiter ; sinon, Steve les rejoindrait à Rome.

Le rendez-vous suivant avec Tony constituait la deuxième étape, et comprenait la participation d'Andreas. Mais il n'y avait aucune raison pour qu'Andreas rencontrât les autres. Si les informations de Tony conduisaient à la troisième étape de l'opération, Avner se débarrasserait d'Andreas, en lui disant simplement qu'il avait maintenant tout ce qu'il voulait, et qu'il entrerait ultérieurement en contact avec lui.

La troisième étape impliquait la participation de l'équipe de surveillance de Tony ; il s'agirait de conduire une attaque simulée au moins par deux fois, sans que les hommes de Tony se doutent de quoi il retournait. Ce qui signifiait qu'ils conduiraient l'équipe d'Avner, Carl excepté, jusqu'à la scène de l'action en respectant un certain nombre de signaux convenus d'avance, comme si le but de l'exercice était une simple surveillance. (En effet, la surveillance d'un individu d'expérience et méfiant demandait parfois jusqu'à douze personnes différentes, qui se le « passaient » comme le témoin d'une course de relais.) Telles que les choses étaient prévues, les hommes de Tony auraient déjà quitté les lieux au moment de l'action proprement dite ; et ils n'apprendraient ce qui s'était passé qu'à la lecture des journaux. À ce moment-là, ils se considéreraient comme impliqués, et se garderaient bien d'en parler à qui que ce soit. Et même s'ils parlaient, ils n'auraient pas grand-chose à raconter.

La seule partie du programme pour laquelle l'équipe d'Avner devait prendre ses propres dispositions concernait le premier véhicule chargé de conduire ceux qui auraient fait le coup jusqu'à un deuxième, garé un peu plus loin. Après quoi Carl, seul, « nettoierait » les lieux, avant de rejoindre les autres quelque temps plus tard.

Si du moins ils parvenaient à la quatrième étape : l'action.

L'opération se déroula en fin de compte tellement bien qu'il n'y eut pratiquement rien à changer. Tony donna des renseignements d'une grande précision, et Avner chargea Andreas de lui donner les cinquante mille dollars, en billets de cent dollars tout neufs. Puis il laissa Andreas repartir pour Francfort et prit un nouveau rendez-vous avec Tony.

Sans poser la moindre question, l'Italien accepta de prolonger la surveillance de Zwaiter, cette fois-ci avec la participation des membres de l'équipe d'Avner. Il accepta également de leur trouver une planque près de Rome. Tony demanda cent mille dollars de plus pour ces deux services, ce qui paraissait correct. De cette façon, le groupe put simuler une attaque sur Zwaiter avant même l'arrivée de Steve.

Le tuyau de Steve sur Salameh se révéla être sans fondement ; c'était un *canard*, pour employer l'expression française de Hans, expression qu'Avner s'appropria avec enthousiasme. On répéta donc encore les différentes étapes de l'opération, cette fois avec la participation de Steve. Tony leur procura des chauffeurs différents pour chacune de ces répétitions, tandis que les personnes chargées de la filature restaient les mêmes. Zwaiter lui-même se montra une cible pleine de bonne volonté ; respecter un emploi du temps immuable est le plus sûr moyen, pour une victime, d'aider ses agresseurs.

L'équipe se chargea elle-même de choisir ses quartiers à Rome pour la période précédant le coup. Pour des raisons de sécurité, Carl se montra intransigeant sur ce point. Tony ignorerait ainsi tout de leur retraite, et ses gens feraient simplement embarquer Avner et son équipe en certains endroits convenus d'avance, dans la rue ; après chaque répétition, ils les avaient d'ailleurs déposés dans des endroits différents. (Plus tard, Avner finit par se dire qu'il aurait pu les trouver dans Rome en quelques heures, en dépit de toutes ces précautions : Tony semblait avoir toute la ville sous surveillance.)

La seule personne que ni Tony ni ses gens ne devaient rencontrer était Carl. Il resterait dissimulé à l'arrière-plan pendant toute la durée des opérations, afin de voir si personne ne suivait l'équipe de surveillance de Tony – de surveiller les surveillants, en quelque sorte –, de préparer des itinéraires de fuite de rechange, et de prévoir des planques et des documents. Il devait en somme constituer le filet de sécurité de l'équipe. Si quelque chose marchait de travers, il aurait une chance de s'en apercevoir et d'avertir les autres.

Une fois le coup fait, Carl serait le premier sur les lieux, avant la police. Il devait récupérer tout ce qui pourrait être pièce à conviction, ou au contraire laisser de fausses pistes. Il pouvait changer de place la première voiture de fuite. Il pouvait essayer de découvrir ce que penseraient les autorités une fois sur les lieux, ou dans quelles directions elles allaient lancer leurs premières investigations.

Tout cela faisait de Carl à la fois l'homme le plus occupé et le plus en danger de l'équipe.

Le 13 octobre, la seule question qui n'était pas résolue était celle du premier véhicule de fuite, celui qui devait être conduit sur une courte distance par l'un des membres de l'équipe, probablement Steve ; il devait être abandonné à proximité des lieux. De toute évidence, un tel véhicule ne pouvait être immatriculé au nom de l'un des hommes de Tony. On pouvait prendre une voiture volée, mais c'était courir une autre sorte de risque ; quant à en louer une, cela revenait à sacrifier une gamme complète de papiers d'identité. En outre, l'employé de la compagnie de location aurait pu se souvenir du visage de son client, qu'il appartienne à l'équipe de Tony ou à celle d'Avner.

— Nous avons besoin d'un véhicule supplémentaire, avait dit Avner à Tony ; une voiture que l'on puisse abandonner.

Tony écouta sans sourciller, comme à toutes les demandes d'Avner. Il continua d'enfoncer calmement sa cuillère dans la crème glacée qu'il consommait, à la terrasse d'un café proche de la piazza Navona.

— Cela peut s'arranger, finit-il par dire, en précisant le nom d'une compagnie américaine de location, et l'adresse de l'une de ses succursales.

— Là, on vous louera une voiture avec des plaques d'une autre ville ; vous n'aurez pas à vous inquiéter pour les papiers. Si jamais la police interroge le personnel de la maison, on lui fera la description d'un Texan de haute taille, possesseur d'une carte du Diner's Club, qui aurait pris la voiture à Milan. Il vous en coûtera dix mille dollars.

Puis vint la surprise.

— Mais vous ne me les donnerez pas. La prochaine fois que vous vous trouverez à Paris, vous appellerez le numéro que je vais vous confier. Vous demanderez Louis ; expliquez-lui que je vous ai dit lui devoir quelque chose, et réglez-le. Rien ne presse, mais faites-le tout de même d'ici un mois, à peu près.

Voilà qui était intéressant. Tony aurait-il un patron ? Ou un partenaire plus puissant qui toucherait un pourcentage sur toutes les opérations conduites à Rome ? Ou bien devait-il simplement les dix mille dollars en question, et trouvait-il plus simple de faire faire le remboursement par quelqu'un d'autre, plutôt que de prendre en personne l'avion pour Paris ?

À moins, comme le suggéra Carl quand il lui en parla, qu'il se fût agi d'un coup monté... Mais Avner rejeta cette hypothèse. Son sixième sens n'avait pas déclenché de signaux d'alerte.

Les marchands d'armes, les informateurs et les entrepreneurs de tout poil sont depuis toujours mêlés à l'espionnage international, comme à la contrebande, au crime et au terrorisme. Ils constituent parfois des organisations aux liens assez lâches, une sorte de réseau de contacts plutôt qu'une hiérarchie, à l'intérieur duquel ils se passent les clients les uns aux autres lorsqu'on leur demande des services qu'ils ne peuvent fournir eux-mêmes. Quelques-uns agissent par conviction politique, mais la majorité est tout à fait apolitique ; leur premier intérêt, de toute façon, est de gagner de l'argent. Ils considèrent en général que travailler avec un seul côté, surtout si l'on songe aux brutaux changements d'alliance qui se produisent couramment dans le monde du crime comme du terrorisme, va à l'encontre de leurs intérêts. Les uns et les autres se fixent en général certaines limites qu'ils ne dépassent jamais : il y en a qui par exemple ne touchent jamais aux explosifs, ou à la drogue. Certains se spécialisent dans un domaine précis, comme l'espionnage industriel ; d'autres enfin ne travaillent qu'avec tel ou tel pays. Tous sont cependant prêts à vendre services et renseignements à ceux qu'ils considèrent comme leurs bons clients. Néanmoins, à court terme, ils ne vendront pas un client à un collègue, pas plus que ne le ferait un homme d'affaires « normal ».

— Quelles que soient les idées que Tony peut se faire, les soupçons qu'il peut éprouver, objecta Avner à Carl, il sait que nous le payons en bon argent.

Une dernière question restait à régler, qui pourrait se résumer par la formule « qui fait quoi ? ». Elle ne concernait que quatre d'entre eux, étant donné que le rôle de Carl devrait toujours être le même. Steve était de loin le meilleur conducteur ; il était donc logique de le mettre au volant de la première voiture de fuite. En tant que chef du groupe et dans la tradition de l'armée israélienne, Avner ne pouvait choisir autre chose que le rôle du premier tueur, en particulier pour ce qui était leur première opération. Pour le reste de l'équipe, la chose allait d'ailleurs de soi. La deuxième arme serait-elle confiée à Robert ou à Hans ?

— Je ne voudrais pas avoir l'air de me mettre en avant, dit Robert, lorsqu'il fut question de distribuer les rôles, mais les armes me sont très familières...

Hans sourit ; bien que parlant hébreu, Robert présentait les choses de façon très britannique. Nul ne doutait de la supériorité de Robert en matière d'explosifs, mais tous étaient très familiers avec les armes de poing.

— Messieurs les Anglais, tirez les premiers, dit Hans, toujours aussi amateur d'expressions françaises, en mettant ses lunettes pour feuilleter un magazine. Prends mon tour quand tu veux ; tape-moi sur l'épaule quand ce sera terminé.

C'était prendre une attitude cocardière à contre-pied, tout à fait comme on le faisait dans l'ancienne unité d'Avner. On proteste que la dernière chose que l'on ait envie de faire est d'aller en première ligne, mais d'un tel ton que personne ne puisse vous croire. Mais au fond, dans le cas précis, qui aurait pu le dire ? Peut-être Hans aimait-il autant ne pas avoir à faire le sale boulot. Peut-être aucun d'entre eux n'avait-il envie de le faire.

Malgré tout, deux jours après, il était terminé. Zwaiter était mort.

Et Avner se promenait maintenant au milieu des abricotiers rabou-gris, dans le verger d'une ferme des environs de Latina, humant l'odeur de la mer, et jouissant du soleil tardif d'octobre. Il se sentait – comment dire ? pas heureux, non ; mais certainement pas malheu-reux. En fait, il ne ressentait que très peu de chose. Ils avaient prouvé qu'ils pouvaient le faire, en partant de rien, au bout de trois semaines. Cinq Yekkés livrés à eux-mêmes. Et s'il ne pouvait dire ce qui s'était passé dans la tête de Robert ou de n'importe lequel des autres, Avner savait n'avoir pris aucun plaisir à tirer sur un type en train de traver-ser un hall, son sac de commissions dans les bras. Il ne recommence-rait pas, s'il pouvait faire autrement. Et pourtant, ce n'était pas aussi terrible que ce qu'il s'était imaginé. Il n'avait pas perdu l'appétit, il n'avait pas perdu le sommeil. Pas de cauchemars ; et le matin, il dévo-rait son petit déjeuner. Y prendre plaisir ? Aucune personne normale ne le pouvait.

De toute façon, c'était un sujet de conversation que les membres de l'équipe n'abordaient jamais. Ils n'en avaient pas parlé avant la pre-mière opération, et ils n'en parleraient jamais pendant toute la durée de la mission. Au fur et à mesure que le temps passerait, ils se met-traient à parler de plus en plus souvent «philosophie», en vérité ; mais ils n'évoqueraient jamais ce genre de sentiment. Il fallait qu'ils parlent constamment d'opérations, oui ; mais jamais en ces termes. Peut-être avaient-ils l'impression que ces choses étaient déjà assez difficiles à faire, et qu'en parler n'aurait fait que les rendre encore plus difficiles.

Le seul indice d'une conscience coupable se trouvait peut-être dans la manière dont ils se montraient particulièrement courtois et secourables, dans la vie quotidienne, avec toutes les personnes que le hasard mettait sur leur chemin. Chauffeurs de taxi, grooms, portiers et réceptionnistes d'hôtel, employés de banque, tous auraient pu témoigner que leur langage se résumait à « s'il vous plaît » et « merci ». Qu'une vieille dame veuille traverser la route, et aussitôt Steve freinait et s'arrêtait, allant jusqu'à sortir de voiture pour l'aider. Un parfait étranger ne pouvait laisser tomber le moindre objet sans que Hans ne se précipitât pour le lui ramasser. Comme de vrais boy-scouts. Avner et Carl achetaient des souvenirs et des cartes postales dès qu'ils avaient une minute, et les envoyaient chez eux comme aurait fait n'importe quel mari aimant en voyage d'affaires. À Rome, quelques jours avant la première opération, Avner vit Robert donner un jouet mécanique à un gosse des rues qui s'était arrêté près de leur table pour les bader. Robert était certes un bon garçon, s'était dit Avner, mais peut-être se dorait-il un peu trop la pilule.

Carl arriva à Latina dans la voiture de Tony, le 17 octobre, en début d'après-midi. Comme il avait été convenu, Carl avait contacté Tony, pour la première fois, quand l'opération avait été terminée. Tony lui-même avait conduit Carl jusqu'à la planque. C'était en effet Carl qui avait été chargé d'effectuer le dernier paiement, après s'être assuré que tout était en ordre, et Tony avait accepté cette clause sans discuter.

Au moment où il descendait de sa voiture à Latina, Tony savait certainement déjà non seulement ce qui était arrivé à l'homme que ses gens avaient gardé sous surveillance, mais que l'équipe d'Avner devait y être pour quelque chose. Il ne fit cependant pas le moindre commentaire, et la question ne fut même pas abordée. L'Italien présenta sa note, et reçut son argent en liquide. Avant de repartir, il rappela simplement à Avner de ne pas oublier de donner à Louis, à Paris, les 10 000 dollars pour la location de l'auto, dès que l'occasion se présenterait.

C'est par ce biais qu'Avner rencontra Louis, le fils aîné de *Papa*, et le numéro deux ou trois dans l'organigramme du *Groupe*. Mais Avner allait encore tout ignorer pendant quelque temps de Papa, de ses fils et du Groupe. Il s'agissait d'un processus très progressif. Un mois allait encore s'écouler avant la rencontre.

Toute l'équipe resta quelques jours de plus à Latina ; Carl se chargea de ramasser les armes, les papiers d'identité et même les habits et de tout faire disparaître ; il distribua en échange de nouveaux vêtements et des jeux de documents différents. Il apprit aux autres que la police italienne était arrivée sur les lieux du meurtre en quelques minutes, probablement au moment où ils changeaient de véhicule, à quelques coins de rue de la piazza Annibaliano. Carl ajouta qu'il avait eu le temps de jeter un coup d'œil dans la Fiat verte, avant sa découverte par la police, mais qu'il n'y avait vu quoi que ce soit pouvant servir de pièce à conviction. (Robert pensait en effet avoir peut-être laissé tomber quelque chose en changeant le chargeur de son arme.) Carl avait en outre pu saisir les propos tenus aux policiers par certains des témoins, sur les lieux mêmes de l'attentat. Vu l'état d'excitation général, ce n'était pas très difficile ; mais il lui semblait n'avoir rien entendu qui puisse conduire jusqu'à leur équipe.

Puis vint le moment de quitter Latina. Carl partit pour Rome, où il était chargé de ramasser toutes les armes, les papiers et l'argent qui avaient été cachés en divers endroits. Mais il ne devait procéder à ce dernier nettoyage qu'une fois tout le reste de l'équipe arrivé à Francfort.

Robert et Steve prirent un avion pour Zurich, d'où ils repartirent en train pour Francfort. Avner et Hans empruntèrent un vol direct Rome-Francfort ; c'est à peine si l'on jeta un coup d'œil sur leurs papiers. La première opération, y compris sa phase la plus délicate, un repli en bon ordre, était terminée.

Ils ne purent recueillir la moindre information, au cours des deux semaines suivantes, sur l'un ou l'autre des terroristes qui restaient sur leur liste. Certains d'entre eux pouvaient être en Europe, mais il était également possible qu'ils ne bougent pas pendant des mois, voire des années, de leur cachette quelque part au Moyen-Orient. Le Moyen-Orient, où Avner et son équipe ne devaient pas opérer. D'autres encore pouvaient se trouver à Cuba ou dans les pays de l'Est, toujours en dehors de leur zone d'action. Cela pour les cibles dures.

Restaient donc les cibles douces, les 3, 5 et 9 de la liste d'Éphraïm. En réalité, ne restait que la 3, Mahmoud Hamshari, car personne ne savait où étaient passés Koubaisi, le professeur de droit (n° 5), ni Boudia, le metteur en scène (n° 9).

Mahmoud Hamshari, lui, était à Paris.

Après en avoir discuté, ils convinrent tous que le mieux était de laisser Avner aller à Paris. Hans connaissait mieux la capitale française et surtout parlait assez bien le français, mais il serait plus utile à travailler sur ses papiers et documents dans le petit « laboratoire » en cours d'aménagement, dans sa planque de Francfort. Avner savait tout de même assez bien se diriger dans Paris, et son manque de connaissance de la langue n'était pas pour l'instant un obstacle majeur ; en outre, il était temps de payer Louis, qui que fût ce mystérieux personnage. Il aurait été de très mauvaise politique que de ne pas respecter les engagements pris auprès de quelqu'un comme Tony. Dans un monde où l'on ne pouvait faire appel – et pour cause – à la loi, les débiteurs récalcitrants se voyaient souvent traités de façon radicale. Et Louis, après tout, pouvait se montrer aussi utile à Paris que Tony l'avait été à Rome.

Avner décida de faire le voyage à Paris en compagnie d'Andreas et d'Yvonne. Bien que ne croyant toujours pas à l'hypothèse d'une embuscade, il avait reconnu avec Carl – Carl-la-Prudence, comme on l'avait déjà surnommé – qu'il serait plus sage de laisser Andreas prendre le premier contact avec Louis. Apparemment, Andreas avait déjà eu affaire à Louis une ou deux fois déjà, dans le cadre des activités de la bande Baader-Meinhof, et il le décrivit à Avner comme quelqu'un « un peu comme Tony ». Autrement dit un homme ayant une conception tout à fait radicale des choses, et qui avait « dépassé le stade des discussions politiques ». Pour sa part, Andreas ne voyait aucun inconvénient à rendre ce service à son vieil ami, car la commission qui devait tomber dans l'escarcelle de la cellule de Francfort de la Fraction armée rouge était rondelette. « Nous traitons la moitié des terroristes d'Europe aux petits oignons, grommela une fois Hans. Ils ne vont pas tarder à laisser tomber les Russes pour venir travailler avec nous, si ça continue ! »

Avner ne comprenait que trop bien le point de vue de Hans, qui ne manquait pas d'ironie ; Israël était par leur biais en train d'aider la bande Baader-Meinhof, laquelle avait souvent aidé les fedayin à semer la terreur parmi les Israéliens... Un cercle vicieux absurde. Mais que pouvaient-ils faire d'autre ? Ils avaient pour tâche d'abattre les *mechablim* : « Glissez-vous dans leur réseau », avait dit en substance Éphraïm. Il devait bien savoir que la seule manière d'y parvenir, c'était en payant.

Les autres tombèrent d'accord avec Avner. « Déterminer le pourquoi et le comment n'est pas notre affaire, remarqua Steve. C'est celle des gros bonnets. En outre, c'est tout de même une arme à double tranchant. Prenez le cas de cet Andreas. À l'heure actuelle, il doit tout de même bien savoir qu'il nous aide à descendre ses amis. »

Avner n'en était pas convaincu. Andreas avait quitté Rome bien avant l'opération, et il n'avait pu saisir le nom de l'homme que Tony devait se charger de surveiller. La mort de Wael Zwaiter n'avait pas fait la manchette des journaux, en Italie, et c'est à peine si elle avait eu droit à quelques lignes dans certains quotidiens allemands. Andreas en avait peut-être malgré tout entendu parler ; mais comment aurait-il pu faire le lien ? D'autant que les différents groupes de Palestiniens s'assassinaient assez régulièrement entre eux.

En admettant même qu'Andreas ait fait le rapprochement, il n'avait pas de raison de suspecter les explications d'Avner, qui se présentait comme une sorte de mercenaire rassemblant des informations sur les terroristes pour les revendre ; et il pouvait très bien les revendre à un groupe rival. Rien ne l'obligeait à soupçonner son vieil ami d'enfance d'avoir fait le coup lui-même, et ce n'était certainement pas Tony qui allait le lui dire. Tony n'était pas fou.

Hans avait néanmoins raison ; il y avait un côté insensé dans toute cette affaire. Mieux valait sans doute ne pas trop y réfléchir. Ils étaient de simples agents. S'ils avaient eu accès aux informations que possédaient le *memune* ou même Éphraïm, peut-être que les choses seraient devenues évidentes ; qui sait si au plus haut niveau, tout cela n'était pas considéré comme parfaitement logique ?

Une fois à Paris, Avner laissa Andreas composer le numéro donné par Tony, celui, de toute évidence, d'un café de la Rive Gauche. Andreas laissa un message pour Louis à son propre nom, et les heures où il pourrait l'appeler à son hôtel.

Louis rappela le lendemain soir, un peu après 6 heures. Avner se trouvait à ce moment-là dans la suite d'Andreas, et saisit le deuxième écouteur du combiné.

— *Comment ça va, Louis ?* dit Andreas, qui passa aussitôt à l'anglais afin qu'Avner puisse suivre la conversation. L'un de mes amis se trouve actuellement à Paris avec un message de Tony pour vous.

— En effet, j'attendais quelque chose de la part de Tony, répondit Louis.

Il avait une voix assez haut perchée, mais pourtant très virile, un peu comme un speaker à la radio ; il parlait l'anglais avec un léger accent français.

— Dites-lui de me retrouver ce soir ici à 9 heures. Si cela lui convient.

— Je suis sûr que l'heure lui convient très bien, mais en revanche, je crois qu'il préférerait vous rencontrer devant l'hôtel *Royal Monceau*. Vous savez, sur l'avenue Hoche.

— Bien entendu, je sais où il se trouve, répondit Louis, une pointe de sarcasme dans la voix.

Le *Royal Monceau* est l'un des grands hôtels de Paris, et aussi l'un des plus chers.

— Est-il descendu là ?

Avner secoua négativement la tête à l'intention d'Andreas.

— Non, je ne crois pas, répondit Andreas, mais c'est là qu'il aimerait vous rencontrer.

— Parfait, dit Louis d'un ton cassant. Dites-lui que j'y serai à 9 heures. J'arriverai dans une… dans une Citroën noire. Fifi sera avec moi.

— C'est sa chienne, expliqua Andreas une fois qu'il eut raccroché. Elle l'accompagne souvent. Eh bien, comme ça, tu n'auras pas de mal à le reconnaître.

Avner ne comprenait que trop bien une telle habitude ; il n'aurait pas détesté non plus avoir Charlie avec lui, pour toute la durée de la mission, même. En réalité, il était bien descendu au *Royal Monceau*, mais pour l'instant, Louis n'avait pas besoin de le savoir. Même Andreas l'ignorait : Avner lui avait dit que des amis l'hébergeaient dans leur appartement. Moins de personnes seraient au courant, plus il serait en sécurité, bien que le mot « sécurité » lui fît l'effet d'une plaisanterie. Risque zéro ! Il naviguait à vue et sans carte, oui. Mais il était de toute façon inutile de rendre la tâche plus facile aux porteurs de Kalachnikov.

L'homme qui s'inclina pour ouvrir la porte du passager à 9 heures précises, devant l'hôtel, avait une trentaine d'années. Il était bien habillé quoique de façon décontractée, et était plutôt bel homme ; un peu enveloppé, comme Tony, mais avec des traits plus marqués.

— Tais-toi, Fifi, dit-il en anglais à l'intention du berger allemand qui grondait, assis sur le siège arrière. Ce monsieur n'a rien l'intention de nous prendre. Ce serait plutôt le contraire, n'est-ce pas ? ajouta-t-il en se tournant vers Avner, toujours debout sur le trottoir.

— J'espère que votre chien comprend l'anglais, répliqua Avner en sortant une épaisse enveloppe de sa poche.

Louis se mit à rire et tendit la main vers l'enveloppe. Il jeta un coup d'œil dedans, mais ne vérifia pas le nombre des billets avant de glisser le tout dans son attaché.

— Merci, dit-il simplement. Aviez-vous juste l'intention de me remettre cela, ou avez-vous le temps de venir prendre un verre ?

— S'il est possible de manger aussi un morceau, affaire conclue !

— Vendu, répondit le Français. Avez-vous un établissement préféré dans Paris ?

Réplique rassurante. S'il avait eu l'intention de le faire tomber dans un traquenard, Louis aurait suggéré un endroit lui-même, et il savait qu'Avner le savait.

— Il y a un petit restaurant à deux pas d'ici, dit Avner, qui me paraît très bien.

Louis regarda dans la direction qu'il lui indiquait et acquiesça d'un hochement de tête.

— Nous nous y retrouvons dans vingt minutes.

Puis il claqua la portière et partit. Avner aurait préféré rester avec lui, mais il comprenait très bien que Louis préférât ne pas rester accroché toute la soirée à un attaché contenant dix mille dollars.

Le *Tabac Hoche* était une petite brasserie à deux pas de la place Charles-de-Gaulle. Des tables de la terrasse, la vue donnait sur l'Arc de Triomphe, ce qui convenait très bien à Avner, toujours amateur de cartes postales. Néanmoins, comme on était en novembre, il prit une table à l'intérieur.

Louis arriva exactement vingt minutes plus tard, débarrassé et de son attaché et de sa chienne. S'il était loin d'être mince, il était en réalité beaucoup plus grand qu'il en donnait l'impression lorsqu'il était au volant ; son visage rappelait un peu celui de Yves Montand, avec quelque chose de sophistiqué, d'un peu lassé de la vie qui entraînait la sympathie. Il plut tout de suite à Avner. Pour quelque raison mystérieuse, Avner sentit que Louis était son homme, plus que Tony, et bien plus encore qu'Andreas.

Louis eut l'air également de prendre Avner en sympathie. Leur première conversation, même si elle ne porta sur rien de palpable, dura plusieurs heures. Après le dîner, ils allèrent en se promenant jusqu'à la place de l'Étoile, descendirent les Champs-Élysées jusqu'à la place de la Concorde, pour les remonter ensuite complètement. C'est surtout Louis qui fit les frais de la conversation.

Ce n'est que bien plus tard, se souvenant de cette soirée, qu'Avner comprit de quoi le Français avait voulu lui parler. Sur le coup il avait été fasciné, mais sans saisir le fond de sa pensée. Louis paraissait quelqu'un de cultivé ; de temps en temps, il faisait allusion à des événements, des écrivains ou des idées dont Avner n'avait jamais entendu parler auparavant. Le point essentiel de ses propos paraissait être que le monde est un endroit particulièrement sinistre, plein de guerres, de souffrances et de misères. La majorité des gens semblait croire que si le monde allait de travers, c'était pour une raison bien précise ou une autre ; et que si seulement l'humanité se convertissait, à la religion chrétienne, au communisme ou à la démocratie, il irait beaucoup mieux. Et il y avait ceux qui pensaient qu'il suffisait que l'Algérie soit indépendante, que les femmes accèdent à l'égalité des droits, ou que les Canadiens arrêtent de massacrer les bébés phoques. Attitudes d'une totale absurdité.

D'après Louis, le monde ne pourrait entrer dans le bon chemin que lorsqu'il se serait débarrassé de toutes les institutions existantes, lorsqu'il serait devenu une *tabula rasa*, pour reprendre son expression ; on pourrait alors se remettre à bâtir à partir de zéro. C'est pourquoi, dit-il, pour les quelques personnes capables de comprendre cela, peu importait qu'une faction se battît pour une cause ou pour une autre ; qu'elle fît sauter une voiture piégée au nom de l'avenir socialiste ou à la gloire d'Allah. Tant que les factions faisaient sauter des bombes, expliqua Louis, elles aidaient l'humanité. Le petit groupe qui avait compris cela, un très petit groupe, en vérité, familial, presque, *Le Groupe*, les aidait. Qu'il soit ou non d'accord avec leur cause. Ou pour être plus précis, ajouta Louis, Le Groupe soutenait toutes les causes. Il suffisait de réfléchir un peu pour s'apercevoir qu'il n'y avait aucune cause réellement injuste au monde.

Bien entendu, Le Groupe ne se réjouissait pas particulièrement de voir détruire des immeubles ou des avions, de voir mourir des hommes de mort violente. Seuls des fous s'en seraient réjouis. Mais il estimait que plus vite l'humanité ferait tout sauter, plus vite elle pourrait s'arrêter d'en faire sauter. C'était très simple.

Avner ne se sentit pas le moins du monde touché par le discours de Louis. Il l'aurait même regardé comme encore plus absurde que la logorrhée qu'il avait dû subir lors de la soirée passée en compagnie des admirateurs de la bande Baader-Meinhof, à Francfort, s'il avait parlé avec ferveur ou pompeusement. Mais Louis pratiquait l'humour et la dérision de soi-même en s'exprimant, et semblait ne pas se prendre au sérieux ; souvent, ses remarques faisaient rire Avner.

— Regardez la CIA, qui marche sur sa propre queue, ou ces crétins du KGB dans leurs pantalons informes et trop grands. Ce sont des barbares. Puis regardez Paris, regardez autour de vous : mille ans d'histoire. Pourquoi devrions-nous nous en remettre à eux ? Pardonnez-moi de m'exprimer ainsi, mais nous sommes des gens bien mieux qu'ils ne le seront jamais. Même en matière de femmes, nous avons le goût légèrement meilleur.

Il allait falloir à Avner toute une année pour comprendre complètement ce que lui avait dit Louis au cours de leur longue promenade à travers Paris, et pourquoi il le lui avait dit. Son sixième sens ne lançait aucun signal d'alerte, au contraire, même, mais le sens profond du propos ne viendrait que deux opérations et quelques milliers de dollars plus tard. Il viendrait après la rencontre avec Papa, le père de Louis, un ancien maquisard aux cheveux gris et au visage haut en couleur, qui rappelait à Avner son propre père, exception faite de son costume noir démodé et de la grosse chaîne d'or de son gilet. Papa, le patriote français qui en son temps avait fait sauter quelques camions de *boches* et quelques-uns de leurs trains dans la France occupée – jusqu'à ce qu'il y prît goût, comme il avait expliqué dans un clin d'œil à Avner. Papa, qui en bon Français rationnel et avisé avait compris qu'il y avait beaucoup d'argent à gagner en exploitant les passions incurables des hommes. Papa, qui se disait lui-même un simple paysan, avait envoyé ses deux fils à la Sorbonne, non pas pour en faire des lettrés ou des rats de bibliothèque – au diable les livres ! – mais pour qu'ils repèrent les jeunes gens et les jeunes femmes passionnés et audacieux qui pourraient plus tard se révéler utiles au Groupe.

Il se peut d'ailleurs qu'Avner n'ait jamais vraiment compris Papa et son étrange famille, trois fils, Louis compris, un oncle plus âgé et deux ou trois cousins, qui dirigeaient une entreprise étonnante de soutien au terrorisme en Europe. La politique de Papa resta par exemple un mystère pour lui ; elle ne semblait pas avoir grand-chose à voir avec les idées plus ou moins anarchistes exposées par Louis, le soir de la promenade sur les Champs-Élysées. Certes, Papa paraissait n'éprouver que mépris pour tous les gouvernements, celui de la France y compris, et disait qu'il ne travaillerait jamais pour l'un d'eux. Et lorsque la conversation tombait sur les services secrets américains, russes ou britanniques, il haussait les épaules, faisait la grimace et les envoyait au diable, tout comme le Mossad ou les « sales Arabes ».

Mais entre tous, ceux qu'il vomissait le plus semblaient bien être les Anglo-Saxons du monde entier, qu'il s'imaginait être à l'origine d'une vaste conspiration contre les peuples de l'Europe continentale. Les Russes, qu'il n'aimait pourtant pas beaucoup, ne semblaient pas l'irriter autant. Il ne détestait même pas autant les Allemands que les

Anglo-Saxons. En fait, il rendait les Anglais responsables des Allemands, de la révolution soviétique, des deux Guerres mondiales, et
des convulsions de l'Afrique et du Moyen-Orient. Il était difficile de
dire s'il reprochait davantage aux Anglais d'avoir bâti un empire,
d'avoir empêché les Français d'en faire autant, ou de l'avoir si promp-
tement démantelé après la Seconde Guerre mondiale. En tant que
patriote de l'Europe continentale, peut-être en tant que catholique,
voire en tant que paysan et homme du commun qui se considérait
comme l'héritier de la glorieuse Révolution française, Papa semblait
mener un combat bien antérieur à tous les conflits actuels de la planète. Un combat dont les origines se perdaient dans les brumes de
l'histoire de l'Europe comme dans celles de son propre esprit ; un
combat contre la reine d'Angleterre, cette morveuse, et la perfide aristocratie britannique qui avait glissé de l'arsenic dans le potage de
Bonaparte, à Sainte-Hélène.

Mais si Papa avait quelque difficulté à embrasser la forêt, il n'en
avait aucune à voir les arbres, du point de vue d'Avner. Bien au
contraire, lui et ses fils paraissaient être à tu et à toi avec chacun des
arbres de l'épaisse forêt de l'activité clandestine, dans le courant
des années 1970. En France certainement, probablement en Europe, et
peut-être bien partout dans le monde. Il aurait été exagéré de prétendre que Le Groupe possédait des informations sur les faits et gestes
de tous les agents, terroristes, recruteurs et organisateurs ou espions
qui grouillaient tout autour des complexes réseaux de révolutionnaires
anarchistes de la planète, mais il ne l'était pas de dire qu'il en possédait sur une partie non négligeable d'entre eux – des informations
qu'il était prêt à vendre aux autres, pourvu qu'ils y missent le prix.
Quoique jamais à un gouvernement, du moins en connaissance de
cause, comme Papa et Louis avaient fait remarquer avec orgueil à
Avner, lorsqu'ils furent en confiance avec lui. Traiter avec un gouvernement allait tout d'abord à l'encontre de leurs principes ; en outre ils
estimaient que c'était dangereux. Les gouvernements et les services
secrets étaient bien trop perfides et dépourvus de scrupules, en plus de
se montrer inefficaces et empêtrés dans des considérations politiques.
Ils ne respectaient même pas les règles non écrites d'un certain code
d'honneur, celui des malfrats et grands truands.

Outre des informations, Papa et Le Groupe vendaient des services.
L'une des premières choses qu'il avait apprises quand il était dans le
maquis avait été que les combattants de l'ombre avaient besoin de
planques, de moyens de transport, de nourriture, de vêtements,

d'armes et de papiers d'identité, ainsi que de gens pour effacer les traces après leur passage ; y compris, dans certains cas, les cadavres. De telles tâches, tout comme le travail de surveillance, étaient en général mieux et plus facilement remplies par des hommes et des femmes ordinaires, natifs du pays où se déroulait l'opération clandestine, des personnes qui s'étaient peut-être même spécialisées dans ce genre de travail au cours de leurs activités légitimes. Ce n'était qu'une question d'argent.

— Qu'y connaissez-vous en serrures ? avait une fois demandé Papa à Avner, lorsqu'ils se connurent mieux. Rien ; moi non plus. Mais je peux vous trouver un serrurier. Pourquoi creuser une tombe ? Je vous enverrai des croque-morts. Et pour un prix très raisonnable !

Le génie paysan de Papa lui avait fait faire une grande découverte : que pour un prix très raisonnable, certaines personnes étaient prêtes à faire n'importe quoi, beaucoup de personnes étaient prêtes à faire beaucoup de choses et presque tout le monde prêt à faire quelque chose. Par exemple, pratiquement n'importe qui était prêt à faire ce qu'il faisait en temps normal pour gagner sa vie ; un chauffeur était prêt à conduire, un armurier était prêt à faire une arme ou à en réparer une. Pour ce prix « raisonnable » tout ce qu'on leur demandait, en outre, était de n'en pas souffler mot aux autorités, ce que de toute façon la majorité des gens détestait faire, sauf dans ces imprévisibles pays anglo-saxons. Ce qui signifiait qu'il fallait avoir un nombre impressionnant de salariés dans beaucoup de pays différents, mais les honoraires que demandait Le Groupe étaient assez élevés pour couvrir cette dépense.

Une autre des grandes découvertes de Papa fut que les agents, comme tous les étrangers, entraient dans un pays et le quittaient, en général, en empruntant des lignes aériennes régulières, le train ou le bateau, et parfois des véhicules privés. Bien rares étaient les agents qui prenaient la peine de passer les frontières en des points non contrôlés en temps de paix, montagne ou jungle, ou de partir d'aérodromes cachés à bord d'appareils privés. Une fois dans un pays, ils préféraient certaines villes, et dans ces villes, certains hôtels, certaines banques, certains restaurants, certaines agences de location. Et donc, avoir quelqu'un qui pour quelques sous, dans ces endroits clefs, n'avait pour tâche que de signaler l'arrivée d'un étranger ou connu, ou louche, suffisait à Papa pour prendre sur son écran radar l'écho du passage d'un certain nombre de terroristes et d'agents secrets. Pas tous, bien entendu, mais un bon nombre. Assez, en tout cas, pour continuer à faire des affaires.

Ce n'est que bien plus tard que tous ces détails allaient être révélés à Avner. Au moment où il quitta Louis vers 1 heure du matin, place du Général-de-Gaulle, aucune allusion n'avait été faite au Groupe ou à Papa.

— Ma voiture est par là, dit Louis, en montrant la direction de l'avenue Victor-Hugo ; à moins que vous préfériez que je vous raccompagne à pied jusqu'à votre hôtel.

Avner sourit.

— Je ne suis pas descendu à l'hôtel où nous nous sommes rencontrés, dit-il. Je vais prendre un taxi, tout simplement.

— Que je suis bête, répondit Louis en lui rendant son sourire, bien sûr vous n'êtes pas au *Royal Monceau*, chambre 317, comment ai-je pu l'oublier !

Avner haussa les sourcils et acquiesça d'un signe de tête. C'était joué fair-play, de la part de Louis. Et il n'y avait pas de danger, pour l'instant. Il ne lui aurait pas révélé qu'il connaissait le numéro de sa chambre s'il avait eu des projets malveillants. Louis reprit la parole.

— Très heureux de vous avoir rencontré. Tony m'a dit que c'était un plaisir que de travailler avec vous. N'oubliez pas que si vous avez besoin de quelque chose, demandez-le, quoi que ce soit. Je ne peux vous promettre de toujours avoir ce que vous voulez, mais c'est possible. Pensez-y.

— J'y penserai.

Les deux hommes se serrèrent la main. Puis, comme Louis commençait à s'éloigner, Avner demanda :

— Connaissez-vous un homme du nom de Hamshari ?

Louis revint sur ses pas.

— Je connais Mahmoud Hamshari, dit-il. Il habite à Paris, mais je ne crois pas qu'il soit ici en ce moment.

— Je vous appellerai dans quelques jours au numéro que Tony m'a donné. Me direz-vous si Hamshari est de retour ?

Louis acquiesça.

— Permettez-moi de vous donner un autre numéro, dans ce cas. Je n'y serai peut-être pas toujours, mais si vous appelez à 18 h 15, heure de Paris, vous n'aurez pas à dire votre nom ; je saurai qu'il s'agit de vous. Laissez-moi simplement un numéro où je puisse vous rappeler.

Avner se répéta intérieurement le numéro, espérant ne pas l'oublier jusqu'à ce qu'il pût le donner à Hans. Il n'avait pas la mémoire des chiffres ; quant aux noms, c'était encore pire. L'un de ses cauchemars était d'arriver à la réception d'un hôtel et de ne plus se souvenir sous quelle identité il s'était fait réserver une chambre. À en croire une légende de l'institut, la chose était arrivée une fois à un agent du Mossad, un débutant. Avner ne pouvait s'empêcher d'envier des gens comme Hans ou Carl, qui n'oubliaient jamais rien.

Mais pour l'instant, il exultait ; il exultait même tellement qu'une sorte d'esprit malin s'empara de lui comme il arpentait le hall désert du *Royal Monceau*. Il eut envie de faire quelque chose, comme une farce à quelqu'un, une plaisanterie, juste pour le plaisir. Avner avait toujours aimé faire des blagues ; il avait sans doute hérité cela de sa mère. Mais il finit par retrouver ses esprits et se contint. Le comble de la folie aurait été de faire courir un risque à la mission pour le seul plaisir de jouer un tour.

Une caractéristique curieuse de l'équipe était d'ailleurs ce goût de la plaisanterie partagé par tous, et il leur fallait souvent déployer des efforts pour résister à l'envie de faire une bonne blague. Steve possédait par exemple une pièce qui était « face » de chaque côté ; sachant que Robert choisissait invariablement « pile », il s'en servait lorsqu'il fallait distribuer des corvées comme les courses ou la cuisine. En dépit de ses dons de bricoleur, Robert mit des mois avant de s'apercevoir de la supercherie, et encore seulement parce que les autres ne purent se retenir d'éclater de rire. Mais de tous Avner était le pire, et lorsque par mégarde il se laissa aller à avouer aux autres qu'on le traitait de *shovav* (polisson) lorsqu'il était enfant, il ne tarda pas à être surnommé « la Mère Polisson » par Steve : un surnom qui combinait astucieusement son goût de la farce et son inclination à se préoccuper de la tenue et des habitudes alimentaires de ses camarades.

Avner régla sa note le lendemain matin, et, après avoir appelé Andreas et Yvonne qui avaient leurs propres projets à Paris, il prit l'avion pour Francfort. Le soir même, il faisait à toute l'équipe le compte-rendu détaillé de son entrevue avec Louis.

— Eh bien ? demanda Hans en regardant Carl.

Carl alluma sa pipe.

— Il a l'air aussi valable que Tony, laissa-t-il tomber.

Robert et Steve acquiescèrent.

C'était l'une des choses qu'Avner appréciait : entre eux, pas de manières. Pas de « si » et de « mais » sans fin, pas de discussion sans fin, de cheveux coupés en quatre. Une préparation minutieuse, oui ; aucune analyse laborieuse des pour et des contre, comme peut en

engendrer la fertile imagination humaine, en particulier si elle s'ali-
mente à un sens de la prudence qui revient à de la couardise. Aucun
d'entre eux n'était comme ça. Il leur suffisait d'un coup d'œil pour
estimer les risques ; s'ils étaient tolérables, on passait à l'action. Ce
n'était peut-être pas une attitude que les hommes et les femmes de la
Diaspora, les vieux juifs de l'Holocauste, auraient qualifiée de juive,
mais c'était l'attitude qui avait permis à Israël de naître.

Le sort avait donc désigné Mahmoud Hamshari. La troisième cible
sur la liste d'Éphraïm.

7

Mahmoud Hamshari

Si le statut de l'Organisation de libération de la Palestine avait été celui d'un pays indépendant, Mahmoud Hamshari, que l'on appelait aussi parfois le Dr Hamshari à cause d'un diplôme en économie obtenu à l'université d'Alger, aurait eu rang d'ambassadeur. Les choses étant ce qu'elles étaient, il avait le titre de représentant officiel de l'OLP à Paris, avec un bureau dans l'immeuble de la Ligue arabe. Sous le titre de *Fath-information*, il publiait une lettre mensuelle donnant les points de vue de l'OLP, et était en liaison avec les différents délégués arabes qui siégeaient à l'Unesco, dans la capitale française. Les personnes qui ne le connaissaient qu'à travers son rôle officiel l'auraient décrit comme un homme cultivé et bien élevé, tendant à s'habiller et à se comporter dans le même style que n'importe quel autre diplomate. Par certains côtés, Mahmoud Hamshari était plus français que les Français, et menait une vie tout à fait bourgeoise dans un quartier bourgeois plutôt modeste ; il partageait son existence avec Marie-Claude, son épouse française, et sa petite fille, Amina, dans un appartement classique de la classe moyenne, et son emploi du temps était celui de n'importe quel cadre.

Une cible douce.

Ce que les relations habituelles de Mahmoud Hamshari ne savaient pas était son rôle – du moins d'après le Mossad – dans le terrorisme en Europe, dont il aurait été l'un des grands responsables. Protégé par sa façade de diplomate et de chargé de relations publiques pour la cause palestinienne, il passait pour avoir assuré la coordination d'actions terroristes aussi célèbres que la tentative d'assassinat de Ben Gourion à Copenhague, et l'explosion en vol d'un avion de la Swissair.

Ainsi que le massacre des athlètes israéliens lors des Jeux olympiques de Munich.

D'après les informations que l'équipe avait en main, le Dr Hamshari n'avait nullement l'intention de prendre sa retraite dans ce domaine. Bien au contraire. En liaison avec deux des autres cibles douces de la liste d'Éphraïm, il était en train d'organiser tout un réseau terroriste, dans lequel entraient de nombreux Français ainsi que d'autres anarchistes non arabes, réseau auquel on donnait souvent le nom de *Fatah-France*.

Hamshari passait également pour être l'un des chefs de Septembre Noir, l'organisation terroriste avec laquelle Arafat prétendait n'avoir aucun lien à cette époque. La position officielle du Fatah, au début des années 1970, était en effet de ne pas mener d'actions de guérilla en dehors des territoires occupés par Israël. Officieusement, néanmoins, Septembre Noir était devenu le « bras armé » du Fatah, et menait des actions aveugles et sanglantes un peu partout en Europe et au Moyen-Orient. Ce type de « division du travail » était tout à fait dans l'ancienne tradition des mouvements révolutionnaires du modèle anarcho-nihiliste ; on en trouvait les racines au XIXe siècle en Russie, chez les ichoutinites, composés d'un cercle extérieur apparent de respectables théoriciens, d'activistes et défenseurs, l'« Organisation », et d'un cercle intérieur et invisible d'assassins simplement appelé l'« Enfer[34] ».

— Pourquoi pas une main sortant de derrière le rideau de la douche avec un revolver ? demanda Avner, qui n'avait jamais entendu parler des ichoutinites et de leurs épigones, mais avait en revanche toujours apprécié les douches en bon état de marche.

Les autres haussèrent les épaules, mais personne ne rit. Car Avner ne plaisantait pas. Ils avaient tous estimé que, contrairement à Zwaiter, Mahmoud Hamshari devait être supprimé d'une façon spectaculaire. La vitesse n'était pas un facteur essentiel comme à Rome ; il pouvait se passer des semaines avant le retour de Hamshari à Paris. Il fallait disposer d'ici là d'un plan dont la réussite devait donner l'impression que rien n'avait été laissé au hasard. Sa mort ne devait pas simplement être un acte de vengeance, mais également servir d'avertissement aux autres : ils devaient comprendre que les « juifs avaient le bras long », comme l'avait dit Éphraïm, et qu'il n'y avait ni couverture ni façade de respectabilité pour les protéger.

Il était en même temps impératif qu'aucun mal ne fût fait à sa femme, à sa fillette ou à quiconque d'autre, dans sa voiture, à son bureau ou à son domicile. Même s'il se révélait que l'autre victime était aussi un terroriste, cela ne suffirait pas à faire disparaître le sentiment de culpabilité de l'équipe ; quant au spectre du « passant innocent », ils n'osaient même pas l'invoquer. Il ne devait pas y avoir une seule victime en dehors des onze de la liste.

Avner se demandait souvent, en son for intérieur, si cette exigence serait possible à respecter. Il fallait certes tout faire pour cela, ce qui selon toute vraisemblance voulait dire qu'il faudrait une fois de plus se passer d'explosifs.

Robert bondit quand il fit part à haute voix de cette remarque.

— Je ne comprends pas pourquoi vous n'arrêtez pas de dire ça, les gars, lança-t-il. On peut contrôler des explosifs avec une grande précision. On peut en diriger l'effet avec autant de précision qu'une balle de revolver. Cet effet n'a pas besoin d'aller au-delà de la cible visée. il suffit de préparer astucieusement son engin.

— D'accord, admit Avner, ne te mets pas en boule. Nous t'écoutons.

— Je ne songe à rien de particulier pour l'instant, dit Robert, mais je ne veux pas me sentir exclu dès le départ, c'est tout.

— Mais il n'en a jamais été question, mon vieux, repartit Steve. Que penserais-tu d'une bombe dans les waters ? On peut supposer qu'il est tout seul quand il fait sa crotte.

— Par pitié, arrête, tu es dégoûtant ! grimaça Hans, visiblement choqué.

Ils n'étaient toujours pas plus avancés lorsque, vers le 20 novembre, Louis signala à Avner le retour de Mahmoud Hamshari à Paris. Cependant, ajouta-t-il, Le Groupe possède d'autres informations qui pourraient aussi intéresser Avner. Louis avait cru comprendre qu'au cours des prochains jours, trois personnes importantes dans les mouvements palestiniens devaient se retrouver à Genève. Avner était-il intéressé par leurs noms ?

— Oui, dites toujours, répondit Avner.

— Nous sommes bien d'accord, dit Louis, qu'à partir de cet instant nous sommes en train de parler affaires ?

— Bien entendu, reconnut Avner, qui s'attendit à ce que Louis donnât un chiffre ; mais il n'en fit rien. Apparemment, il lui suffisait de cet accord verbal, et il soumettrait ses honoraires un peu plus tard, comme l'aurait fait un avocat ou un médecin.

— Avez-vous entendu parler d'un individu du nom de Fahkri al-Umari ?

— Hummm, fit Avner de façon vague ; en fait, ce nom ne lui disait rien. Il s'agissait pourtant de l'un des responsables de Septembre Noir.

— D'après ce que je crois, il doit rencontrer Ali Hassan Salameh et Abou Daoud, ajouta Louis.

Le cœur d'Avner bondit dans sa poitrine. Des cibles dures ; les numéros 1 et 2 de la liste. Les hommes à l'origine de Munich, en particulier Salameh. Les têtes principales de l'hydre d'Éphraïm.

— Vous dites à Genève ? demanda-t-il à Louis, faisant un effort pour contrôler sa voix.

— C'est ce que j'ai cru comprendre.

— Cela nous intéresse. Avner essayait de penser vite.

— Paris nous intéresse aussi, reprit-il. Pouvez-vous garder un œil sur chacune de ces deux pistes, et je vous rappellerai demain à la même heure ? Bien entendu, nous parlons toujours affaires.

— Ça marche.

Le jour suivant, Avner s'envolait pour Genève en compagnie de Carl et de Steve. Hans et Robert les rejoignirent deux jours plus tard. Ils décidèrent de s'établir assez loin du centre-ville, et prirent des chambres dans un hôtel de la route des Romeles à quelque distance du palais des Nations. Depuis toujours, il était difficile de mener des opérations à Genève, en particulier pour le Mossad ; il était difficile de trouver des appartements à louer pour en faire des planques, et les hôtels étaient les derniers endroits où des agents secrets pouvaient établir leurs quartiers. Et c'est peu de dire que les services secrets suisses ne se montraient guère coopératifs. Ils accueillaient volontiers les étrangers, pourvu que ceux-ci se contentassent d'assister à des conférences, de faire le tour des boutiques, de mener des opérations bancaires, tout en se comportant dignement et en repartant le plus vite possible. Les Suisses ne voyaient pas d'objection à la présence de chevaliers d'industrie à l'intérieur de leurs frontières, mais seulement à leurs activités.

Le risque valait tout de même la peine d'être couru pour des gens comme Ali Hassan Salameh et Abou Daoud. Si l'équipe ne réussissait à abattre que ces deux-là en dehors de Zwaiter, la mission serait déjà un succès. Dès le début, tous avaient été d'accord pour dire que dès qu'ils auraient le moindre tuyau solide sur Salameh, ils abandonneraient tout pour se mettre à ses trousses. Le Mossad estimait qu'il était le principal responsable de la mort de onze athlètes israéliens.

Mais la rencontre Salameh-Abou Daoud de Genève n'était qu'un autre canard[35]. Louis utilisa en fait une expression anglaise voisine au téléphone, quand il l'avertit, deux jours plus tard.

— Je suis désolé, dit-il, de vous avoir envoyé à la chasse à l'oie sauvage.

En revanche, Hamshari se trouvait bien à Paris. Le 25 novembre, lorsque Avner reprit contact avec Louis depuis Genève, ce dernier put lui faire un compte rendu de son emploi du temps tout aussi méticuleux que celui que Tony lui avait donné pour Zwaiter. Pas plus qu'à Rome, il n'y eut de questions posées sur les motifs de cette surveillance. Louis avait peut-être percé à jour les intentions d'Avner dès le début ; mais en parler aurait été un grave manquement à l'étiquette. Louis aurait tout simplement pu se retirer de l'affaire. C'était d'une étrange hypocrisie, mais telle était la règle du jeu. Avner avait la certitude que s'il avait demandé à Louis de lui fournir une arme, puis de faire creuser une tombe une heure plus tard, il se serait exécuté sans broncher ; mais s'il lui avait demandé de l'aider à tuer quelqu'un, il aurait dit non. Louis ne fournissait que des renseignements et des services. L'usage que l'on faisait des uns comme des autres ne regardait pas Le Groupe.

Hans en parlait comme du système Ponce Pilate.

C'était toujours en termes purement techniques qu'Avner et son équipe parlaient de leurs plans d'assassinat. Ce fut Robert, cette fois-ci, qui soumit celui qui paraissait répondre à la double exigence de sûreté et de mise en scène à grand spectacle. Il l'imagina à la suite d'une discussion sur les méthodes de recrutement et d'organisation préférées de Hamshari.

— N'est-il pas toujours en train de téléphoner ? remarqua-t-il. Son appartement doit être un véritable central téléphonique, d'où partent des tas d'appels dans toute l'Europe et le Moyen-Orient. Eh bien ! Qu'il meure d'un coup… de téléphone.

Le jour suivant, Avner, Carl et Steve quittaient Genève directement pour Paris ; Hans retournait en train dans son laboratoire de Francfort pour préparer d'autres papiers d'identité. Robert prit l'avion pour Bruxelles.

Entre la fin du XIXᵉ siècle et la Première Guerre mondiale, une importante industrie d'armement s'était développée en Belgique, un petit pays pourtant relativement pacifique. Elle avait en particulier fleuri dans la région au nord-est de Liège, sur les hautes terres de Herve ; au cours de cette période, on avait produit des revolvers, des armes automatiques et des explosifs non seulement dans des usines importantes, mais aussi dans de modestes ateliers de village, et jusque dans des fermes. L'art de fabriquer des armes et des machines infernales s'y transmettait souvent de père en fils, ce qui faisait des Belges (ainsi que dans une moindre mesure des Espagnols, un phénomène semblable s'étant produit aussi dans la péninsule Ibérique) des maîtres internationalement reconnus dans le domaine des instruments meurtriers faciles à dissimuler. Assez curieusement, c'est l'avènement du fascisme et du nazisme, en Espagne comme en Belgique, qui mit un terme à cet artisanat un peu particulier, les armées victorieuses de Franco et de Hitler voulant avoir sous leur contrôle tout ce qui touchait à l'armement. À la fin de la Seconde Guerre mondiale, l'industrie belge du petit armement était pratiquement inexistante, tandis qu'en Espagne seulement trois usines restaient autorisées à fabriquer des armes automatiques.

En Belgique, seule une poignée de personnes pratiquaient encore cet artisanat traditionnel, travaillant dans des fermes isolées. Elles arrivaient toutefois à tenir une part non négligeable du marché illicite européen en armes de poing. Certains de leurs produits figuraient parmi les plus élaborés que l'on pût trouver au monde, et Robert savait que l'on pouvait compter dessus.

En tant que représentant de l'OLP à Paris, Mahmoud Hamshari avait des contacts fréquents avec la presse. Il n'avait aucune raison d'être surpris de recevoir, au cours de la première semaine de décembre, un appel téléphonique dans son appartement du 175 rue d'Alésia, émanant d'un journaliste italien demandant une interview. Il aurait pu en revanche être surpris par la médiocre connaissance que ce journaliste avait des affaires palestiniennes, lorsqu'il le rencontra le jour suivant dans un petit café des environs. Le journaliste n'arrêta pas de tripoter sa pipe, et finit par dire à Hamshari qu'il se sentirait mieux préparé à l'interroger lorsqu'il aurait lu le dossier de presse que le diplomate avait apporté avec lui. Il fut entendu que le journaliste italien le rappellerait dans deux ou trois jours.

Carl avait le sentiment que si son numéro de journaliste italien n'avait pas été sans défauts, il n'avait cependant pas été mauvais au point d'éveiller les doutes de la cible. Et l'entrevue avait eu l'avantage précieux de le familiariser avec la voix de Hamshari. Pendant ce temps, Avner et Steve avaient procédé à une exploration minutieuse de ce quartier animé, cosmopolite et grouillant de monde mais tout à fait respectable du quatorzième arrondissement de Paris, où demeurait Hamshari. Au volant d'une petite Renault fournie par Louis, ils répétèrent pendant deux jours manœuvres d'approche et manœuvres de fuite, partant de l'église Saint-Pierre de Montrouge, place Victor-Basch, à peu près au milieu de la rue d'Alésia, quatre rues après le 175. Ils testèrent également les meilleurs itinéraires en tenant compte de la circulation matinale intense, depuis les jardins du Luxembourg jusqu'à l'hôpital Saint-Joseph, et de la gare Montparnasse jusqu'à l'hôpital Cochin ; ils décidèrent alors que le meilleur chemin de fuite était celui qui les menait au boulevard Lefebvre par la rue Vercingétorix ; de là, passant par le palais des Sports, ils franchissaient le pont de Garigliano pour regagner leur planque de la rive droite par le boulevard Exelmans. À la manière dont l'opération était conçue, il n'y aurait pas besoin d'abandonner de véhicule.

L'équipe de surveillance de Louis, entre-temps, leur avait tout appris sur l'emploi du temps de Hamshari, qui était assez régulier. Quoique se trouvant très souvent en compagnie d'autres Arabes, dont certains avaient peut-être quelque chose à voir avec le « bras armé » du Fatah, il n'avait pas de garde du corps, contrairement à ce que prétendait le rapport qu'Avner avait eu sous les yeux. Les premières heures de sa journée, en particulier, avaient tendance à toujours se dérouler de la même façon. Sa femme et sa fillette quittaient l'appartement peu après 8 heures ; Mme Hamshari laissait l'enfant dans une crèche et poursuivait ensuite ses propres activités pendant le reste de la journée. Elle ne retournait jamais au 175 rue d'Alésia, en règle générale, sans être passée reprendre la petite Amina à la crèche, en fin d'après-midi.

Hamshari se trouvait seul à l'appartement jusque vers 9 heures, environ, heure à laquelle il recevait un coup de fil d'une femme du nom de Nanette, qui était peut-être sa maîtresse et avait un appartement sur l'avenue Niel, dans un quartier plus chic que celui de la rue d'Alésia, pas très loin de l'une des planques du Groupe. Nanette téléphonait depuis le bureau de poste situé au coin de la rue d'Alésia et de la rue des Plantes, à peu de distance du numéro 175. Sans doute vérifiait-elle si Hamshari était prêt, ou bien si sa femme et sa fillette avaient bien quitté l'appartement. Ayant reçu une réponse affirmative de Hamshari, elle remontait dans sa Renault et passait le prendre, lui l'attendant déjà dans la rue. Il n'était pas facile de trouver à se garer dans cette partie de la rue d'Alésia, entre la caserne des pompiers et le marché en plein air.

Avner et Carl en arrivèrent à la conclusion que le meilleur moment pour frapper était entre 8 et 9 heures, c'est-à-dire après le départ de la femme et de la fillette de Hamshari, et avant l'arrivée de Nanette. Non seulement il avait toutes les chances d'être seul à ce moment-là, mais attendant le coup de téléphone de Nanette, on pouvait être sûr qu'il décrocherait le combiné et ne le laisserait pas sonner. La date exacte de l'opération dépendait du temps que Robert mettrait à fabriquer sa minimachine infernale, à la faire passer en France et à la mettre en place dans l'appareil de Hamshari.

Fabriquer une bombe est relativement simple lorsque les facteurs de sécurité et de sélectivité de la cible n'interviennent pas. Mais ici, ce n'était pas le cas. L'explosif principal serait une substance relativement stable, que l'on trouvait même parfois dans le commerce à certaines conditions, comme de la dynamite ou du plastic ; il suffisait de lui adjoindre un détonateur, à savoir une très faible quantité d'un produit infiniment plus instable comme ceux issus de la famille des acides nitrique ou sulfurique. Un petit percuteur ou un léger courant électrique suffirait à le déclencher. Pour le faire partir mécaniquement, un réveille-matin ou même un minuteur-retard à faire les œufs à la coque suffisait ; on pouvait également employer un signal radio, voire une télécommande d'appareil de télévision.

Le problème du déclenchement mécanique tenait à ce qu'il serait mis en branle par quiconque toucherait le combiné ; en outre, il ne pouvait être désactivé si quelqu'un se trouvait par hasard à proximité de la cible. Le problème des systèmes à retardement était encore plus grave, dans la mesure où ils feraient tout sauter, que la cible soit ou non à proximité. Si ces questions étaient sans importance pour des terroristes n'ayant de toute façon pas de cible précise, elles éliminaient par contre définitivement les déclencheurs automatiques aux yeux de l'équipe d'Avner.

Les détentes actionnées par un agent humain, qui pouvait estimer si la cible et la cible seule serait affectée par l'explosion, étaient donc la seule solution. Néanmoins, dans le contexte urbain, il y avait beaucoup trop de risques à faire courir des fils depuis la bombe jusqu'à l'emplacement d'où attendrait l'assassin. Les signaux radio réglaient certes ce problème, mais non sans en créer un autre : n'importe qui utilisant un appareil radio dans le voisinage et sur la même fréquence pouvait provoquer l'explosion à tout moment.

Avec la prolifération des walkies-talkies à forte puissance, des radios urbaines et de tous les systèmes de contrôle à distance, le danger d'explosion accidentelle devenait tel que des experts comme Robert ne travaillaient jamais sur l'installation d'un récepteur, à moins de pouvoir désactiver la bombe par un disjoncteur spécial, de peur qu'elle ne leur saute dans les mains. La seule solution, en fait, était de pouvoir disposer d'un tel disjoncteur séparé. Un petit appareil qui armerait la bombe, et qui serait déclenché involontairement par la victime. À ce moment-là, et à ce moment-là seulement, un observateur se servant d'un signal radio pouvait déclencher l'explosion.

Robert expliqua qu'il disposerait la bombe dans la base du téléphone de Hamshari. Elle resterait parfaitement inoffensive tant que le combiné resterait appuyé sur la fourche ; mais une fois soulevé, l'engin serait armé. Et à partir de cet instant, il suffirait d'un signal radio pour déclencher l'explosion.

Avner estimait que ce système éliminait pratiquement tout risque d'accident. Enfin presque. Étant donné qu'il serait forcément installé au moins une demi-journée avant, que se passerait-il si Mme Hamshari décidait de bavarder un peu longuement avec l'une de ses amies, et que pendant ce temps-là un radioamateur du voisinage décide d'envoyer un message sur la même fréquence que le récepteur de la bombe ?

Robert haussa les épaules ; ce qui se passerait n'était que trop clair. Les histoires de risque zéro, ça ne tenait pas debout ; on ne pouvait faire qu'une chose, réduire les risques au maximum. Mais si on était encore trop loin de l'idéal de risque zéro, au goût d'Avner, dit Robert, il allait falloir imaginer une méthode radicalement différente. Il n'y avait pas assez de place dans un piétement de téléphone pour contenir deux récepteurs, un pour armer la bombe, l'autre pour la faire exploser.

— Bon, d'accord, finit par dire Avner après un temps d'hésitation. Tâche de la faire suffisamment petite pour ne pas tuer tout le monde dans le foutu bâtiment.

— Mon problème est différent, remarqua Robert. Il faut que je lui donne assez de puissance pour démolir le *mechabel* qui se tiendra à côté ; il n'y a pas beaucoup de place dans un socle de téléphone.

La bombe entra en France en contrebande le 6 décembre, un mercredi. La tenant dans sa main, Avner la trouva toute petite et légère. Il se serait demandé quel mal elle pouvait faire à un homme, s'il ne s'était souvenu des dégâts que pouvait causer une simple lettre piégée : il avait eu l'occasion, une fois, d'en être le témoin. Une lettre, c'est environ cinquante grammes de plastic. La chose s'était passée trois mois auparavant, quelques jours après le massacre de Munich ; une lettre de Septembre Noir avait tué un diplomate israélien en poste à Londres[36].

— Espérons que ça marchera, dit Avner en rendant l'objet à Robert.

Un incident faillit tout compromettre le 7 décembre. Leur plan était d'attendre jusqu'à ce que Mme Hamshari et sa fille, puis Hamshari, fussent partis. Après 9 heures, dès que Nanette serait passée prendre Hamshari dans la petite Renault, Robert et Hans, habillés en employés des PTT (Louis avait procuré les uniformes), devaient entrer dans l'appartement et installer la bombe. Robert estimait que le travail pouvait prendre entre vingt et trente minutes, grand maximum, et plutôt moins. Avner, Steve et Carl devaient attendre à l'extérieur de l'immeuble – Carl, le pseudo-journaliste italien, aussi loin que possible – pour avertir Robert et Hans au cas où l'un des membres de la famille Hamshari reviendrait inopinément. Pour parer à une telle éventualité, Louis leur procura un jeune couple de Français dont la seule tâche consistait à engager la conversation avec Mme Hamshari sous un prétexte quelconque, pour donner le temps à Steve ou Avner d'aller prévenir Robert et Hans dans l'appartement.

Mais Nanette ne se montra pas, ce jour-là, et Mme Hamshari revint à l'appartement peu après l'avoir quitté. Quant à Hamshari lui-même, il ne bougea pas de chez lui.

Avner, Carl, Hans et Robert quittèrent rapidement les lieux. Il était inutile de rester plantés pendant des heures devant le 175 rue d'Alésia, alors qu'il était évident que l'emploi du temps habituel avait été modifié pour une raison ou une autre. Attendre pouvait même présenter un certain danger. Seuls Steve et le couple fourni par Louis restèrent dans les parages. Mais ce n'est qu'un peu après 18 heures qu'un appel de Steve les avertit que Hamshari venait de quitter l'immeuble à pied et qu'il allait le suivre.

Le reste de l'équipe revint immédiatement dans le quatorzième ; Hamshari parti, il était fort probable que sa femme quittât bientôt l'appartement pour aller chercher la petite Amina à la crèche – sauf si c'était pour cette raison que Hamshari était sorti. Toujours en tenue de réparateurs, Robert et Hans allèrent garer leur camionnette le plus près possible du 175 ; Avner se rangea lui-même devant le bureau de poste, au coin de la rue d'Alésia et de la rue des Plantes, là où Nanette stationnait d'habitude. Puis il attendit. Carl s'était rendu invisible.

À peine Avner avait-il pris place que Steve appelait. Hamshari s'était apparemment rendu jusqu'à un bâtiment « de style Ligue arabe »

(Steve, qui ne parlait pas davantage le français qu'Avner, n'avait pu se renseigner), sur le boulevard Haussmann. Si Mme Hamshari sortait sans trop tarder, ils disposeraient d'environ trois quarts d'heure avant le retour de l'un ou de l'autre.

Le temps qu'Avner parcoure le chemin qui séparait le bureau de poste de la camionnette de Robert, il put voir, depuis le 175 rue d'Alésia, l'épouse de Hamshari franchir la porte brillamment éclairée de l'entrée principale de l'immeuble ; il était pratiquement sûr qu'elle se rendait à la crèche chercher Amina. Il fallait saisir l'occasion. Il était peut-être un peu tard pour venir réparer un téléphone ; on pouvait cependant toujours dire qu'il s'agissait d'une urgence. Mais surtout, Avner comptait sur la phénoménale indifférence des citadins d'une grande ville. Les concierges ne surveillaient plus grand-chose, même à Paris, et il ne serait pas venu à l'idée d'un voisin de poser la moindre question. De toute façon, ils n'avaient pas le choix. La bombe n'irait pas se loger toute seule dans le piétement du téléphone.

Robert et Hans, sac d'outils à l'épaule, disparurent sous le porche de l'entrée.

Pendant environ un quart d'heure, Avner resta aux aguets rue d'Alésia, à côté de la camionnette. Il aurait aimé avoir du chewing-gum. Un instant, il crut apercevoir Carl traverser la rue à la hauteur du carrefour le plus proche, mais avec la nuit, il ne pouvait en être sûr. Avner se demandait s'il aurait le temps d'aller prévenir Robert et Hans au cas où le retour de Hamshari ou de sa femme serait brusquement signalé.

Puis, alors qu'il pensait que ses deux compagnons devaient à peine en avoir fini avec la serrure, il les vit qui traversaient la rue sans se presser.

— C'est une blague, dit-il. Tout est en place ?

— Eh bien, je n'en sais rien, dit Robert. Mais on va sûrement voir ça demain matin.

Le vendredi 8 décembre, un peu avant 8 heures, ils prirent position en face de l'immeuble de Hamshari. Robert, Avner et Carl étaient dans la camionnette, à environ deux cents mètres ; Steve et Hans dans une voiture, un peu plus près de l'entrée principale. Le rôle de ces derniers était de monter la garde et de faire en sorte que Mme Hamshari et la fillette ne reviennent pas à l'appartement au mauvais moment. Aucun des agents de Louis ne se trouvait sur les lieux.

Il était presque 8 h 30 lorsque Mme Hamshari et l'enfant franchirent le porche de l'immeuble. Elles se rendaient à l'arrêt de l'autobus, tout près de là. Comme Nanette pouvait téléphoner d'une minute à l'autre, il était important d'agir avec célérité.

Quittant la camionnette, Carl se rendit jusqu'à un bar situé à une cinquantaine de mètres, où se trouvait un téléphone public. Il se plaça de manière à rester bien visible à travers les vitres pour Avner et Robert. Puis il souleva le combiné et se mit à faire le numéro.

Avner jeta un bref coup d'œil à Robert, assis à ses côtés. Il tenait une petite boîte sur ses genoux, un doigt léger effleurant un contacteur. Lui aussi regardait dans la direction de Carl.

Carl était debout, immobile, l'écouteur à l'oreille. On aurait dit qu'il bougeait les lèvres, mais à cette distance il était impossible de se rendre compte s'il parlait ou non, et, si oui, de savoir ce qu'il disait. D'autant plus qu'il gardait son éternelle pipe coincée entre ses dents. Ce n'était cependant pas sa bouche que surveillait Avner, mais sa main droite. D'un geste lent et délibéré, avec quelque chose de pas tout à fait naturel, il la leva et vint la poser sur sa tête. Du bout des doigts, il se gratta légèrement le crâne. Le signal.

Avner pouvait sentir Robert devenir de plus en plus tendu à côté de lui. Lui aussi avait vu le signal de Carl ; mais il ne devait agir que sur l'ordre express d'Avner.

— Vas-y ! siffla ce dernier.

Instinctivement, ses yeux se portèrent sur la façade du 175 rue d'Alésia.

Il n'entendit pas le cliquetis du contacteur, pourtant tout près. Il n'entendit pas non plus d'explosion. Mais il put voir une sorte de vibration de l'air courir tout le long du mur, comme si l'immeuble avait tremblé, puis des zébrures apparaître sur l'une des grandes baies vitrées de l'appartement, qui craquait sous le souffle.

Quelques passants s'arrêtèrent et levèrent les yeux.

Quelqu'un ouvrit la porte-fenêtre de son balcon, au premier étage, et regarda tout d'abord dans la rue ; puis, se penchant en avant, il essaya de voir ce qui se passait au-dessus de lui.

Carl revenait d'un pas vif vers la camionnette.

Ils l'avaient fait.

Une deuxième fois, ils avaient frappé.

Ils ne furent plus tout à fait aussi sûrs d'avoir réussi leur coup, le soir même, alors qu'ils se trouvaient installés devant la télévision, dans l'une de leurs planques. D'après le bulletin d'information, le dernier de la journée, Hamshari était encore vivant. Grièvement blessé, sans aucun doute, mais il était pour l'instant impossible de savoir s'il survivrait ou non. On l'avait amené à l'hôpital Cochin, dans la rue du Faubourg-Saint-Jacques, alors que l'hôpital Saint-Joseph était plus près. Ignorant tout du système des admissions, ils trouvèrent cela bizarre. Hamshari avait peut-être été capable de parler à la police, à l'heure qu'il était, du journaliste italien qui lui avait téléphoné juste avant l'explosion.

Au téléphone, Carl avait trouvé l'attitude du Palestinien un peu bizarre ; il avait la voix enrouée, comme s'il avait été tiré de son sommeil. Sur le coup, Carl n'avait même pas reconnu sa voix ; si bien qu'après avoir expliqué qu'il était le journaliste italien venu pour l'interviewer, il lui avait demandé s'il était bien le Dr Hamshari. Il ne s'était gratté le crâne que lorsque l'autre lui eut répondu affirmativement.

Robert était particulièrement énervé, sur la défensive, même. Il aurait pu faire une charge plus forte, expliqua-t-il ; mais tout le monde avait lourdement insisté pour que personne d'autre ne fût atteint, et il avait fait l'impossible pour que les effets de l'explosion restassent contenus dans la pièce.

D'après les premiers bulletins d'information, la police n'avait pas l'air d'avoir la moindre idée sur l'origine de l'explosion, et n'avait mentionné l'hypothèse d'un « sabotage » que comme l'une des moins plausibles. Avner n'était pas trop inquiet ; même si Hamshari devait survivre, il était hors de combat pour un bon moment, sinon définitivement, et ce qu'il pouvait raconter à la police à propos du journaliste italien n'aurait sans doute aucune importance. Même si les enquêteurs, qui finiraient bien par découvrir qu'il s'agissait d'une bombe cachée dans un téléphone, faisaient le rapprochement avec le pseudo-journaliste, Carl serait déjà loin depuis un moment ; de toute façon, il n'était pas question d'utiliser une autre fois cette même méthode.

Ils passèrent deux nuits de plus dans leurs planques parisiennes. Ils rendirent la camionnette, la voiture et une partie des armes à Louis. Ils réglèrent le solde de leur facture, qui s'élevait en tout à quelque chose comme 200 000 dollars, puis, prenant chacun un vol différent sous le couvert de nouvelles identités, ils retournèrent à Francfort le 10 décembre. C'était un dimanche ; les policiers étaient omniprésents dans les aéroports, mais ils ne furent pas inquiétés. Pour autant qu'ils l'eussent su, le Dr Hamshari était encore vivant à ce moment-là[37].

Seul Avner ne partit pas pour Francfort ; il prit un vol pour New York. La raison officielle invoquée pour ce voyage était une rumeur provenant non pas de Louis, mais de l'un des anciens informateurs de Hans à Paris. Elle disait que Salameh et d'autres terroristes de haut rang de l'OLP devaient se rendre à New York dans le but d'organiser, en coordination avec les Panthères noires, une attaque sur un appareil d'El Al, à l'aéroport Kennedy. Rumeur qui valait la peine d'être vérifiée, mais à laquelle Avner ne croyait guère. Terroriste de style aristocratique, si l'on peut dire, Ali Hassan Salameh n'avait pas grand-chose en commun avec les Panthères noires.

Mais de toute façon, Avner avait une raison personnelle de vouloir faire ce voyage. Il voulait trouver un appartement où installer Shoshana.

Shoshana lui manquait, bien davantage qu'il l'aurait cru. Pendant toute la durée de la mission, qui pourrait s'éterniser pendant des années, il n'était pas question qu'il aille la voir en Israël. Si, dans un cas d'urgence extrême, il devait retourner dans sa patrie, il est probable qu'il ne serait plus autorisé à reprendre la mission par la suite. En dehors de Steve, qui n'était pas marié, tous les autres avaient leur famille installée en dehors d'Israël, et leur avaient rendu visite déjà une ou deux fois.

Et puis il éprouvait une sorte de pressentiment, comme si son sixième sens l'avertissait qu'il ne retournerait pas vivre en Israël, même une fois la mission terminée. Pour une raison, d'origine opérationnelle ou non, qui l'en empêcherait définitivement. Et dans ce cas, pourquoi pas New York ? Après tout, il avait toujours désiré vivre aux États-Unis (toujours désiré être un Américain, aurait dit sa mère), et ce n'était pas les quelques rares visites qu'il avait faites à New York qui l'avaient fait changer d'idée. Quant à Shoshana, s'il l'installait temporairement à New York, pour le temps de la mission, afin qu'ils puissent se voir de temps en temps, elle pouvait finir par aimer le pays. Et peut-être aurait-elle moins envie de retourner en Israël.

Mais surtout, Avner avait besoin de Shoshana. Il n'avait que vingt-cinq ans, et cela faisait maintenant près de deux mois qu'il n'avait pas fait l'amour. Il n'était pas sans éprouver du désir quand il regardait d'autres femmes, mais il ne fit jamais rien pour l'assouvir. Peut-être voulait-il rester fidèle à Shoshana, peut-être subissait-il trop de pression ; peut-être les deux raisons s'additionnaient-elles. En dehors de Steve, les autres n'avaient pas l'air tourmentés par leur sexualité, sem-

La veuve d'Andreï Spitzer, entraîneur de l'équipe d'escrime israélienne, contemple la pièce saccagée dans laquelle son mari a été pris en otage.

La cible n° 1 de l'équipe : Ali Hassan Salameh.

La cible n° 2 : Abou Daoud, considéré comme l'un des principaux organisateurs du massacre de Munich et l'un des fondateurs de Septembre Noir.

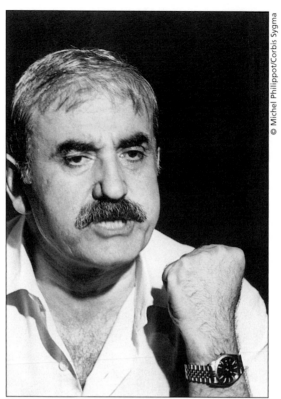

George Habache, le chef du FPLP (Front populaire pour la libération de la Palestine).

Le porte-parole officiel de l'OLP, Kamal Nasser, assis à la droite de Yasser Arafat lors d'une conférence de presse à Amman, trois ans avant sa mort au cours du raid de Beyrouth.

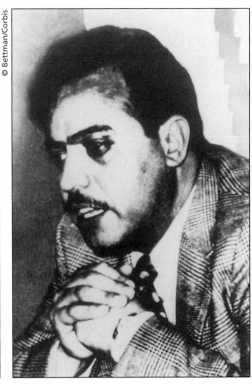

Abou Youssouf, assassiné à Beyrouth
lors du raid israélien.

Kemal Adwan, assassiné lors du raid israélien
à Beyrouth.

Ce document, distribué par le FPLP, annonce la mort du Dr Wadi Haddad « à la suite
d'une longue et douloureuse maladie » dans un hôpital de Berlin-Est.

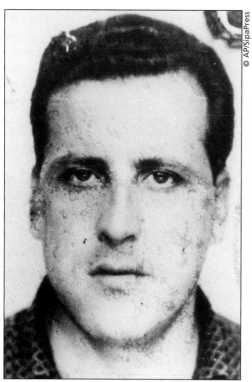

Boudia – document de l'identité judiciaire.

La police recouvre la voiture contenant le corps de Boudia après l'explosion, le 28 juin 1973.

Abou Daoud, juste après l'attentat qui faillit lui coûter la vie à Varsovie, le 2 août 1981.

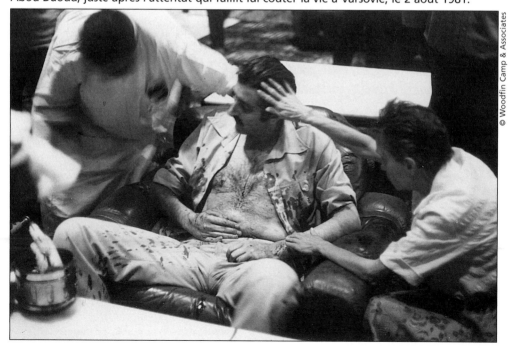

blait-il à Avner. Certes, ils étaient en mesure de rendre visite de temps en temps à leur femme, à moins que leurs pulsions n'eussent pas le même caractère d'urgence que chez lui ; ils n'en parlèrent jamais. Mais pour Avner, son désir était lancinant, presque insupportable. Il trouva un petit appartement à Brooklyn, dans un immeuble où les animaux familiers étaient acceptés ; Shoshana pourrait ainsi venir avec Charlie. Avner versa un acompte ; les lieux seraient à sa disposition à partir du 1er avril. À cette date, le bébé serait âgé de trois mois.

Le 20 décembre, une date qui allait rester gravée dans sa mémoire, il téléphona à Shoshana dès son arrivée à Francfort. Mais il se passa quelque chose d'incroyable : Shoshana lui fit une demande au téléphone qu'il n'aurait jamais cru pouvoir sortir de sa bouche. Pas elle, une sabra, une épouse israélienne dont le mari était en mission.

— L'accouchement est prévu pour le 25, lui dit-elle. Et je veux que tu sois là.

Pendant quelques instants, Avner ne sut même pas quoi répondre.

— Je viendrai, finit-il par dire.

— Non, ce n'est pas possible !

De toute évidence, elle était davantage secouée par ce qu'elle avait demandé que par la réponse d'Avner.

— Ne sois pas stupide. Ce n'était pas ce que je voulais dire ; j'ai tout ce que je veux, ici. Je rentre à l'hôpital le 25 ; tout se passe très bien… Je ne faisais que plaisanter. Tu n'as pas besoin de t'inquiéter.

— Je vais venir, répéta Avner, qui ajouta aussitôt : Mais pas un mot à qui que ce soit.

Deux jours plus tard, un faux passeport allemand dans la poche, et sans dire un seul mot à ses partenaires, Avner fit une entrée furtive à Tel-Aviv, à l'encontre de l'une des directives les plus impératives qu'il eût reçues. Il savait être absolument inexcusable, et Dieu sait ce qui lui serait arrivé s'il avait été vu par quelqu'un du service. Dans le meilleur des cas, c'était l'exclusion définitive. Si jamais il avait été repéré par ses adversaires, la mission se serait trouvée compromise, et sa vie ainsi que celle de ses partenaires mise en danger. Jamais n'avait-il été aussi terrifié en franchissant illégalement une frontière ; en partie à cause de ce qui était en jeu, mais aussi parce que, comme tous ses compatriotes, il se faisait une idée un peu exagérée des possibilités des services de sécurité d'Israël. Mais si les services de contre-espionnage israéliens étaient certes parmi les meilleurs, ils n'étaient tout de même pas infaillibles. Avner était désespéré au point de violer ces services secrets qu'il croyait presque infaillibles.

Avner passa quatre jours à Tel-Aviv, où il ne vit que sa mère et Shoshana ; il n'osa même pas rendre visite à son père, non plus qu'accompagner Shoshana à l'hôpital. Cependant, après la naissance du bébé, tard dans la nuit, jouant le rôle d'un oncle de la famille, il demanda à l'infirmière de nuit de le lui laisser voir. C'était une fille ; la chose la plus laide qu'il eût jamais vue.

Une fois de plus Shoshana le prit par surprise. Il s'attendait à un feu nourri d'objections de sa part, et elle n'en souleva pas une à l'idée de partir pour les États-Unis.

— Ça m'est égal de devoir rester toute seule la plupart du temps ; ça m'est égal si je dois te voir deux ou trois fois par an. Je ne veux pas que ce soient les grands-parents qui élèvent notre fille.

Ils prirent rendez-vous à New York, pour le mois d'avril.

8

Abad al-Chir

Abad al-Chir, un terroriste maître dans l'art de monter des coups, passait l'essentiel de son temps à Damas, en dehors de la zone d'opération dévolue au groupe d'Avner. C'est avant tout pour cette raison qu'il figurait sur la liste des cibles dures. Car, d'après ce que l'on savait, Abad al-Chir ne portait pas d'arme et n'avait pas de garde du corps. Officiellement, il était professeur, spécialisé en langues orientales. Dans le cadre du « bras armé » de l'OLP, il était plus spécialement chargé d'entretenir le contact avec les agents du KGB en poste à Chypre. Le dixième homme sur la liste d'Éphraïm.

Ce fut au cours d'une conversation avec Louis qu'Avner eut l'attention attirée sur lui. Des rumeurs d'action de commando préparée par les Palestiniens étaient parvenues jusqu'aux oreilles des agents du Groupe à Nicosie ; les terroristes auraient prévu d'embarquer sur un bateau grec devant faire escale au port chypriote de Kyrénia, près de Nicosie, avant de continuer sa route jusqu'au port israélien de Haïfa. Des armes et peut-être même des explosifs devaient être secrètement chargés à bord durant l'escale de Kyrénia. Une fois à Haïfa, les terroristes prendraient le contrôle du navire avant d'aller semer la panique et la mort sur le port, à la manière de l'attaque des kamikazes de Lod.

— Pour ce tuyau, c'est bien entendu la maison qui régale, dit Louis.

— Pourriez-vous m'en dire davantage, dans le cadre de nos affaires ?

— Je peux essayer de compléter mes renseignements, répondit Louis. La seule autre chose que je sache, quant aux hommes qui doivent mener l'attaque, c'est qu'ils voyageront avec des passeports afghans ; et le type qui organise la coordination de l'opération à Chypre s'appellerait al-Chir.

Cette discussion s'était passée quelques jours avant l'assassinat de Hamshari. Avner en discuta avec les autres. Si les informations de Louis étaient exactes, al-Chir n'allait pas tarder à se montrer à Nicosie. Chypre faisait partie de la zone d'action dévolue à l'équipe.

Avant de partir pour Israël, Avner avait confié à Carl le numéro de Louis ; jusqu'ici, il avait été le seul à garder le contact avec le Français, même si les autres avaient rencontré certains de ses agents. Carl devait prendre un contact téléphonique quotidien avec Louis ; si quelque chose de nouveau se produisait dans l'affaire al-Chir à Chypre, Carl appellerait alors Avner à Athènes, le 27 décembre.

Ce 27 décembre, donc, Avner embrassa Shoshana, et prit un vol Tel-Aviv-Athènes.

Si Avner connaissait bien la capitale grecque, il n'en gardait pas que des souvenirs agréables. C'était à Athènes, alors qu'il n'était encore qu'une jeune recrue, qu'il avait entr'aperçu quelque chose de cet aspect mystérieux et inquiétant du travail auquel son père faisait des allusions sibyllines. C'était aussi à Athènes qu'il avait pu se rendre compte que les petits garçons hollandais étaient aussi des fonctionnaires, membres d'une bureaucratie avec tout ce que cela comportait de jalousies, d'intrigues et de magouillages.

L'incident en lui-même était pourtant banal. Le chef des services secrets israéliens en Grèce, un homme d'un certain âge, s'enivra un soir à Athènes. En public, dans un restaurant, et en compagnie d'Avner, d'un autre agent du Mossad ainsi que de sa femme, considérablement plus jeune que lui. Inutile de dire qu'il n'était connu à Athènes que sous sa couverture d'homme d'affaires grec, et qu'à ce titre s'enivrer dans un restaurant n'était pas très grave du point de vue de la sécurité. Malheureusement, l'alcool le rendait mauvais et obscène ; au sommet de son ébriété, il monta sur la table, ouvrit sa braguette, et si Avner et son autre collègue n'étaient pas intervenus, il se serait mis à uriner sur les autres clients de l'établissement. Sa femme, qui semblait avoir apparemment l'habitude de voir son mari dans un tel état, s'était contentée de se lever et de quitter le restaurant, en laissant aux deux jeunes gens le soin de se débrouiller avec leur patron.

Ils réussirent à le calmer et le ramener chez lui, mais l'incident choqua profondément Avner. Il n'avait encore aucune expérience du métier, et avait gardé certaines illusions ; il venait juste d'arriver à Athènes, et tenait pour acquis que l'agent résident devait être quelqu'un de tout à fait respectable. Et si les juifs ont autant de vices que les autres peuples, s'enivrer ainsi en public est l'un des plus rares chez eux. Avner ne se souvenait pas avoir jamais rien vu de semblable dans toute sa vie ; or cet homme était un responsable du Mossad. À ses yeux, c'était inexcusable.

Il décida de faire un rapport sur l'incident, après en avoir parlé avec son jeune collègue. Ce dernier avait également l'intention de le rapporter. Après tout, c'était aussi leur devoir : cet homme avait peut-être besoin d'une psychothérapie. Avner soupçonna même un instant qu'il pouvait s'agir d'une épreuve, d'une mise en scène destinée à voir si les jeunes recrues allaient se taire, au nom d'une loyauté excessive envers un agent plus ancien. Eh bien, il ne se ferait pas avoir avec ça !

Or, au grand étonnement d'Avner, c'est lui qui se vit convoquer par l'équivalent du service du personnel du Mossad à son retour en Israël, un mois plus tard. Trois hommes l'attendaient dans un bureau, une expression peu amène sur le visage. D'authentiques Galiciens, se dit-il.

— Vous avez porté des accusations extrêmement graves dans ce document, se fit-il dire ; il vous est demandé de les retirer.

— Que voulez-vous dire ? demanda Avner, frappé de stupeur. C'est ce qui s'est passé. Regardez donc dans le rapport de celui qui m'accompagnait ce jour-là.

— Nous l'avons fait, lui rétorqua-t-on. Il n'y a pas un mot sur ce prétendu incident. N'avez-vous pas été le jouet de votre imagination ?

— Et même si ce n'était pas le cas, intervint l'un des deux autres, il faut voir les choses ainsi : l'homme que vous accusez a accompli un certain nombre de choses importantes pour Israël quand vous étiez encore à la maternelle. Dans un an, il doit prendre sa retraite. Ce genre de chose pourrait avoir des conséquences graves pour lui. Et vous, qui êtes-vous donc de si parfait ? Je pourrais aussi vous montrer le rapport qu'il nous a transmis sur vous.

Le troisième Galicien prit la parole.

— Ce n'est peut-être pas nécessaire. On peut supposer qu'il s'agit d'un conflit personnel. Nous oublions son rapport et nous oublions le vôtre. Et tout le monde est content.

Ce n'était pas la bonne manière de s'y prendre avec Avner ; cela lui rappelait un peu trop certaines personnes qu'il avait connues au kibboutz – les Galiciens en train de serrer les coudes. Il se leva.

— Vous avez mon rapport, lança-t-il. Ce que vous avez par ailleurs, ça m'est égal. Oubliez ou rappelez-vous ce que vous voulez, cela vous regarde. Y a-t-il autre chose ?

Les Galiciens ne répondirent pas, et Avner sortit du bureau, bouillant de rage. Personne ne lui rappela jamais cet incident, qui lui laissa longtemps un mauvais goût dans la bouche. Environ huit mois plus tard, il se trouva de nouveau en mission en Grèce ; le responsable des services secrets israéliens n'était plus le même.

L'intérêt de cet incident tenait à ce que maintenant, deux ans plus tard, alors qu'il revenait de Tel-Aviv à Athènes en infraction flagrante aux ordres reçus, Avner aurait fait preuve de davantage de compréhension pour l'agent résident ; et sans doute n'aurait-il pas rédigé de rapport.

Mais tout cela n'était plus que de l'histoire ancienne.

À peine Avner était-il arrivé à Athènes qu'il avait Carl au téléphone. Ce dernier ne l'appelait pas de Francfort, mais de Nicosie. Il se trouvait à Chypre avec Hans depuis vingt-quatre heures, et tous deux avaient commencé la filature d'al-Chir.

Avner venait juste de partir, en effet, lorsque Louis avait signalé la présence du Palestinien à Chypre. En l'absence d'Avner, Carl avait décidé de rejoindre le contact du Groupe à Nicosie, secondé par Hans, et d'envoyer Robert en Belgique reprendre langue avec son ami fabricant de bombes. Steve se trouvait encore en Espagne, en train de vérifier un autre renseignement. Robert serait de toute façon retourné en Belgique contre vents et marées, car il n'avait toujours pas digéré la mauvaise performance de sa minimachine infernale.

Quelques heures après, Avner arrivait à Nicosie. L'équipe occupait une planque qui lui avait été fournie par Louis, et gardait al-Chir sous surveillance. L'homme avait déjà pris contact avec le résident du KGB, apprit Carl à Avner, qui décida de fêter leurs retrouvailles par un bon repas ; la surveillance du Palestinien fut confiée aux hommes de Louis. Ils n'étaient pas encore sortis de table, malheureusement, que leur cible réglait sa note d'hôtel et s'envolait de l'aéroport, pour une destination inconnue.

Il ne restait plus qu'à retourner à Francfort. Al-Chir finirait bien par revenir dans la petite île méditerranéenne, l'un des pivots choisis par l'Union soviétique pour faire tourner le monde[38]. La situation géographique de Chypre en fait en effet un endroit idéal pour attiser tous les incendies qui couvent au Moyen-Orient, sans même parler du conflit endémique entre Turcs et Grecs à propos de la souveraineté de l'île. En outre, Avner ne se sentait pas à l'aise à Chypre, trop méditerranéenne par son climat et le caractère de ses habitants ; les gens de Louis étaient d'ailleurs tout à fait capables de repérer al-Chir dès son retour.

Entre-temps, le renseignement que Steve était parti vérifier en

Espagne se révéla être sans fondement. Il revint à Francfort pratiquement en même temps que Robert.

— Écoute, dit Robert dès qu'il vit Avner, il faut que tu me laisses essayer encore, si nous devons faire le coup de Chypre. Mon ami et moi, on est en train de mettre au point un nouveau système.

— Ouais, un truc terrible, ricana Steve. Une bombe invisible qui donne mal au foie et raccourcit de dix ans l'espérance de vie de la victime. Pourquoi ne le descendrait-on pas, tout simplement ?

— Tu es jaloux, lança Carl à Steve, parce qu'il ne te laisse pas jouer avec son canard en caoutchouc.

Tous se mirent à rire, Steve et Robert compris. Même si ce dernier n'avait tout de même pas de petit canard en caoutchouc dans sa baignoire, la planque qu'il partageait avec Steve croulait sous les jouets, des jouets que Steve n'avait pas le droit de toucher. C'était une source de friction sans gravité entre les deux hommes, surtout depuis le jour où Robert avait surpris Steve en train d'essayer un modèle réduit avec contrôle à distance, ce qui l'avait rendu furieux.

Steve s'était vengé en tirant au sort, à l'aide de sa pièce truquée, pour savoir lequel des deux se ferait percer l'oreille ; il s'agissait d'emprunter un déguisement hippie pour s'infiltrer dans une planque arabe et prendre contact avec un informateur. Robert ne lui pardonna jamais ce mauvais tour.

— Du calme, du calme, dit Avner. La manière dont nous nous y prendrons va bien entendu dépendre de l'endroit où se trouvera la cible, ainsi que de ses habitudes. Jusqu'ici, al-Chir est toujours descendu à l'*Olympic Hotel* de Nicosie. Si l'on part du principe qu'il y descendra encore la prochaine fois, comment t'y prendrais-tu ? demanda Avner en se tournant vers Robert.

— Six minibombes, répondit-il aussitôt, planquées sous son lit.

— Et pourquoi six ?

— Pour être bien sûr de l'avoir, sans toucher personne d'autre.

On était là, c'était le cas de le dire, en terrain miné ; Avner n'avait aucun doute sur la compétence de Robert et de son contact belge ; la bombe dans le téléphone était d'ailleurs un modèle d'ingéniosité. Mais le fait était qu'elle n'avait pas tué la cible, en tout cas pas tout de suite. La dernière fois qu'Avner, indirectement, avait évoqué le sujet avec Louis au cours d'une conversation téléphonique, ce dernier lui avait dit avec tact qu'il pourrait aussi lui fournir un expert en explosifs, s'il en avait besoin. Avner en parla aux autres, mais Robert ne voulut rien savoir ; il refusait de toucher à tout système qu'il n'avait pas lui-même mis au point.

— Mais puisque tu tiens tellement à ton Français, avait dit Robert, je vais te dire ce que tu pourrais lui demander : amener pour nous l'engin de Belgique à Chypre.

La suggestion était bonne. D'une certaine manière, la partie la plus risquée d'une opération de ce genre était le transport de matériel prohibé, comme des armes ou des explosifs, lorsqu'il y avait des frontières à traverser. Pour résoudre ce problème, nombre de terroristes utilisaient la valise diplomatique, du moins quand leur chargement n'était pas trop volumineux. Les diplomates des pays arabes ou des pays de l'Est passaient ainsi de curieux colis à la barbe de douaniers impuissants. Avner ne pouvant pas employer de telles méthodes, la bonne solution était de faire appel aux services de Louis.

Pendant deux semaines encore, ils furent sans nouvelles d'al-Chir et de leurs autres cibles. Hans en profita pour réaliser un vieux rêve, monter une entreprise de commerce d'antiquités à Francfort. Fou d'objets anciens, Hans était en outre un fin connaisseur, et, contrairement à Avner ou Steve, avait le sens des affaires. Il adorait acheter et vendre.

Carl, le prudent Carl, approuva l'idée. Un commerce de ce genre pouvait faire une couverture acceptable pour toute l'équipe, dont les membres ne cessaient de se déplacer ; c'était aussi un moyen d'expédier des objets volumineux dans d'autres pays, si le besoin s'en faisait sentir. Avner apprécia également cette initiative, même si lui-même, comme couverture, n'avait jamais songé à faire autre chose que prendre des billets de la loterie allemande ou de jouer sur les pronostics de football, en Angleterre. Il s'y était mis dès ses débuts ; c'était un excellent moyen de dissimuler sur des bouts de papier innocents les numéros de code dont il ne se souvenait jamais.

De son côté, Avner utilisa cette période d'attente pour se rendre à Genève et laisser deux messages à Éphraïm, utilisant pour la première fois le système du coffre personnel à la banque. Le premier signalait la possibilité d'une attaque surprise sur Haïfa ; le deuxième était d'ordre privé. Avner demandait à son officier de liaison de faciliter le départ de Shoshana pour New York, en avril. Mais il se garda bien de préciser qu'il s'agissait peut-être d'un départ définitif.

Étant sur place à Genève, Avner en profita pour jeter un coup d'œil sur son compte en banque personnel. La somme était encore modeste, mais elle croissait régulièrement ; il fut amusé à l'idée qu'il avait déjà plus d'argent de côté que tout ce qu'il avait jamais réussi à économiser auparavant.

Le lundi 22 janvier, Louis appela. Abad al-Chir devait arriver à Chypre d'ici à un ou deux jours. Il n'y avait aucun moyen de savoir s'il comptait y rester longtemps ou non.

La nuit était déjà tombée, ce même jour, lorsque l'équipe atterrit à Nicosie. Avner et Robert se rendirent jusqu'à la planque, tandis que Carl, Hans et Steve prenaient une chambre à l'*Olympic Hotel*, où leur cible avait l'habitude de descendre. L'idée était de Carl ; elle permettrait tout d'abord de l'identifier parfaitement ; elle faciliterait ensuite considérablement l'étude de la disposition des lieux ; enfin, même si le plan prévoyait leur départ de l'hôtel dès l'arrivée d'al-Chir, le personnel et le service de sécurité de l'établissement auraient l'habitude de les voir et les soupçonneraient d'autant moins.

Le mardi, à l'heure du déjeuner, Robert recevait un colis en provenance de Belgique, apporté par un homme du Groupe. Un peu plus tard ce même jour Abad al-Chir se présenta à la réception de l'*Olympic Hotel*. Il voyageait avec un passeport syrien sous le nom de Hussein Bachir.

Steve et Carl signalèrent que le Palestinien avait apparemment pris une chambre voisine de celle d'un couple d'Israël venu à Chypre pour se marier, la jeune femme n'étant pas juive, en fait. Steve trouvait la situation amusante, Carl plutôt embêtante. Tout ça parce que les autorités religieuses d'Israël refusaient le sacrement du mariage aux couples mixtes…

— On dirait bien, lança Steve, qu'il va y avoir du remue-ménage dans l'une et l'autre chambre !

Hans prit un air scandalisé, mais ne dit rien.

— Je suppose qu'il n'y a aucun risque pour qu'ils soient blessés ? demanda Avner à Robert.

— Aucun, répondit Robert sans hésitation. Puis, avec un peu moins d'assurance : Bien entendu, je ne peux te donner une garantie à cent pour cent. Si c'est ce que tu veux, oublie tout.

— On pourrait les avertir ? suggéra Hans, qui secoua négativement la tête avant d'avoir seulement terminé sa phrase.

Dans ce genre d'opération, on ne pouvait avertir personne. Il fallait courir ce risque, ou ne pas agir. Et c'était à Avner de décider.

— Nous prenons le risque, dit-il finalement.

— Tu veux dire que nous allons leur faire prendre le risque ! corrigea Hans de manière inattendue. Aimerais-tu te trouver dans la chambre à côté, quand les six petites choses de Robert vont exploser ?

Son intervention était d'autant plus surprenante qu'Avner venait de trancher, mais tout le monde sentit que Hans était sérieusement inquiet pour le jeune couple. Il y eut un bref silence, puis Robert lâcha :

— Pour l'amour du ciel, je vous le garantis – à cent pour cent !

La question fut ainsi réglée.

Cette fois-ci, la machine infernale de Robert était essentiellement une bombe à plateau de pression, constituée de six petites charges explosives reliées à un double châssis. Les deux châssis étaient maintenus séparés par de puissants ressorts contenant chacun une tige filetée. L'engin une fois placé sous un siège de voiture ou sous un matelas, les ressorts empêchaient les tiges filetées d'entrer en contact avec les contacteurs placés dans le bas. Le poids d'un homme suffisait cependant à comprimer les ressorts jusqu'à ce que le contact se fît. Dans une bombe à pression simple, l'explosion avait lieu à ce moment-là.

Dans le système de Robert, par contre, le poids ne servait qu'à armer la bombe. Cela fait, elle ne pouvait sauter qu'avec l'envoi d'un signal radio ; sinon, l'engin restait inactif. De même, un signal radio malencontreux ne pouvait la faire exploser avant qu'elle n'eût été armée de la manière décrite. Ce dispositif de sécurité signifiait que le lit piégé ne sauterait que lorsque l'équipe aurait la certitude que c'était bien Abad al-Chir, et lui seul, qui venait de s'y coucher.

Le lundi matin 24 janvier, la cible numéro 10 sur la liste d'Éphraïm quitta sa chambre vers 8 heures. Elle monta dans une voiture conduite par l'agent local du KGB et dans laquelle se trouvait une autre personne, également de type russe ; du moins, n'était-elle ni arabe ni chypriote. Le véhicule fut suivi par l'équipe de surveillance de Louis, six personnes utilisant plusieurs voitures ; elles avaient pour instruction d'appeler Carl dès que les Russes auraient l'air d'être sur le point de ramener al-Chir à son hôtel. En réalité, le terroriste passa toute la journée dans une maison que l'on savait louée par les Russes, à Nicosie.

Peu après midi, lorsque les femmes de ménage de l'hôtel eurent terminé les chambres, Robert et Hans se glissèrent dans celle d'al-Chir, avec l'aide d'un autre des hommes de Louis. Ils disposèrent la bombe sur les lattes soutenant les ressorts du sommier, en dessous du matelas. Ils débranchèrent également l'éclairage principal de la pièce, ne laissant que la lampe de chevet en état de fonctionner. Lorsque cette lumière s'éteindrait, il y avait de fortes chances pour qu'al-Chir fût dans son lit.

Les Russes ramenèrent le Palestinien à son hôtel peu après 22 heures. Ils l'accompagnèrent jusqu'à l'entrée principale et, avant leur séparation, l'un des deux lui donna une enveloppe[39]. L'un des agents de Louis monta avec lui dans l'ascenseur, afin de s'assurer qu'il rentrait bien seul dans sa chambre.

Ce fut le cas. Au bout d'une vingtaine de minutes, la lumière de sa chambre s'éteignit. (Cela faisait un certain moment que la fenêtre des nouveaux mariés israéliens était également plongée dans l'obscurité.) À l'extérieur, dans la rue, Avner et Robert attendaient dans une voiture, Hans et Steve dans une autre. Comme d'habitude, Carl agissait seul.

Avner attendit environ deux minutes, une fois éteinte la lumière d'al-Chir, avant de donner à Robert l'ordre d'envoyer le signal. Au cas où l'Arabe aurait attendu dans le noir avant de se coucher. Et de fait, il était encore trop tôt ; rien ne se produisit lorsque Robert appuya sur le contacteur de la télécommande. Al-Chir était peut-être encore assis au bord de son lit, en train d'enlever ses chaussettes ou de méditer, ne donnant pas assez de pression sur les ressorts.

Robert compta jusqu'à dix et appuya une seconde fois, de toutes ses forces, en grinçant des dents, manquant de peu d'écraser la fragile boîte de bakélite dans ses mains. Effort sans objet, puisque ce qui comptait, avant tout, était que la bombe fût armée par le poids d'al-Chir. Elle l'était, maintenant.

La déflagration fut spectaculaire ; des morceaux de verre et des pans de mur tombèrent dans la rue, accompagnés d'une langue de feu. De toute évidence, Robert avait retenu la leçon de son demi-échec précédent. Après une explosion d'une telle ampleur, il ne restait guère de doutes sur le sort d'al-Chir.

Tandis qu'ils s'éloignaient en voitures, les lumières commençaient à s'allumer un peu partout dans l'hôtel et dans les immeubles avoisinants ; sur cette malheureuse île, les Grecs devaient penser que les Turcs étaient passés à l'attaque, et les Turcs que les Grecs leur fondaient dessus.

9

Basil al-Koubaisi

Le 17 mars 1973, Carl et Avner se trouvaient dans une chambre d'hôtel à Genève ; mais ils n'y étaient pas seuls ; une troisième personne leur tenait compagnie, assise dans un fauteuil, ses longues jambes venant prendre appui sur le lit : Éphraïm. Sa visite était le résultat de la cuisine politique interne du Mossad, et bien dans le style d'un organisme de renseignements.

Après l'opération al-Chir, les cinq partenaires s'étaient retrouvés à Francfort. Ils avaient quitté Chypre un par un, empruntant chacun des itinéraires différents ; Avner, pour sa part, était passé par New York afin de prendre les dernières dispositions avant l'arrivée de Shoshana. Comme toujours, Carl fut le dernier à s'en aller.

Il était entré dans l'hôtel immédiatement après l'explosion, pour s'assurer que la machine infernale avait bien joué son rôle sans atteindre personne d'autre. À son grand soulagement, il constata qu'en dehors de la cible, tout le monde, dans l'hôtel, s'en était tiré sans une égratignure, les nouveaux mariés israéliens compris ; mais de l'autre côté du mur de leur chambre, le corps d'al-Chir avait été réduit en morceaux.

De retour à Francfort, l'équipe resta trois semaines sans trouver de nouvelles pistes. Le 25 février, cependant, Louis laissa un message pour Avner ; il avait une heure à passer en transit à l'aéroport de Francfort pendant laquelle ils pourraient se voir.

Au cours de cette rencontre, Louis donna des informations précises sur quatre autres cibles de la liste. (Après les affaires Zwaiter et Hamshari, Avner n'avait plus considéré nécessaire de garder la fiction de leur appartenance au groupe Baader-Meinhof vis-à-vis de Louis ; avant même l'assassinat d'al-Chir, il lui avait dit être à la recherche d'informations sur les chefs du terrorisme palestinien.) Il n'avait pas précisé les noms, car son rôle était de rassembler des renseignements et non d'en donner, non plus que ses liens avec le Mossad. Comme d'habitude, le Français avait accueilli les demandes d'informations d'Avner sans poser de questions.

Et voici que dans la salle d'attente de l'aéroport, Louis lui confiait qu'un responsable du terrorisme palestinien serait à Paris en mars ; quant aux trois autres, ils avaient une adresse habituelle, dans un immeuble à appartements de Beyrouth.

L'homme qui devait arriver bientôt à Paris était le numéro 5 de la liste d'Éphraïm, le Dr Basil al-Koubaisi, une cible douce. Ceux de Beyrouth étaient des cibles dures, qui n'auraient pu voyager en Europe sous leur propre identité. Il s'agissait de Kamal Nasser, porte-parole officiel de l'OLP, Mahmoud Youssouf Najjer, également connu sous le nom de « Abou Youssouf », l'homme responsable de toutes les opérations de Septembre Noir pour Al Fatah, et Kemal Adwan, chargé des activités terroristes dans les territoires occupés par Israël. Les numéros 6, 7 et 8 sur la liste.

Des informations vitales. Avner n'avait aucun moyen de savoir si le Mossad disposait de l'adresse de Beyrouth ou non. Il lui sembla que son devoir était d'en avertir Éphraïm, en demandant par la même occasion la permission d'aller au Liban assassiner ces trois cibles. À moins de permission spéciale, en effet, ils n'étaient pas autorisés à agir dans aucun des pays dits de « confrontation », comme on appelait les États voisins d'Israël.

À l'étonnement d'Avner, Carl souleva de puissantes objections à l'idée de donner à Éphraïm la piste de Beyrouth. Carl, le prudent Carl, avec ses nombreuses années d'expérience de la « boîte », redoutait que leurs collègues du Mossad ne missent aussitôt la main sur l'affaire. L'équipe avait une existence totalement indépendante, dit Carl, et rien ne l'obligeait à transmettre ses informations à Tel-Aviv. Aux termes mêmes de leur mission, ils ne travaillaient même plus pour le Mossad. À son avis, continua-t-il, le Mossad ne leur laisserait jamais monter une opération à Beyrouth ; il se contenterait d'utiliser le tuyau tombé du ciel pour organiser un coup dans leur style et cueillir tous les lauriers. Partager les informations n'était pas la bonne manière d'avancer.

— Et puis, ajouta-t-il, c'est inutile : l'équipe se défend très bien. S'ils assassinent suffisamment de terroristes en mission en Europe, les responsables de Beyrouth seront bien forcés de monter à leur tour au créneau. Le terrorisme ne s'organise pas tout seul ; avec Zwaiter,

Hamshari, al-Chir et peut-être quelques autres éliminés, Adwan, Najjer et Nasser finiront bien un jour par venir en Europe.

Avner était stupéfait. Sans toutefois se fâcher avec Carl, il lui fit remarquer qu'il était en train de faire exactement ce qu'il soupçonnait Tel-Aviv de vouloir faire avec l'information : magouiller, essayer d'en tirer toute la gloire. Mais qui se souciait de la « gloire » ? Et de la bonne manière d'avancer ? Ils n'étaient pas de vulgaires fonctionnaires uniquement soucieux de grimper dans la hiérarchie bureaucratique ; mais des soldats, engagés dans un combat à mort. Comment ne pas transmettre à Israël une information de cette importance ?

Carl haussa les épaules à cette mercuriale. Il valait mieux, répondit-il, toujours avoir un atout dans sa manche, en particulier lorsqu'on jouait avec ces tordus du *le 'histader* à Tel-Aviv, des spécialistes dans l'art de se partager les dépouilles.

Avner se sentit un peu honteux en entendant cette réplique, peut-être parce que Carl avait employé une expression chère à son père : « avoir un atout dans sa manche ». Il avait peut-être raison, au fond. Et qui était-il lui-même pour donner des leçons de patriotisme aux autres ? Comment pouvait-il, lui le petit garçon hollandais, dire sans broncher à Carl qu'il se moquait bien de la gloire[40] ?

Il se trouva en fin de compte que c'était Carl qui avait raison. Raison à quatre-vingt-dix pour cent…

Avner s'envola pour Genève afin d'y déposer le message, puis y revint dix jours plus tard prendre la réponse d'Éphraïm dans le coffre personnel. Le message de l'officier qui les supervisait était laconique : Ne bougez pas. Il donnait en outre rendez-vous à Carl et Avner à Genève, le 17 mars.

Installés dans une chambre de l'*Hôtel du Midi*, ils commencèrent par échanger des plaisanteries pendant quelques minutes. Éphraïm leur fit ses félicitations, mais Avner trouva qu'il les leur mesurait chichement :

— Tout ça, c'est très bien, dit-il en substance, mais ça nous prend pas mal de temps, n'est-ce pas ? Et aussi pas mal d'argent… Bien sûr, l'effet est excellent sur le moral, en Israël, quand on apprend que les *mechablim* ne sont pas les maîtres du monde, et que le meurtre de voyageurs, d'enfants et d'athlètes ne reste pas impuni. Eux aussi doivent enfin se tenir sur leurs gardes. Très bien. Mais il paraît difficile d'établir l'impact que cela peut avoir sur le terrorisme lui-même ; et à en juger par certains événements récents, loin de le faire diminuer, leur action ne ferait que l'exacerber[41].

— Quoi qu'il en soit, ce n'est pas de votre ressort à ce niveau. Nous sommes encore loin du compte, mais nous devons faire face à un autre problème.

— Peut-être ne vous en rendez-vous pas compte, mais votre existence est un grand mystère. Pas seulement pour nos ennemis – puisse-t-elle le rester indéfiniment – mais aussi pour notre propre peuple. On peut compter sur les doigts de la main ceux qui sont au courant de votre mission. Or nous commençons à faire l'objet de pressions. Des pressions intérieures, vous comprenez ? Il y en a qui commencent à dire : Mais qu'est-ce qui se passe ? Les terroristes se font descendre un peu partout en Europe, et nous ne savons rien ? C'est ce que disent les chefs de département, lors des réunions du jeudi[42]. Devons-nous apprendre ce genre de nouvelle en lisant les journaux ? N'avez-vous plus confiance en personne ?

— Ben voyons ! lança Carl, sarcastique. Je suis bien tranquille que vous pouvez vous en sortir.

— Pour l'instant nous nous en sortons, vous n'avez pas à vous inquiéter, répliqua Éphraïm. Mais nous pensons à l'avenir. Comme je l'ai dit, la pression augmente. D'autres personnes ont leurs propres idées sur la façon de traiter le terrorisme, et peut-être ces idées ne sont-elles pas si mauvaises. Nous ne pouvons pas leur répondre éternellement de patienter ; nous ne pouvons pas leur dire : « Nos supercadors secrets en Europe ont encore besoin d'un peu de temps. »

— Bon d'accord, dit Avner ; mais où voulez-vous en venir ?

— Simplement à ceci. Nous avions déjà en notre possession cette information sur Beyrouth. Nous étions au courant, et depuis un bon moment. Des plans ont été dressés ; pas seulement chez nous, mais avec l'armée. La décision finale sera peut-être d'y aller en force, de monter une opération conjointe, Mossad-Tsahal. Vous comprenez ? C'est pourquoi ces trois *mechablim* ne sont plus sur votre liste. Nous n'avons pas besoin de vous pour les avoir.

Avner regarda Carl ; Carl lui rendit son regard. Tous deux haussèrent les épaules, puis Avner dit :

— Bon, vous n'avez pas besoin de nous.

— Mais de vos informations, si. Dites-moi tout ce que vous savez ; pas seulement l'adresse, nous l'avons déjà. Tout ce que vous avez appris. L'affaire dans ses moindres détails.

Avner poussa un soupir comme quelqu'un d'excédé. Il regarda Carl de nouveau, mais le vétéran ne fit que sourire, et eut un geste de la main qui disait : « Tu vois, je te l'avais bien dit, maintenant à toi de te débrouiller. » Avner se tourna vers Éphraïm.

— Qu'entendez-vous par l'affaire dans ses moindres détails ? Faut-il découvrir tous leurs mouvements, toutes leurs habitudes, leur emploi du temps, nous servir de toutes nos sources de renseignements, et en fin de compte ne pas faire le boulot ?

— Le boulot, c'est nous qui le faisons, vous comprenez ? Vous oubliez une chose, les gars ; c'est que vous ne travaillez même pas pour nous !

— Parfait, nous ne travaillons pas pour vous, répliqua Avner. C'est vous qui l'avez dit ; dans ce cas, débrouillez-vous pour trouver ces renseignements.

Il fut étonné de s'entendre parler ainsi ; Éphraïm eut aussi l'air surpris par cette tirade, puis il se mit à rire.

— À quoi jouez-vous, les gars ? dit-il ; vous croyez-vous encore à la maternelle ? Je n'arrive pas à y croire ! Qu'importe que vous ne travailliez pas pour nous : vous êtes des réservistes de l'armée, des citoyens d'Israël. Je vous demande des informations vitales pour votre pays. Auriez-vous oublié l'enjeu de tout cela ?

Ce genre d'argument ne faisait que renforcer Avner dans son entêtement ; c'était peut-être la même qualité qui lui faisait traverser tout Israël avec un paquetage de trente kilos sur le dos, tandis que les costauds s'effondraient autour de lui.

— Non, nous ne l'oublions pas, dit-il. Ce serait plutôt vous, avec toutes vos histoires de pressions et de types qui ont d'autres idées. N'avez-vous donc pas autre chose à faire, à la boîte ? Vous avez besoin de diversifier vos activités ? Si vous avez besoin de NOS informations, pourquoi ne pourrions-NOUS pas faire le travail ?

— Écoutez un instant, dit Éphraïm sans prendre la mouche. Vous avez peut-être besoin de souffler un peu. Pourquoi ne feriez-vous pas le travail ? Parce que nous en avons décidé ainsi. Voudriez-vous qu'à partir de maintenant on vous consulte avant de prendre nos décisions, et qu'on vous demande votre accord ? Et puis qu'est-ce que c'est ce truc à propos de vos informations ? Votre informateur serait-il tombé amoureux de vous ? Ce sont des sommes coquettes que vous avez versées, pour avoir ces renseignements. Au fait, savez-vous d'où il vient, cet argent ?

Éphraïm venait de marquer un point. Mais il s'agissait encore d'une attaque frontale, et Avner ne ferait que s'obstiner davantage.

— Mille excuses, j'avais oublié, dit-il. C'est votre argent. Eh bien, il en reste encore beaucoup à la banque. Pourquoi n'allez-vous pas le prendre ? Juste pour voir quels renseignements vous serez capables d'acheter avec !

Carl intervint à ce moment-là, au grand soulagement des deux hommes.

— Du calme ! Vous savez très bien tous deux comment ça se passe. Beaucoup de choses dépendent des relations personnelles, dans ce genre d'affaire. Nos informateurs ne savent pas au juste qui nous sommes. Peut-être préfèrent-ils rester dans l'ignorance, soit pour des questions d'argent, soit pour toute autre raison ; toujours est-il qu'ils ne posent pas de questions. Si nous arrivons avec nos gros sabots pour leur dire qu'ils travaillent à partir de maintenant pour le Mossad, et la main dans la main avec les parachutistes envoyés au Liban, la plupart d'entre eux vont nous lâcher. Quelles que soient les sommes avancées.

— Et qui plus est, ajouta Avner, ils pourraient changer d'idée sur nous. C'est un risque que je ne veux pas courir.

Il fut même sur le point de dire : « Et je vais peut-être même leur conseiller de ne pas travailler avec vous parce qu'ils ne pourraient pas vous faire confiance », mais il se retint à temps.

Éphraïm resta silencieux pendant un moment. Il se leva, s'approcha de la fenêtre et resta en contemplation devant les édifices qui s'alignaient de l'autre côté du Rhône. Puis il reprit sa place dans le fauteuil.

— Vous ne bougez pas de Genève pendant les prochaines quarante-huit heures, les gars. Je vous recontacterai d'ici là, et nous reparlerons de tout ça.

Finalement, Avner et Carl ne restèrent pas à Genève à attendre le retour d'Éphraïm. Ils prirent un avion pour Paris, où Robert, Hans et Steve venaient de prendre leurs dispositions pour assurer la surveillance de Basil al-Koubaisi. Sur la question de Beyrouth, tous les cinq tombèrent rapidement d'accord : quelle que soit la proposition d'Éphraïm, pas question de donner au Mossad le contact avec Le Groupe. Avner admit plus tard qu'il y avait quelque chose de partiellement enfantin dans cette décision. Orgueil et envie de bouder parce qu'on se sent exclu.

Mais il s'agissait avant tout d'un problème de sécurité, la leur, comme celle des gens de Louis à Beyrouth. Avner et ses partenaires ne pourraient plus garantir qu'il n'y aurait pas d'infiltration, de coups fourrés ou d'agents doubles autour d'une opération dont ils n'auraient pas eux-mêmes toute la maîtrise. Le risque était tout simplement trop grand.

Éphraïm revint le 23 mars à Genève, porteur d'une solution de compromis. Avner et son équipe iraient à Beyrouth préparer le coup. Ils se serviraient de leurs contacts et de leurs ressources sans recevoir d'instructions de qui que ce soit, ni être supervisés par quiconque. Puis, lorsque tout serait prêt, des unités spéciales de commando prendraient le relais et effectueraient les assassinats proprement dits. Il s'agirait d'une opération conjointe entre le Mossad et Tsahal, qui porterait sur bien davantage que le meurtre de trois terroristes palestiniens.

Lorsque Éphraïm eut donné les détails de son plan, même Carl et Avner ne purent qu'être d'accord. Une telle opération n'aurait pu être menée à bien par une équipe de cinq personnes soutenue par quelques privés français. C'était une grosse affaire ; une opération d'une incroyable audace.

Éphraïm devait également les informer dès qu'une date serait arrêtée. Le temps jouait un rôle essentiel, puisqu'ils ne savaient pas combien de temps les fedayin resteraient terrés dans leur place forte de Beyrouth. En principe, l'opération devait se dérouler avant la deuxième moitié d'avril ; ce qui soulevait un autre problème.

Avner proposa une solution.

— Dès que la date sera fixée, dit-il, Carl et Steve iront à Beyrouth ; Robert, Hans et moi nous nous occuperons d'al-Koubaisi à Paris. Dès que nous avons fini, nous partons pour Beyrouth. L'emploi du temps va être chargé, pendant ces deux semaines… alors ?

Avner, à ce moment-là, ne se doutait pas à quel point il allait être chargé.

Le 1er avril, Éphraïm leur donna la date de l'opération de Beyrouth : le 9 avril. Carl et Steve prirent immédiatement rendez-vous dans la capitale libanaise avec des membres du Groupe.

Le même jour, Louis communiqua de nouvelles informations à Avner. L'homme de Septembre Noir qui avait été nommé pour remplacer le défunt al-Chir, pour assurer le contact avec le KGB, devait assister à une réunion à Athènes, probablement autour du 11 avril. Il s'agissait d'un Palestinien du nom de Zaid Mouchassi, connu aussi comme Abou Zaid. L'équipe ne savait que très peu de choses sur lui, sinon qu'il était un responsable du terrorisme qui, encore récemment, opérait à partir de la Libye. Il semblait à Carl qu'un certain Abou Zaid avait été victime de l'explosion d'une lettre piégée, en octobre 1972, à Tripoli. Si ce Mouchassi était bien le même homme, il s'était donc remis de ses blessures. Une chose, cependant, ne faisait pas de doute : Mouchassi était l'agent de liaison entre les fedayin et les Soviétiques. Le Groupe l'avait repéré en continuant de garder sous surveillance l'ancien contact d'al-Chir au KGB.

Mais il n'y avait aucun Zaid Mouchassi sur la liste d'Éphraïm.

Pour Carl, cela résolvait la question.

— Il n'est pas sur la liste ? Nous n'y touchons pas. Savoir qui il est et ce qu'il fait est un problème académique. De toute façon, entre Koubaisi à Paris et les trois autres à Beyrouth, qu'est-ce qu'il te faut de plus ?

Mais Avner avait un point de vue différent.

— D'accord, il n'est pas sur la liste. Crois-moi, je serais le dernier à me mettre à chercher des cibles, juste au cas où nous n'en aurions pas assez. Ce serait stupide.

— Et ce serait aussi une faute.

— Encore d'accord. Mais penses-y un instant. Pourquoi al-Chir figurait-il sur la liste d'Éphraïm ? Parce que notre patron n'aimait pas la couleur de ses yeux ? Non, évidemment. Il était sur la liste pour une seule et bonne raison : il était le contact des Russes dans l'une de leurs zones cruciales, à Chypre. Vrai ou faux ? Bon, maintenant, leur nouveau contact est Mouchassi. Comment raisonnons-nous ? Disons-nous : Si al-Chir organise une expédition sur Haïfa nous l'arrêtons, mais quand Mouchassi s'en charge, nous le laissons faire ? On arrête al-Chir, et on déroule le tapis rouge pour Mouchassi ? Cette liste n'est qu'un morceau de papier. Les noms y figuraient pour de bonnes raisons ; respectons-nous le bout de papier ou ces bonnes raisons ? Pense à ça.

Avner venait de marquer un point ; non seulement parce que son raisonnement était logique, mais aussi parce qu'il était bien dans la tradition israélienne. Partout, que ce fût à l'armée, au kibboutz ou au Mossad, on mettait l'accent sur le fait de penser par soi-même : « Ne suivez pas bêtement le règlement. Faites preuve d'initiative. Réfléchissez. » Ce qui ne signifiait pas que l'on pouvait se moquer éperdument des ordres, ou se ficher complètement des règles. Bien plutôt, que s'il y avait des règles, c'était pour une bonne raison ; pensez à la raison derrière la règle. « S'il y a conflit entre la lettre et l'esprit d'une règle, si vous êtes bien sûr qu'il y a conflit, suivez l'esprit. Agissez comme un être humain, non pas comme une machine. »

Dans la pratique, malgré tout, ce n'était pas si simple.

— Avant de te décider, objecta cependant Carl, essaye de voir les choses ainsi : si tu descends Mouchassi, et que c'est une bonne chose, tu es un héros. Si tu ne t'en occupes pas, tu es toujours un héros. Si tu le descends et que c'est une erreur, tu es un taré.

— Une occasion à deux contre un d'être un héros, remarqua Hans, sans avoir rien à faire…

Mais la pointe de Hans poussa Steve à prendre le parti d'Avner dans la discussion.

— Vous me donnez mal au cœur avec vos arguties, dit-il à l'adresse de Carl et de Hans. Est-ce donc ce qui se passe lorsque l'on atteint la quarantaine ? Tout ce que l'on trouve à faire, c'est ouvrir le parapluie ?

Cette intervention suffit à faire changer d'avis Hans et Carl. En réalité, ils avaient envie d'en changer. Carl aurait bien aimé proposer un compromis : obtenir tout d'abord le feu vert d'Éphraïm. Ne pas s'en tenir à la liste, même pour la meilleure des raisons, restait tout de même très grave. Mais le temps manquait trop. Il aurait fallu faire deux voyages à Genève, séparés par une période d'attente de cinq ou six jours.

— Voilà ce que je propose, dit finalement Avner. Carl et Steve partent demain pour Beyrouth, comme prévu. Hans, Robert et moi, nous réglons la question Koubaisi au plus tard le 6 avril. Je rejoins alors immédiatement Carl et Steve, mais Robert et Hans se rendent à Athènes pour repérer al-Mouchassi. En un jour, la chose peut être réglée. Puis ils nous rejoignent à Beyrouth. Lorsque l'opération de Beyrouth est terminée, c'est-à-dire le 9, nous partons pour Athènes, mais pas forcément tous.

Plus tard, en repensant aux événements du mois d'avril 1973, Avner dut admettre avoir eu une raison supplémentaire de vouloir mener trois opérations d'envergure dans trois villes différentes en l'espace de quelques jours. Il se sentait visé par la remarque faite à Genève par Éphraïm, sur le temps que leur prenait la mission. Certes, leur officier ne s'était pas exprimé aussi directement ; il ne leur avait pas dit : « Vous croyez-vous en croisière de luxe ? » Mais il n'avait pas eu l'air impressionné. Pas assez enthousiaste, non plus. Avner ne s'était pas attendu à se voir traité comme un héros ; d'ailleurs aucun Israélien ne s'attend à être traité comme un héros simplement parce qu'il accomplit quelque chose de dangereux ; le seul fait d'être israélien était déjà en soi dangereux. Mais l'attitude d'Éphraïm avait traduit une certaine réserve, et ses propos avaient eu quelque chose d'équivoque ; Avner craignait que Tel-Aviv changeât de point de vue sur le bien-fondé de la mission. Certaines personnes, parmi les responsables du Mossad, ou même au cabinet, qui savaient *où*, pouvaient se dire un jour, *mais au fait pourquoi ?* Pourquoi faisons-nous cela ? Pourquoi envoyer cinq hommes en voyage autour du monde pendant six mois, aux coûts de plusieurs millions de dollars, juste pour être débarrassé de trois terroristes ? Mais c'est stupide !

Et si les choses se passaient ainsi, Avner ne deviendrait jamais le petit garçon hollandais. Au contraire : son nom resterait associé à une mission arrêtée en cours d'exécution parce qu'elle était trop stupide. *Ah oui*, dirait-on, *vous voulez parler de cette chasse au canard sauvage interrompue lorsqu'on s'est aperçu qu'une douzaine d'hommes de commando pouvaient faire mieux à Beyrouth en cinq heures et avec deux fois moins d'argent ? Et en faisant moins d'histoires, en plus ?*

Peut-être Éphraïm avait-il sans le dire ouvertement essayé de leur faire comprendre ceci : « Foncez, les gars. Faites mieux. Sinon, il vaudra mieux ne plus y penser. »

Carl devait avoir deviné le sens des pensées d'Avner, car une fois prise la décision de mener de front les trois opérations, il lui dit en privé :

— Écoute, tu as peut-être raison, et nous le ferons. Mais ne te laisse pas dominer par les pressions extérieures. Souviens-toi que si tu rates ton coup, personne ne reconnaîtra jamais avoir exercé de pressions sur toi. Ils diront, quoi NOUS ? Nous ne lui avons jamais fait le moindre reproche.

Le responsable de l'équipe de soutien que Louis avait procuré à Avner pour surveiller al-Koubaisi était une jeune femme, approximativement de l'âge d'Avner. C'était la première fois qu'il voyait une femme faire autre chose, dans ce travail, que de la filature, l'entretien de planques, ou tenir le rôle d'appât. Il n'ignorait certes pas qu'il s'en trouvait à tous les échelons de la hiérarchie, dans le monde du renseignement, et que les *mechablim* les utilisaient assez souvent comme terroristes de base. Certaines, comme Leila Khaled, Rima Aissa Tannous ou Thérèse Halesh, avaient même acquis une certaine notoriété[43]. Jamais auparavant, néanmoins, Avner n'avait travaillé avec une femme aussi élevée en grade.

Kathy s'en sortait d'ailleurs remarquablement bien. Mince, les yeux et les cheveux noirs, elle aurait pu être jolie, mais elle faisait exprès d'être aussi mal fagotée que possible. Elle avait visiblement reçu une bonne éducation, et parlait couramment le français et l'anglais, comme beaucoup de Québécois de la classe moyenne. À l'instar d'un certain nombre d'étudiants canadiens-français, Kathy avait été très proche des militants du FLQ (Front de libération du Québec) dans les années soixante ; mais elle ne s'était pas contentée de rester une sympathisante. C'est à partir de là qu'elle en était arrivée au stade où, comme Louis et Tony, les discussions politiques ne l'intéressaient plus.

À titre de curiosité, Avner eût aimé connaître les opinions politiques de Kathy, ou du moins ce qui pouvait en rester. Comment une femme en arrivait-elle à faire ce qu'elle faisait ? S'agissant d'un homme, la question ne lui serait pas venue à l'esprit. Obligé de gagner sa vie, de faire quelque chose, n'importe quoi, un homme peut pratiquer la profession la plus bizarre (de la même manière qu'Avner avait l'impression d'être devenu agent secret tout à fait par hasard). Mais pour qu'une femme ait une occupation aussi inhabituelle, il fallait qu'elle ait parcouru un bien étrange itinéraire ; dans ce cas, comment Kathy avait-elle fait ses choix ?

Mais elle ne sut pas ou ne voulut pas donner d'explications satisfaisantes à Avner. Courtoise, l'esprit vif, le rire facile, on pouvait avoir confiance en elle ; elle faisait souvent montre d'une forme compassée de camaraderie envers tous ceux qui étaient dans la clandestinité, et avait l'habitude d'accompagner d'une courbette raide sa poignée de main, un peu à la façon d'un officier prussien de l'ancienne école. Kathy partageait les opinions négatives de Papa sur les Anglais, et son mépris se traduisait par des petites remarques acerbes, ici et là. On ne pouvait se tromper sur le sens de son sourire, quand par exemple la conversation tombait sur Geoffrey Jackson, l'ambassadeur britannique en Uruguay, enlevé par les Tupamaros et incarcéré huit mois dans une « prison du peuple ».

Kathy semblait éprouver une sorte d'affection particulière pour les « patriotes » en général ; « patriote » signifiant pour elle les individus qui combattaient les armes à la main pour leur pays, même s'il leur arrivait de se battre entre eux, comme les Palestiniens et les Israéliens. C'était à peu près tout ce qu'Avner avait été capable de découvrir quant à ses sentiments personnels ; aux yeux des autres, elle paraissait n'éprouver que du mépris.

— Il n'est pas bien difficile à suivre, avait-elle dit à Avner à propos de Basil al-Koubaisi ; on le trouve toujours vers 10 heures en train de descendre la rue Royale. Les ânes ne sont pas tellement nombreux dans le secteur.

Et en effet, en homme d'habitudes, al-Koubaisi n'était guère difficile à filer. Le professeur de droit irakien, ancien assistant à l'université américaine de Beyrouth devenu (d'après le Mossad) un organisateur efficace pour tout ce qui concernait la logistique et les armes destinées au Front populaire[44], rendait les choses faciles pour Le Groupe. Il avait d'ailleurs innocemment attiré l'attention sur lui en engageant la conversation avec une charmante hôtesse, lors de son arrivée à l'aéroport de Paris, le 9 mars.

— Vous comprenez, je ne suis pas un Arabe bien riche, aurait-il dit à la fille. Je ne suis qu'un touriste, un simple touriste ; j'aimerais un hôtel pas trop cher.

Mais cette hôtesse au sol arrondissait ses fins de mois en travaillant pour l'organisation de Papa ; elle recommanda donc quelques hôtels bon marché dans le centre de Paris, puis (sans avoir la moindre idée sur l'identité réelle d'al-Koubaisi) elle mentionna l'incident à son contact au sein du Groupe. À partir de là, une simple vérification dans les trois ou quatre établissements qu'elle avait mentionnés avait permis à l'équipe de Kathy de repérer et d'identifier al-Koubaisi.

L'hôtel que s'était finalement choisi le professeur de droit se trouvait dans une rue modeste et étroite du huitième arrondissement, la rue de l'Arcade. À un jet de pierre de l'église de la Madeleine, la rue de l'Arcade relie le boulevard Malesherbes au boulevard Haussmann. La rue Royale, qui se termine sur la place de la Madeleine, venant de la place de la Concorde, est donc tout à côté.

Al-Koubaisi passait l'essentiel de son temps dans les cafés ou à leur terrasse, sur la rive droite comme sur la rive gauche ; il semblait préférer prendre ses rendez-vous du matin dans le quartier du boulevard Saint-Germain, et ceux du soir dans celui de la rue du Faubourg-Montmartre, ou encore sur les Champs-Élysées. Quand il revenait de la rue du Faubourg-Montmartre, il remontait en flânant le boulevard des Italiens, passait devant l'Opéra puis empruntait le boulevard des Capucines pour rejoindre son hôtel. L'ironie du sort voulait que cet itinéraire le fît passer à deux pas de l'immeuble où Hans, Robert et Avner avaient établi leur planque. Si son dernier rendez-vous avait lieu sur les Champs-Élysées, al-Koubaisi empruntait soit l'avenue Marigny – auquel cas il tournait à droite dans la rue du Faubourg-Saint-Honoré, passant devant le palais de l'Élysée –, soit l'avenue

Gabriel qu'il suivait jusqu'à la place de la Concorde. Les deux itinéraires le conduisaient de toute façon jusqu'à la rue Royale, sur laquelle il débouchait soit avant, soit après le restaurant *Maxim's* ; cinq minutes de marche de plus, en passant par la place de la Madeleine, et il était dans son hôtel.

Le soir du 6 avril, le Dr Basil al-Koubaisi choisit le deuxième itinéraire.

En homme prudent, à moins qu'il n'eût senti le danger, al-Koubaisi se tournait de temps en temps, comme pour vérifier s'il n'était pas suivi. Il aurait été néanmoins bien incapable de remarquer les deux voitures différentes qui, mêlées au reste de la circulation, le pistaient depuis les Champs-Élysées. Les gens du Groupe abandonnèrent la filature à la hauteur de l'avenue Marigny ; inutile de risquer d'éveiller l'attention d'une cible dont l'itinéraire, à partir de là, était parfaitement connu.

Avner, Robert et Hans attendaient, dans leur planque à proximité de la place de la Madeleine, le coup de fil qui les avertirait de l'approche d'al-Koubaisi. Ils avaient prévu de le prendre en filature sur la place elle-même.

Le téléphone sonna un peu après 22 heures.

À cet instant précis, plus personne ne surveillait la cible, sinon peut-être les CRS de garde devant l'ambassade américaine, avenue Marigny. Al-Koubaisi pouvait très bien avoir choisi de passer par là pour cette raison : dans cette rue déserte, il ne risquait guère d'être attaqué sous les yeux de policiers aussi bien armés et soupçonneux. Dans les autres parties de son itinéraire, il pouvait se sentir protégé par la foule qui l'entourait, beaucoup plus dense. Le seul moment critique était le trajet qui, de la rue Royale, l'amenait à son hôtel.

La première voiture de surveillance de Kathy avait tranquillement fait le tour de l'obélisque de la place de la Concorde, entretemps, elle put repérer al-Koubaisi qui venait de tourner au coin de la rue Royale. Le véhicule ne s'arrêta pas, et ne ralentit même pas. En haut de la courte rue élégante, il tourna à droite pour s'engager boulevard de la Madeleine, faisant marcher son clignotant une seule fois pour avertir Avner et son équipe, qui marchaient d'un pas rapide dans l'autre sens.

Le deuxième véhicule, où Kathy elle-même occupait la place du passager, suivit tout d'abord al-Koubaisi à petite vitesse, puis le dépassa au moment où il atteignait le haut de la rue Royale. Mais au lieu de tourner à droite, comme la première voiture, il fit le tour de l'église de la Madeleine et vint se ranger le long du trottoir, tous feux éteints mais le moteur tournant au ralenti, à proximité d'une artère plus petite, la rue Chauveau-Lagarde, et devant la grande entrée du parking garage de Paris.

Avner et Hans, suivis de Robert à une cinquantaine de pas derrière, traversèrent le haut de la rue Royale au moment précis où Koubaisi traversait lui-même, à une centaine de mètres devant eux, le boulevard Malesherbes. L'Arabe marchait d'un pas vif et il n'était pas facile de gagner du terrain sur lui sans trahir leurs intentions ; mais il fallait faire vite. Al-Koubaisi n'était plus très loin de son hôtel.

À cette heure et en cet endroit, les piétons étaient rares et la circulation très fluide ; et à la manière dont l'homme regarda par-dessus son épaule en arrivant de l'autre côté du boulevard, on pouvait supposer qu'il serait facilement sur ses gardes. S'il décidait de prendre le pas de course, se dit Avner, ils n'auraient peut-être pas le temps de le rejoindre. Cent mètres, et il se retrouverait rue de l'Arcade ; puis cinquante mètres, et il franchirait le passage de la Madeleine ; à ce moment-là, il serait tout près de son hôtel. Une fois qu'il aurait traversé la rue Chauveau-Lagarde à la hauteur des feux de circulation, il deviendrait pratiquement hors d'atteinte.

Avner et Hans s'efforcèrent d'accélérer le pas sans en avoir l'air, ce qui est loin d'être simple. S'ils avaient le temps de réduire de moitié la distance qui les séparait avant que l'Irakien ne se mît à courir, c'en était fait de lui. Mais déjà, il s'était rendu compte qu'on le suivait ; il avait lui-même accéléré le pas, jetant de brefs coups d'œil en direction de ses poursuivants. Il ne se mit pourtant pas à courir. Avner se prit à espérer que l'homme était quelqu'un de courageux aux nerfs solides.

Pour son malheur, c'était bien le cas. Une fois arrivé rue de l'Arcade, il ne chercha pas à fuir en courant ; il ne courait toujours pas devant la boutique du fleuriste, toujours pas devant le magasin chic d'articles pour fumeur, *Au Lotus* ; à la hauteur du petit hôtel *Peiffer*, au coin du passage de la Madeleine, il marchait encore. Il essayait simplement d'aller le plus vite possible, et jeta un nouveau coup d'œil par-dessus son épaule. Renonçant à faire semblant de marcher normalement, Avner et Hans se trouvaient maintenant à moins de trente mètres derrière lui. Robert suivait, un peu en arrière, sur l'autre trottoir de la rue étroite. Avner et Hans pouvaient ainsi concentrer toute leur attention sur la cible, sachant que Robert s'occupait de la sécurité de leurs arrières.

Al-Koubaisi avait encore une chance de leur échapper. Mais il fit la faute majeure de s'arrêter au feu rouge de la rue Chauveau-Lagarde, alors qu'il n'y avait pas une seule voiture dans la rue ; il hésita, regarda le feu, et attendit quelques instants. Comportement étrange pour un homme qui se savait poursuivi.

Avner et Hans le dépassèrent l'un à droite l'autre à gauche et descendirent du trottoir dans la rue. Ils voulaient, expliquèrent-ils plus tard, voir al-Koubaisi de face pour bien s'assurer de son identité ; mais en outre tous deux répugnaient beaucoup à l'idée de tirer de dos sur quelqu'un[45].

Quelques secondes auparavant, Avner avait jeté un coup d'œil en l'air pour vérifier si personne ne regardait depuis sa fenêtre, et il avait remarqué avec satisfaction la présence d'une sorte de store qui empêchait d'avoir une vision directe de ce qui se passait dans la rue, juste en dessous. Restaient bien les fenêtres de l'autre côté de la rue, mais cela diminuait déjà de moitié leurs chances d'être vus. Ce n'était pas exactement le risque zéro, mais c'était mieux que rien. Il n'existe pas de méthode connue pour abattre un homme dans la rue en ne prenant strictement aucun risque.

— Maintenant, lança Hans en hébreu.

L'instant suivant, tous deux avaient fait demi-tour et se retrouvaient face à face avec al-Koubaisi, la main droite glissée sous leur veston, la main gauche décrivant l'arc de cercle qui devait aboutir sur la culasse mobile du Beretta. L'Irakien les regardait ; ses yeux s'agrandirent démesurément et il dit : « la la, la », puis répéta les mots arabes en anglais : « no, no ! »

Al-Koubaisi était descendu du trottoir presque en même temps que Hans et Avner ; il voulut battre en retraite, mais son talon heurta le rebord du trottoir et il commença à tomber, ses bras décrivant de grands moulinets désordonnés. À ce moment-là, l'idée que s'ils manquaient leur coup, les balles iraient s'écraser sur la vitrine de la pharmacie de la Madeleine, devant laquelle ils se trouvaient, traversa brusquement l'esprit d'Avner. Ils ne voulaient pas l'endommager. Modifiant l'angle de son arme, il se mit à suivre la trajectoire du corps d'al-Koubaisi et tira la première rafale de deux coups avant qu'il eût touché le sol. Puis il tira encore deux fois deux coups. C'est à peine s'il avait conscience des faibles détonations du revolver de Hans, à côté de lui, qui tirait presque au même rythme ; mais du coin de l'œil, il aperçut Robert de l'autre côté de la rue. Il attendait, immobile, à demi caché par une voiture en stationnement.

Le corps d'al-Koubaisi s'effondra sur le trottoir, la tête touchant presque le poteau des feux de circulation, mais les pieds dépassant sur la chaussée. Il ne criait pas ; seules ses épaules tremblaient. Puis, comme quelqu'un cherchant à se relever, il ramena ses genoux vers lui et se tourna sur le côté. Avner était sur le point d'ouvrir à nouveau le feu, mais à cet instant l'homme émit une série de sons brefs, aigus et râpeux, comme s'il cherchait à s'éclaircir la gorge, puis tout son corps se détendit. L'homme que la presse française, le lendemain, nommerait « l'ambassadeur itinérant du Dr Habache » gisait dans la rue, mort[46].

La première chose que vit Avner lorsqu'il releva les yeux et regarda autour de lui fut le brasillement d'une cigarette dans la pénombre. De l'autre côté de la rue, dans l'encadrement d'une porte. Un homme, ou peut-être deux se tenaient là en compagnie d'une femme. Des témoins oculaires.

Sans un mot, Avner se mit à marcher en direction de la place de la Madeleine, en empruntant la rue Chauveau-Lagarde. Robert avait fait demi-tour et repartit dans la direction d'où il était venu, sans passer par l'endroit où gisait le corps d'al-Koubaisi. Hans suivait Avner. Ils ne pouvaient espérer qu'une chose, que les témoins n'en fissent pas autant[47].

Les véhicules de Kathy les récupérèrent tous les trois place de la Madeleine en face de l'élégant *Caviar Kaspia*. Ils passèrent par leur planque, puis se rendirent directement à l'aéroport. Le jour suivant, Hans et Robert étaient à Athènes et Avner à Beyrouth.

La vitesse à laquelle se déroulaient les événements empêchait toute réflexion sérieuse. Plus tard, en y repensant, Avner eut l'impression que s'il avait eu le temps de réfléchir, il n'aurait presque rien fait de tout ce qui avait été accompli entre le 1er et le 15 avril 1973. Ou du moins, qu'il s'y serait pris différemment. Il se serait montré infiniment plus prudent ; pour commencer, il n'aurait pas monté un coup en plein cœur de Paris, au beau milieu de la rue, avec seulement deux hommes et deux voitures de fuite garées, à un pâté de maisons. Il n'aurait pas fait partir son équipe la nuit même de Paris. C'était au culot qu'ils avaient franchi les barrières de l'aéroport, grouillant de policiers.

Mais s'il avait été davantage prudent, peut-être aurait-il été pris, lui et ses camarades...

Qui sait ? Le secret n'était-il pas simplement d'agir, sans trop y réfléchir ? Si ça marchait, le résultat était fabuleux ; du travail de professionnel.

10

Beyrouth et Athènes

Le raid sur Beyrouth fut sans aucun doute considéré par les spécialistes comme un remarquable travail de professionnel. Du moins après coup ; car le dimanche 8 avril, il n'était pas facile d'en être aussi certain.

Carl et Steve étaient à Beyrouth depuis deux jours lorsque arriva Avner. Carl était descendu à l'hôtel *Atlanta*, après avoir voyagé sous un passeport britannique au nom de Andrew Macy. Avner s'en était souvenu sans difficulté ; sans quoi il se serait trouvé dans l'obligation de passer peut-être toute une journée assis dans le salon de l'hôtel *Sands*, à guetter l'arrivée de Steve. Avner n'arrivait pas, en effet, à se souvenir de son identité, en dépit de la précaution prise par Steve, consistant à faire rimer nom et prénom : Gilbert Rimbert, de nationalité belge. Il avait pris cette couverture car il pouvait faire passer son afrikaan pour du flamand, du moins au Liban.

Avner se rappelait en revanche très bien sa propre identité : Helmut Deistrich, un homme d'affaires allemand. Il ne descendit dans aucun hôtel, et se rendit directement dans une planque fournie par Louis.

Un jour plus tard, Hans et Robert arrivaient d'Athènes via Rome. Robert avait également emprunté une identité belge, et s'appelait pour le moment Charles Boussart. Hans préférait les noms allemands, et était devenu pour la circonstance Dieter von Altnoder. Tous deux rejoignirent Steve à l'hôtel *Sands*.

Beyrouth n'était pas encore, en 1973, le monceau de ruines à demi calcinées que la ville est devenue depuis, lorsque a commencé la guerre civile entre chrétiens et musulmans. On y trouvait de hauts immeubles à appartements, des casinos et des boîtes de nuit, des quartiers élégants et des femmes ravissantes et bien habillées. De ce fait, c'était peut-être la seule ville de tout le bassin méditerranéen qui fût du goût d'Avner ; il pensait avec un certain plaisir aux plages où était autorisé le port du bikini, ou encore à l'*Aden Rock Club* de Beyrouth Ouest, où n'importe qui, pourvu qu'il fût porteur d'une carte de l'American Express, pouvait pénétrer dans un univers de plaisirs – plaisirs limités pour lui, qui ne jouait ni ne buvait. Il aurait cependant aimé pouvoir s'allonger dans une chaise longue, sur la plage, sentir le soleil sur sa peau et regarder les filles tout en buvant de temps en temps une gorgée de Coca-Cola bien glacé.

Mais au lieu de cela Avner et ses partenaires se servirent de leurs cartes de crédit pour louer une véritable flottille de voitures : trois Buick blanches, un gros break Plymouth, une Valiant et une Renault 16. Prenant les agents locaux du Groupe comme chauffeurs, ils passèrent leur dimanche et une partie du lundi à explorer en détail six endroits bien précis. Deux se trouvaient dans Beyrouth même, trois dans les environs de la ville, et un à une cinquantaine de kilomètres au sud, près de la ville côtière de Sidon. Ce dernier lieu, ainsi que les trois à l'extérieur de la ville étaient les camps où les Palestiniens avaient leurs dépôts de matériel, d'armes, de véhicules et de bateaux, et où ils gardaient leurs archives et leurs documents. L'un des deux endroits reconnus à Beyrouth était le quartier général de l'OLP.

L'autre était l'immeuble de quatre étages abritant des appartements où vivaient Kamal Nasser, Mahmoud Youssouf Najjer et Kemal Adwan.

Étant donné que toute la préparation de l'opération avait déjà été assurée par les agents sur place du Mossad, qui devaient rester à Beyrouth une fois qu'elle serait menée à bien, l'équipe d'Avner n'avait plus qu'à accomplir ce que ces agents n'auraient pu faire sans détruire leur couverture. Cela comprenait la location des véhicules qui seraient abandonnés après le raid et le guidage des commandos jusqu'à leur destination. Certains employés locaux du Groupe devaient également jouer un rôle, chose que Louis n'avait acceptée qu'à contrecœur et en faisant payer très cher ses services. Cependant, Avner lui ayant donné sa parole que ses gens ne rencontreraient ni agents du Mossad ni aucun soldat des commandos, et que leur seul travail consisterait à conduire un petit convoi de véhicules civils qui se contenteraient de suivre leurs propres véhicules jusqu'en certains points, il avait fini par accepter. Dans ces conditions, les risques que courait son organisation restaient minimes [48].

Les huit voitures furent garées près de la plage de Ramlet el Beïda peu après minuit. L'endroit avait beau être tout à fait désert, quelques voitures américaines disséminées le long d'une plage ne devaient normalement pas attirer l'attention. Les habitants de Beyrouth, comme la plupart des gens au Moyen-Orient, se couchaient tôt ; mais tout le monde était habitué aux horaires particuliers des touristes.

C'était une nuit sans lune, et la mer était d'un noir d'encre. À 1 heure du matin, Avner aperçut dans les ténèbres la faible lumière émanant d'une lampe de poche, et répondit par deux brefs appels de phares. La lampe de poche s'éteignit. Quelques minutes plus tard, silhouettes noires émergeant d'une eau plus noire encore, apparut un groupe d'hommes-grenouilles qui s'avança silencieusement sur la plage. Ils portaient leurs armes et leurs habits civils dans des sacs étanches.

Les quarante soldats du commando s'entassèrent comme ils purent dans les huit voitures, ce qui fit dire plus tard à Steve qu'il s'était agi du problème technique le plus délicat de toute la mission ; se séparant en deux groupes, les véhicules prirent la direction du centre de la ville. Carl et Robert guidèrent leur contingent au quartier général de l'OLP ; Avner, Steve et Hans le leur jusqu'à l'immeuble des chefs terroristes. Les attaques des quatre autres points visés partirent d'endroits différents.

Les trois sentinelles armées qui gardaient l'immeuble à appartements de la rue el Karthoum n'étaient pas sur le qui-vive, et furent tuées dès que les véhicules se rangèrent le long du trottoir. Les Israéliens s'étaient servis de revolvers de petit calibre et de poignards afin de ne pas alerter les habitants de l'immeuble. Avner, Hans et Steve restèrent dans les voitures tandis que les soldats d'élite fonçaient dans les escaliers ; leur présence n'était pas requise, et ils auraient pu être pris dans la fusillade.

Kamal Nasser, un Palestinien chrétien de quarante-quatre ans, vivait au deuxième étage. Célibataire, cet intellectuel docteur en sciences politiques de l'université de Beyrouth était devenu le responsable des relations publiques d'Al Fatah en 1969, et porte-parole officiel de l'OLP un an plus tard. Situation dans laquelle il avait réussi à se maintenir en dépit d'une sérieuse prise de bec avec Yasser Arafat en 1971, le chef de l'OLP trouvant ses positions trop extrémistes. Lorsque le commando fit irruption dans son appartement, il était assis à la table de sa salle à manger, une machine à écrire devant lui. Il s'écroula, le corps criblé de balles au phosphore dont certaines mirent le feu au canapé qui se trouvait derrière lui.

Au premier étage, Kemal Adwan était également en train d'écrire à son bureau ; contrairement à Nasser, qui n'était pas armé, il avait une Kalachnikov à portée de la main. Cet ingénieur était l'un des fondateurs de la section koweïtienne d'Al Fatah ; en 1973, il était le responsable de toutes les opérations de sabotage dans les territoires occupés par Israël. Il connaissait bien son affaire, et il est possible que le succès de ses opérations ait précipité le raid israélien sur Beyrouth. Marié, il avait deux enfants en bas âge. Il eut le temps de tirer un coup de feu de son arme automatique avant d'être abattu par le commando.

Mahmoud Youssouf Najjer, alias « Abou Youssouf », était le responsable de Septembre Noir dans le cadre d'Al Fatah ; en outre, en tant que chef des affaires militaro-politiques de l'OLP, il était probablement à cette époque le numéro 3 dans la hiérarchie souvent changeante du mouvement palestinien, après Yasser Arafat et Saleh Khalif (alias Abou Iyad) responsable de Septembre Noir. Il vivait au troisième étage du bâtiment avec sa femme et son fils, âgé de quinze ans. Les soldats dirent après à Avner que l'adolescent n'avait pas été touché, mais certaines sources prétendent qu'il serait mort dans la fusillade. Pour la femme de Najjer, il n'y a aucun doute : elle tenta de faire à son mari un rempart de son corps, et mourut avec lui, sous une grêle de balles.

Pour son malheur, une femme habitant l'appartement voisin mit le nez à la porte ; elle fut immédiatement tuée. Tout laisse croire qu'elle était une authentique « passante innocente », et il semble qu'elle n'ait même jamais eu aucun rapport avec les terroristes.

Au quartier général de l'OLP et dans les quatre autres endroits choisis, on assista à de véritables batailles rangées, quoique de courte durée. Inférieurs en nombre, les soldats israéliens avaient l'avantage de la surprise ; ils étaient également beaucoup mieux entraînés. Ces deux facteurs jouant toujours un rôle prépondérant dans ce type d'engagement, les Israéliens sortirent victorieux partout. En deux heures, d'après certains témoignages, une centaine de Palestiniens auraient été abattus ; d'autres cependant, sans doute plus réalistes, font état de dix-sept Palestiniens tués. Du côté israélien, les pertes s'élevèrent à un mort et deux ou trois blessés, qui furent finalement évacués par hélicoptère. Les autorités libanaises avaient été tenues au courant d'une manière un peu spéciale : elles avaient reçu plusieurs appels téléphoniques donnés par des Israéliens depuis des cabines publiques, disant que des factions rivales palestiniennes étaient en train de s'entre-tuer en divers points de Beyrouth. Cette nouvelle ne fut pas mise en doute, et la police se garda bien d'intervenir, exactement comme l'avaient espéré les Israéliens[49].

Vers 3 h 30, tout était terminé. Les véhicules loués, dont pas un seul, d'après Steve, n'avait une égratignure, se retrouvèrent stationnés en bon ordre face à la plage. Le commando, ainsi qu'Avner et son équipe, furent évacués par mer. Mais au lieu d'embarquer comme les soldats sur une barge de débarquement, ils montèrent, ainsi d'ailleurs que le personnel de Louis, sur un bateau de pêche qui se trouvait à l'ancre à peu de distance de la côte. Loué par Le Groupe, ce bateau de pêche arrivait à Chypre peu après le lever du soleil[50].

Le calme ne régnait pas précisément sur l'île. Le hasard avait fait que les fedayin avaient préparé pour le même jour un raid sur la résidence de l'ambassadeur israélien à Chypre, et sur un appareil d'El Al, à l'aéroport de Nicosie. Mais la double attaque des commandos palestiniens fut un échec à peu près complet. Au domicile de l'ambassadeur, les trois guérilleros palestiniens blessèrent un policier chypriote, cependant qu'à l'aéroport, le commissaire de bord de l'avion tuait l'un des attaquants et en blessait deux autres, sur les six du groupe. Les terroristes, qui appartenaient au groupe dissident Jeunesse nationale arabe d'Abou Nidal, avaient tenté de se rendre jusqu'à l'appareil d'El Al, un Viscount, en se lançant sur la piste avec une Land Rover et une petite voiture japonaise ; l'avion ne fut pas endommagé, et personne ne fut touché.

Ce n'était pourtant pas faute d'avoir essayé, comme le remarqua Carl.

L'ambassadeur israélien Rahamin Timor avait en effet quitté sa résidence avec toute sa famille quelques minutes seulement avant l'attaque des Palestiniens ; ceux-ci, après avoir mis le policier chypriote hors de combat, firent sauter une telle charge d'explosifs au rez-de-chaussée de l'immeuble que toutes les vitres dégringolèrent rue Florinis, au centre de Nicosie, à cinq cents mètres de là. Si, comme le croyaient les fedayin, Timor et sa famille s'étaient trouvés à l'étage au-dessus, ils seraient selon toute vraisemblance morts dans l'explosion. Le raid palestinien à Chypre ne fit que renforcer la détermination d'Avner d'assassiner Zaid Mouchassi à Athènes, qu'il fût ou non sur la liste originale de cibles.

C'est dans ce coup de main que, pour la première fois, ils frôlèrent le désastre.

Rétrospectivement, Avner se demanda si sa faute principale n'avait pas été de séparer de nouveau son équipe en deux, comme il l'avait fait à Paris. Mais ils s'en étaient bien sortis à trois dans l'affaire al-Koubaisi*, et il ne lui parut pas particulièrement risqué de vouloir répéter cet exploit à Athènes. Il décida d'agir avec la même équipe : Robert et Hans. Pendant ce temps, Steve irait remonter la moindre piste pouvant conduire à une autre de leurs cibles, et en particulier au numéro 1, Ali Hassan Salameh. Quant à Carl, il se chargerait de contrôler l'état de leurs planques et de leurs différents comptes. L'équipe pourrait ainsi faire rapidement mouvement, au cas où l'une des cibles restantes referait surface quelque part en Europe. À la cadence à laquelle ils allaient, ils pouvaient même descendre les onze *mechablim* inscrits sur la liste. « Ça serait tout de même quelque chose ! » remarqua Avner, approuvé par tous.

Le fait était également que jusqu'ici, les mercenaires du Groupe n'avaient pas commis le moindre faux pas. À Rome, comme à Nicosie, à Beyrouth ou à Paris, par deux fois. À l'exception du « canard » qui les avait envoyés à Genève, les informations de Louis s'étaient toujours montrées d'une grande précision, et d'une qualité incomparable par rapport à ce que donnaient au Mossad ses informateurs habituels. Ses équipes de surveillance accomplissaient leur travail en professionnels, et ses planques étaient parfaites. Hans préférait ne pas se fier aux papiers d'identité que Louis aurait pu lui fournir, mais il avait en revanche fait par deux fois confiance à ses gens pour livrer des armes et des explosifs, et pour les débarrasser de leurs revolvers après des coups. Tout avait fonctionné à la perfection. Il n'était guère étonnant, dans ces conditions, qu'avec le soutien d'une telle organisation, les différents groupes de terroristes d'Europe eussent pu réussir aussi bien au cours des trois ou quatre années précédentes. La seule chose surprenante, au fond, était qu'ils n'aient pas mieux réussi.

À Athènes, ils allaient en revanche devoir se fier encore un petit peu plus à l'organisation de Louis que par le passé. Robert n'ayant pas le temps matériel de se rendre en Belgique se faire préparer ses explosifs chez son fournisseur habituel, il allait leur falloir utiliser ce que pourrait leur procurer le représentant de Louis en Grèce. C'était prendre un risque ; comme Robert l'avait fait remarquer, les terroristes se faisaient sauter eux-mêmes avec une fastidieuse régularité ; mais il valait la peine d'être couru.

---

* Voir *Le Figaro*, 10 avril 1973.

Les terroristes n'arrivaient aussi que trop souvent à faire sauter les cibles qu'ils visaient ; et, d'après Louis, l'homme qu'il avait à Athènes avait déjà fourni des explosifs à plusieurs occasions à la bande Baader-Meinhof.

Comme précédemment, Avner, Robert et Hans prévoyaient également d'utiliser les planques de Louis et ses équipes de surveillance.

Ils arrivèrent le 11 avril à Athènes ; la planque dans laquelle ils passèrent leur première nuit était remplie de… terroristes arabes. Ces derniers crurent qu'Avner et son équipe appartenaient à la Fraction armée rouge des organisations clandestines allemandes, et s'exprimèrent librement devant eux – non pas seulement à cause d'affinités idéologiques vraisemblables, mais aussi parce qu'ils ne pouvaient supposer que leurs camarades allemands parlassent couramment l'arabe. Le grand sujet de discussion était précisément le raid israélien sur Beyrouth ; Avner eut la satisfaction de constater l'inquiétude manifestée par les Arabes, qui parlaient de se faire oublier pendant quelque temps au Caire ou à Bagdad. Avner n'éprouvait certes pas de doute sur l'efficacité du contre-terrorisme, mais il se trouva renforcé dans sa conviction : lui et son équipe étaient sur la bonne voie. Au moins en partie grâce à leurs efforts, les *mechablim* étaient maintenant en position de repli.

Ils trouvèrent plus prudent de changer de planque le lendemain. Leur nouveau refuge était tenu par une Grecque qui ne parlait que quelques mots d'anglais. Elle avait préparé un excellent repas pour Avner et Hans – Robert étant déjà en train de travailler avec le spécialiste en explosifs – et ils étaient encore à table lorsque arriva un coup de téléphone de l'informateur de Louis à l'hôtel *Aristides*, rue Sokratous. Apparemment, Zaid Mouchassi venait juste de quitter l'hôtel ; l'agent du KGB était venu le chercher dans une Mercedes noire[51].

Ils décidèrent de partir dans la voiture de leur hôtesse et d'aller chercher Robert avec ses explosifs ; entre-temps, l'un des hommes de Louis était arrivé avec des automatiques (Beretta calibre 22, comme demandé) ; Avner et Hans en avaient pris chacun un, plus un troisième pour Robert. Puis ils montèrent dans la Chevrolet Impala de la jeune femme grecque.

Il leur fallait traverser presque toute la ville pour retrouver Robert et son sac de voyage, au coin de Trios Septembria et d'Omonia. Une fois là, la jeune femme leur laissa le volant et repartit chez elle par le métro. Avner se lança comme il put dans l'intense circulation qui règne autour de la place Omonia, qui vaut bien celle de la place de la Concorde ou celle de Piccadilly Circus. Le Grec d'âge moyen qui avait conduit Robert dans sa propre voiture, et qui était un autre agent du Groupe, était monté auparavant avec Avner, tandis que Hans et Robert empruntaient son véhicule. Il ne fallut que quelques minutes aux deux autos pour se faufiler jusqu'à la rue Sokratous.

Il était 20 heures passées lorsqu'ils arrivèrent devant l'hôtel de Mouchassi. Accompagnés du Grec, Robert et Hans se rendirent dans le hall, tandis qu'Avner restait à l'extérieur. Pendant les quelques instants où il avait été seul avec Hans dans la voiture du Grec, Robert en avait profité pour faire passer une partie du contenu de son sac dans un petit attaché ; moins le Grec en voyait, mieux c'était, et il préférait s'en tenir à la règle voulant que les équipes de soutien ne fussent jamais au courant de la nature de l'opération projetée. Il s'agissait de se protéger eux-mêmes, mais aussi de faire en sorte que ceux qui les avaient aidés ne pussent être impliqués dans un meurtre si les choses tournaient mal. À l'exception – inévitable – de l'homme qui avait fourni les explosifs, tout le personnel de l'équipe de Louis à Athènes croyait qu'il ne faisait qu'aider Avner et ses partenaires dans une mission de surveillance avec pose de micros secrets dans une chambre d'hôtel.

Sur place, pour un pourboire modeste, le Grec convainquit un portier de monter la petite valise jusqu'au cinquième étage, et de laisser pénétrer deux étrangers – Hans et Robert – dans une certaine chambre, à l'aide de son passe. Ce qu'ils y feraient ne regardait qu'eux.

Une fois sur place, les deux hommes dissimulèrent huit bombes incendiaires dans la chambre de Mouchassi. Remplies d'une substance très inflammable semblable au magnésium, ces bombes n'avaient qu'une puissance explosive très limitée ; elles fonctionnaient un peu comme une pièce de feu d'artifice, se consumant instantanément en brûlant tout l'oxygène de la pièce. Elles ne tuaient donc pas directement, et il y avait peu de chance pour qu'elles missent le feu à la chambre, car elles s'éteindraient au bout de quelques secondes, une fois tout l'oxygène consumé. Robert détestait ce type d'engin, prévu à l'origine pour être lancé à la main comme des grenades. Mais c'était le seul dont il disposait.

Les bombes n'avaient pas de système de sécurité. Si un signal radio avait été émis dans le voisinage sur la bonne fréquence, elles auraient immédiatement sauté. Ce qui inquiétait cependant le plus Robert était le matériau incendiaire lui-même, qu'il estimait périmé, instable et imprévisible. Il craignait de le voir partir tout seul – ou au contraire que rien ne se passât. Il avait acheté douze bombes à son fournisseur grec, mais n'avait branché que les huit meilleures – à son avis – sur des détonateurs contrôlés à distance. Il avait laissé les quatre dernières de côté dans son sac. Huit suffiraient, si le système fonctionnait.

Hans et Robert quittèrent l'hôtel peu après 9 heures du soir. À l'inverse des machines infernales considérablement plus sophistiquées utilisées à Paris et à Chypre, ces bombes artisanales étaient difficiles à placer et à cacher. Le temps passé à les disposer ne constituait cependant pas un véritable problème, le KGB aimant à travailler tard la nuit. D'après les observations de l'équipe de surveillance, la Mercedes noire avait toujours ramené Mouchassi à son hôtel après minuit.

Par ailleurs, les véhicules de l'équipe ne risquaient pas d'attirer l'attention ; Athènes connaît une vie nocturne intense, et certains restaurants ne commencent le service qu'à partir de 10 heures, notamment dans la Plaka, l'équivalent du Quartier latin à Paris ou de Soho à Londres.

Minuit passa, cependant, et Mouchassi ne revenait toujours pas. Vers 3 heures du matin, Avner, Hans et Robert tinrent conférence en se dégourdissant les jambes dans la rue. Le jour se lèverait dans deux heures, et l'homme qui dans l'hôtel était à la solde de Louis quitterait alors son travail. Or ils avaient besoin de lui : il devait accompagner Mouchassi dans l'ascenseur, puis redescendre dire qu'il était bien rentré seul dans sa chambre. Il y avait en effet d'autres Arabes dans l'hôtel, et même s'il était peu probable que Mouchassi allât dans leur chambre ou les invitât dans la sienne, à une telle heure de la nuit, c'était un risque supplémentaire que ne voulait pas courir Avner. Toujours est-il qu'ils allaient rapidement devoir prendre une décision.

Mais que faire des bombes incendiaires s'ils prenaient celle d'annuler l'opération ?

Il était exclu de les abandonner sur place ; quant à revenir dans la chambre pour les désamorcer, il n'en était pas question. Non seulement parce que Mouchassi pourrait leur tomber dessus à ce moment-là, mais aussi parce qu'ils risqueraient de se faire sauter avec.

Restait donc une seule solution : provoquer l'explosion dans la chambre encore inoccupée. Il répugnait beaucoup à Avner de l'envisager car cela signifiait non seulement un échec, mais que tout le monde serait au courant ; et sur une cible, par-dessus le marché, qui ne figurait pas sur la liste ! Réussir un coup non autorisé était une chose ;

le rater en était une autre, autrement plus grave. C'était justement le genre de comportement qu'auraient des Palestiniens dans le même cas : faire sauter une chambre vide à cause d'un plan mal conçu. On pouvait certes y voir un « avertissement » à Mouchassi, mais en réalité ce n'était pas ce genre d'avertissement qui ferait renoncer les terroristes (ou le KGB) à leurs projets ; il fallait qu'ils fussent forcés à renoncer. Ils ne feraient la paix que lorsqu'ils constateraient que la paix pourrait être davantage payante pour eux que la guerre. Cet axiome était au cœur même de la façon de voir les choses en Israël. Les coups de semonce tirés en l'air restaient sans effet. Mouchassi et ses commanditaires regarderaient au contraire l'échec de l'attentat comme une victoire pour eux, et d'avoir déjoué les plans des juifs les enhardirait.

Hans et Robert tombèrent d'accord avec l'analyse d'Avner ; ils décidèrent toutefois d'attendre encore une heure. Après quoi, ils agiraient.

Vers 4 heures, c'est-à-dire une heure plus tard, ils s'accordèrent une demi-heure supplémentaire. C'était la dernière limite. Si Mouchassi n'arrivait pas avant 4 h 30, il leur faudrait faire quelque chose.

La Mercedes noire déboucha dans la rue Sokratous à 4 h 25.

Mais elle ne s'arrêta pas devant l'entrée principale : au lieu de cela, elle alla se garer le long du trottoir, une trentaine de mètres plus loin. Avner ne put distinguer si le chauffeur avait ou non arrêté le moteur, mais il avait par contre éteint les lumières.

Une minute environ passa sans que personne n'émergeât de la Mercedes. L'obscurité rendait impossible de distinguer les passagers à l'intérieur, et même de savoir s'ils étaient deux ou davantage. Mais lorsque la porte s'ouvrit, finalement, l'éclairage de l'habitacle s'alluma pendant quelques secondes ; l'homme qui descendit était indiscutablement Zaid Mouchassi. Il y avait un autre homme à l'arrière, qui ne bougea pas ; un troisième personnage se trouvait au volant, portant une casquette de chauffeur. L'éclairage cessa lorsque Mouchassi referma la portière, mais les phares du véhicule ne s'allumèrent pas. Et alors que Mouchassi était déjà dans le hall de l'hôtel, la voiture n'avait toujours pas bougé.

De toute évidence, le Russe attendait quelque chose. Mais quoi ? Le retour de Mouchassi ? C'était tout à fait possible.

Il pouvait par exemple aller chercher dans sa chambre quelque chose à donner à son contact des services secrets soviétiques ; il pouvait encore faire sa valise et quitter définitivement l'hôtel ; le Russe l'attendait peut-être pour le conduire dans une planque, ou encore à l'aéroport.

Dans quelques secondes, l'agent de Louis allait descendre les avertir si Mouchassi était entré seul ou non dans sa chambre. Ce serait pour Robert le signal de déclencher l'explosion. Chacun étant dans une voiture séparée, Robert ne devait pas attendre le feu vert d'Avner, cette fois. Pour retenir la main de Robert, Avner devait l'avertir avant le retour de l'agent de Louis.

Avner saisit la poignée de la portière. Devait-il tout arrêter ? La présence des Russes attendant à seulement quelques dizaines de mètres posait un problème inattendu. Mais la situation était-elle réellement différente ? Et devait-il arrêter Robert ? Et s'il l'arrêtait maintenant, qu'allait-il advenir des huit bombes incendiaires ? Ils ne pourraient plus les enlever, et elles risqueraient alors de tuer un innocent ; ou encore, si elles étaient découvertes intactes, il serait beaucoup plus facile pour la police d'en retrouver l'origine. Avec toutes les complications qui pourraient s'ensuivre. L'homme qui les avait vendues avait vu Robert. Il pouvait être arrêté, et dans ce cas-là…

Puis Avner n'eut même plus le choix ; l'employé de l'hôtel venait de faire son apparition devant l'entrée principale ; il s'étira, bâilla, souleva sa casquette et se gratta le crâne. Puis il fit demi-tour et rentra dans l'hôtel.

Involontairement, les yeux d'Avner coururent le long de la façade jusqu'au cinquième étage. Comme beaucoup d'Arabes, Mouchassi préférait le cinquième pour sa valeur de porte-bonheur – *chamza*. Avner ne savait pas quelle était exactement sa fenêtre, mais il n'était pas possible de se méprendre lorsque se produirait l'éclair. Il le verrait même s'il ne regardait pas la bonne fenêtre.

Si ce n'est qu'il ne vit rien.

Une minute plus tard, toujours rien.

Avner essaya de distinguer ce que Robert et Hans étaient en train de fabriquer dans leur voiture, mais c'était impossible. Robert aurait-il mal compris ? Serait-il en train d'attendre le signal d'Avner ? C'était peu probable.

La Mercedes des Russes n'avait toujours pas bougé. Forme noire et menaçante, attendant dans l'obscurité à quelques dizaines de mètres.

Puis soudain la portière du véhicule de Hans et Robert s'ouvrit, et Robert – non, Hans ! en jaillit, tenant à la main le sac de voyage de Robert. Celui dans lequel se trouvaient les explosifs restants. Sous les yeux d'Avner, agrandis par la stupéfaction, Hans se dirigea vers l'entrée principale. Mais que diable était-il en train de faire ? On aurait presque dit qu'il était soudain devenu fou, rien qu'à sa démarche. Il se déplaçait ordinairement d'une manière raide et volontaire, comme quelqu'un de beaucoup plus âgé ; et voici qu'il avançait par grandes enjambées fluides, le menton levé bien haut. Avner fut tellement abasourdi qu'il hésita pendant quelques secondes à agir. Hans n'avait même pas regardé dans sa direction avant de s'engager dans l'entrée. Il était clair qu'il indiquait par là à Avner qu'il ne devait pas bouger, mais ce dernier ne pouvait rester passivement assis dans la voiture.

— Lancez le moteur, dit-il au Grec, qui, mal à l'aise, le regardait depuis un moment. Vous avez compris ? Ne faites rien d'autre ; lancez simplement le moteur.

Puis il bondit hors de l'Impala et fonça à grands pas vers l'hôtel, de l'autre côté de la rue.

Le calme le plus complet régnait dans le hall. Il n'y avait personne à la réception. Hans avait disparu, comme l'employé grec à la solde de Louis. Jetant un coup d'œil à l'ascenseur, Avner constata qu'il indiquait le cinquième étage. Pendant quelques instants, il regarda autour de lui, essayant de se souvenir de la disposition des lieux. Une porte conduisait à l'entrée de service ; une autre vers l'escalier, qui servait d'issue de secours. Si l'ascenseur était au cinquième, Hans avait donc dû l'emprunter ; et si oui, il était risqué pour lui de le rappeler. Avner se dirigea donc vers l'escalier.

Il entendit alors une explosion. Pas très forte, mais la méprise n'était pas possible. Un son grave, étouffé, sans écho. Un tremblement d'infrasons qui lui fut transmis par la plante des pieds.

L'ascenseur redescendait. Avner pouvait voir les numéros changer. Il s'aplatit contre le mur, et sa main droite se rapprocha de sa hanche.

Les portes automatiques s'ouvrirent. Hans sortit, pâle, le visage impénétrable. Derrière lui, portant le sac, l'employé grec devenu fou furieux lui lançait des insultes dans sa langue tout en agitant le poing.

— Ce con de Robert avec sa télécommande à la con, dit Hans en avisant Avner. Il a fallu que j'y aille.

— Filons par là, lui répondit Avner en montrant l'entrée de service.

Il empoigna l'employé grec par l'épaule et le poussa dans le sillage de Hans.

Le couloir qui menait jusqu'à l'entrée elle-même donnait sur quelques marches et passait en demi-sous-sol sous l'immeuble avant d'atteindre la rue. Hans avançait en tête, suivi par le Grec toujours en train de gesticuler et de fulminer des imprécations. Avner fermait la marche. Juste avant la sortie, il y avait de nouveau quelques marches ; lorsque Hans ouvrit la porte, Avner put apercevoir le trottoir, qui était presque à la hauteur de son visage. Le trottoir, et autre chose également.

La Mercedes noire, garée juste en face. Ils débouchaient de l'hôtel exactement à l'endroit où était stationné le véhicule des Russes. Cette éventualité n'était pas une seconde passée par l'esprit d'Avner. Ils auraient tout aussi facilement pu ressortir par l'entrée principale ; mais non, il avait fallu qu'il joue au plus fin. Ne jamais ressortir par l'endroit où vous êtes entrés. Déjouer l'adversaire. Jouer fin.

Hans vit également la voiture des Russes et s'arrêta. L'homme du KGB installé sur le siège arrière avait déjà à demi ouvert sa portière et s'apprêtait à descendre ; il devait avoir entendu l'explosion, avoir vu l'éclair. Sans doute voulait-il aller aux renseignements. Et maintenant voici que trois hommes surgissaient de l'entrée de service, juste en face de lui, quelques instants après la déflagration. Il n'allait pas manquer de faire le rapprochement.

Il le fit. Debout derrière la portière encore entrouverte, il commença à déplacer sa main droite vers son côté gauche. L'agent du KGB était sur le point de sortir son arme.

Plus tard, en y repensant, Avner se demanda s'il ne s'était pas mépris. L'homme après tout était un agent, et devait songer à sa propre couverture ; peut-être n'essayait-il pas d'atteindre son automatique. Étant jusque-là complètement hors du coup, pourquoi vouloir soudain intervenir ? Aussi habiles qu'eussent été ses déductions, le Russe n'avait aucun moyen d'être sûr de son implication dans ce qui venait de se passer. Il n'avait aucune raison de vouloir arrêter trois inconnus passant devant lui. Porter la main à son arme avait cependant peut-être été tout simplement un réflexe, un automatisme non prémédité. Tout comme Hans ou Avner, le Russe avait été habitué à réagir à toute vitesse ; et contrairement à un passant innocent, un témoin ordinaire, il devait être tendu depuis qu'il attendait dans sa voiture. Là se trouvait peut-être l'un des inconvénients d'un entraînement professionnel trop poussé ; on en arrivait à être en alerte un peu trop vite, à réagir trop rapidement. Il avait sans doute perdu la faculté de rester pétrifié de surprise, cette faculté qui fait hésiter et empêche de faire quoi que ce soit. Ce bref délai qui, assez étrangement, à vrai dire, nous donne une certaine marge de sécurité dans notre vie quotidienne.

Mais si Avner s'était trompé sur les intentions du Russe, il en allait de même de Hans, qui interpréta comme lui le geste de l'homme.

Hans tira le premier, comme on le lui avait appris, par deux fois.

Puis Avner fit feu par deux fois lui aussi, tandis que le Russe s'accrochait à l'encadrement de la portière de la main gauche, sa main droite cherchant toujours à saisir son arme. Avner tirait du fond de l'escalier, sous un angle élevé, s'efforçant d'atteindre sa cible à travers la vitre ouverte du véhicule; il savait en effet que la vitesse d'éjection de ses balles était trop faible pour percer le métal de la portière. Il put voir les coups de Hans porter, mais n'aurait su dire si lui-même avait fait mouche. Il pensa avoir manqué. De toute façon le Russe battit en retraite vers son siège en vacillant, tandis que le chauffeur, se retournant sur son siège, le tirait à l'intérieur. L'homme devait avoir beaucoup de force, car il ne se servit que d'une main pour jeter son passager blessé dans le coin opposé du véhicule et claquer la portière. Puis les pneus de la Mercedes hurlèrent, et le véhicule bondit, dérapa, avant de disparaître au bout de la rue.

Avner rangea son arme tout en maintenant le Grec par le collet de sa main libre; mais c'était inutile, car l'homme était pétrifié de peur. Un peu plus loin dans la rue, la voiture conduite par Robert démarra, fit un demi-tour sur place et vint piler devant les trois hommes. Avner s'empara du sac auquel le Grec s'accrochait encore, et poussa l'homme dans le véhicule à la suite de Hans. Puis il traversa la rue en courant jusqu'à l'Impala; déjà le conducteur grec allumait les phares.

— Roulez, c'est tout, lui dit Avner une fois installé. Mais pas trop vite, compris? *Nicht zu schnell!*

Le Grec acquiesça d'un simple signe de tête. Contrairement à son compatriote, il restait d'un calme absolu. Évidemment, il n'avait pas vu sauter une douzaine de bombes incendiaires sous ses yeux, lui; quant à la fusillade, il ne l'avait aperçue que de loin.

De retour dans la planque, la petite équipe essaya d'y voir clair dans ce qui s'était passé, chacun déployant d'immenses efforts pour paraître calme. Il fallut d'ailleurs commencer par apaiser l'employé de l'hôtel, qui ne parlait que le grec. L'homme était en état de choc ou presque. Soit il restait assis, les yeux perdus dans le vague en murmurant «*Bomba, bomba!*», soit il bondissait vers Hans en agitant la main et se mettait à égrener ce qui devait être un chapelet complet d'injures grecques. Avner finit par le prendre à part avec le Grec plus âgé, et se mit à lui glisser des billets de cent dollars dans la main. L'effet fut quasi instantané, et vers la cinquième ou sixième coupure verte, l'incendie était définitivement éteint ; Avner tendit alors le même montant à celui qui lui avait servi de chauffeur et d'interprète.

Après le départ des deux Grecs, Robert prit la parole le premier.

— Je sais ce que vous éprouvez, les gars. Comment croyez-vous que je me sente ? Croyez-moi, ma télécommande fonctionnait ; je l'avais vérifiée... Je ne pouvais rien faire d'autre. Mais voilà : on s'est fait refiler un produit périmé.

Robert aurait sans doute été mieux inspiré de se taire, car ses excuses furent le prétexte d'une furieuse dispute, la première depuis le début de la mission. Hans ne démordait pas de son argument : puisque Robert avait éprouvé des doutes sérieux sur la qualité de ses engins, il aurait dû recommander la remise à plus tard de l'opération ; il n'aurait alors pas été à blâmer si ses recommandations avaient été négligées. Mais, en l'occurrence, la faute lui incombait. Se contenter de grommeler dans sa barbe « Ce truc-là ne vaut pas grand-chose », ce qu'il faisait de toute façon en permanence, comme le lui fit remarquer Hans, n'équivalait pas à recommander une annulation de l'opération.

Hans n'avait pas tort sur ce point ; mais il avait lui aussi des comptes à rendre à Avner. Il y avait une hiérarchie dans le groupe, et de toute façon le simple bon sens aurait dû lui conseiller de consulter les autres avant de les entraîner dans une opération aux plans bouleversés. Car c'est exactement ce qu'il avait fait : il s'était emparé du sac contenant les quatre bombes restantes, et avait foncé jusqu'à l'étage de Mouchassi ; il avait apparemment convaincu l'employé grec de l'hôtel, qui ne se doutait de rien, de l'accompagner pour aller frapper à la porte du *mechabel* ; dès qu'il l'entendit tripoter sa clef, derrière la porte, Hans fit signe au Grec de se reculer, et prit une bombe dans le sac. Quand Mouchassi ouvrit la porte, il l'enfonça d'un coup de pied, et jeta la bombe à l'intérieur comme s'il s'agissait d'une grenade offensive.

Tout cela, sans avoir rien dit de ses intentions ni à Robert ni à Avner.

— Si j'avais dû vous en parler, dit-il d'un ton boudeur, vous auriez dit non. Du moins pour commencer. Puis vous auriez dit oui, parce que c'était la seule solution, mais nous aurions perdu un temps précieux. Je n'ai fait que prendre un raccourci.

— Comment ça, la seule solution ? lança Robert. Une fois qu'il était à la porte, pourquoi ne pas le descendre au revolver ?

— Le descendre ? s'exclama Hans d'un ton outragé.

Puis il se tourna vers Avner, le prenant à témoin :

— Tu vois ? Il est incapable de réfléchir !

Avner fut bien obligé de lui donner raison. Car, en opérant de cette façon, le problème des bombes incendiaires dans la chambre n'aurait pas été résolu pour autant. La télécommande n'ayant pas fonctionné, la seule solution restante était peut-être bien, en effet, celle adoptée par Hans. Mais n'empêche : il n'aurait pas dû agir de son propre chef. Il aurait au moins dû les alerter.

— Qu'est-ce qui serait arrivé si tu avais été blessé dans l'explosion ? demanda Avner. Qu'aurions-nous dû faire, t'abandonner, ou traîner dans les parages jusqu'à ce que nous soyons tous pris ? Tu as agi de manière irresponsable. Et puis pourquoi avoir tiré sur le Russe ?

— Parce qu'il s'apprêtait à sortir son arme, pardi ! répondit Hans, toujours aussi indigné. Peut-être aurai-je dû attendre qu'il tire le premier ? Et puis d'abord, pourquoi as-tu tiré, TOI ? Pour les mêmes raisons que moi !

— J'ai tiré parce que je t'ai vu tirer, répliqua Avner, mais sans conviction.

La dispute prenait un tour enfantin.

— De toute façon, ajouta-t-il, je l'ai certainement manqué.

Il espérait surtout l'avoir manqué. La dernière chose qu'il souhaitait était bien d'avoir affaire au KGB – ou d'avoir affaire à Éphraïm et à la bande des Galiciens pour avoir descendu un agent soviétique. Cependant, que pouvaient-ils faire d'autre, si le Russe avait bien été sur le point de sortir un automatique ?

Il était aussi stupéfait par le comportement de Hans. Hans avec ses lunettes d'intellectuel, Hans taillé comme un crayon. Hans le calme, le méthodique, Hans qui disait : « Messieurs les Anglais, tirez les premiers ! » Foncer d'un seul coup, un sac de bombes à la main, aurait davantage ressemblé à Steve ou à Robert ; ou à la rigueur, à Avner. Mais Hans ? Partir comme une flèche, donner des coups de pied dans les portes, tirer sur des Russes ? Les gens sont vraiment imprévisibles…

Avner éprouvait en outre la désagréable impression qu'aussi folle qu'elle lui parût, la façon de procéder choisie par Hans avait été la bonne, au vu des circonstances. Hans avait simplement eu le courage de voir les choses telles qu'elles étaient. Si les pièges ne pouvaient être ni déclenchés à distance ni désamorcés sans danger, que restait-il d'autre à faire que de les faire sauter à la main, en lançant une autre bombe dans la chambre, alors que le *mechabel* s'y trouvait encore ? Et

Hans n'avait pas tort de dire que s'ils avaient pris le temps d'en discuter, il aurait peut-être été trop tard.

— Très bien, finit par dire Avner. Inutile d'épiloguer davantage. On est tous dans le coup. Une fois de retour à Francfort, nous en parlerons avec Carl.

Hans et Robert approuvèrent. Si Avner était leur chef, Carl était devenu, depuis le début de la mission (en partie à cause de son âge et de son expérience, mais aussi du fait de sa personnalité) le Salomon, l'aumônier et la conscience du petit groupe. En outre, Carl n'ayant pas été impliqué dans l'opération, il serait aussi impartial et objectif que possible. S'il y avait eu une autre façon de procéder, Carl la leur dirait.

Ils restèrent à Athènes encore une semaine, puis partirent un à un par avion. D'après les journaux, l'explosion avait été un véritable feu d'artifice de 14 Juillet ; un incendie s'était déclaré, mais il n'y avait eu qu'un seul mort, Mouchassi. Il était aussi parfois question d'un touriste allemand légèrement blessé ; mais pas un mot sur la fusillade avec le Russe[52].

Une fois à Francfort, ils soumirent l'affaire à Carl. Ce dernier les écouta, puis resta longtemps sans rien dire, se contentant de tirer de courtes bouffées de sa pipe, les yeux au plafond. La réaction de Steve fut tout à fait différente ; il était stupéfait de voir à quel point cette histoire avait bouleversé ses camarades.

— Et alors, dit-il à Avner, vous l'avez eu, non ? Et ce salopard de Russe aussi. Qu'est-ce qui vous arrive, les gars ? Auriez-vous la frousse ?

— Oh, la ferme, Steve, finit par dire Carl. Écoutez, je n'étais pas sur place ; je ne peux pas en juger. L'essentiel, c'est que vous êtes tous ici. Pensons plutôt à l'avenir.

C'était de toute évidence la meilleure chose à faire. Mais Avner restait inquiet, sans pouvoir dire pourquoi. Jusqu'ici, tout s'était passé comme sur des roulettes. La mort des onze athlètes israéliens avait été vengée par celles de Wael Zwaiter, de Hamshari, d'al-Chir, d'al-Koubaisi, aussi bien que de Najjer, de Nasser et d'Adwan à Beyrouth. Sans oublier Mouchassi et l'agent du KGB. Au fond, tout ça avait été très facile.

Un peu trop facile, même. Pour la première fois depuis le début de la mission, Avner sentait un point douloureux au creux de l'estomac.

11

Mohammed Boudia

Pour la première fois depuis le jour de septembre où ils s'étaient retrouvés à l'*hôtel du Midi* à Genève, peut-être pour la première fois de sa vie, Avner avait peur, véritablement peur. Jamais auparavant il n'avait éprouvé une telle impression ; ni à l'armée, pendant la guerre des Six-Jours, ni pendant sa formation, ni pendant qu'il avait travaillé comme agent du Mossad. Ni même pendant la mission jusqu'au milieu du mois d'avril. Il savait certes très bien ce que l'on éprouvait lorsqu'on était sous tension, ou pris par surprise. Ou effrayé. Mais ce qu'il commença à ressentir à partir du milieu d'avril était quelque chose d'entièrement différent. Il ne s'agissait pas d'une brusque décharge d'adrénaline dans le sang, de l'impression de sentir son cœur battre dans sa gorge pendant quelques secondes, d'une soudaine bouffée d'angoisse ne durant pas plus que la cause immédiate l'ayant engendrée ; mais d'une sorte d'angoisse diffuse et irritante, bien que d'un niveau toujours bas, qui pouvait se prolonger durant des journées entières, indépendamment de ses occupations. Il pouvait être en train de déguster des côtelettes d'agneau dans un restaurant ou savourer un film de l'un de ses acteurs préférés (comme Louis de Funès qu'il trouvait irrésistible), l'impression était toujours là. Parfois sous forme d'une vague douleur, parfois sous forme de point précis. La peur.

Avner pensa tout d'abord avoir consommé des aliments avariés. Lorsqu'il comprit qu'il ne s'agissait de rien d'autre que de peur, il eut honte de lui et devint amer. La seule idée que Carl, Robert, Steve ou Hans puissent s'en apercevoir le rendait malade ; pour lui, rien n'aurait été pire. Pour tenter d'y pallier, il se mit à dire à tout bout de champ : « les gars, j'ai la frousse », ou bien : « les gars, ça m'inquiète ». Il s'agissait de rodomontades dans le style de l'armée, lancées sous la seule forme admise, à savoir en proclamant son courage sous la forme contraire. Mais il dut finir par en faire trop, car un jour qu'ils étaient seuls, Carl lui dit, d'un ton très calme.

— Je sais. Moi aussi je m'inquiète beaucoup.

Il s'était exprimé d'une telle façon qu'Avner renonça à poursuivre son jeu.

— Et merde, dit-il, toi aussi ? Je me demande pourquoi…

Mais Carl se contenta de secouer la tête, et ils n'en reparlèrent jamais.

Peu de temps après, la réponse vint à Avner, comme dans un éclair. Il était à ce moment-là dans l'avion qui le ramenait de New York, où il venait de passer une semaine avec Shoshana, ce qui n'était peut-être pas sans rapport avec sa découverte, au moins indirectement.

Leurs retrouvailles ne s'étaient pas déroulées parfaitement bien. Au cours de la première semaine d'avril, Shoshana s'était installée dans l'appartement qu'il avait réservé à Brooklyn pendant qu'Avner se trouvait encore à Beyrouth. Elle avait déménagé avec Géla, leur petite fille, et Charlie, le chien. Seule. Elle qui n'avait jamais vécu auparavant ailleurs qu'en Israël. Sans avoir la moindre idée de l'endroit où se trouvait Avner au même moment, ni de quand il pourrait venir les voir en Amérique. Lorsqu'il arriva enfin, trois semaines plus tard, Shoshana s'accrocha à son cou avec une telle force, un tel élan de désespoir, qu'elle lui fit mal – physiquement mal. S'il s'était jamais imaginé que la manière dont ils étaient obligés de vivre importait peu à Shoshana, la façon dont elle l'avait embrassé aurait suffi à le détromper.

Ils passèrent les deux premiers jours au lit. Au matin du troisième, Avner se réveilla sur un rêve dans lequel il avait l'impression d'être surveillé. Il ouvrit les yeux, et vit Shoshana qui le regardait, assise au bord du lit.

— Qu'est-ce qu'il y a ? demanda Avner, encore à moitié endormi.

— Je ne sais pas, répondit-elle d'un ton sérieux. Je veux dire… ce ne sont pas tes cheveux qui deviennent gris, ou des trucs comme ça, mais… je ne sais pas. On dirait que tu as dix ans de plus.

À ces mots, la peur qui avait presque fini par disparaître après ces deux jours vint le frapper avec la violence d'un coup de poing au creux de l'estomac. Il ne répondit rien, mais plus tard, tout en se rasant, il s'examina longuement dans la glace. Shoshana avait raison. Il avait vieilli de dix ans au cours des derniers sept mois. On lui aurait donné trente-cinq ans, et il n'en avait que vingt-six.

— Eh bien ! dit-il en s'adressant à voix haute à son image dans le miroir, ce qui n'était pourtant pas dans ses habitudes, eh bien on dirait qu'il est plus facile de tromper son esprit que son corps.

— Tu disais ? demanda Shoshana depuis la chambre.

— Non, rien.

Il passa le reste de la semaine à promener Shoshana dans New York, afin qu'elle puisse mieux faire connaissance avec la ville et se sentir un peu moins perdue. Jusqu'à son arrivée, elle n'avait jamais été plus loin que l'épicerie du coin de la rue. Il la présenta également à des relations qu'il s'était faites sur place. Shoshana ne connaissait personne et ne se liait pas facilement d'amitié avec quelqu'un. Fidèle à elle-même elle ne se plaignit pas, mais alors qu'il l'observait une fois en train de s'occuper du bébé dans le petit appartement un peu sombre, il découvrit quelque chose de tellement vulnérable en elle qu'il se sentit affreusement coupable.

— Il n'y en a plus pour longtemps, je te le promets, ne put-il s'empêcher de dire.

Elle le regarda et sourit, ce qui rendait les choses encore pires. Mais que pouvait-il y faire ? Elle paraissait au moins éprouver le plus grand plaisir à s'occuper de Géla, qui, aux yeux d'Avner, était toujours aussi laide, en dépit de légères améliorations.

Et puis, sur le vol du retour, l'explication lui vint d'un seul coup. Sa peur, celle de Carl et peut-être aussi celle des autres. Et pour quelle raison elle les affectait maintenant, au bout de cinq mois et après cinq assassinats réussis, sans compter l'expédition de Beyrouth. Une raison à la fois logique et simple.

L'ayant fait eux-mêmes, ils avaient fini par se rendre compte combien il était facile de monter une opération de ce genre ; combien il était facile pour une poignée d'hommes dotés d'un minimum de détermination et disposant de fonds, de trouver un homme et de l'abattre. En toute impunité. Ils avaient compris comment un groupe de terroristes pouvait fonctionner. Pas éternellement, certes, mais pour un certain temps, assez de temps, en tout cas, pour éliminer quatre ou cinq êtres humains.

Si c'était aussi facile pour eux, ça devait l'être également pour les autres. Puisqu'ils pouvaient tuer avec autant de facilité, ils risquaient d'être tués avec aussi peu de problèmes. S'ils pouvaient acheter des renseignements sur les *mechablim*, pourquoi les *mechablim*, qui disposaient d'au moins autant de fonds qu'eux, ne pourraient-ils pas acheter des renseignements sur leurs ennemis ? D'autant plus qu'ils étaient moins scrupuleux dans leurs méthodes. Les uns comme les autres laissaient obligatoirement des traces au cours des opérations qu'ils entreprenaient. Les uns comme les autres devaient prendre contact avec certaines personnes, parmi lesquelles pouvaient se trouver un informateur de l'adversaire. Et un seul informateur suffisait. À tout instant, Avner et ses amis pouvaient voir jaillir un revolver au bout d'un poing ; ils pouvaient éteindre un soir la lumière et se retrouver collés au plafond par l'explosion d'une bombe.

Ils n'avaient pas tort d'avoir peur.

Trois incidents, pourtant en apparence tout à fait insignifiants mais qui se produisirent à cette époque-là, n'arrangèrent pas les choses et secouèrent un peu plus les nerfs de toute l'équipe. Une nuit, à Francfort, ils décidèrent tous les cinq de s'offrir le restaurant. Ordinairement, quand ils étaient dans leur quartier général, en effet, ils mangeaient dans l'appartement des uns et des autres, chacun prenant son tour pour être de corvée. Ils revinrent tous dans la même voiture, et Avner, qui conduisait, décida de prendre un raccourci à travers une zone en construction. Soudain, ils furent éblouis par de puissants projecteurs, tandis qu'une voix amplifiée par un haut-parleur leur intimait l'ordre de s'arrêter. La seconde suivante ils avaient dix policiers allemands autour d'eux. Les autorités de Francfort étaient en fait à la recherche de trafiquants de drogue qui, d'après leurs renseignements, devaient se rencontrer sur le chantier de construction ; mais c'est sur l'équipe d'Avner que le piège s'était refermé. Ils furent aussitôt relâchés avec les excuses de circonstance : leurs papiers étaient en règle, ils n'étaient pas ivres et il n'y avait rien dans la voiture qui puisse servir de base à une inculpation. Mais les quelques secondes pendant lesquelles il leur avait fallu rester debout, le canon du revolver pointé sur eux, jambes écartées, les mains posées bien à plat sur le toit de la voiture, leur avaient paru durer une éternité. Ils s'étaient crus fichus, convaincus d'avoir été coincés par les services allemands de sécurité. En réalité, ce fut la seule et unique fois, pendant toute la durée de la mission, où ils eurent affaire directement aux autorités occidentales.

Les deux autres incidents ne concernent que Carl et Avner. Ils se produisirent au cours de deux dimanches consécutifs, dans l'appartement qui leur servait de planque à Francfort, chaque fois vers 10 heures du matin. Le premier commença par un coup frappé à la porte, alors qu'ils traînaient après leur petit déjeuner. D'habitude, les visiteurs sonnaient depuis le hall. Se rendant sur la pointe des pieds jusqu'à l'œilleton, Avner aperçut deux inconnus bien habillés derrière la porte. Carl le couvrit depuis un coin de la pièce ; il entrebâilla la porte, la coinçant en bas du pied.

Les deux inconnus étaient en fait des inspecteurs postaux ; il y avait eu des vols dans les boîtes aux lettres, et ils allaient de porte en porte pour savoir qui avait à se plaindre de n'avoir pas reçu son courrier ; apparemment, la concierge les avait laissés pénétrer dans l'immeuble.

— Quel boulot dangereux, dit Carl dans une grimace, en rangeant son Beretta.

L'incident du dimanche suivant fut plus soudain et plus violent. Avner et Carl étaient tranquillement en train de lire des journaux, lorsque la vitre de leur fenêtre s'effondra bruyamment, tandis qu'un objet allait rouler dans la pièce. Les deux hommes se jetèrent immédiatement sur le sol, la tête cachée dans les bras, attendant l'explosion d'une grenade. Au bout de quelques secondes, comme rien ne se passait, ils levèrent les yeux avec précaution ; des débris de verre étaient répandus partout, mais ils ne voyaient nulle part l'objet qui était passé par la fenêtre.

Avner rampa jusqu'au mur donnant sur la rue, se redressa et se rapprocha lentement de la fenêtre pour jeter un coup d'œil à l'extérieur. Il vit alors un jeune garçon noir, sans doute venu du complexe américain situé de l'autre côté de la rue, une batte de base-ball à la main.

— Désolé, monsieur, lança-t-il en anglais lorsqu'il aperçut Avner. Je ne l'ai pas fait exprès. Puis-je avoir ma balle, s'il vous plaît ?

Les deux nuits suivantes, Avner eut le plus grand mal à s'endormir.

Les particularités du caractère d'Avner étaient telles, cependant, que tout ce qui aurait pu dissuader un autre d'agir, peur, obstacles, difficultés, critiques, ne faisait que l'aiguillonner. Sans le savoir, sans l'avoir même imaginé un seul instant, il faisait partie de cette très petite minorité d'êtres humains qui puisent en quelque sorte leur énergie dans l'adversité. Comme si, par quelque étrange caprice de la nature, certaines connexions de son cerveau avaient été inversées. Il fonctionnait à la manière d'une voiture dans laquelle frein et accélérateur auraient été solidaires ; et, en un certain sens, la peur était bien la dernière chose qui pourrait l'arrêter.

Enfin, en dépit de toutes les différences de personnalité de l'équipe, ce trait de caractère leur était commun.

Peut-être les psychologues du Mossad avaient-ils leur idée sur la question ; les cinq hommes qu'ils avaient choisis étaient du genre à se débarrasser de tout ce qui pourrait les terrifier non pas en se cachant la tête, mais en attaquant. Une tournure d'esprit qui leur était probablement aussi naturelle que l'était pour la plupart des gens l'attitude contraire.

En mai, sur les onze cibles de la liste originale, il ne restait plus que quatre noms. L'équipe ne possédait pas la moindre piste sur Ali Hassan Salameh ; Abou Daoud, le numéro 2 était pour l'instant enfermé dans une prison jordanienne. Le numéro 11, le Dr Wadi Haddad, chef militaire du Front populaire pour la libération de la Palestine (FPLP), semblait éviter avec le plus grand soin de sortir des pays du Moyen-Orient ou d'Europe de l'Est, territoires sur lesquels il était interdit à l'équipe d'Avner d'opérer.

Restait donc le numéro 9, l'Algérien Mohammed Boudia, bel homme et personnage pittoresque, bien connu des autorités françaises, qui l'avaient jeté en prison en 1959 pour avoir saboté des dépôts d'essence à l'époque où il faisait partie du FLN. En un certain sens, Boudia était une cible douce, car il gardait le secret le plus absolu sur ses liens avec le terrorisme palestinien ; en 1973, seul le Mossad et peut-être un ou deux autres services secrets soupçonnaient que son organisation, *La Parisienne orientale*, n'était qu'une couverture pour le FPLP. Directeur du Théâtre national algérien après l'indépendance de son pays, Boudia avait une importante activité théâtrale et était bien connu dans les milieux de la gauche chic parisienne ; il mettait en scène au Théâtre de l'Ouest parisien, à Boulogne-Billancourt, des pièces à caractère politique, engagées, dont certaines connurent un succès certain. Rares étaient ceux qui, le connaissant sous ce jour, se doutaient de ses activités terroristes, et plus rares encore ceux qui y participaient avec lui. Dans cette dernière catégorie se trouvaient quelques femmes, car le bel Algérien ne comptait plus ses succès féminins.

Néanmoins, contrairement à son prédécesseur (et subordonné, d'après certaines sources) le Dr Hamshari, Boudia ne se contentait pas de sa couverture d'homme de théâtre pour se protéger. Il était aussi connu pour n'avoir aucune habitude régulière, et ne se montrer jamais deux fois de suite au même endroit ; en outre, il passait la plupart de ses nuits chez l'une ou l'autre de ses petites amies. Ce dernier point, remarqua Steve, n'avait peut-être rien à voir avec le souci de sa sécurité. Lors de ses apparitions publiques, il était souvent accompagné d'un garde du corps.

Il voyageait énormément, et les dates et la durée de ses séjours parisiens étaient particulièrement difficiles à déterminer. D'après certains renseignements, il se serait trouvé au quartier général de l'OLP au moment du raid israélien sur Beyrouth ; mais ou bien l'information était fausse, ou bien avait-il réussi à s'échapper. D'autres sources prétendaient qu'il était à Madrid le jour de la mort de l'agent israélien du Mossad Baruch Cohen, en janvier 1973. Au moins une personne, dont tout laisse croire qu'elle s'intéressait d'un peu trop près aux activités extra-théâtrales de Boudia, était morte d'une mort violente : le journaliste syrien Hani Kuda, qui travaillait peut-être pour le Mossad, ce qui n'est pas avéré [53].

Tout au long du mois de mai, Avner et ses partenaires avaient cherché sans succès la piste de l'insaisissable terroriste. Le Groupe, à Paris, ne disposait pas de la moindre information, et Avner décida de se tourner à nouveau vers Tony, à Rome. L'une des opérations menées par Boudia avait en effet consisté à saboter l'oléoduc transalpin qui part de Trieste, en Italie ; il y avait eu dix-huit blessés et pour des millions de dollars de dégâts. Boudia passait pour avoir personnellement fait le coup, à l'aide de deux de ses amies, une Française et une Rhodésienne, Dominique Turilli et Diana Lefebvre. D'après Louis, la personne ayant fourni les explosifs était ce même Grec qui avait préparé les bombes incendiaires pour l'assassinat de Mouchassi à Athènes. Étant donné les liens que Boudia semblait entretenir avec le terrorisme italien, Avner pensait que la filiale romaine du Groupe, dirigée par Tony, pouvait en savoir davantage que Louis à Paris.

Mais Tony ne disposait pas de la moindre information intéressante, et après quelques jours passés à Rome, Avner décida d'appeler Louis.

— Quoi de neuf ? demanda-t-il au Français qu'il en était venu à considérer comme un ami.

— Rien de spécial, répondit Louis ; mais pourquoi ne pas revenir à Paris, de toute façon ? Il y a quelqu'un ici qui aimerait vous rencontrer.

— Quand ?

— Pendant le week-end, si cela vous est possible.

On n'était que mercredi. Avner décida de louer une voiture pour retourner à Paris. Il aimait beaucoup l'avion, mais il prenait aussi plaisir à conduire, et il avait commencé à acquérir l'habitude de toujours se comporter de manière différente. En outre, deux jours de route lui détendraient certainement l'esprit. L'itinéraire qui suivait la Riviera italienne puis la Côte d'Azur était particulièrement pittoresque en mai, et il pourrait faire un détour par Genève pour voir où en étaient les différents comptes, dont le sien. Jusque-là l'argent n'avait guère eu d'importance pour lui ; mais au cours des derniers mois, il s'était mis à penser à toutes les choses qu'il pourrait offrir à Shoshana – manière, sans doute, de se faire pardonner la vie qu'il lui faisait mener. À Paris, il avait par exemple passé des heures à examiner une cuisine modèle exposée dans la vitrine de *La Boutique danoise*, avenue Hoche ; il était resté en admiration devant le grand réfrigérateur qui faisait des glaçons et le four autonettoyant. Shoshana n'aurait pas honte d'une telle cuisine, même en Amérique du Nord.

Il s'efforça, tout au long du chemin, de ne pas penser un instant à la mission ; au lieu de cela, il admira les paysages, évoqua ses voyages passés et s'amusa à comparer les mœurs et les coutumes des différents pays d'Europe qu'il commençait à bien connaître.

Le seul fait de comparer la façon de construire les autoroutes en France et en Italie était révélateur de la mentalité des deux pays. Les Français enserraient leur montagne d'un fin réseau de routes sinueuses, alors que les Italiens fonçaient tout droit, la perçant de tunnels brutaux. Avner en compta environ une cinquantaine sur l'*autostrada* entre Gênes et la frontière française.

Il y avait également des différences nationales entre la manière dont les différentes nationalités s'accordaient avec leurs paysages, leurs villes, leur architecture. Par exemple les Français semblaient tout à fait chez eux à Paris, mais pas les Italiens à Rome. Avner n'avait rien contre les Italiens, bien au contraire, mais il était frappé par le contraste qui existait entre les bâtiments majestueux de la ville et la manière dont les gens se comportaient dans la rue. Cela lui rappelait un livre qu'il avait lu étant enfant, et qui se passait en Inde ; dans les ruines d'une cité perdue au milieu de la jungle, s'était installée une tribu de singes. Mais dans le livre, les singes ne roulaient tout de même pas en scooter.

Et les juifs ? La question était différente. Avner aimait Israël et éprouvait des sentiments patriotiques pour son pays ; et cependant, dès l'enfance, il n'avait jamais été capable de faire semblant de se sentir à l'aise dans le paysage du Moyen-Orient. Ce n'était qu'un sentiment personnel, mais il ne s'y sentait pas chez lui, et il trouvait que les juifs, qu'ils fussent yekkés ou galiciens, ne cadraient pas avec ce paysage. Les seuls qui cadraient avec étaient les Sépharades, venus du Maroc ou du Yémen. Cela n'avait rien à voir avec l'histoire ancienne, pour Avner, ni avec ce que les juifs d'origine européenne avaient fait en Israël, et qui était stupéfiant ; et cela ne donnait aucun droit aux

Arabes de les jeter à la mer. Il faudrait d'abord passer sur son cadavre pour cela. N'empêche que d'une manière bizarre, il trouvait qu'une partie de ses compatriotes ne s'accordait pas avec le paysage. En tant que sabra, c'était une opinion qu'il était en droit d'avoir.

Probablement que l'endroit où s'étaient retrouvés les juifs après avoir été chassés d'Europe par les nazis et les cosaques n'avait pas beaucoup d'importance. Ils cadraient peut-être avec le paysage européen, mais on les en avait chassés ; et la dernière fois, ils avaient bien failli tous y rester. Alors si les Européens n'étaient pas contents de voir leurs villes transformées en champs de bataille israélo-arabes, c'était bien malheureux : ils auraient dû y penser avant.

Et c'est avec la lueur de défi dans les yeux née de cette pensée qu'Avner toisa l'officier de police français qui examina son passeport à la frontière.

Dès son arrivée à Paris, il téléphona à Louis.

— Je passe vous prendre demain matin à 9 heures, lui dit le Français. Habillez-vous comme pour aller à la campagne. Nous allons rencontrer Papa.

Avner se sentit excité à cette perspective, mais nullement surpris. Étant donné les sommes considérables qu'il avait versées au Groupe au cours des six derniers mois, il était bien compréhensible que Le Vieux fût devenu curieux. Même si les différents groupes clandestins, terroristes de gauche ou de droite, qui avaient été à un moment ou un autre les clients de Papa ne manquaient pas de moyens financiers (l'OAS, par exemple, avait eu en son temps des commanditaires particulièrement riches, et les centaines de milliers de Palestiniens travaillant dans les pays arabes producteurs de pétrole se voyaient obligés de « donner » dix pour cent de leurs gains à l'OLP), il était peu probable qu'aucun groupe eût jamais versé autant d'argent dans les caisses du Groupe en aussi peu de temps qu'Avner et son équipe. Et c'est pourquoi l'ancien maquisard devenu homme d'affaires un peu spéciales avait envie de l'examiner d'un peu plus près.

Pour sa part, d'ailleurs, Avner se sentait tout à fait intéressé à l'idée de le rencontrer.

La maison se trouvait donc située à la campagne, quelque part au sud de Paris. Il leur fallut deux heures de route pour s'y rendre, mais peut-être n'était-elle en réalité qu'à une heure de la ville. Une fois que la Citroën noire avait été sur l'autoroute, en effet, Louis avait tendu une paire de lunettes noires d'aveugle à Avner en lui disant : « Vous ne voyez pas d'inconvénient à les porter, n'est-ce pas ? » Derrière les verres opaques, Avner n'y voyait absolument plus rien. Peut-être Carl-la-Prudence aurait-il refusé de les enfiler, mais Avner se dit qu'à partir du moment où il était monté dans la voiture de Louis, ce dernier pouvait le conduire de toute façon dans un piège, s'il le voulait. Et son sixième sens, auquel il se fiait de plus en plus, ne lui signalait aucun danger.

Une fois que la Citroën à la suspension aérienne fut sur un chemin secondaire, Louis dit à Avner qu'il pouvait enlever ses lunettes. Le paysage paisible, légèrement brumeux, avec des collines bleues dans le lointain, aurait pu être n'importe où en Île-de-France. Personne ne montait la garde au portail, d'où partait l'allée menant à la grande maison de campagne à l'architecture compliquée. À leur descente de voiture, un chien de berger hirsute aux dispositions fondamentalement amicales sauta sur Louis pour lui lécher le visage, puis en fit autant avec Avner.

Papa les accueillit sur le perron. Il était en pantoufles, et portait un lainage bleu nuit par-dessus une chemise sans col. (Plus tard à Paris, Avner aurait l'occasion de le voir dans un costume trois-pièces croisé sombre un peu démodé.) La soixantaine passée, Papa avait les cheveux poivre et sel et un nez proéminent, et sa poignée de main était ferme. Il y avait en lui quelque chose qui lui rappelait non seulement son propre père, mais également Dave, l'ex-marine qui avait été son instructeur de tir, en dépit de traits pourtant différents. Peut-être Avner ressentait-il leur foi partagée en la force et en l'habileté, tout simplement.

À moins que ce ne fût aussi la manière dont Papa s'exprimait ; son anglais était aussi médiocre que l'était l'hébreu de Dave. Avner dit regretter de ne pouvoir s'exprimer en français, et offrit de parler allemand, mais le vieil homme refusa.

— *Mais non, monsieur, mais non.* Je parle anglais. *Pourquoi pas ?* Je m'exerce ; bientôt le monde entier parlera anglais, n'est-ce pas ?

D'accord, pensa Avner ; au moins Papa ne faisait pas un secret de ce qui le tracassait.

Mais le mépris manifesté par Papa pour les Anglais n'était qu'un vernis extérieur ; il y avait ainsi plusieurs couches superposées, et Avner ne put jamais arriver à déceler ce qu'elles contenaient exactement, ce jour-là, pas plus qu'au cours de ses visites ultérieures. Papa ne paraissait pas détester les gens, pris individuellement, les politiciens mis à part. Chaque fois que la conversation tombait sur une personne en particulier, Papa avait la plupart du temps un geste d'ap-

probation et disait : « Celui-là, je le connais, c'est quelqu'un de bien. »
Mais dès qu'il s'agissait de groupes ou de gouvernements, rien n'allait plus. Aux yeux de Papa, ils ne valaient rien, ce qu'il exprimait parfois crûment.

Il présenta Avner à sa femme, sans doute la mère de Louis, pensa le jeune homme, bien qu'il ne pût surprendre aucun geste d'affection entre eux. Elle paraissait plus âgée que Papa, mais devait être en réalité plus jeune de quelques années. Allant et venant tranquillement, elle leur servit des rafraîchissements sans prendre part à la conversation ni s'asseoir avec eux ; la seule personne qui resta dans la pièce, outre Papa, Louis et Avner, fut l'oncle âgé de Louis. Il ne parla que très peu et seulement en français. Ce qui n'empêcha pas Avner de découvrir quelque chose de stupéfiant à son sujet, au bout d'un moment. Il servait en quelque sorte d'ordinateur vivant à Papa et à Louis, donnant dates et chiffres d'un ton monotone chaque fois qu'il était sollicité. Avner décida de le mettre à l'épreuve en lui demandant quelle était la somme qui leur était encore due pour un certain travail de surveillance de leur contact en Grèce ; Louis se tourna vers son oncle et lui traduisit la question.

Le vieil homme donna le chiffre exact, sans l'ombre d'une hésitation.

Méthode certainement beaucoup plus sûre que de conserver des livres de comptes ; Avner se sentit impressionné. Il se demanda néanmoins comment ferait Le Groupe après la mort de l'oncle, qui avait bien l'air d'avoir déjà plus de soixante-dix ans.

Pendant la conversation, Papa posa à un moment donné à Avner une question qui mettait dans le mille.

— Vous travaillez pour Israël, n'est-ce pas ?

Avner répéta ce qu'il avait déjà dit à Louis, à savoir qu'il rassemblait des informations sur les terroristes palestiniens.

— J'ai travaillé naguère pour le Mossad, ajouta-t-il, mais c'est terminé. (Ce qui était techniquement vrai.) Actuellement je suis au service d'une organisation juive américaine avec mes partenaires.

Cela était en revanche un mensonge, mais il était vraisemblable, et cadrait bien avec la vision que Papa avait du monde. Le vieux Français avait l'air de penser, crut comprendre Avner, que tous ceux qui étaient impliqués dans des affaires de sabotage international ou qui faisaient du renseignement avaient des intérêts privés derrière eux. Dieu seul sait comment Papa en était arrivé à cette conclusion, semblable à ce que proclamait Kathy, son agent d'origine québécoise; peut-être jugeait-il simplement à partir de son propre cas.

Avner était en désaccord complet. On pouvait sans aucun doute trouver quelques hommes suffisamment puissants, roi arabe du pétrole, néo-nazi magnat de l'industrie ou play-boy attiré par le romantisme révolutionnaire, ici et là, pour fonder, financer et organiser un groupe terroriste, ou commanditer des attentats terroristes. Comme l'homme d'affaires et éditeur Giangiacomo Feltrinelli, cet Italien qui s'était débrouillé pour se faire sauter un an auparavant près de Milan, dans une tentative pour saboter des installations industrielles, en tenue de guérillero castriste. Mais du point de vue d'Avner, il s'agissait de quelques gouttes d'eau dans la mare du terrorisme international et du contre-terrorisme, d'âmes perdues semblables à ces personnes victimes d'un dérangement mental passager qui se mettent en tête d'aller assassiner un chef d'État ou une personnalité connue, de leur propre chef. Des groupes d'étudiants révolutionnaires ou nationalistes pouvaient naître et fonctionner brièvement dans un endroit ou un autre, sans être soutenus par qui que ce soit. Mais de l'avis d'Avner, les groupes importants avaient tous besoin du soutien d'un État ou d'un groupe d'États. Essentiellement des États communistes, dont les liens, en fin de compte, remontaient toujours à l'Union soviétique ou encore, mais plus rarement, à la Chine. Même des personnes agissant individuellement comme Feltrinelli finissaient par se retrouver leurs obligées, sinon pour de l'argent, mais pour des papiers d'identité, des stages de formation ou des armes[54].

Ce n'était pourtant pas le point de vue de Papa. Avner était intrigué qu'un personnage aussi avisé, qui connaissait comme peu de gens les tenants et les aboutissants des mouvements clandestins européens, en arrivât apparemment aux mêmes conclusions que les auteurs de bandes dessinées, de roman d'espionnage de quatre sous, ou que les films d'Hollywood. Comment Papa pouvait-il croire que tout ce qui se passait était le fait de personnages mystérieux, hommes d'affaires, aristocrates décadents ou autres, qui dans leur château en Suisse complotaient en vue de mettre la main sur le monde? Car si Papa croyait quelque chose, c'était bien à peu près ça. Son sourire entendu suggérait la même chose que l'expression favorite de Kathy, à savoir que toute autre explication était bonne pour les ânes.

Auquel cas, se dit Avner, lui-même et ses partenaires étaient donc également des ânes à ses yeux. Mais après tout, s'il plaisait à Papa de croire à l'existence d'un groupe d'intérêt juif en Amérique, il n'allait pas le détromper. Et puis au bout du compte, qui pouvait dire ce qui se passait vraiment ? Certainement pas Avner.

Si Avner ne se sentait pas impressionné par la vision du monde de Papa, il l'était en revanche par tous les autres aspects du personnage. L'ancien résistant connaissait fort bien son affaire, de toute évidence. Ses remarques sur les questions pratiques étaient d'une grande subtilité, et plus important encore, il avait une présence qui en imposait. Avner n'aurait pas aimé l'avoir pour adversaire, mais après la rencontre, il resta avec l'impression qu'il serait en sécurité tant qu'il aurait Papa de son côté.

Impression qu'avait renforcé un geste du vieil homme lorsqu'il avait raccompagné son fils et son hôte jusqu'à la voiture. Comme Avner reprenait les lunettes noires qu'il avait laissées dans le vide-poche, Papa les lui enleva des mains. « Eh merde », dit-il en français en les tendant à Louis, qui se mit à rire et les glissa dans sa poche.

Sur le chemin du retour, Louis remarqua : « On dirait bien que vous êtes dans les bonnes grâces du vieux. »

Avner sourit, et dit quelque chose pour exprimer qu'il était content. Mais il aurait plutôt eu envie de répondre : « Parfait, voilà qui me donne une chance de vivre un peu plus longtemps. » Il ne se risqua cependant pas à mettre à l'épreuve le sens de l'humour de Louis.

En vérité, la dépendance dans laquelle il se trouvait par rapport au Groupe lui donnait l'impression de tenir un tigre par la queue. Pour tout le reste de la durée de la mission, il allait conserver des relations avec Le Groupe davantage placées sous le signe confiance/défiance que sous le signe haine/amour. Avner n'en apprit guère plus au cours de ses rencontres ultérieures avec Papa, et l'on ne peut que spéculer sur les motivations réelles du Groupe : avaient-elles un aspect politique, ou étaient-elles uniquement mercantiles ? Et il est difficile de dire s'ils avaient ou non l'OLP parmi leurs clients, même si Avner, qui avait connu Louis par Andreas, n'ignorait pas ses liens avec la bande Baader-Meinhof. Il est possible que l'essentiel de leur clientèle politique se soit trouvée parmi les conspirateurs anti-gaullistes et les adeptes de la terreur noire, autrement dit parmi des gens d'extrême droite. Ce qui pouvait à la rigueur expliquer l'opinion de Papa sur la puissance des intérêts privés et des vieilles familles aristocratiques, jouant dans l'ombre des intrigues internationales ; elle était alors le fruit de son expérience. Et ce qui expliquait aussi sa haine des Anglais, qui faisaient trembler l'ordre mondial sur ses bases en abandonnant leur empire sans combattre, mais qui arrivaient néanmoins à maintenir la primauté des institutions de type anglo-saxon et l'esprit anglo-saxon sur le monde en passant le relais aux Américains, gens riches, impudents, et complètement imprévisibles. Tels étaient sans doute les points de vue que devait avoir Papa, s'il faisait siennes les analyses politiques de ses clients de droite.

En règle générale, cependant, les allégeances d'entreprises privées comme Le Groupe ne vont pas à une idéologie, mais répondent à des considérations financières, voire parfois personnelles. Elles peuvent en théorie vendre un terroriste à un contre-terroriste ou un Palestinien à un Israélien aussi facilement que le contraire, mais elles peuvent aussi protéger un individu dans l'un ou l'autre camp parce qu'elles font de bonnes affaires avec lui ou parce qu'elles l'aiment bien. Son intuition disait à Avner que tant que Papa l'aimerait bien et lui ferait confiance – ou aimerait bien et ferait confiance à leurs relations professionnelles – tout se passerait à merveille. Or question renseignements et services, Le Groupe valait son pesant d'or, ce qui était d'ailleurs les tarifs qu'il pratiquait, comme Hans l'avait une fois remarqué. Mais voilà : ils étaient les meilleurs. Bien supérieurs à tous leurs anciens informateurs arabes ou aux contacts du Mossad. Jusqu'à l'été 1973, l'équipe avait dû systématiquement passer par eux pour trouver la piste de tous les *mechablim* qu'elle avait abattus. Les cas de Najjer, Nasser et Adwan à Beyrouth étaient un peu différents, puisque le Mossad possédait quelques renseignements fragmentaires sur eux ; sinon, tout ce que l'institut avait donné à son commando était l'adresse de Hamshari, et le fait que l'on devait pouvoir trouver Zwaiter quelque part à Rome. Tout le reste provenait du Groupe.

Carl, d'ailleurs, ne s'y était pas trompé, et avait surnommé Louis le *Deus ex machina* ; et comme Avner n'arrivait pas à se souvenir de l'expression latine, il l'avait hébraïsée en *Moïse la Machine*. « Je vais téléphoner à Moïse la Machine », disait-il chaque fois qu'il s'apprêtait à appeler Louis.

Une semaine plus tard, Moïse la Machine, alias Louis, signalait la présence de Boudia à Paris. Le soir même, Robert prenait l'avion pour Bruxelles. Une semaine après, jour pour jour, Steve garait l'une des camionnettes de Papa, vers 10 h 25, sur le côté opposé de la rue où se trouvait un petit café, *L'Étoile d'Or*, qui fait le coin de la rue Jussieu et de la rue des Fossés-Saint-Bernard, dans le cinquième arrondissement. On était le jeudi 28 juin.

Boudia s'était montré extrêmement difficile à repérer. Contrairement à toutes leurs cibles douces précédentes, il pouvait passer la nuit n'importe où, et il était impossible de dire où et quand il ferait une apparition dans la journée. La seule solution était de le garder sous surveillance permanente et de l'abattre dès que toutes les conditions seraient réunies, de jour ou de nuit : il fallait qu'il soit seul, et à un moment et un endroit qui puissent convenir.

Encore fallait-il que le prudent Algérien, qui ne manquait pas d'expérience, ne s'aperçût pas qu'il était suivi, auquel cas il ferait tout pour les semer.

Pour réduire ce risque, Avner autorisa Louis à pratiquer une surveillance sur une très grande échelle, à l'aide d'un maximum de personnes. Toutes choses égales par ailleurs, l'une des meilleures façons pour qu'une cible ne s'aperçoive pas d'une filature, consiste à éviter d'utiliser plus d'une fois les mêmes véhicules et les mêmes personnes. Dans certaines limites, c'était une simple question d'argent. À Paris, Le Groupe disposait d'une douzaine d'agents entraînés, sinon davantage.

Étant donné que Boudia se déplaçait souvent en auto, Avner et Carl décidèrent de faire préparer un engin explosif par Robert, sans pour autant exclure d'autres possibilités. L'abattre au revolver restait en quelque sorte la méthode de rechange, dans la mesure où c'est celle qui demande le moins de préparatifs ; mais c'est celle qui rend la fuite la plus difficile, et elle ne manifeste pas cette profonde habileté que recherchait Éphraïm. Pour le dire net, elle est moins impressionnante. Avner répugnait également à l'employer pour une autre raison : émotionnellement, elle les vidait tous. La question n'avait jamais été soulevée, mais le fait était là. Appuyer sur un bouton à une certaine distance, parfois sans même voir sa victime, était autrement facile que de larder quelqu'un de balles à bout portant.

La bombe préparée par Robert en Belgique était du même modèle que celle utilisée pour l'assassinat d'al-Chir, mais plus compacte et légèrement plus simple. Au lieu de six petites charges, il n'y en avait qu'une seule, à fragmentation. Le système de détonation était le même. La bombe serait placée sous le siège du véhicule et armée par le poids du chauffeur ; après quoi un signal radio déclencherait l'explosion. N'utiliser que la pression aurait pu être criminellement dangereux pour l'éternel «passant innocent» ou pour un éventuel passager de Boudia ; et un déclencheur fonctionnant uniquement par signal radio faisait courir des risques sérieux à l'équipe d'Avner avant et pendant la pose de la bombe.

À un moment donné, alors qu'ils mettaient au point les derniers détails, Steve déclara tout à trac.

— Vous savez, on est vraiment cinglés. C'est la guerre, non ? Qu'est-ce que je fabrique ici, à imaginer des itinéraires de fuite ? Et pourquoi Robert se casse-t-il la tête avec sa télécommande ? Vous savez ce qu'il ferait ce type, Boudia, s'il voulait tuer l'un d'entre nous ? Je vais vous dire, moi. À 8 heures du soir, il brancherait une bombe sur le démarreur de notre voiture, ou bien il ferait faire le travail par sa petite amie, et à 11 heures, il serait à Alger en train de boire du thé à la menthe à la terrasse d'un café du port. Se souciant comme d'une guigne de la personne qui sauterait le lendemain matin avec celui qu'il visait, passant innocent ou non. *C'est cette putain de guerre*, dirait-il. Et nous, qu'est-ce que nous faisons ? continua-t-il. Nous essayons d'imaginer comment garer notre camionnette pour avoir la meilleure vue possible ; nous voulons être tout au plus à trente mètres au moment de l'explosion. Je vous le dis, on est cinglés. Et c'est pourquoi à la fin, ce sont eux qui vont gagner.

— Tu as fini ? demanda Carl après un court silence. Tu en es bien sûr ? Oui ? Bon, alors on continue.

La favorite en titre de Boudia, à ce moment-là, était une dactylo qui vivait rue Boinod dans le dix-huitième arrondissement. La Renault 16 de Boudia était restée garée toute la nuit dans la rue de la jeune femme, le mercredi 27, mais Avner craignait qu'il ne lui fît un bout de conduite jusqu'à son travail, le lendemain matin. En fait, Boudia quitta l'appartement seul, vers 6 heures du matin.

Détail intéressant, Boudia se rendit à quelques mètres de l'endroit où sa petite amie irait travailler un peu plus tard, dans le cinquième arrondissement. Le trajet était long entre la rue Boinod et la rue des Fossés-Saint-Bernard, et il fallut presque trois quarts d'heure à l'Algérien pour le parcourir, alors qu'il était parti avant l'heure d'affluence matinale. Il était donc environ 6 h 45 lorsqu'il rangea son véhicule, dos au trottoir, dans l'un des emplacements de parking d'angle en épi, devant le bâtiment moderne Pierre et Marie Curie de l'université de Paris.

Boudia descendit et verrouilla le véhicule. L'un des membres de l'équipe du Groupe le suivit à pied ; l'autre se rendit dans la voiture qui avait servi à la filature jusqu'à la cabine téléphonique la plus proche. Apparemment, Boudia se rendait au domicile d'une autre de ses petites amies, tout près de là.

Dans la demi-heure qui suivit, Steve et Robert arrivaient en camionnette, et se mettaient en double file devant la Renault de Boudia ; ils étaient en bleu de travail. Il y avait bien quelques magasins de l'autre côté de la rue des Fossés-Saint-Bernard, mais les passants étaient rares à cette heure encore matinale, et de toute façon, leurs éventuels coups d'œil seraient interceptés par la camionnette. Il était impossible de dire dans combien de temps Boudia reviendrait, mais il serait précédé par l'homme de Papa qui l'avait suivi à pied, ce qui donnerait un délai suffisant à Robert et Steve pour s'éclipser.

Il ne leur faudrait qu'un instant pour installer le modèle de bombe employé en dessous du siège du conducteur. L'engin constituait un simple paquet, sans minuterie à régler ni fil à connecter. Il fallut moins de trente secondes à Steve pour déverrouiller la Renault, et à peine une minute à Robert pour installer sa machine infernale. Quelques secondes de plus, et la portière était refermée.

Il n'était pas encore 8 heures, et tout était prêt. Steve et Robert allèrent se garer avec la camionnette au coin de la rue Jussieu et de la rue des Fossés-Saint-Bernard, où Hans et Avner s'étaient entretemps arrangés pour occuper deux places de parking avec un seul véhicule. Ils avancèrent un peu pour laisser la place à la camionnette.

Comme à l'accoutumée, Carl était tout seul, quelque part dans le secteur.

Près de trois heures passèrent. Aucun signe de l'homme de Papa ou de Boudia. Puis un gros camion vint se garer en double file à l'endroit exact où Steve et Robert s'étaient arrêtés un peu plus tôt, juste devant la voiture piégée, bouchant ainsi complètement la vue. Il n'y avait rien à faire, mais Avner songea tout de même un instant à aller demander au chauffeur du camion de s'avancer d'une dizaine de mètres, sous un prétexte quelconque. Si Boudia arrivait à ce moment-là, ils risquaient de ne le voir qu'au moment où il quitterait le parking. Le suivre et faire sauter son véhicule ailleurs était très risqué ; les choses seraient beaucoup plus simples si le camion s'éloignait.

Quelques minutes plus tard, il partait.

Mais presque au même moment, un garçon et une fille, sans doute étudiants à en juger par les livres qu'ils portaient, décidèrent d'avoir une conversation juste à côté de la Renault ; la fille s'appuya même sur le hayon arrière. Bien entendu ils se déplaceraient lorsque Boudia retournerait à sa voiture, mais peut-être ne s'éloigneraient-ils pas suffisamment. L'instant d'avant Avner espérait voir surgir l'Algérien le plus tôt possible, l'instant suivant il souhaitait qu'il retardât son retour jusqu'au départ des deux étudiants. « Allez, ma jolie, Avner essayait-il de suggérer télépathiquement à la fille, quoi que ce soit qu'il te demande, dis oui. Mais bouge tes fesses, par pitié ! » Le procédé dut marcher : les deux étudiants s'éloignèrent.

11 heures.

D'un pas de flâneur, l'homme de Papa fit son apparition.

Avner lança un coup d'œil à Robert, dans l'autre véhicule, pour s'assurer qu'il avait bien vu l'homme ; Robert acquiesça d'un signe de tête. Avner lança le moteur de la voiture, sachant que Steve, de son côté, en ferait autant.

Boudia ouvrit la voiture, monta sans hésiter, et claqua la portière. C'est à peine s'il put avoir le temps de mettre le contact, pensa tout d'abord Avner, mais sans doute y arriva-t-il, car la voiture commença à avancer.

L'explosion ouvrit la portière et déforma le toit. En tant qu'engin à la fois mortel et de faible rayon d'action, la bombe de Robert était un chef-d'œuvre. Elle n'aurait sans doute blessé personne au-delà de trois mètres de la voiture. D'éventuels passagers, en revanche, n'auraient guère eu de chance de survivre, sans parler du conducteur.

L'explosion fit un bruit terrible. En quelques secondes, la rue était pleine de monde. La petite amie de Boudia, qui travaillait à quelque distance, aurait entendu la détonation d'après ce qu'ils apprirent plus tard, mais sans se douter de quoi il s'agissait. L'Algérien mourut sur le coup. Connaissant son passé, et compte tenu du bâtiment auprès duquel avait eu lieu l'explosion, les laboratoires de chimie ne manquant pas à Pierre et Marie Curie non plus que les étudiants activistes de gauche, la presse parisienne, le jour suivant, avança comme hypothèse que Boudia s'était fait sauter avec des explosifs qu'il venait d'y prendre. Comme on ne put découvrir aucun fil dans la voiture, ce fut aussi la première hypothèse de la police[55].

Avner et ses partenaires restèrent à Paris jusqu'à la première semaine de juillet. Puis ils partirent les uns après les autres, comme d'habitude. La boule au creux de son estomac était toujours là, mais Avner se sentait tout de même satisfait. Même Carl-la-Prudence estimait que la mission se déroulait bien. En neuf mois, ils avaient abattu neuf terroristes de choix. Trois restaient donc sur la liste ; il suffisait d'en tuer encore deux pour égaler le nombre d'athlètes massacrés à Munich. Œil pour œil.

Ce dont Avner ni Carl ne se doutaient, pas plus que Robert, très satisfait des résultats de son petit bricolage, parce qu'ils n'avaient aucun moyen de le savoir c'est qu'avec l'assassinat de Mohammed Boudia ils avaient fait le ménage au plus haut niveau du terrorisme palestinien en Europe, dégageant la voie pour quelqu'un d'autre. Quelqu'un qui était – qui est – le terroriste peut-être le plus redoutable de l'époque ; dans quelques semaines, il allait occuper la place laissée vacante par la mort de Boudia à la tête de la Parisienne orientale, qu'il allait rebaptiser. Son nom ? Ilich Ramírez Sánchez, plus connu sous le sobriquet de Carlos.

12

La guerre du Kippour

Le 6 octobre 1973, Avner se rendait de Francfort à New York par un vol de la TWA ; depuis 14 heures ce jour-là, heure de Tel-Aviv, une nouvelle guerre venait de s'engager entre Israël d'une part et l'Égypte et la Syrie de l'autre. Au cours des douze mois pendant lesquels Avner et son équipe avaient poursuivi les onze chefs terroristes de leur liste, une évolution s'était produite au Moyen-Orient, tant sur le plan diplomatique que militaire, qui allait enlever toute valeur réelle à leur mission, qu'elle fût un succès ou un échec. Les Arabes, au début de l'après-midi du jour du Grand Pardon, importante fête religieuse juive, venaient de déclencher une attaque massive contre Israël sur deux fronts. Au sud, les 2e et 3e armées égyptiennes, composées de cinq divisions, s'étaient lancées vers le Sinaï en franchissant le canal de Suez ; au nord, c'étaient cinq divisions de l'armée syrienne qui faisaient mouvement vers ce que l'on appelait la ligne pourpre, c'est-à-dire la ligne du cessez-le-feu à l'issue de la guerre des Six-Jours. Cette ligne va du mont Hermon jusqu'au confluent des rivières Ruqqad et Yarmuk, à proximité de la frontière jordanienne. La double attaque des pays arabes avait jeté dans la bataille l'équivalent, en nombre d'hommes, des forces de l'OTAN stationnées en Europe. Le but de cette attaque était indiscutablement de détruire les armées d'Israël, ce qui, si la guerre du Kippour s'était terminée par une victoire arabe, aurait signifié la fin de l'État hébreu, voire, à moins d'une rapide intervention des grandes puissances, un éventuel massacre de la population juive sur une échelle comparable à ce qui s'était passé au cours de la Deuxième Guerre mondiale.

Dans de telles circonstances, Avner jugea qu'il était absurde de rester sans rien faire à Francfort ou à Genève, en attendant de retrouver la piste de Salameh ou du Dr Haddad. Psychologiquement, il aurait été dans l'incapacité de rester en Europe. L'ouverture des hostilités prit l'équipe presque autant par surprise que le reste de la population d'Israël ; presque, mais pas tout à fait : leurs informateurs habituels leur avaient en effet transmis des rumeurs de préparatifs militaires depuis le début de 1973, et d'autres agents du Mossad en avaient aussi entendu parler. Début mai, ils avaient même laissé à Genève un message destiné à Éphraïm, qui en faisait état. Avner et Carl avaient en effet considéré qu'ils se devaient de le faire, même si ce n'était pas exactement de leur ressort. Comme on l'apprit à l'issue de la guerre du Kippour, Jérusalem avait en fait reçu des renseignements de sources beaucoup mieux placées sur ces rumeurs de préparation de guerre.

Mais le 6 octobre, le temps n'était plus à la spéculation ; et il n'était pas question de se rendre à Genève en attendant des ordres hypothétiques. Il fallait prendre une décision, et il allait de soi que c'était à Avner de le faire.

— Je vais regagner mon unité, dit-il. Je veux que Hans et Carl restent en Europe s'occuper de la boutique ; Steve et Robert sont libres de choisir ce qu'ils doivent faire. Des questions ?

Comme il fallait s'y attendre, le seul à discuter fut Hans, sous prétexte que Carl était tout à fait capable de s'occuper seul de tout ; mais Avner fut inflexible : pas question de laisser Carl tout seul.

— Cela reviendrait à annuler la mission, et aucun d'entre nous n'est prêt à le faire, dit-il.

Avec un tel argument, Hans ne tarda pas à accepter la décision. Pour des raisons de sécurité, Steve et Robert décidèrent de rejoindre Israël en passant par l'Afrique du Sud, tandis qu'Avner optait pour New York.

Étant donné la situation, Avner et ses partenaires auraient de toute façon été contraints d'interrompre la poursuite des deux chefs terroristes restants, même s'ils avaient été sur leur piste ; mais le fait était que depuis l'assassinat de Boudia en juin, pas la moindre rumeur n'était parvenue à leurs oreilles sur les faits et gestes d'Ali Hassan Salameh, tandis que tous leurs renseignements confirmaient que Wadi Haddad se terrait pour de bon à Aden, au Sud-Yémen. Et ce n'était même pas tout.

Après le mois de juin, en effet, Avner commença à se poser des questions sur le bien-fondé de la mission ; et il lui sembla que Carl devait se poser les mêmes. Non pas seulement sur la mission, mais aussi sur toute la philosophie qui la sous-tendait. Ils n'en parlaient jamais, mais Avner ne pouvait s'empêcher d'y penser, et son intuition lui disait qu'à l'exception de Steve, tous les autres, peut-être, s'étaient fait les mêmes réflexions. Plus grave encore, en un certain sens : le seul fait de se poser des questions n'était pas seulement hérétique, mais dangereux, très dangereux. Pour remplir une mission comme la leur, il ne fallait pas éprouver le moindre doute sur son bien-fondé.

Ne pas en éprouver devenait cependant de plus en plus difficile. Ce n'était pas une question de remords, en tout cas pas au sens ordinaire du mot. Avner n'en ressentait aucun pour les *mechablim* abattus, comme Carl et les autres, très certainement. Pour ce qui était de lui, il aurait été prêt à recommencer, même s'il n'éprouvait aucun plaisir à tuer. Le problème n'était pas là. Il avait l'impression que tout cela était inutilement futile.

D'un certain point de vue, bien sûr, l'assassinat des fedayin relevait de la pure vengeance, et avait été décidé comme tel. Une bombe pour Yossef Gutfreund, une autre pour Moshe Weinberger. Douze balles pour la jambe perdue de Hannah Marron. Comme Golda Meir l'avait affirmé en personne devant la Knesset, si le gouvernement ne pouvait promettre de mettre un terme définitif au terrorisme, il pouvait en revanche couper une main pour chaque main qui frapperait les juifs[56]. Il s'agissait de faire de l'assassinat d'hommes, de femmes et d'enfants juifs, pour la première fois depuis des millénaires, quelque chose de dangereux et d'extrêmement coûteux. Avner était parfaitement d'accord avec cela ; et il se sentait toujours aussi fier d'être l'une des épées qui coupaient les mains des ennemis d'Israël.

Mais outre d'exercer une vengeance, leur mission avait pour but d'affaiblir autant que possible le terrorisme anti-israélien dans le monde. Non pas de l'exterminer complètement, le projet n'aurait pas été réaliste, mais au moins le ralentir. Couper les têtes de l'hydre, pour employer l'image d'Éphraïm, aurait dû produire des effets sur le monstre lui-même.

Si Éphraïm avait eu raison. Mais était-ce bien le cas ? Telle était la véritable question, et la réponse semblait bien être non. Car comme l'hydre de la légende, les têtes nouvelles semblaient pousser plus vite que les premières étaient coupées. Depuis le début de leur mission, les *mechablim* avaient assassiné Baruch Cohen à Madrid, avaient expédié un bon nombre de lettres piégées dont certaines avaient atteint leur cible, et avaient occupé l'ambassade d'Israël à Bangkok. Un homme d'affaires israélien avait été tué en mars à Chypre ; un employé d'El Al à Rome en avril. Le jour même du raid de commando sur

Beyrouth, il s'en était fallu de quelques minutes que l'ambassadeur israélien à Chypre et sa famille ne périssent dans l'explosion de l'ambassade, tandis qu'un commissaire de l'air empêchait six autres terroristes de détruire un appareil d'El Al. Trois jours après la mort de Boudia, ils avaient abattu, en représailles pour cet assassinat (comme l'avait proclamé la Voix de la Palestine) Yossef Alon, attaché militaire israélien à Washington[57]. Trois semaines plus tard, un groupe formé de terroristes du FPLP et de l'Armée rouge japonaise détournèrent un Boeing 747 de la Japan Air Line qui devait se rendre à Amsterdam. Leur chef, une femme, se débrouilla pour se faire sauter pendant le vol avec une grenade ; en dépit de cela, les terroristes forcèrent l'avion à aller d'un pays du Moyen-Orient à l'autre pendant quatre jours et finirent par le faire sauter à Benghazi, après avoir toutefois relâché leurs otages. Le 5 août, deux tueurs appartenant à la Jeunesse nationale arabe pour la libération de la Palestine attaquèrent un appareil de la TWA à Athènes, juste au moment où il atterrissait ; il arrivait de Tel-Aviv. Résultat : cinq passagers tués, cinquante-cinq blessés. Un mois plus tard, cinq terroristes de Septembre Noir essayèrent, à Rome, de lancer deux missiles soviétiques Sam-7 sol-air à guidage par infrarouge pour abattre un avion de ligne d'El Al. Et, pour couronner le tout, il y avait à peine une semaine, le 28 septembre, deux fedayin du Saïqua, un groupe terroriste soutenu par la Syrie, s'étaient emparés, en Autriche, d'un train rempli de réfugiés juifs venus de Russie, et avaient arraché au chancelier Bruno Kreisky la promesse de fermer le camp de transit de Schönau aux juifs voulant émigrer vers Israël contre la libération des otages. Avner était d'ailleurs convaincu que cette opération faisait partie d'un plan syrien pour détourner l'attention du gouvernement israélien de l'attaque arabe imminente ; dans une certaine mesure, le stratagème réussit.

Golda Meir fut tellement scandalisée par le manque de courage du chancelier Kreisky, que, alors que le pays était au bord de la guerre et qu'une partie de son cabinet s'y opposait, elle se rendit à Vienne dans une ultime et inutile tentative pour faire changer d'avis le chef du gouvernement autrichien. Les terroristes n'auraient pu mieux choisir leur terrain, car Kreisky, un socialiste (mais également un juif), était le responsable européen qui ferait le plus facilement droit aux exigences qu'ils émettraient.

Cette énumération ne donne que les opérations d'envergure de l'année ; nombre d'incidents moins graves ou n'ayant pas mal tourné avaient eu lieu. Il était bien difficile, à la réflexion, de dire si les opérations réussies de la petite équipe d'Avner avaient eu le moindre impact sur les actions terroristes ; bien entendu, comme devait l'admettre Avner, il était impossible de dire ce qui se serait passé pendant la même période si les *mechablim* n'avaient pas été éliminés. En partant du principe que des gens comme Nasser, Najjer, Adwan, Boudia et Hamshari connaissaient leur affaire, il est probable qu'ils auraient organisé des opérations terroristes et obtenu des succès au moins partiels s'ils n'avaient été mis hors d'état de nuire. Mais la tendance générale restait toujours la même.

L'hydre d'Éphraïm était vivante et se portait bien, et faisait pousser une nouvelle tête dès qu'elle en perdait une. Des nouvelles têtes parfois plus redoutables que les anciennes, comme lorsqu'elles s'appelaient Carlos[58].

Il y avait enfin un autre facteur qui contribuait à faire perdre toutes ses illusions à Avner. Les événements de l'été 1973 rendirent les choses parfaitement claires. Il s'agissait de quelque chose qu'ils avaient toujours soupçonné, et Carl, on s'en souvient, avait même posé directement la question à Éphraïm lors de leur première réunion ; mais maintenant ils en étaient certains : ils n'étaient pas les seuls à chasser le terroriste.

En juin 1973, une voiture piégée fit deux morts à Rome[59]. Deux terroristes arabes. Avner et ses amis n'en avaient même pas entendu parler, jusqu'à ce que Tony leur demande s'ils n'étaient pas satisfaits de ses services, pour n'avoir pas fait appel à lui dans cette affaire ; Tony, pourtant d'habitude particulièrement bien informé, semblait donc attribuer l'attentat à l'équipe d'Avner, qui n'y était cependant pour rien. Restait la possibilité que les deux Arabes aient été assassinés par un groupe rival, mais ni Carl ni Avner n'y croyaient tellement. En apprenant la nouvelle, ils se regardèrent sans rien dire ; Avner haussa les épaules, et Carl prit une expression renfrognée.

Mais l'échec lamentable qui se produisit le 21 juillet ne laissa aucun doute. Ce jour-là, dans la petite station balnéaire de Lillehammer, en Norvège, un commando israélien abattit un Arabe qu'il croyait être Ali Hassan Salameh. Plusieurs membres du commando avaient été immédiatement capturés par la police norvégienne. Comme si cela ne suffisait pas, il se révéla que leur victime n'était pas Salameh ; il s'agissait d'un garçon de restaurant marocain qui s'était retrouvé truffé de balles tandis qu'il se promenait paisiblement en compagnie de son épouse norvégienne, enceinte de plusieurs mois. Un jeune

Arabe qui, selon toute vraisemblance, n'avait pas le moindre rapport avec le terrorisme. Le type même du passant parfaitement innocent[60].

La nouvelle fut un choc considérable pour Avner et ses partenaires, et cela pour trois raisons différentes. La première était qu'en ayant fait une tragique erreur de cible et en s'étant fait prendre, leurs collègues avaient commis les deux péchés les plus graves que des agents pussent commettre, et en même temps, en plus. Deux erreurs désastreuses aux yeux de n'importe qui, mais qui pour des gens entraînés à tout faire pour les éviter comme Avner et ses coéquipiers, prenaient des proportions dramatiques : l'acte tabou avait été commis.

La deuxième raison était que l'affaire de Lillehammer leur faisait pour la première fois toucher du doigt combien il était facile de rater complètement un coup. À lire les journaux, ils se sentaient comme des coureurs automobiles débutants qui viennent d'assister à leur premier accident grave. Si un coup monté par ces gars-là, certainement tout aussi entraînés et choisis avec soin qu'eux, pouvait se solder par un tel désastre, la chose pouvait également leur arriver. Le problème n'était pas de passer quelques années dans une prison norvégienne : comparativement, c'était bien peu de chose. Mais de passer du statut de héros à celui de minable en l'espace de dix minutes.

Et puis enfin, il y avait la troisième raison.

Il y avait donc bien d'autres équipes. Il n'y avait pas de raisons qu'il n'y en eût pas ; ils n'avaient aucun monopole sur les *mechablim*. Personne ne leur avait donné un permis de chasse exclusif. En tout cas, pas Éphraïm, qui avait textuellement répondu à Carl qu'il ne connaissait pas la réponse à la question posée. C'était la guerre, et non pas un safari où les invités du général Zvi Zamir avaient droit à leur contingent de monstres. Si Avner était resté à l'armée, il se serait battu épaule contre épaule avec les soldats des autres unités, et l'idée ne lui serait pas venue de protester si l'unité voisine commençait à ouvrir le feu avant la sienne sur une même cible ; il aurait même plutôt été content.

Mais la mission dans laquelle ils étaient tous les cinq lancés comportait quelque chose de particulier, d'unique, qui les faisait se sentir perturbés à la seule idée que d'autres équipes s'étaient vues chargées d'une tâche identique, ils n'auraient su dire pourquoi, et ils avaient certainement tort de voir les choses ainsi. Mais après l'affaire de Lillehammer, Avner ne put s'empêcher de se demander combien ils avaient été à se rendre comme lui dans l'appartement de Golda Meir ; combien d'autres avaient-ils été pris par les épaules par le Premier ministre ? S'étaient fait dire de ne pas oublier cet instant, qu'ils entraient vivants dans l'histoire d'Israël ? Combien d'autres Yekkés potz comme lui étaient-ils en train de courir le monde avec encore dans l'oreille les mots qu'elle avait dits et au creux de la paume la sensation de sa poignée de main ? Combien étaient-ils à risquer leur vie en croyant faire quelque chose d'extraordinaire, alors qu'ils n'étaient en réalité que des soldats comme les autres, comme le premier crétin venu en train d'en baver dans son tank sur les hauteurs du Golan ?

Mais ils ÉTAIENT soldats. Ne devraient-ils pas avoir honte d'éprouver ce genre de sentiment ? Hans parla en leur nom à tous, lorsque, après quelques instants de silence, il dit :

— Voyons donc, les gars. Faut pas oublier qu'on n'est pas des vedettes de cinéma.

Juste. Mais tout de même...

Pourquoi les Galiciens avaient-ils donné les mêmes cibles à l'équipe norvégienne ? N'y avait-il pas assez de terroristes ? Fallait-il donc les mettre aussi sur la piste de Salameh ? Peut-être même avaient-ils exactement la même liste dans chaque équipe ! Était-il possible qu'à Tel-Aviv ils ne sachent même pas qui avait retrouvé et abattu tel ou tel *mechabel* ? Quand cette idée lui traversa l'esprit, Avner eut l'impression d'avoir reçu un coup de poing au creux de l'estomac.

— Je le saurais en lisant les journaux, avait dit Éphraïm.

Dans ce cas, pourquoi une autre équipe n'aurait-elle pas été créditée de l'un des coups qu'ils avaient faits à Rome, Paris ou Nicosie, même maintenant ?

Non ; cela, c'était impossible. Ils avaient rencontré Éphraïm à Genève, avant le raid sur Beyrouth ; à ce moment-là, ils lui avaient dit ce qu'ils avaient déjà accompli. Il était donc au courant. Mais pour lui, cela ne faisait probablement aucune différence. C'était ça, le problème.

Mais pourquoi cela devrait-il faire une différence pour lui ? Et n'était-ce pas Avner lui-même qui créait le problème ?

Alors qu'il aurait dû se contenter d'être un bon soldat, tout ce flot d'angoisse n'était-il pas simplement une excuse pour l'aider à se sentir désillusionné parce qu'il avait peur ? La vérité ne se trouvait-elle pas là, brutale et crue ? Toutes ces réflexions qu'il se faisait sur la futilité de leur action, sur le fait que de toute façon il n'y avait pas de différence, qu'ils n'étaient pas crédités de leurs actions d'éclat, qu'ils n'auraient pas leur part de gloire – tout cela ne servait peut-être qu'à masquer la boule qui lui creusait l'estomac. Au lieu d'admettre franchement qu'il avait peur, il cherchait des raisons pour être dégoûté de la mission. Au fond, il n'était peut-être qu'un froussard s'efforçant de rationaliser ses peurs.

À cette seule idée, Avner frissonna. Et pourtant, qui sait si elle n'était pas vraie ? Auquel cas, le mieux était encore d'aller à la guerre. Il rejoindrait son unité, et tout serait plus simple. Un soldat comme les autres, en un moment où le pays n'avait pas besoin d'autre chose. De vraies batailles, un face à face les armes à la main. Être le premier au sommet de la colline ou à lancer une grenade dans le fortin des adversaires. L'action. En se jetant dans l'action, il se prouverait à lui-même qu'il n'avait pas peur. Il serait guéri de ce tourment qui le tenait au creux de l'estomac.

À New York régnait un vent de panique. À la nouvelle que la guerre prenait un tour défavorable pour Israël, des milliers de personnes, immigrants israéliens, juifs américains et même Américains non juifs, tentaient de trouver une place dans les avions en partance pour Tel-Aviv, afin d'aller prêter main-forte à Israël. Le problème était d'autant plus sérieux que tous ceux qui ne pouvaient guère être utiles sur le front, en dépit de leurs excellentes intentions, prenaient la place d'autres personnes qui, elles, pouvaient apporter une aide précieuse. Les autorités aéroportuaires s'efforçaient de mettre un peu d'ordre dans ce chaos, mais ce n'était pas une tâche facile. La nouvelle que les forces égyptiennes venaient de traverser le canal de Suez, avaient établi des têtes de pont, et même réussi à couper le « Lexikon » (la route stratégique nord-sud qui longeait le canal du côté israélien) en plusieurs endroits ne faisait que souligner l'urgence de la situation.

Avner décida de jouer franc-jeu, et de voyager sous sa véritable identité, à savoir comme major de réserve d'une unité d'élite. Il était ainsi assuré d'avoir une place sur le premier vol d'El Al qui partirait, quelles que soient les conséquences ultérieures. Il ne pensait d'ailleurs pas qu'il y en eût. Contrairement à la visite qu'il avait faite à Tel-Aviv au moment de la naissance de Géla, il s'agissait maintenant sans aucun doute d'une situation d'urgence, et il ne pourrait être sérieusement blâmé d'avoir regagné Israël sans ordre de mission express. Le pays était tellement petit, la marge entre victoire et défaite, en terme de guerre moderne, tellement étroite, qu'il y avait un consensus implicite sur le fait que chaque Israélien avait le devoir de faire immédiatement ce qu'il croyait bon faire en temps de guerre. Et s'il recevait jamais quelque réprimande, il était sûr d'être pardonné par la suite.

Il ne sortit même pas de l'aéroport de New York, et appela Shoshana pour qu'elle le rejoignît sur place. Elle amena Géla avec elle ; à dix mois, l'enfant ressemblait maintenant non seulement à un être humain, mais à une véritable petite fille. Avner avait l'impression de ressentir pour la première fois à son égard autre chose qu'une simple curiosité distante. Sa fille ! Il l'embrassa, puis embrassa Shoshana à qui il demanda d'essayer de joindre l'un de leurs amis en Israël – les lignes étaient devenues presque impossibles à obtenir – pour qu'il amène à Lod une voiture pour Avner. Le quartier général de son unité se trouvait juste au sud de Haïfa, à un peu plus d'une heure de route de l'aéroport. Comme beaucoup d'Israéliens, Avner avait l'intention de partir pour le front dans sa propre voiture.

Cette initiative lui valut pourtant des ennuis. Le voyage en avion se déroula sans problème, et son ami l'attendait bien à Lod avec une voiture. Avner prit à peine le temps de l'embrasser, jeta sa petite valise à l'arrière du véhicule et se retrouva quelques minutes plus tard sur l'autoroute de Haïfa. À peine avait-il fait deux kilomètres qu'il était arrêté par un agent féminin de police, certes charmant, mais fort peu commode.

— Qu'est-ce qui se passe ? demanda Avner, étonné, car il n'avait pas dépassé la limite de vitesse autorisée.

— Ne savez-vous pas quel jour de la semaine nous sommes ? lui répondit la sabra.

Pendant quelques instants, Avner ne comprit pas de quoi elle voulait parler. Puis il se souvint. Évidemment ! Pressé de trouver un véhicule à Avner, son ami (comme lui-même) avait oublié un détail. À cause des restrictions d'essence, on avait créé en Israël un système d'autocollants qui faisait que l'on ne pouvait rouler qu'un jour sur deux en fonction de celui que l'on avait ; et la voiture d'Avner, ce jour-là, n'avait pas le bon.

En temps de guerre, on considérait qu'il s'agissait d'un délit sérieux ; il était inutile de protester. L'agent de police le conduisit immédiatement auprès du magistrat responsable des infractions au code de la route. L'homme qui siégeait derrière un bureau dans toute sa splendeur officielle, était un galicien âgé qui portait une moustache soigneusement taillée.

Avner s'excusa du mieux qu'il put. Il expliqua qu'il se trouvait à l'étranger et qu'il avait simplement essayé de rejoindre son unité le plus rapidement possible pour faire la guerre. Il était désolé pour l'infraction, mais il était resté longtemps hors d'Israël, et il n'y avait plus pensé, et ainsi de suite. Ne pouvait-on le laisser repartir ?

Le magistrat se montra magnanime.

— Allez vite rejoindre votre unité, dit-il. Étant donné les circonstances, je me contenterai de vous donner une amende.

Il en fixa le montant à deux cents livres israéliennes, ce qui n'était pas très élevé. Mais Avner n'avait pratiquement pas d'argent israélien sur lui.

— Ne pouvez-vous m'accorder un délai de paiement ? demanda-t-il.

— Maintenant il vous faut un délai ! répondit le Galicien en le regardant sévèrement. Vous allez à la guerre, dites-vous ? Qui paiera l'amende, si vous vous faites tuer ?

Avner poussa un profond soupir. « C'est pas croyable, pensa-t-il. Qu'est-ce que ça fait plaisir d'être chez soi... »

Ce qui était un jour tragique pour Israël fut un jour de gloire pour les patriotes arabes du monde entier. Pendant un quart de siècle, depuis la création de l'État d'Israël, les forces arabes n'avaient pas gagné une seule bataille et *a fortiori* pas une seule guerre. Le fait que l'armée égyptienne ait réussi à traverser le canal les 6 et 7 octobre 1973 fut fêté non seulement comme une victoire militaire mais aussi comme l'honneur recouvré. Et même pour certains, la virilité retrouvée. Il ne s'agit pas d'une simple métaphore de circonstance, mais d'un sentiment authentique et profondément éprouvé par beaucoup. Dans un poème publié un an après la guerre du Kippour, le barde syrien Nizar Qabbani décrit par exemple comment il fit l'amour après avoir écouté les nouvelles disant que les Égyptiens avaient traversé le canal de Suez :

As-tu remarqué
Comment j'ai noyé mes rives,
Comment je t'ai recouverte du flot débordant de mes eaux,
As-tu remarqué comment je me suis abandonné en toi
Comme si je te voyais pour la première fois.
As-tu remarqué comment nos corps en fusion l'un dans l'autre
Ont pantelé, ont transpiré,

Et comment ils sont devenus cendres pour ressusciter
Comme si nous faisions l'amour pour la première fois.

La poésie, qui joue un rôle infiniment plus important dans la culture arabe du XXe siècle qu'en Occident pour évaluer, quand ce n'est pas guider, la pensée et l'action politiques, avait enregistré, mais aussi dans une mesure qui était loin d'être négligeable, aidé à créer l'onde de choc d'un nationalisme militant en train de se répandre dans le monde arabe. Même si Nizar Qabbani ne put retrouver sa virilité que de façon bien éphémère, les forces israéliennes ayant stoppé l'avance égyptienne dès le 14 octobre et inversé le cours de la guerre le 16, le type d'émotion qui se dégage de ce poème n'aurait pu être affecté par la défaite, même si les troupes du général Sharon avaient à leur tour traversé le canal de Suez dans l'autre sens. Si le fer de lance israélien avait réussi à pénétrer rapidement entre les liens distendus qui unissaient les 2e et 3e armées égyptienne dans le Sinaï, les coupant l'une de l'autre, il n'avait pu atteindre l'esprit de la résistance arabe ; cet esprit, profitant tout autant de la défaite que de la victoire, fut largement reconnu comme tel en Israël. Pendant les premiers et catastrophiques jours de la guerre du Kippour, ce phénomène donna naissance à la spéculation populaire voulant que les Américains prissent tout leur temps pour exiger un cessez-le-feu, parce que Henry Kissinger aurait estimé que les Arabes avaient besoin d'une bonne victoire militaire qui, en leur rendant le respect d'eux-mêmes, les amènerait à se montrer plus conciliants autour de la table de négociations.

Semblables à ce que les Russes et les Chinois avaient éprouvé au début du siècle pour les Japonais, les sentiments arabes reflétaient cette humiliation particulière d'un Goliath vaincu par un David. Alors que l'on a beaucoup écrit sur les souffrances endurées par les faibles aux mains des forts, on s'est peu attaché à étudier les dommages psychologiques particuliers subis par le fort lorsqu'il est régulièrement battu par des forces plus faibles, si ce n'est pour remarquer que ses échecs provoquent chez lui un état de fureur extraordinaire. Si l'on en croit Nizar Qabbani, cet état peut faire

D'un poète de l'amour et du désir
Un homme qui écrit à la pointe du poignard.

De nombreux autres intellectuels sont d'ailleurs passés de l'appel aux armes à l'action armée elle-même ; Tawfiq Zayyad, par exemple, n'hésite pas à dire quel est le pays qu'il prend pour modèle :

> *Mes amis dans les fertiles champs de canne,*
> *Mes amis dans les raffineries de pétrole de Cuba la fière,*
> *De mon village, de mon foyer chéri,*
> *Je vous envoie mon salut ;*
> *Mes amis qui ont empli l'univers du parfum des combats,*
> *Ne lâchez pas l'impérialiste,*
> *Talonnez-le, car les ailes de l'aigle sont plus puissantes*
> *Que l'ouragan*
> *L'impérialiste ne comprend pas*
> *Le langage de l'humilité et des larmes,*
> *Il ne comprend que lorsque se soulève le peuple*
> *Dans l'arène du combat*[61].

De tels poèmes montrent très clairement que de nombreux intellectuels appartenant à la résistance palestinienne, à la fin des années 1960, avaient résolu de faire cause commune avec le communisme international. Ce pouvait être le résultat, dans certains cas, de convictions authentiques ; mais dans d'autres de l'opportunisme pur et simple. Il ne fait pas de doute que de même que l'Union soviétique ne répugnait pas à utiliser le nationalisme panarabe pour servir ses propres fins, de même certains Palestiniens se sentaient tout à fait prêts à utiliser les Soviétiques dans la poursuite de leurs propres buts nationaux, sans pour autant se considérer comme idéologiquement impliqués par les idéaux communistes et encore moins par les intérêts de la politique extérieure soviétique. Ce qui leur importait était la libération de la Palestine, et en 1968 un pacte avec n'importe qui, fût-ce le diable, n'aurait pas été considéré comme un prix trop haut à payer pour bien des fedayin.

En ce sens, d'ailleurs, l'expression « pacte avec le diable » va beaucoup plus loin qu'une simple adhésion aux intérêts soviétiques. En évoluant de la résistance nationale au terrorisme international, certains Palestiniens en étaient arrivés à croire, à l'instar de bien d'autres avant eux comme par exemple l'Irgoun, une organisation sioniste, que la fin justifiait invariablement les moyens, et que l'on ne pouvait soulever d'objection à des actes de violence aveugles à l'encontre de populations civiles du moment qu'ils contribuaient à l'édification d'un État national[62]. Là se trouvait la ligne de partage entre un combat pour retrouver la liberté, et le terrorisme ; ce sont donc leurs méthodes et non pas les raisons ou les buts de leur combat qui retirent toute base morale aux fedayin, même si ces méthodes ont largement contribué au retentissement international de leur combat.

Un combat qui se compliqua encore davantage avec la guerre du Kippour. Si elle se termina bien par une victoire pour Israël, elle n'en révéla pas moins que l'État juif n'était pas invincible ; la surprise a d'ailleurs peut-être été moins grande pour les Israéliens eux-mêmes que pour leurs ennemis. Quoi qu'il en soit, elle créa un dilemme tactique et idéologique pour les Palestiniens. Ce n'est pas tant une nouvelle faille qui se produisit dans le mouvement palestinien que la consommation d'une rupture plus ancienne entre les deux grandes factions du bras armé de ce mouvement, Al Fatah de Yasser Arafat d'un côté et le FPLP de George Habache de l'autre.

Si les deux leaders estiment bien que le but ultime de leur combat est la destruction de l'État d'Israël, ainsi que l'instauration d'une forme de socialisme arabisé dans tout le Moyen-Orient, leurs opinions divergent complètement, en revanche, sur la stratégie à employer et les priorités à établir. Pour le Dr Habache, militant marxiste-léniniste avant d'être un nationaliste arabe, le combat des Palestiniens doit être mené contre l'impérialisme et viser l'établissement d'un système marxiste panarabe. Pour Arafat, patriote palestinien avant toute chose, la priorité des priorités est la libération de la Palestine, qui devra par la suite être suivie de ce qu'il appelle la « libération de l'homme », voulant parler par là de la mise en place d'une société arabe socialiste.

L'un et l'autre acceptent la violence, y compris la violence terroriste, mais tandis que Yasser Arafat est en faveur de la « palestinisation » des opérations de guérillas, c'est-à-dire de raids armés en Israël ou dans les territoires occupés par Israël, menés par les fedayin palestiniens, le Dr Habache soutient toutes les formes d'opérations internationales, souvent en collaboration avec d'autres groupes terroristes. C'est la raison pour laquelle Septembre Noir, l'organisation internationale chargée des « mauvais coups » n'a jamais été officiellement reconnue par Arafat, même si son existence dans le cadre de l'OLP n'a jamais été un secret. Ce procédé permit à Arafat de se présenter comme relativement modéré sur la scène internationale.

Il s'agissait cependant un peu plus que d'une simple façade. Après la guerre du Kippour, pointa la possibilité, encore vague et lointaine, de l'établissement d'un État palestinien à la table de conférence de Genève. Et comme il n'était guère probable qu'Israël négocie sur la base de sa propre disparition, l'OLP, pour y participer, aurait dû prendre des positions plus modérées. Sans aller jusqu'à reconnaître le droit à l'existence de l'État d'Israël, Arafat estimait néanmoins, ne serait-ce que pour des raisons stratégiques, que l'OLP aurait dû éviter de réclamer sa destruction inconditionnelle.

Le Dr Habache et le FPLP ne partagèrent pas cette façon de voir. Pour eux l'État sioniste et impérialiste d'Israël n'avait aucun droit à l'existence. C'est ainsi que naquit le Front du Refus, soutenu par les États du refus, à savoir la Syrie, l'Iraq, le Sud-Yémen et la Libye. Les nombreuses organisations qui constituent l'OLP choisirent d'appuyer soit Al Fatah, soit le Front du Refus, tout en reconnaissant le rôle dirigeant de Yasser Arafat.

Israël, pour sa part, considérait alors Yasser Arafat avec des sentiments ambivalents. Officiellement, l'État hébreu ne reconnaissait pas davantage l'OLP, même sous sa forme modérée, que l'OLP ne reconnaissait l'État hébreu. Certains Israéliens estimaient néanmoins qu'un accord négocié avec un leader palestinien comme Yasser Arafat n'était pas impensable ; d'autres pensaient qu'en réalité, le chef du Fatah n'était pas plus modéré que les plus extrémistes des *mechablim*.

Avner et ses coéquipiers parlaient rarement de politique ; ils étaient cependant divisés sur cette question. Steve, Robert et Hans n'auraient même pas donné l'heure à Arafat s'il la leur avait demandée, mais Carl était loin d'être aussi pessimiste ; Avner se tenait entre les deux. Ce qui de toute façon était sûr pour les cinq hommes, était qu'il fallait assassiner Ali Hassan Salameh, le stratège de Septembre Noir.

Connu sous le nom de Abou Hassan dans la résistance palestinienne, Salameh était quelqu'un de riche et d'instruit, qui avait même suivi les cours de la Sorbonne. On le décrivait comme un fort bel homme auquel les femmes ne savaient pas résister. Palestinien de la meilleure famille (avec un vague lien de parenté avec Yasser Arafat), son père, Sheik Salameh, avait été très actif dans la résistance arabe bien avant la création d'Israël. Le vieux Salameh avait organisé des raids sur les colonies juives en Palestine alors que son fils n'était pas encore né, et finit par être tué en 1948 par une bombe du Haganah[63].

Digne fils de son père, c'est tout naturellement que Salameh se tourna vers le combat armé. Du fait du contexte social d'où il était issu, il n'était guère attiré par les factions marxistes appartenant au mouvement palestinien, ce qui ne l'empêchait nullement de collaborer avec elles quand il s'agissait de la cause de la Palestine. C'est ainsi que l'un de ses collaborateurs les plus proches à Paris, Mohammed Boudia, était marxiste et aurait appartenu au parti communiste depuis les années 1950. Mais Salameh collaborait tout aussi bien avec des groupes d'extrême droite, comme celui de François Arnaud, un néo-nazi suisse, qui passait pour s'être occupé des problèmes financiers des Palestiniens en Europe, comme il s'était occupé de la trésorerie nazie pendant la guerre[64].

Sans raison bien apparente, Avner et ses partenaires étaient devenus obsédés par l'idée d'« avoir » Salameh plus que n'importe quel autre des terroristes restants sur leur liste ; il faut dire qu'en plus de figurer en numéro 1 de la liste d'Éphraïm, il passait pour être le principal artisan de l'assassinat des athlètes israéliens lors des Jeux olympiques de Munich. L'idée originale n'était peut-être pas de lui, mais par de nombreux indices, le Mossad avait acquis la conviction qu'il avait eu la responsabilité de la mise au point de l'attaque et de sa coordination. Il était devenu le *mechabel* symbolique par excellence. Dans le contre-terrorisme comme dans le terrorisme, les objectifs militaires ont parfois moins d'importance que les actes symboliques : en un certain sens, assassiner Salameh aurait été l'équivalent de s'emparer du drapeau de l'ennemi.

C'est cette obsession qui explique sans doute en partie le terrible fiasco du Mossad à Lillehammer, ainsi que l'amateurisme apparent de l'opération. Un nombre anormalement important d'agents secrets débarquant dans une petite station balnéaire où les étrangers attiraient automatiquement l'attention, où il était impossible de se cacher, et qui n'offrait que deux autoroutes faciles à contrôler comme routes de fuite : rien n'était plus propice à une arrestation prompte, même si aucune erreur n'avait été commise quant à la cible. Et si certains aspects de l'opération parurent sidérants à certains (deux agents se faisant prendre en rendant une voiture louée à l'aéroport d'Oslo pour économiser un jour de location) mais étonnèrent un peu moins Avner, qui connaissait le grand-père de tous les Galiciens tapis dans son antre du Mossad, il n'en restait pas moins qu'elle avait été montée n'importe comment. La seule explication possible – mais qui n'était pas une excuse – était cette obsession du Mossad à vouloir éliminer l'homme qui personnifiait, en Israël, le terrorisme international.

13

Ali Hassan Salameh

Il fallut au Mossad, qui avait des problèmes autrement importants à régler, jusqu'au 22 octobre pour découvrir la présence d'Avner, Steve et Robert en Israël. Tous trois avaient rejoint leur unité dès leur retour, comme n'importe quel officier de réserve revenant de l'étranger. Leur chef d'unité ignorait complètement ce qu'ils avaient fait depuis qu'ils n'étaient plus sous les drapeaux, et ce n'était pas en pleine guerre qu'on posait ce genre de question. Avner avait été envoyé sur le front immédiatement après avoir rejoint son unité, et participa aux combats du front nord, puis à ceux du Sinaï, contre la 3ᵉ armée égyptienne. Il eut la chance de s'en tirer une fois de plus sans une égratignure, comme d'ailleurs Steve et Robert dans leurs unités respectives.

Les hostilités n'étaient pas loin d'être terminées lorsque les ordinateurs leur remirent la main dessus ; au nord, le mont Hermon avait été repris, et au sud, le général Sharon cernait les Égyptiens. C'est dans ce dernier secteur, sur la rive ouest du canal de Suez, qu'un officier vint chercher Avner en jeep pour le faire monter dans un hélicoptère, avec ordre de se présenter sans délai au quartier général du Mossad à Tel-Aviv.

En chemin, il se demanda si Steve et Robert ne seraient pas déjà là à l'attendre, mais il ne trouva qu'Éphraïm à leur place.

— Vous n'êtes pas un peu cinglés, les gars ? commença l'officier en introduisant Avner dans son bureau. Vous vous imaginez être de tels surhommes que nous ne pourrions pas gagner la guerre sans vous, peut-être ? Je devrais vous faire passer en cour martiale.

En dépit des propos d'Éphraïm, Avner comprit à son intonation qu'il n'y aurait pas de conséquences fâcheuses, comme il s'y était attendu.

— Je veux que vous disparaissiez d'Israël dès aujourd'hui, reprit

Éphraïm. Retournez en Europe finir ce que vous avez commencé. Si nous avons besoin de vous ici, nous vous le dirons. Je ne veux pas vous revoir au pays à moins que vous n'en ayez reçu l'ordre exprès. Ai-je été assez clair ?

Avner avait beau se dire que son officier avait parfaitement le droit de lui parler ainsi, il trouva dans son ton quelque chose qui le prit à rebrousse-poil. Ils étaient revenus parce que le pays courait un danger mortel, comme l'avaient fait des milliers d'autres Israéliens, des milliers d'autres juifs. Certes, ils avaient transgressé l'une des règles les plus strictes de la procédure. « Mais bon sang ! ne pouvait s'empêcher de penser Avner, on dirait que chaque fois que je risque ma vie pour Israël, que chaque fois que je fais un peu plus que mon simple devoir, il faut que je tombe sur un Galicien pour me dénigrer. Ou me coller une amende, comme le magistrat de Tel-Aviv, le jour même de mon arrivée. Cela ne finira-t-il donc jamais ? »

Dans ce genre de circonstance, Avner était incapable de se taire.

— Permettez-moi de vous dire quelque chose, lança-t-il ; je ne travaille plus pour vous. Vous vous souvenez ? Je n'ai aucun ordre à recevoir de vous !

Éphraïm ne fit que rire à cette explosion de colère.

— Allez, filez d'ici, avant que je vous jette quelque chose à la figure, dit-il. Filez vite !… ou plutôt, attendez une minute. J'allais oublier ; je voudrais que vous me signiez ceci.

Avner prit la grande feuille de papier qui portait un texte serré, tapé en petits caractères.

— Qu'est-ce que c'est ? demanda-t-il.

— Eh bien lisez-le ; vous savez lire, non ?

Avner commença à examiner le texte, mais il avait trop la tête ailleurs et ne voulut pas continuer. Prenant un stylo sur le bureau d'Éphraïm, il signa sans le regarder davantage. Encore une histoire de contrat de soins médicaux ou quelque chose de ce genre, sans doute.

Avant de regagner l'aéroport, Avner profita de ce qu'il était à Tel-Aviv pour rendre visite à ses parents, en commençant par sa mère. Aucune des deux rencontres ne fut très satisfaisante.

Comme d'habitude sa mère, après une ou deux remarques personnelles de pure forme – « Grâce à Dieu, au moins te voilà sain et sauf ! » –, se lança aussitôt dans une longue diatribe sur les malheurs d'Israël et la perfidie du reste du monde qui avait permis cette guerre. Une fois de plus, elle lui parut se faire beaucoup plus de souci pour le sort de la patrie que pour son sort personnel, et être davantage affectée par les épreuves traversées par Israël que par celles que son fils pouvait avoir subies en combattant pour sa sauvegarde. C'était Israël par-ci et Israël par-là ; et elle n'arrêtait pas, en outre, d'exprimer l'espoir qu'il y aurait la paix lorsque son deuxième fils, le frère d'Avner, serait en âge de faire son service militaire, dans deux ans.

Avner se fit la réflexion, non peut-être sans quelque injustice, que comme toujours, sa mère ne souhaitait la paix qu'en fonction de Ber, et ne paraissait pas se soucier que LUI puisse être tué en attendant ce jour béni. Rien le concernant ne paraissait l'intéresser. Certes il ne pouvait lui dire ce qu'il faisait exactement en Europe, et elle devait en avoir tiré la conclusion qu'il accomplissait quelque chose « pour le gouvernement », mais il se sentit blessé de ne pas se faire poser la question. Elle demanda des nouvelles de Shoshana et de Géla, mais à part cela, il n'y en eut que pour Ber et Israël. On aurait dit que rien n'avait changé depuis le jour où elle l'avait envoyé au kibboutz.

C'est pour d'autres raisons que la visite chez son père se déroula mal.

Père était devenu encore plus vieux, plus malade et plus brisé que jamais. Avner se sentait tellement de similitudes avec lui, en même temps, non pas par l'apparence extérieure, mais par la façon dont fonctionnaient leur esprit et leurs émotions, qu'il avait l'impression de regarder dans une glace lui renvoyant une image de lui, vingt ou trente ans plus tard. Impression inquiétante et mystérieuse. Père dut également la ressentir, car il n'arrêta pas de répéter des choses du genre : « Attends un peu et tu verras ; dans quelques années, tu seras assis ici, à attendre qu'ILS t'appellent. Ils t'auront pressuré jusqu'à la dernière goutte, ils auront mis depuis longtemps les diamants sous clefs, mais toi, tu attendras toujours. Même si tu as compris, à ce moment-là. Tu ne me crois pas, mais tu verras. »

Le problème était que justement Avner commençait à comprendre et à croire son père. Il eut le plus grand mal à se contenir pour ne pas repartir tout de suite pour l'aéroport. Sans même prendre le temps d'attendre Steve et Robert, il embarqua dans le premier avion en partance pour l'Europe.

Mais une fois en Europe, novembre passa, puis décembre, sans que rien se produise. Et cependant, ils n'avaient jamais été aussi actifs. Comme Carl en fit la remarque, ils n'avaient jamais autant déployé d'efforts pour des résultats aussi minces depuis le début de la mission. Chaque jour ou presque apportait sa rumeur, sur l'une ou l'autre des cibles restantes. Salameh, en particulier, semblait doué d'ubiquité : il était signalé un jour à Paris, le lendemain en Espagne et le troisième en Scandinavie.

D'autres bruits couraient également sur Abou Daoud, leur cible numéro 2, le seul qui ne se fût pas encore manifesté entre février et septembre de cette année, pour la bonne raison qu'il avait passé cette période dans une prison jordanienne, à la suite d'une tentative avortée pour enlever certains membres du cabinet du roi Hussein. Capturé le 13 février en Jordanie, il révéla, au cours d'une confession publique faite à la télévision, quels étaient les liens qui unissaient Al Fatah et Septembre Noir – nouvelle qui n'en était pas une pour le Mossad. Deux jours plus tard, il fut condamné à mort ainsi que tous les hommes du commando de Septembre Noir. Ils obtinrent néanmoins la grâce du roi Hussein, et moins de trois semaines avant le déclenchement de la guerre du Kippour, Abou Daoud, ainsi qu'environ un millier de fedayin, faits prisonniers au cours des années par les bédouins du roi, se voyaient libérés. À en croire les informateurs, on l'avait vu dans toutes les capitales européennes depuis lors.

L'impossibilité de trouver la moindre piste concernant Salameh commençait à mettre les nerfs de l'équipe à vif, comme Avner s'en rendait bien compte. Ils travaillaient encore tous de manière impeccable, en professionnels, mais en se rapprochant d'une dangereuse limite de tension ; ils commençaient à payer le prix d'un an de mission. La parenthèse de la guerre du Kippour avait été pour Avner un soulagement temporaire, comme il s'y était attendu ; mais la boule s'était de nouveau installée au creux de son estomac. Plus dure que jamais.

La pression produisait aussi ses effets néfastes sur les autres, Avner n'en doutait pas. Hans consacrait de plus en plus de temps à son affaire d'antiquités, comme si c'était la principale raison de sa présence à Francfort ; on aurait dit, en tout cas, qu'il aurait aimé le croire. Steve lui en fit même une fois la remarque sur un ton acerbe, d'autant plus qu'il commençait même à gagner de l'argent. Enfermé dans sa chambre, Robert était en train de mettre au point le jouet élaboré sur lequel il travaillait maintenant depuis plusieurs semaines. Il fit penser à Avner, qui eut l'occasion de l'apercevoir, à une sorte de grande roue entièrement faite avec des cure-dents en bois.

De tous, Carl était celui qui avait le comportement le plus insidieusement étrange. Apparemment, il n'avait rien changé à ses habitudes, et restait assis sur son canapé, fumait sa pipe, lisait comme par le passé. Mais il lui arrivait maintenant de lever les yeux de son livre et de poser les questions les plus bizarres. Se tournant une fois vers Avner, il lui demanda tout à trac :

— Crois-tu en la transmigration des âmes ?

— Pardon ? répondit Avner, interdit.

Carl ne répéta pas la question ; il secoua la tête et replongea dans son ouvrage. Avner se souvenait de l'incident avant tout parce que c'était au tour de Carl de faire la cuisine, un événement dramatique pour Carl, même dans le meilleur des cas. Il avait beaucoup d'aptitudes, en vérité, mais aucune dans les arts culinaires. Avner qui tenait toujours avec le plus grand sérieux son rôle de « Maman Impec » et se souciait que tous se nourrissent bien, offrait régulièrement à Carl de prendre son tour sans rien dire aux autres, mais le philosophe attitré du groupe ne voulait pas en entendre parler. « Quand c'est mon tour, c'est mon tour, disait-il. Pourquoi, mon poulet en cocotte n'était pas bon ? »

Le 7 janvier 1974, des informations apparemment solides leur parvinrent enfin. Elles provenaient de Papa, et concernaient à la fois Abou Daoud et Ali Hassan Salameh. Les deux terroristes étaient supposés se rencontrer dans l'église de la petite ville de Sargans, en Suisse, à proximité de la frontière du Liechtenstein.

— Bon sang, dit Carl en examinant une carte. Une ville minuscule, avec trois routes de montagne pour y accéder ; et en plein hiver, en plus. Un autre Lillehammer, en pire.

— Pas forcément, remarqua Avner. C'est une ville-frontière ; une fois le coup fait, tout le monde pensera que nous allons essayer de passer au Liechtenstein et de là en Autriche. C'est à Feldkrich que sera installé le comité de réception. Au lieu de cela, nous reviendrons à Zurich. Encore mieux, reprit-il. On pourra mettre des skis sur le toit de la voiture et aller se mélanger à la foule des skieurs de Saint-Moritz, ou même de Davos, qui est encore plus près. Réservons tout de suite des chambres à Davos pour cinq hommes d'affaires allemands.

— Ça ne fait toujours que trois routes, objecta Carl en secouant la tête.

En fin de compte, il n'y eut même pas trois routes. Le lendemain du jour où Carl et Avner avaient été faire un petit tour de repérage à Sargans (à deux seulement, pour ne pas arriver en force comme leurs collègues malheureux à Lillehammer), Louis leur fit parvenir une

information corrigée : les deux chefs terroristes devaient bien se rencontrer dans une église suisse, mais ce n'était pas celle de Sargans. Le
rendez-vous était pris de l'autre côté d'un lac, le Walensee, un peu
plus près de Zurich que Sargans, près d'une ville sans doute plus
importante, mais par contre encore moins accessible. Il s'agissait de
Glarus, traversée par une seule grande route nord-sud, la A 17. Route
qui partait de Zurich, traversait Glarus, s'infléchissait à l'ouest, passait par Altdorf et faisait le tour d'une partie du magnifique lac Vier-
waldstätter avant d'arriver à Lucerne.

Glarus. Au cœur de la Suisse, au cœur de l'Europe, dans une zone
de forêts où arbres à feuilles caduques et essences à feuilles persis-
tantes se mêlaient, et où les précipitations annuelles atteignaient des
records. En janvier, cela voulait dire beaucoup de neige.

Selon l'information, Salameh et Abou Daoud devaient se rencontrer le samedi 12 janvier à l'intérieur de l'église. Dans deux voitures différentes, Avner, Steve et Hans explorèrent la ville la veille, le
vendredi. Robert et Carl étaient restés dans leur planque de Zurich.

Comme par un fait exprès, Robert attrapa à ce moment-là une
forme de grippe intestinale particulièrement pénible ; il vomissait tout
ce qu'il avalait et se sentait malade comme un chien. Avner envisagea
sérieusement de laisser Robert se reposer, mais celui-ci ne voulut rien
savoir. On finit par trouver un compromis : il resterait au volant du
véhicule de fuite à la place de Steve, lequel participerait à l'assaut en
compagnie d'Avner et de Hans. Ce dispositif était loin d'être parfait,
car Steve était meilleur conducteur que Robert, et les routes particulièrement traîtresses dans cette région et en cette saison. Mais étant
donné les circonstances, il n'y avait pas d'autre solution.

Le vendredi, il faisait un beau temps froid. L'église était située près
de la périphérie de la ville, et sa porte principale donnait sur une place
au centre de laquelle se trouvait une fontaine. L'abside de l'église
était entourée par un cimetière. Quelques marches conduisaient de la
place à la porte principale, dont l'un des battants comportait une porte
plus petite, qui semblait toujours rester ouverte. À l'intérieur, la nef
longue et étroite menait directement à l'autel.

Avner ignorait tout en matière d'église, comme de synagogue et
d'édifice religieux en général ; c'était la première fois qu'il mettait le
pied dans un temple. Les rais de lumière multicolore qui tombaient
des vitraux l'intriguèrent.

À la droite de l'entrée, une porte conduisait de la nef jusque dans
une salle assez grande, sorte de bibliothèque et de pièce de réception

combinées. Au milieu, se dressait une table imposante couverte d'ouvrages et de tracts religieux. Le long des murs, des rayonnages contenaient d'autres livres. Au fond de la pièce, une nouvelle porte donnait sur un escalier ; en le montant, on aboutissait à la galerie de l'orgue, en le descendant, à diverses pièces dans le sous-sol de l'église.

Hans estima que c'était dans ce sous-sol qu'aurait lieu la réunion ; la sacristie, à l'arrière de l'église, était trop petite, et il ne semblait pas y avoir de presbytère à proximité ; seuls quelques hangars étaient attenants au bâtiment. Soit le curé habitait dans une maison de la ville, soit il avait un appartement installé dans le sous-sol. C'est pour cette raison que Hans préféra ne pas explorer toutes les pièces du sous-sol en question, car il était essentiel de préserver un effet de surprise absolu. On pouvait faire irruption le lendemain dans ces pièces en quelques secondes. Les *mechablim* seraient pris au piège. Avec l'un des membres de l'équipe en haut de l'escalier, ils ne disposeraient d'aucune issue par où s'enfuir.

À le considérer rétrospectivement, ce n'était peut-être pas leur plan monté avec le plus de soin, mais c'était certainement le plus audacieux. Une manœuvre inattendue. En outre, le temps manquait ; cela faisait plus d'une année qu'ils étaient sur la piste de Salameh, et personne ne pouvait dire dans combien de temps se présenterait la prochaine occasion de le coincer.

Il était hors de question de passer la nuit en ville ; on n'y trouvait seulement quelques petits hôtels genre auberge, et cinq hommes arrivant la veille de l'assassinat pour repartir dès le lendemain n'auraient fait qu'attirer l'attention. Ils auraient peut-être même eu du mal à trouver cinq chambres, et Zurich n'était qu'à soixante-dix kilomètres. Lucerne se trouvait à environ le double de cette distance, et permettait de regagner Zurich par une autre route ; Avner décida néanmoins d'explorer cet itinéraire afin de disposer d'une alternative après en avoir fini dans l'église. Peut-être seraient-ils obligés de se séparer une fois le coup fait, une voiture partant directement pour Zurich, et l'autre faisant le détour par Lucerne. Dans la soirée, Avner prit ses dispositions avec Louis pour avoir à tout hasard une planque à Lucerne.

Le lendemain, samedi 12, il faisait un peu meilleur. Le ciel était couvert, et quelques flocons de neige tombaient de temps en temps. La route de Zurich était dégagée, mais celle menant à Glarus présentait ici et là des plaques de neige.

Avner, Steve, Hans et Robert étaient dans un premier véhicule, suivis de Carl dans un autre. Tous portaient un Beretta provenant de la première cache d'armes constituée par Avner, avec le matériel acheté à Lenzlinger. À l'époque, l'équipe avait tout laissé en Suisse, et Hans avait remarqué que c'était l'occasion ou jamais d'utiliser tant les armes que les passeports.

Avner et Steve avaient également pris des grenades fumigènes. Les petits engins, disponibles dans le commerce, tenaient tout juste dans les poches de leur veste ; mais ils pouvaient être efficaces au cours d'une attaque dans un sous-sol, comme Carl l'avait confirmé à Avner. Leurs adversaires ne pourraient sauter par les fenêtres, et seraient réduits à l'impuissance au bout de trente secondes s'ils choisissaient de rester à l'intérieur. Ils préféreraient vraisemblablement sortir par la porte, un par un, présentant des cibles faciles. Un fumigène pouvait également couvrir une retraite hâtive dans un escalier étroit mieux que n'importe quoi. Contrairement à une grande offensive, un fumigène ne fait pas de bruit ; personne ne serait alerté. L'équipe serait déjà à mi-chemin de Lucerne lorsque l'on découvrirait ce qui s'était passé dans le sous-sol de l'église.

Enfin, peut-être. « C'est un risque contre lequel même la Lloyd ne nous assurerait pas », fut le commentaire de Robert.

Avner éprouvait également quelques doutes, mais ni lui ni Carl ne purent rien imaginer de mieux qu'une attaque dans l'église. Salameh et Abou Daoud ne seraient pas accompagnés d'une armée pour une rencontre secrète dans une petite ville suisse. Ils auraient tout au plus un ou deux gardes du corps chacun. Les prendre par surprise dans un sous-sol fermé était une chose ; mais essayer de leur tendre une embuscade à l'extérieur en était une autre, bien différente. Il aurait notamment fallu séparer l'équipe en deux, une à chaque issue de la ville, ce qui revenait à n'agir qu'avec des forces réduites ; puis fuir dans un véhicule peut-être sérieusement endommagé. En outre, le crime serait forcément découvert tout de suite sur la route, loin d'être déserte. Si enfin Salameh décidait de passer la nuit dans la petite ville, qu'est-ce qu'ils pourraient faire ? Se geler au bord de la route en attendant son passage ?

Non. L'attaque dans l'église constituait le meilleur plan, en tout cas le moins mauvais. Il était même possible (chose sur laquelle ils ne pouvaient cependant pas compter) que les autorités suisses n'en entendent jamais parler, qu'elle ait ou non réussi. Ce n'était pas la première fois que des hommes d'église se trouvaient enrôlés par des terroristes pour leur fournir un abri ou un soutien, pour des motifs de conscience ; sans l'approbation, dans la plupart des cas, de la hiérarchie ecclésiastique. Il arrivait bien que des membres de celle-ci eussent une participation, comme dans l'affaire du patriarche orthodoxe qui passait des armes pour le compte de l'OLP en Israël ; mais cette aide venait en général de prêtres agissant à titre individuel, sous l'influence d'un groupe terroriste ou un autre. Pour quelque raison psychologique obscure, certains hommes de religion peuvent faire preuve de formes extrêmes de nationalisme, de fascisme ou de marxisme[65]. Le prêtre renégat qui prêtait ainsi son église à Salameh aurait eu toutes les raisons de ne rien dire de ce qui s'y était passé ; en cas de tentative manquée, ce n'était pas les *mechablim* qui iraient se plaindre à la police suisse.

Le jour tombait au moment où les deux véhicules s'arrêtèrent à proximité de l'église, de part et d'autre de la place, à une centaine de mètres l'un de l'autre. Avner, Hans et Steve descendirent du leur, tandis que Robert se glissait derrière le volant. Il laissa le moteur tourner, comme Carl le fit de son côté.

Hans entra le premier dans l'église, seul. Avner et Steve restèrent à l'extérieur comme deux touristes profitant des dernières lueurs du jour pour admirer les lieux et faire des photos. D'après les horaires des services religieux, affichés sur la porte principale, les derniers fidèles ne tarderaient pas à quitter l'église, mais la petite porte découpée dans le portail ne serait pas verrouillée. Les terroristes mis à part, l'édifice serait vide.

Vraisemblablement.

Pour l'instant, tout se passait comme prévu. Moins de vingt minutes après leur arrivée, un petit groupe d'une trentaine de personnes, fidèles ou simples touristes, sortit paisiblement de l'église, suivi par Hans, bon dernier, qui salua au passage le sacristain en train de refermer la porte. Puis il se dirigea vers Steve et Avner.

— Deux Arabes, dit-il laconiquement. Jeunes, portant des chandails noirs. Des gardes du corps, sans doute, mais sans armes, autant que j'ai pu en juger. Ils ont remonté l'une des travées, et sont entrés dans la salle de droite ; l'un d'eux portait un plateau recouvert d'une serviette blanche.

— Es-tu sûr qu'il s'agit bien d'Arabes ? demanda Avner, même s'il pouvait faire entière confiance à Hans sur ce point.

— Eh bien, ils parlaient arabe, répondit Hans en haussant les épaules ; assez fort, même, comme s'ils étaient chez eux.

— Allons-y, dit Avner en tendant à Robert l'appareil-photo avec lequel ils avaient joué les touristes.

Suivi de Steve, il se dirigea d'un pas vif vers l'entrée de l'église. Hans resta un peu en arrière, comme s'il flânait. Avner et Steve devaient mener l'attaque et Hans rester à côté de la porte, à l'intérieur de l'édifice ; il était chargé d'interdire l'accès du bâtiment à quiconque, et de couvrir la fuite de ses partenaires. Il ne devait se servir de son arme qu'en dernière extrémité.

L'intérieur de l'église était très sombre ; il aurait été difficile de marcher en silence sur le sol de pierre, et les deux hommes n'essayèrent même pas. Il n'y avait que dix enjambées à faire pour gagner la porte à droite de la nef ; ils y furent en quatre secondes, en profitant pour sortir leur Beretta et l'armer. Ils étaient en position de tir quand Avner eut poussé la porte d'un violent coup de pied.

Dans la pièce, les Arabes levèrent les yeux.

Ils n'étaient pas deux, mais trois, installés à la grande table, en train de manger. Le plateau décrit par Hans était posé sur la table, avec des verres de lait, du fromage, des petits pains et des fruits dessus.

Les livres et la documentation religieuse avaient été repoussés sur le côté. Mais il y avait un autre objet sur la table : une Kalachnikov. Ainsi qu'un pistolet, dont la crosse pointait sous la serviette blanche, vis-à-vis de l'Arabe le plus proche de l'entrée. Un Tokarev, sans aucun doute, à voir le petit crochet qui dépassait du magasin ; probablement le 9 mm, très apprécié dans les pays arabes. Et la chose suivante que vit Avner, alors que ses yeux étaient posés sur l'arme, fut une main cherchant à s'en emparer.

Steve devait également avoir vu le geste du jeune Arabe, car il faisait déjà feu ; une rafale de deux coups, puis une deuxième. Avner, dont l'arme avait été pointée sur l'autre homme, fit feu à son tour, avec une fraction de seconde de retard. En vérité il ne savait pas ce que le deuxième Arabe avait l'intention de faire, car son attention était restée portée sur la cible de Steve. Mais avec la tournure que prenaient les événements, il lui aurait été impossible de ne pas tirer. Ce deuxième Arabe était légèrement sur sa droite, et aurait eu le temps de sortir une arme si Avner avait davantage attendu – le réflexe trop bien rodé. Il fit feu par deux fois, et le corps de l'homme glissa entre la table et la chaise.

Il n'aurait peut-être pas été nécessaire d'abattre le troisième Arabe s'il y avait eu un peu plus de temps.

C'était lui qui se trouvait assis à proximité de la Kalachnikov, mais il s'était levé au moment de l'irruption de Steve et Avner, mettant les mains sur la tête. Les deux hommes avaient vu son geste, et c'est pourquoi ils s'étaient tout d'abord occupés des deux autres.

Malheureusement, en voyant ce qui arrivait à ses camarades, le jeune Arabe dut se dire qu'il allait aussi se faire descendre, quoi qu'il fît. C'est du moins une possibilité, l'autre étant qu'il ait perdu son sang-froid, ou soit devenu fou de rage. Peut-être même avait-il cru ses adversaires à bout de munitions. Toujours est-il qu'il se baissa pour s'emparer de la Kalachnikov.

Avner et Steve tirèrent ensemble, par deux fois. Les quatre balles, groupées, l'atteignirent à l'estomac. Il s'effondra sur le sol, où il continua à se tortiller. Déjà les deux autres ne bougeaient plus. Dix secondes tout au plus s'étaient passées depuis que les deux Israéliens avaient fait irruption dans la salle.

Et en dix secondes, ils avaient tué ou grièvement blessé trois Arabes qui n'étaient pas sur la liste.

Cette pensée traversa l'esprit d'Avner, mais le moment n'était pas à la spéculation. Il engagea un chargeur neuf dans le magasin du Beretta et, faisant signe à Steve de le couvrir, mit la main sur la poignée de la porte conduisant au sous-sol. Elle était ouverte. Il jeta un coup d'œil vers la galerie de l'orgue, mais ne vit personne, comme il s'y attendait. Il descendit en courant la volée de marches, tandis que Steve restait en haut pour le couvrir, mais aussi pour surveiller les Arabes qu'ils venaient d'abattre ; ils n'étaient peut-être pas tous morts.

Avner enfonça d'un coup de pied la porte la plus proche de l'arrivée de l'escalier. Il craignait qu'elle ne fût fermée, mais il n'en était rien ; elle était même simplement repoussée. Tandis qu'elle s'ouvrait, il était prêt à voir le visage de Salameh et peut-être celui d'Abou Daoud. Deux visages dont il connaissait les traits par cœur. Mais la pièce pouvait aussi être vide, auquel cas il explorerait ce qui se cachait derrière les deux autres portes du couloir. Mais il ne s'attendait pas à voir ce qu'il vit.

Trois prêtres.

Trois prêtres ordinaires, assis à une table, reconnaissables à leur col romain. Trois prêtres à la mine ahurie, fixant des yeux Avner qui venait de surgir comme un diable, le revolver à la main. Il ne s'agissait pas d'Abou Daoud et de Salameh déguisés en prêtres, mais de trois curés suisses, deux jeunes et un plus âgé. Ce dernier, cheveux blancs au-dessus d'un visage haut en couleurs, le regardait comme s'il était fou.

Trois prêtres apeurés. Avner eut la certitude qu'ils avaient entendu quelque chose de la fusillade qui venait de se dérouler au-dessus de leur tête.

Les chefs terroristes pouvaient bien entendu se trouver dans l'une des autres pièces du sous-sol ; mais il fallait qu'il fasse quelque chose de ces trois hommes avant de pouvoir partir à leur recherche.

Les abattre était purement impensable.

Fallait-il appeler Steve ? Non. Cela signifiait que les prêtres le verraient aussi, et c'était déjà bien trop qu'ils l'aient vu, lui. Et cela signifiait également qu'il serait seul pour poursuivre l'attaque. Avner se souvenait très bien avoir analysé la situation, sur le moment, en ces termes militaires. Il fallait prendre une décision. Avner ne pouvait se lancer seul aux trousses des deux terroristes, avec Steve en train de garder les prisonniers, et Hans ne se doutant de rien à la porte de l'église. Et puis surtout, que se passerait-il, si les prêtres décidaient de sortir ? Seul, il ne pourrait les empêcher de franchir le seuil de la porte, pas plus que Steve. À moins de se servir de son arme. Ce qui était définitivement exclu. *Des agents israéliens abattent trois prêtres dans une église suisse*, pourrait-on lire dans les journaux. De quoi faire plus de tort en une minute à Israël que les *mechablim* en avaient fait en cinq ans.

Avner commença à battre en retraite, avec un mouvement menaçant de son arme.

Sa décision était prise : tout annuler.

Il avait compris que les prêtres étaient trop pétrifiés par la peur pour songer à faire quelque chose ; il leur faudrait plusieurs secondes, sinon plusieurs minutes, avant de réagir. Suffisamment de temps, il l'espérait, pour permettre à l'équipe de déguerpir.

Il sortit à reculons de la pièce, claqua la porte de la main gauche, courut à l'escalier, en criant à Steve que c'était lui qui arrivait afin qu'il n'y eût pas de méprise, puis, une fois en haut des marches, il lui fit signe de le suivre. Steve le regarda sans poser de questions. Les trois Arabes gisaient sur le sol, dans une mare de sang et de lait mélangés. L'un d'eux était encore en vie et gémissait, mais les deux autres semblaient morts. Ils retrouvèrent Hans accroupi derrière un pilier à proximité du portail, l'arme à la main.

— Qu'est-ce qui s'est passé ?

— Rien, répondit Avner en rangeant son arme. Il n'y avait personne, juste trois *galouts*.

Sans savoir pourquoi, il avait employé le terme yiddish pour « prêtre des gentils », alors qu'il ne parlait que rarement ce dialecte.

— Il faut filer d'ici au plus vite.

Quelques secondes après, ils montaient en voiture. La nuit n'était pas encore complètement tombée ; ils n'avaient passé que quelques minutes dans l'église. « Lucerne », dit simplement Avner à Robert, indiquant l'ouest. Son intuition lui disait de ne pas retourner à Zurich.

C'est à vitesse modérée qu'ils s'engagèrent sur la route de montagne sinueuse et enneigée. Avner fut un instant tenté de se débarrasser des armes et des fumigènes, mais il se dit que s'ils tombaient sur un barrage de police, cela signifierait que les prêtres avaient averti les autorités, et qu'ils pourraient par conséquent l'identifier. Il n'y avait donc qu'une chose à faire : rouler seul dans l'une des voitures, avec les armes et les fumigènes. Si Carl et les trois autres étaient arrêtés, on ne trouverait rien pour les impliquer dans la fusillade de l'église. Inutile qu'ils se fassent tous prendre.

Comme ils s'arrêtaient au bord de la route quelques instants, le temps d'opérer le transfert, Robert dit :

— Eh bien, nous avons eu notre Lillehammer, non ?

— Quoi, notre Lillehammer ? rétorqua Steve, scandalisé. On a descendu trois terroristes avec des Kalachnikov ! Comme si ces types se rendaient dans les églises suisses pour y dîner !

— D'accord, plus tard ! les coupa Carl. Pour l'instant, on roule, point.

Avner décida de dire qu'il arrivait du lac de Côme, juste de l'autre côté de la frontière italienne, au cas où il serait arrêté et interrogé. Il connaissait suffisamment l'endroit pour pouvoir en parler, et son passeport n'avait pas besoin d'avoir reçu un coup de tampon à la frontière. Il ne risquait quelque chose qu'en cas de fouille de son véhicule.

Mais il n'y eut pas de barrage non plus.

Une fois à Lucerne, ils s'installèrent dans la planque réservée la veille. Puis Avner alla jusqu'à une cabine téléphonique, et appela un numéro local ; quelqu'un vint aussitôt les débarrasser de leurs armes. Un peu plus tard, Avner appela le contact de Papa à Zurich.

— Ils n'y étaient pas, dit-il à la personne qu'il eut en ligne.

— Si, ils y étaient, répondit-elle.

Il n'y avait guère grand-chose à ajouter, et Avner mit fin à la conversation. Qui pouvait dire si Salameh et Abou Daoud ne se trouvaient pas effectivement à Glarus ? Après ce qui s'était passé dans l'église, il était bien certain qu'ils n'allaient pas y traîner longtemps.

Steve avait au moins raison sur un point : trois Arabes armés jusqu'aux dents en chandail noir n'étaient pas exactement des passants
innocents.

— Et ce n'est pas un Lillehammer pour encore une autre raison, dit
Avner à Robert, une fois de retour dans la planque. C'est que nous
n'avons pas été pincés, il me semble[66] !

14

Londres

Au mois de mai 1974, Avner, Carl et Hans se retrouvèrent à Londres.

Ce n'était que la deuxième visite d'Avner dans la capitale britannique, depuis l'époque où il était simple agent du Mossad sur le terrain. Son principal réseau d'informateurs se trouvait en Allemagne – si l'on excepte Le Groupe, bien entendu – comme celui de Hans était à Paris et celui de Carl à Rome. Londres et Amsterdam étaient plutôt les domaines de Robert et de Steve. Mais l'équipe avait depuis le début observé une certaine souplesse dans leurs rencontres avec les contacts, et chaque fois qu'une rumeur parvenait à leurs oreilles, on envoyait ceux qui étaient le plus disponibles. Après tout, ils n'étaient que cinq. Bien que les informateurs, arabes ou non, se sentissent plus à l'aise avec leur correspondant habituel, ils acceptaient de vendre des informations aux autres s'ils avaient la garantie de ne pas courir de risques.

Or Robert était occupé en Belgique, et Steve venait de partir pour l'une de ses rares visites de trois jours dans sa famille en Afrique du Sud, lorsqu'un renseignement leur était parvenu de Londres. C'est pourquoi les trois hommes étaient partis vérifier si Ali Hassan Salameh, qui semble-t-il avait des problèmes d'ordre ophtalmologique, devait bien arriver en fin de mois à Londres pour se faire examiner par un spécialiste.

Le jour de leur arrivée, le jeudi 9 mai, Hans alla s'installer dans une planque, tandis que Carl et Avner descendaient à l'hôtel *Europa*, au coin de Duke Street et de Grosvenor Square. Pour l'instant, il n'était pas encore question de monter une opération ; ils voulaient simplement parler avec l'informateur. et étudier les possibilités offertes. Où Salameh devait-il habiter ? Où se trouvait le cabinet du spécialiste qu'il devait consulter? La rumeur voulant que Salameh dût rencontrer l'un de SES contacts dans un grand magasin d'électroménager de Londres était-elle fondée? Si oui, quelle était l'adresse de ce magasin? Hanté par le spectre de Glarus, Avner voulait être sûr.

Si Glarus n'avait pas été un autre Lillehammer, le fiasco avait cependant été complet – leur premier échec complet. Non seulement Abou Daoud et Salameh avaient échappé à l'attentat, en admettant qu'ils eussent bien été sur place, mais Avner et Steve avaient en outre tué trois autres personnes. Certainement pas des « passants innocents » au sens strict du terme (et ils n'éprouvaient guère de remords pour avoir abattu des Arabes portant des Tokarev et des Kalachnikov), mais de gens qui néanmoins n'étaient pas sur la liste des cibles. C'était une erreur, et même une faute. Toute discussion mise à part, c'était le genre de coup fourré qu'ils s'étaient fait un point d'honneur d'éviter.

Ce qui s'était passé à Lillehammer et à un moindre degré à Glarus montrait bien que les réserves faites par beaucoup sur l'opportunité de ce genre d'opération de contre-terrorisme n'étaient pas sans fondements. Et les Israéliens qui avaient fait remarquer qu'il était bien vain de prétendre que jamais une erreur ne serait commise avaient parfaitement raison. Cette position avait d'ailleurs été celle de Golda Meir elle-même. « Comment pouvez-vous vous dire absolument sûrs, avait-elle objecté lorsque la question avait été soulevée devant elle, que des personnes innocentes ne seront pas atteintes? » La réponse était simple : on ne pouvait pas[67].

Mais il était aussi exact, et c'est peut-être en définitive l'argument qui avait fait changer d'avis le Premier ministre, que de toutes les mesures imaginables employant la force, des opérations sélectives de contre-terrorisme étaient encore celles qui se traduisaient par le plus petit nombre de victimes innocentes.

— Bon sang, nous en avons eu neuf! s'exclamait Steve à chaque fois que le désastre de Glarus revenait sur le tapis. Et neuf chefs, en plus. Combien de civils auraient été mis en bouillie par l'armée de l'air avant d'avoir eu neuf terroristes de ce calibre?

C'était indiscutable.

Cet argument ne tenait cependant pas compte d'un facteur à la fois psychologique et politique, qui jouait un grand rôle tant dans le contre-terrorisme que dans le terrorisme lui-même. L'incident de Glarus n'avait pas fait les manchettes; l'affaire avait été étouffée d'emblée. Mais un passant innocent abattu à bout portant dans une ville occidentale pouvait porter plus de tort à l'image d'Israël que la mort de plusieurs douzaines de civils victimes d'un bombardement au cours d'un accrochage au Moyen-Orient.

— Les pilotes de bombardier peuvent se permettre de tirer dans le tas, estimait Carl, comme les artilleurs. Ils peuvent même faire des erreurs. Nous, non.

Avner et Hans comprenaient cet argument, qui exaspérait en revanche Robert et Steve.

— Pour l'amour du ciel! s'exclamait Robert, chaque fois que des *mechablim* font sauter un autobus scolaire plein d'enfants juifs, ils s'en vantent! Ils mitraillent des femmes enceintes juives, ils en sont tout fiers. Ils ne le font pas par erreur : ils s'attaquent exprès à des femmes et à des enfants. EXPRÈS! vous vous rendez compte? Mais de quoi parlons-nous?

Robert n'avait pas tort : le 17 décembre, quelques semaines avant l'équipée de Glarus, un groupe de terroristes palestiniens avait tiré des obus incendiaires sur un appareil de la Pan Am à Rome, tuant trente-cinq passagers et en blessant quarante autres. Puis le 11 avril, à Qui-ryat Shemona, dans le nord d'Israël, les fedayin s'étaient attaqués à des immeubles résidentiels, tuant dix-huit personnes et en blessant seize, en majorité des femmes et des enfants. Au mois de mai 1974, vingt-deux enfants perdirent la vie dans la prise d'otages de Maalot, en Galilée du Nord, organisée par le Front populaire démocratique. Ce n'était pas par erreur que les terroristes tuaient des non-combat-tants. C'était même le but de la plupart de leurs opérations.

— Eh alors? disait Carl, c'est justement la différence. Est-ce que ça t'ennuie, qu'il y ait une différence entre les *mechablim* et nous? Moi, ça ne m'ennuie pas.

De tous, Carl était celui qui paraissait le plus affecté par la gaffe de Glarus. Il ne restait pas exactement assis à broyer du noir, mais il était plus pensif, et suçait sa pipe encore plus longtemps que d'habitude avant de commenter un projet d'opération. Depuis Glarus, Carl-la-Prudence n'avait jamais autant mérité son surnom. Pour sa part, Avner était d'accord avec lui. Il n'aimait pas beaucoup les discussions théoriques, mais il sentait bien que Carl avait raison.

— Eh, les gars, si on arrêtait de philosopher, d'accord? disait-il pour mettre fin à ce genre de discussion. Si nous étions des experts en philosophie, nous serions en train d'enseigner à l'université de Jéru-salem pour un salaire double. Parlons plutôt opérations. C'est notre boulot.

De toute façon, les occasions de parler étaient rares à Londres. Avner voulait en faire le plus possible en trois ou quatre jours et revenir à Francfort pour consulter Robert et Steve. S'il se révélait que Salameh devait bien arriver à la fin du mois, et que les circonstances permettent d'envisager une attaque à l'explosif, Robert devrait alors repartir immédiatement pour la Belgique afin de se préparer. Ils ne disposaient pas de trop de temps.

Il avait été convenu de rencontrer l'informateur dans le hall de l'hôtel *Grosvenor House* sur Park Lane. Aucune heure précise n'avait été donnée ; chacun des trois resterait assis tour à tour une heure ou deux dans le hall. Quand l'informateur arriverait, celui qui était en train de l'attendre prendrait un simple contact visuel avec lui, et téléphonerait aux deux autres avant de partir d'un pas de promeneur jusqu'à Brook Gate, dans Hyde Park. C'est là qu'il rencontrerait l'informateur, lui-même venu à pied de son côté. Les deux autres couvriraient la réunion sans s'approcher, afin de s'assurer que l'informateur n'était pas suivi et qu'il n'y avait pas de risque d'embuscade ; c'était la procédure normale. D'après ce qu'Avner avait entendu dire à l'époque, l'agent du Mossad Baruch Cohen était peut-être mort à Madrid pour ne l'avoir pas suivie au moment où il devait rencontrer l'un de ses informateurs.

La rencontre devait avoir lieu soit le 9, soit le 10, soit le 11, n'importe quand entre 10 heures et 16 heures. Des dispositions aussi imprécises n'avaient rien d'exceptionnel, même si elles étaient pénibles à respecter. Avner commençait à trouver que rester assis sans désemparer à lorgner autour de lui était un travail d'un ennui mortel. Il aimait ça, au début, à cause de son côté romantique ; mais maintenant c'était la barbe. Peut-être était-il trop tendu, ou se faisait-il vieux…

Le premier jour l'informateur ne se montra pas.

Le deuxième jour, un vendredi, alors qu'Avner venait d'être remplacé par Hans et retournait à pied à son hôtel, il éprouva soudain la sensation d'être suivi. Il venait de sortir par l'arrière de l'hôtel *Grosvenor House* pour emprunter Reeves Mews puis tourner à droite dans South Audley Street, afin de faire un peu de jogging jusqu'à l'ambassade américaine. C'est au moment où il était sur le point de couper par Grosvenor Square qu'il ressentit cette impression. Que quelqu'un marchât derrière soi n'avait rien d'étonnant à Londres, mais Avner sentait le regard de la personne lui brûler la nuque, physiquement, de façon irritante ; il essaya tout d'abord de s'en débarrasser en se frottant l'endroit de la main ; une seconde plus tard, il avait compris de quoi il s'agissait.

Avner avait toujours pris au sérieux ce qu'il appelait son sixième sens, son intuition. Une fois, alors qu'il n'était encore qu'un jeune agent débutant, et qu'il portait sur lui une forte somme d'argent pour ses informateurs, il avait brusquement quitté une planque à Munich, en plein milieu de la nuit, sans raison apparente. Il venait d'arriver et projetait de se coucher, lorsque son sixième sens lui conseilla soudain de faire sa valise et de décamper immédiatement, ce qu'il fit. À peine avait-il tourné le coin de la rue qu'il put voir des voitures de police venir s'arrêter en face de l'immeuble qu'il venait de quitter, pour y faire une descente.

Il ne prétendait pas qu'il y avait quoi que ce fût de mystérieux là-dedans ; il pensait simplement être particulièrement sensible à certains signaux pratiquement imperceptibles ; lui les percevait, presque inconsciemment, et son cerveau savait les décoder d'une manière ou d'une autre. À Munich, par exemple, la tenancière de la planque l'avait peut-être regardé d'une façon particulière quand il était arrivé ; si elle s'était attendue à la descente de police, peut-être son regard avait-il comporté quelque chose qui avait déclenché un signal d'alarme dans l'esprit d'Avner, sans même qu'il s'en rende compte sur le coup.

Pour l'instant, il ne tourna pas dans Grosvenor Square. Au lieu de traverser le parc, ce qui le mettait à cinq minutes à pied de son hôtel, il poursuivit son chemin sur North Audley Street. Il était sûr d'être toujours suivi, mais il eut beau tenter d'apercevoir la personne qui le filait dans les vitrines de magasin ou dans les glaces des véhicules qui passaient, il en fut pour ses frais. Il ne pensait pas être attaqué en plein jour ; non plus qu'au coin de North Audley et d'Oxford Street. Mais qui pouvait vraiment savoir ? Il aurait bien aimé être armé, et espérait que son suiveur croyait qu'il l'était.

À moins qu'il fût suivi par les services de contre-espionnage britanniques ; c'était possible. Auquel cas, si leur informateur ne se montrait pas aujourd'hui, il serait plus avisé pour eux de décamper dès le lendemain matin. Robert pourrait toujours reprendre la piste à son retour de Belgique. Avner tourna à droite dans Oxford Street et prit la direction d'Oxford Circus. S'il se sentait toujours filé en passant à la hauteur de l'entrée du métro de Bond Street, il y descendrait et emprunterait ce mode de transport pour gagner Finsbury Park ; l'équipe disposait en effet d'une planque du côté de Crouch End. Il arriverait bien entre-temps à semer son suiveur.

Mais avant même d'arriver à la hauteur de Duke Street, la sensation irritante avait disparu, évanouie aussi soudainement qu'elle était venue. Néanmoins, à titre de précaution, il alla s'installer dans un restaurant d'où il pouvait voir la rue depuis les fenêtres. Il commanda du thé, et examina les passants d'Oxford Street pendant près d'une heure. Rien. C'est du moins ce qu'il lui sembla.

C'était tout de même bizarre ; il n'avait encore rien fait pour se débarrasser de la personne qui le suivait lorsque la filature avait été abandonnée. Peut-être s'était-il trouvé à la hauteur d'une autre personne qui était suivie ? Mais il ne croyait guère à cette hypothèse. Il y avait, estima-t-il, quelque chose qui clochait.

L'informateur ne se montra toujours pas, et le soir Avner, Carl et Hans allèrent dîner tôt dans un petit restaurant indien découvert par Carl, qui était devenu depuis quelque temps amateur de cuisine indienne et pakistanaise. Peut-être cela avait-il un rapport avec la transmigration des âmes.

Si ce sujet précis ne fut pas évoqué au cours du repas, la conversation tourna néanmoins autour de questions mystiques du même ordre. Carl paraissait être dans un état d'esprit bizarre, qui affectait même Hans. Par exemple, lorsque Avner leur fit part de la sensation qu'il avait éprouvée d'être suivi, au cours de l'après-midi, la discussion dévia sur le thème général des sensations, des impressions. Non sans quelque frivolité. Sans pour autant rejeter les implications pratiques de ce qui était arrivé à Avner, Hans, mais surtout Carl, ne voulurent y voir qu'un aspect de la question plus vaste qui les préoccupait ce soir ; quelque chose, pourrait-on dire, de transcendantal.

— Il peut y avoir beaucoup de puissance dans ce que l'on éprouve, dit Carl. Prenons la lévitation, par exemple. Croyez-vous que je pourrais réussir à léviter si je me concentrais suffisamment sur cette idée ?

— Je n'en sais rien, Carl, répliqua Avner d'un ton légèrement agacé. Tu devrais essayer, pour voir ; ce serait amusant, non ? Pourquoi ne pas t'y mettre lorsque la mission sera terminée ?

Carl se mit à rire, et Hans dit alors :

— C'était peut-être Carlos qui te suivait cet après-midi ; qui sait s'il n'est pas venu faire un tour à Londres pour embrasser sa maman ?

Propos qui n'étaient pas purement gratuits ; Mme Sánchez, en effet, possédait une boutique dans l'une des rues élégantes de Londres. Et s'il était peu probable qu'il lui rendît visite au point où il en était de sa carrière, il avait tout de même fait au moins une apparition à Londres, un peu plus de quatre mois auparavant, pour procéder à deux attentats terroristes : la tentative avortée contre Sir Edward Sieff, le président de Marks & Spencer, un sioniste militant, et une attaque à la bombe contre la banque israélienne Hapoalim à Londres, au cours de laquelle une femme avait été blessée.

— Écoutez, dit Avner, Carlos ou pas Carlos, je n'aime pas ça du tout. Cela fait maintenant deux jours que nous traînons dans cet hôtel. Notre bonhomme ne s'est pas montré, mais quelqu'un nous a peut-être repérés. Je propose que nous partions d'ici à demain matin. Dans quelques jours, Steve et Robert pourront venir prendre le relais.

Avner avait raison ; s'ils avaient bien été repérés, il n'était pas raisonnable de s'attarder. On pouvait même faire courir un risque à l'informateur. Il valait mieux que d'autres personnes tâchent de reprendre contact quelques jours plus tard. Carl et Hans étaient d'accord là-dessus, mais Hans fit tout de même remarquer quelque chose.

— Moi, je ne suis pas à l'hôtel, mais dans une planque ; et je suis sûr de ne pas avoir été suivi. Notre type, nous devions le rencontrer soit le 9, soit le 10, soit le 11. Le 11, c'est demain. Pourquoi toi et Carl ne partiriez-vous pas demain matin, tandis que je resterais jusqu'à l'après-midi ?

— Pour le rencontrer seul ? C'est trop dangereux, objecta Avner en secouant la tête.

— Fais-moi confiance, je serai très prudent. Nous n'avons guère de temps, tu sais.

Avner accepta, non sans hésiter.

Carl et Avner se partageaient une suite d'angle à l'hôtel *Europa*, faite de deux chambres séparées ayant une entrée en commun. Une porte à double battant ouvrait sur le couloir depuis cette entrée ; en face, une porte fermant à clef donnait sur la chambre d'Avner, tandis que sur la gauche une autre porte, également verrouillable, donnait sur celle de Carl. On ne pouvait aller d'une chambre à l'autre qu'en passant par l'entrée.

En 1974, l'hôtel *Europa* n'avait pas subi les réfections qui ont depuis transformé son ancien bar étrusque. À cette époque, les canapés et les fauteuils de la salle étaient recouverts de cuir sombre, et une grande peinture, *L'Enlèvement d'Europe*, était accrochée au mur. Carl, qui n'était pas un grand buveur, ne détestait pas prendre une bière, le soir, et il lui arrivait de rester au bar pendant un quart d'heure ou vingt minutes avant d'aller se coucher.

En sortant du restaurant indien, ce soir-là, Avner laissa Hans et Carl pour aller chercher des souvenirs à ramener à Shoshana. Il revint à l'hôtel vers 22 heures. Le repas épicé lui avait donné soif, et il eut envie de prendre une bière au bar étrusque avant de regagner sa chambre.

Carl n'y était pas, mais il y avait quelques tabourets vides de part et d'autre d'une jeune femme, blonde et mince. Elle devait avoir environ trente ans, des cheveux droits qui lui tombaient sur les épaules et des yeux bleus et calmes. Une femme attirante et tout à fait du genre de celles qu'aimait Avner. Il s'assit à côté d'elle et commanda une bière.

La première chose qu'il remarqua fut le geste qu'elle eut pour déplacer son sac à main de l'autre côté du comptoir, une fois qu'Avner se fut assis, et la manière dont elle se tourna pour y prendre un paquet de cigarettes. Son attitude n'était nullement méfiante ; mais c'est quelque chose qu'Avner enregistra dans sa mémoire.

La deuxième chose qu'il remarqua fut son parfum. Il dégageait un arôme étrange, musqué, agréable mais très inhabituel. Ils engagèrent la conversation, parlant comme le font deux étrangers assis à un bar en train de boire une bière, qui ne se disent rien de compromettant ; Avner commença par une remarque sur le type de verre dans lequel le barman servait la bière, et la jeune femme blonde eut un petit rire avant de faire également une remarque de type humoristique. Elle parlait anglais avec un léger accent, allemand ou scandinave. Elle offrit une cigarette à Avner, qui refusa. Elle n'était pas agressive, mais paraissait avoir envie de parler. Ils bavardèrent pendant quelques minutes ainsi, parlant mode féminine ; Avner ne s'intéressait pas outre mesure à la question, mais il avait découvert depuis quelque temps que c'était un sujet de conversation sur lequel les femmes sont intarissables.

Or il avait envie de faire durer cette conversation. Elle avait une peau crémeuse, simplement marquée de quelques taches de rousseur autour du nez ; elle portait une blouse de soie verte dont seuls les deux premiers boutons étaient défaits, ne laissant rien voir de ses seins, mais ils parurent bien dessinés et fermes à Avner lorsqu'elle se tourna à nouveau vers son sac. Une jolie blonde, c'était indiscutable. Avner aurait été ravi de l'emmener dans sa chambre. Shoshana était loin, et il pouvait facilement se persuader que la solitude lui pesait.

Il se serait peut-être risqué à préciser ses intentions si elle ne l'avait pas précédé.

— C'est vraiment agréable de parler avec vous, dit-elle. Pourquoi n'irions-nous pas dans votre chambre prendre un dernier verre ?

Avner avait la certitude qu'il ne s'agissait pas d'une call-girl. Il pouvait reconnaître une prostituée à cent mètres, contre le vent, même si elle avait l'allure la plus chic ; et les prostituées ne l'avaient jamais intéressé. Il n'avait adressé la parole à la jeune femme que parce qu'il avait été sûr, dès le premier coup d'œil, qu'elle n'en était pas une. Il pouvait bien entendu s'agir de l'une de ces filles scandinaves sans complexes dont Avner avait souvent entendu parler sans jamais encore en rencontrer ; mais il y avait d'autres possibilités. Il se sentait encore méfiant à cause de ce qu'il lui était arrivé l'après-midi.

— Voilà qui me plairait énormément, lui dit-il. Mais c'est impossible. Je vais avoir une journée terrible demain. Croyez-moi, j'en suis encore plus désolé que vous ne l'êtes.

Il était sincèrement désolé. Il avait l'impression d'avoir l'air idiot tandis qu'il quittait le perchoir de son tabouret en posant de l'argent sur le bar. La blonde ne fit aucune tentative pour lui faire changer d'avis, et se contenta de sourire en haussant les épaules. Son parfum lui emplissait encore les narines comme il se rendait vers l'ascenseur.

Les portes s'ouvrirent au moment où il arriva, et Carl en sortit.

— Tu montes déjà ? lui demanda-t-il. Je vais au bar prendre un verre.

— Je te verrai peut-être plus tard, dit Avner en gardant les portes ouvertes. J'ai quelques cartes à écrire.

Puis il laissa les portes se refermer.

Avner passa peut-être une demi-heure dans sa chambre où il écrivit une carte postale à l'intention de Shoshana et fit ses bagages, comme il en avait l'habitude quand il partait tôt le matin. Puis il alluma la télévision, mais ne la regarda que quelques instants, car il se sentait trop énervé pour rester assis sans rien faire d'autre. Il décida alors de redescendre poster la carte postale ; ça n'avait rien d'urgent, mais peut-être était-ce une manière de se racheter pour avoir désiré la jeune femme blonde. Et demain matin, au moment du départ, il risquait d'oublier. Il aimait envoyer des cartes postales à Shoshana dans toutes les villes où il passait. D'une certaine manière, il tirait encore vanité de pouvoir voyager autant : lui le kibboutznik voué à la taille des griffes de poulet dans les solitudes de Juda, voilà qu'il envoyait maintenant des cartes postales de toutes les grandes capitales du monde.

Se rappelant la présence d'une boîte aux lettres de l'autre côté de la rue, il préféra s'y rendre à laisser la carte à la réception. La nuit était agréable, et il resta quelques instants à regarder les arbres sombres dans le parc tout en respirant à fond. Puis il retourna à l'hôtel. Une fois dans le hall, saisi d'une impulsion, il descendit les quelques marches qui menaient au bar étrusque ; Carl y était peut-être encore.

Il n'était ni au bar, où il s'installait d'habitude, ni dans l'un des fauteuils ; quant à la blonde, elle avait également disparu.

Avner retourna jusqu'à l'ascenseur. À peine y était-il entré que l'arôme musqué du parfum de la jeune fille pénétrait ses narines. Sans doute s'était-elle aussi rendue dans sa chambre ; et peut-être même se trouvait-elle installée au même étage, pensa Avner que le parfum poursuivait tout le long du couloir.

Quand il ouvrit la porte donnant sur l'entrée de la suite qu'il partageait avec Carl, le parfum musqué se fit plus pénétrant que jamais ; plus fort même que dans l'espace étroit de l'ascenseur. Impossible de s'y tromper.

Et cela ne pouvait signifier qu'une chose. La fille devait être dans la chambre de Carl. Sans doute y étaient-ils depuis quelques instants seulement ; ils avaient dû monter pendant qu'il allait jeter sa carte postale dans la boîte.

Avner resta quelques secondes dans l'entrée, tendant l'oreille ; mais tout ce qu'il put entendre fut le bruit de fond en provenance du téléviseur qu'il avait laissé allumé dans sa chambre. Il crut entendre un rire léger de femme dans celle de Carl, mais il ne put en être sûr. Eh bien, ça n'avait aucune importance ; si Carl avait invité la jeune femme, ça le regardait. C'était ses affaires, pas celles d'Avner.

Celui-ci pénétra alors dans sa chambre. Quand même ! Carl invitant cette blonde… Carl-la-Prudence, Carl ! l'époux modèle ; Carl, qui achetait encore plus de souvenirs pour sa femme et sa fillette qu'Avner lui-même. Carl qui, la quarantaine passée, ne paraissait jamais regarder une fille, et qui passait son temps libre à fumer sa pipe et à lire. De la part de Steve, de Robert ou d'Avner, la chose n'aurait guère été surprenante. Être sans femme est une torture pour certains hommes.

Mais Carl ?

Et cette blonde, pour laquelle Avner avait conçu des sentiments ambigus ? Elle n'était peut-être pas une prostituée, mais elle avait tout de même demandé à Avner de monter avec lui dans sa chambre prendre un verre, une heure à peine avant, sans doute, de faire la même proposition à Carl. Lequel avait été toute la journée dans un état d'esprit propice à se laisser aller. D'accord, Carl était doué d'un sixième sens tout aussi efficace que celui d'Avner, mais peut-être avait-il baissé sa garde, aujourd'hui. Après tout, il était en droit de s'interposer. Le responsable, c'était bien lui.

Il aurait été facile de décrocher le téléphone et de faire le numéro de la chambre de Carl : « Allô, Carl ? Débarrasse-t'en. Nous partons très tôt demain matin. Désolé, mais c'est un ordre. » Il n'y avait pas autre chose à dire.

Si ce n'est qu'Avner n'en fit rien.

Il ne put se décider à intervenir. Carl aurait sans doute obéi, mais de fort mauvaise grâce. Il aurait peut-être cru Avner jaloux, ou que ses nerfs lui jouaient des tours. Il n'y avait aucune règle clairement établie quant à leur vie sexuelle. Ne faites rien, tel était le conseil évident, mais tout le monde savait qu'il n'était jamais suivi à la lettre. Les êtres humains ont certains besoins ; et d'aucuns pensent qu'il serait encore plus dangereux pour les agents de ne pas les satisfaire du tout. Ils risquaient d'en être perturbés au point de perdre leurs moyens.

Et puis, quel mal y avait-il à cela ?

Avner se déshabilla, et regarda la télévision pendant quelque temps. Aucun bruit ne parvenait de derrière la cloison qui le séparait de la chambre de Carl. Une fois la télévision éteinte, il n'entendit toujours rien. Il éteignit finalement la lumière ; il dormit aussi bien que d'habitude.

Il ouvrit les yeux vers 7 h 30. Il était temps de prendre une douche et de s'habiller. Ses bagages étaient déjà prêts ; il ne lui restait plus qu'à y glisser sa brosse à dents et son rasoir avant de les fermer. Il préférait en général prendre son petit déjeuner au restaurant que dans la chambre, et, avant de sortir, il gratta à la porte de Carl, au cas où il voudrait descendre avec lui. Il n'y eut pas de réponse. Dans l'entrée, Avner put encore humer une légère trace du parfum de la blonde.

Il remonta une fois son petit déjeuner terminé. Il avait traîné en prenant son café, s'attendant à voir Carl apparaître. Il commençait à être tard. Que la fille fût ou non encore dans sa chambre, il était temps qu'il bouge. Avner frappa à la porte avec une certaine autorité.

Il n'y eut pas de réponse.

Avner s'efforça de conserver son calme. Il se passait indiscutablement quelque chose d'anormal. Carl ne s'était jamais montré un lève-tard, et en tout cas n'aurait pas risqué de manquer un avion pour dormir un quart d'heure de plus.

Avner prit une profonde inspiration, et commença par refermer la porte à double battant donnant sur le couloir. Il se pencha sur la serrure, et glissa une carte de crédit entre le pêne et la gâche de la porte de Carl. Ce système n'aurait pas pu marcher si la porte avait été verrouillée de l'intérieur.

Mais elle ne l'était pas.

Avner entra. Carl était étendu sur le dos, sous les couvertures. Il avait les yeux fermés. Quand Avner repoussa les draps, il vit tout de suite la petite marque en forme d'étoile d'un coup de feu tiré à bout portant. Il y avait un peu de sang séché autour, et un rond noir de poudre brûlée au-delà. La balle avait pénétré dans la poitrine, et Carl était bel et bien mort.

15

Hoorn

Avner contempla pendant quelques secondes le cadavre de son partenaire, puis remit les couvertures en place. Il agit ensuite de façon entièrement automatique, vérifiant tout d'abord que les stores et les rideaux étaient bien tirés ; puis il procéda à une fouille rapide de la chambre, sans rien trouver de spécial. Il prit la clef de Carl sur la coiffeuse et le panonceau « ne pas déranger » qu'il posa sur la poignée extérieure de la suite. Enfin il ferma la chambre à double tour. Il n'était que 9 heures ; le panonceau lui donnait au moins deux heures.

Il quitta l'hôtel en passant par l'arrière pour éviter la réception, et se rendit à la cabine téléphonique la plus proche. Il fit un premier numéro, celui de la planque de Hans.

— Désolé, Hans, dit-il simplement lorsque son ami fut en ligne, mais il n'y aura pas de film ce soir. Je te rappellerai plus tard.

Il raccrocha immédiatement. C'était un message convenu, signifiant qu'il y avait un grand danger. Avner savait qu'après l'avoir reçu, Hans quitterait le pays dès que possible pour regagner Francfort.

Le second numéro qu'il fit fut celui de Louis à Paris. Fort heureusement le Français était là.

— J'ai de la monnaie pour parler trois minutes, commença Avner, je voudrais que vous me rappeliez. L'un de mes partenaires est mort.

Puis il donna à Louis le numéro de la cabine téléphonique, et attendit. Quinze minutes après, la sonnerie retentissait.

C'était Papa en personne.

— Vous y retournez et vous attendez, lui dit le vieil homme une fois qu'Avner lui eut donné le détail de ce qui s'était passé. Vous emballez tout ; vos bagages, les siens. Vous attendez. Mon homme vient, il frappe trois fois. Vous ne faites rien. *Tu piges ?*

— Bien compris. Merci.

Il revint à l'hôtel, repassant encore une fois par la porte latérale des bagagistes. Il arriva sans encombre jusqu'à la suite, et laissa le panonceau « ne pas déranger » sur le bouton de la porte. Commençant par vérifier avec le plus grand soin que personne n'était passé entretemps, il se mit à ranger méthodiquement toutes les affaires de Carl, après avoir fait, lentement et systématiquement le vide dans son esprit. Puis il transporta les bagages dans sa propre chambre.

Il retourna alors dans la chambre de Carl, referma la porte, et s'assit à côté du lit, les yeux sur celui qui avait été son ami. Découvrant le corps nu une fois de plus, il se força à l'examiner de la tête aux pieds. Plutôt bel homme ; plus de quarante ans, oui, mais bien proportionné et sans une once de graisse. Il avait l'habitude de marcher légèrement voûté, mais maintenant ça ne se voyait plus.

Que pouvait-il s'être bien passé, au juste ? L'avait-il déjà baisée (faire l'amour, en de telles circonstances, n'était pas la bonne expression) quand il mourut ? Mais Avner se sentit incapable d'examiner de plus près ses organes génitaux, et il n'était pas sûr de pouvoir en tirer une conclusion. Il regarda plus en détail ses mains et ses ongles. Carl n'était pas armé, mais il n'était pas du genre à se laisser faire sans combattre ; encore eût-il fallu qu'il soupçonnât le danger. Son air indolent cachait d'excellents réflexes, ceux d'un homme entraîné au combat rapproché.

Ce qui ne lui avait servi à rien s'il avait été abattu par surprise ou pendant son sommeil. Ses mains ne portaient pas de marques visibles ; pas d'écorchures, pas d'égratignures de quelqu'un qui se défend, pas de cheveux ou de fibres textiles sous les ongles.

Pourquoi avait-il été tué ? La jeune femme blonde l'avait-elle ellemême abattu ? Avner était sûr qu'elle s'était trouvée à un moment ou un autre dans la chambre ; il pouvait sentir encore l'odeur musquée de son parfum. Mais Carl pouvait tout aussi bien avoir été tué après son départ.

L'avait-elle accompagné dans sa chambre pour le tuer, ou le mettre en condition pour être tué ? Ou voulait-elle simplement se faire sauter ? Carl était quelqu'un de prudent et de très observateur ; aurait-il remarqué à son sujet quelque chose qu'elle voulait à tout prix tenir caché ? N'aurait-il pas pu jeter un coup d'œil dans son sac à main pendant qu'elle était dans la salle de bains, par exemple, et apercevoir un objet compromettant, arme, ou passeport ? Peut-être avait-elle vu ou deviné son geste. Lui aurait fait semblant de n'avoir rien remarqué ; elle aurait fait semblant de ne pas remarquer qu'il avait remarqué – et pan ! Tandis qu'il était au lit, la lumière éteinte. Il ne fallait qu'une fraction de seconde.

Pure spéculation ; qui aurait pu dire ?

Et que se serait-il passé s'il avait accepté l'invitation de la blonde ? Serait-il maintenant étendu comme Carl sur son lit, une balle dans la poitrine ?

C'était vraisemblable.

Mais comment était-il Dieu possible que Carl, précisément Carl, se soit fait prendre ainsi ? Carl-la-Prudence, mais aussi Carl-le-Radar, comme l'avait surnommé Steve, car il était capable de dire, sans même lever le nez de son livre : « Les gars, quelqu'un va sonner à la porte », et ça ne ratait jamais : dans la minute qui suivait, on sonnait. Carl avait pour règle absolue de ne jamais amener qui que ce fût dans une planque ou même une chambre d'hôtel pendant une mission. Une fois, Robert était tombé dans la rue sur une vieille connaissance et l'avait ramenée dans son appartement de Francfort ; Carl fut tellement furieux en l'apprenant qu'il resta une semaine sans lui parler. Avner l'avait défendu, à l'époque, en faisant remarquer qu'il aurait été encore plus bizarre de ne pas inviter chez soi un aussi vieil et excellent ami. Mais Carl était intransigeant en la matière, et il devait avoir probablement raison.

Oui, c'était Carl qui était tombé dans le piège parfumé, victime du plus vieux et du plus éculé des stratagèmes.

À moins qu'il eût connu la jeune femme blonde. Carl avait beaucoup de contacts, plus qu'aucun des autres, car cela faisait longtemps qu'il était sur le terrain. Peut-être la blonde avait-elle sa confiance.

Après tout, que savait-il au juste de Carl ? commença à se demander Avner, en regardant les traits si familiers de son partenaire, en train de se figer dans le masque rigide et mystérieux de la mort. Plus sans doute que les autres, car ils avaient partagé souvent la même chambre, et collaboré à l'élaboration de tous les plans d'opération. Carl l'avait aussi aidé à diriger l'équipe. Mais même ainsi, il ne savait pas grand-chose. Né à Hambourg, Carl avait été envoyé en Israël à la fin des années trente, alors qu'il avait six ou sept ans. Il avait été élevé à Nahariya par un oncle et une tante. Puis il avait été inscrit dans une école d'agriculture, avant de faire son service militaire. Il était resté à l'armée comme instructeur jusqu'à ce qu'il fût recruté par le Mossad. Il jouait du violon, et lisait énormément. Il était divorcé d'une Allemande non juive, et Avner se rappelait Carl lui disant comment elle, qui haïssait les nazis et avait émigré en Israël après la guerre, avait fini par faire une dépression nerveuse au point de devoir être hospitalisée. Il avait ensuite épousé une Tchèque déjà mère d'une petite fille. Avner savait que Carl adorait sa fille adoptive car chaque fois qu'il en avait le temps, il lui écrivait des contes de fées qu'il illustrait de dessins hésitants. Au moins une fois par mois, il envoyait un conte à Rome, où vivaient sa femme et l'enfant.

C'était tout ce que savait Avner. En dehors du fait que, maintenant, Carl gisait mort dans un lit d'hôtel, en Angleterre.

Pendant un instant, Avner se sentit pris d'une telle colère contre lui qu'il serra involontairement les poings ; il aurait voulu le secouer, l'enguirlander, le boxer. Pauvre, pauvre Carl, prudent, courageux, rigoureux. Carl-le-Radar, Carl-le-Jobard, Carl qui se demandait s'il pourrait léviter.

Carl qui, après l'opération Zwaiter, alors que tout le reste de l'équipe riait en se tapant sur le dos, dans la planque de Latina, leur avait dit : « Dites, les gars, il n'y a pas de quoi sauter en l'air. Nous n'avons fait que tuer un homme. Pas de quoi faire la fête. »

Personne d'autre que Carl n'aurait pu lancer une remarque pareille ; et personne ne l'aurait acceptée de quelqu'un d'autre que Carl. Lui avait le droit de la faire ; il avait le droit de faire n'importe quelle remarque.

Et maintenant il était mort ; mais la mission continuerait. Et l'assassin de Carl paierait.

Les hommes de main de Papa, trois en tout, arrivèrent une demi-heure plus tard. Ils frappèrent à la porte trois fois, et Avner les fit entrer. Ils s'adressèrent en anglais à Avner, mais parlaient italien entre eux. Ils avaient avec eux un gros caddy à bagages et un grand sac en plastique.

— Vous pouvez partir maintenant, dit à Avner celui qui paraissait être leur chef. Donnez-moi les deux clefs, celle de sa chambre et la vôtre. Ne passez pas par la réception, et ne vous inquiétez pas de vos affaires. Nous nous occupons de régler la note, et vous aurez vos bagages ce soir.

Là-dessus, l'Italien donna à Avner une adresse à Londres. L'homme était habillé d'un costume sombre, et s'exprimait avec la componction d'un entrepreneur de pompes funèbres. Peut-être était-ce son métier habituel. Avner se souvint de ce que Papa lui avait dit lors de l'une de leurs rencontres. « Pourquoi creuser une tombe ? Je vous enverrai des croque-morts. Et pour un prix très raisonnable ! » Qui pourrait dire où allait terminer le corps de Carl ? Mais c'était la seule solution. Il était exclu de mettre les autorités britanniques dans le coup : c'était la fin de la mission. Pire, cela pourrait compromettre Israël, de la manière la plus maladroite.

— Il y a peut-être une douille éjectée, quelque part, dit Avner, et du sang sur les draps.

— Ne vous inquiétez pas, dit l'homme de main de Papa. Nous nous occupons de tout.

Avner fut certain qu'ils tiendraient parole. En employant les pots-de-vin ou en se faisant invisibles, ou en combinant les deux méthodes. À Londres comme ailleurs, l'argent pouvait beaucoup, et il devait être facile d'obtenir la discrétion de certains employés de l'hôtel. Demain, la suite serait impeccable, prête à recevoir de nouveaux clients.

Et rien, de toute façon, ne rendrait la vie à Carl.

Lorsqu'il retrouva ses partenaires à Francfort, trois jours plus tard, Avner était convaincu qu'ils lui imputeraient à faute la mort de Carl. Lui-même s'accusait. Il avait en effet remarqué que Carl était dans un état d'esprit qui le rendait vulnérable, et il avait eu des arrière-pensées en ce qui concernait la fille. Sans quoi il aurait accepté son invitation. N'était-ce pas son devoir de leader du groupe que de mettre Carl en garde, au lieu de s'inquiéter de ce que son ami pourrait penser de lui ? Il ne participait pas à un concours de popularité. Être le responsable d'une mission signifiait aussi parfois prendre des décisions qui n'étaient pas du goût de tous. Une autre forme de courage que celui qui consiste à faire face à la mitraille, mais du courage tout de même. Avner ne l'avait pas eu, et il portait la responsabilité de la mort de Carl.

Ses partenaires ne virent pas du tout les choses de la même façon.

Ils étaient choqués, tristes et en colère, chacun d'une manière différente. Hans grommela quelque chose à propos de ceux qui prenant l'épée meurent par l'épée, ce qui eut le don de mettre Steve hors de lui.

— Foin de ce genre de tartufferies merdiques ! hurla-t-il. Dis-moi un peu, de quelle épée s'étaient emparés les enfants de Qiryat Shemona ? La plupart des gens tués par les *mechablim* n'avaient même pas une arme sur eux, et encore moins à la main. Tu sais ça aussi bien que nous.

Puis, se calmant un peu, il ajouta :

— Ce pauvre Carl aurait dû baiser un peu plus souvent. Ça lui aurait évité de se faire avoir par la première pute venue qui lui a fait de l'œil.

— Es-tu bien sûr, demanda Robert, que c'est elle qui l'a tué ? Ou qui lui a tendu le traquenard ?

— C'est ce qui me semble, mais je n'en suis pas vraiment sûr. J'en serai sûr lorsque j'aurai trouvé qui elle est, et de quoi elle vit.

— Et la mission, demanda Hans ; est-elle suspendue ?

C'était la question la plus importante. Avner y réfléchit avec soin.

— Pas en ce qui me concerne, finit-il par répondre. Nous allons bien entendu signaler la mort de Carl. S'ils veulent que nous arrêtions, ils n'auront qu'à nous le dire. Nous ne poserons même pas la question. Tant que nous n'avons pas de leurs nouvelles, nous continuons. Mais en même temps, on mènera une enquête sur cette fille. D'accord ?

Ils acquiescèrent, comprenant très bien, sans qu'Avner eût besoin de le mentionner, que l'enquête en question ne ferait l'objet d'aucun rapport à Tel-Aviv. En un sens, c'était une affaire privée, n'ayant rien à voir avec la mission.

Le lendemain, tous les quatre s'envolaient pour Genève. Avner laissa un message pour Éphraïm dans le coffre réservé à cet usage, et se servant pour la première fois de son compte personnel, il en retira dix mille dollars en liquide ; les trois autres firent de même sur leur compte personnel. Ils ne pouvaient évidemment pas toucher au compte personnel de Carl, mais Éphraïm s'occuperait de faire verser les sommes à sa veuve. En attendant, ils tenaient à lui remettre quarante mille dollars de leur poche, en même temps que les effets personnels de Carl. Le soir même, Hans et Steve partaient pour Rome. Il avait tout d'abord pensé que c'était à lui, en tant que responsable de l'équipe, d'aller porter la mauvaise nouvelle à la femme de Carl ; mais il songea que Hans saurait mieux s'y prendre que lui.

Pour sa part, Avner partit pour Paris.

Il prit rendez-vous avec Louis, et commença par régler la question des dépenses de Londres. Puis il lui donna une description de la jeune femme blonde. Moins d'une semaine plus tard, Louis le contactait à nouveau en lui disant qu'il avait quatre photographies à lui montrer. C'était des tirages ordinaires en noir et blanc, dont l'un avait de toute évidence été fait avec l'assentiment du modèle, tandis que les autres semblaient avoir été pris au téléobjectif. Avner écarta sur-le-champ l'une de ces trois épreuves : ce n'était évidemment pas la jeune femme. Puis il examina avec soin les photos restantes.

Toutes les trois correspondaient à la description générale qu'il avait donnée à Louis. Le fait que les tirages fussent en noir et blanc n'avait guère d'importance, étant donné que s'il y a bien une chose qui peut changer facilement, pour une femme, c'est la couleur de ses cheveux, ou même à l'époque des lentilles de contact, celle de ses yeux. Avner regretta par contre que les photos n'eussent pas une dimension olfactive ; il savait qu'il reconnaîtrait immédiatement le parfum de la blonde. Au bout d'une ou deux minutes, il indiqua cependant l'une des photos. On y voyait une jeune femme sortant d'une pharmacie à Paris.

— Celle-ci... Qui est-elle ?

— Je suis content que vous ayez choisi celle-là, répondit Louis au lieu de satisfaire sa curiosité.

— Pourquoi ?

— Parce que l'une des autres est en prison, en Suisse, depuis six mois, et que la dernière est morte. Le nom de la fille qui sort de la pharmacie est Jeannette ; c'est une Hollandaise.

— Qu'est-ce qu'elle fait ? De quoi vit-elle ?

— Elle tue des gens. Si on la paye suffisamment bien pour ça.

L'information n'était pas particulièrement surprenante. Si la plupart des tueurs du terrorisme international étaient bien des hommes, il y avait néanmoins quelques douzaines de femmes dans leurs rangs, sans compter les femmes qui, encore plus nombreuses, jouaient le rôle d'auxiliaires dans le terrorisme ou la violence criminelle ordinaire. Certains terroristes du sexe féminin, comme Leïla Khaled, Rima Aïssa Tannous, Thérèse Halesh, les Allemandes Ulrike Meinhof et Gabriele Kröcher Tiedemann, ou les Américaines Bernardine Dohrn et Kathy Boudin, sont même devenues célèbres. Elles ne se contentaient pas d'entretenir des planques, d'assurer des missions de surveillance ou de conduire des gens d'un point à un autre. Elles plaçaient des charges explosives, se servaient d'armes à feu, détournaient les avions, voire dirigeaient des commandos terroristes. Certaines le faisaient par conviction, d'autres, pour prouver que les femmes pouvaient faire aussi « bien » que les hommes, oubliant apparemment que leurs actes ne prouvaient qu'une chose : qu'elles pouvaient être aussi cruelles et irréfléchies.

Indépendamment de ce qui venait d'arriver à Carl, Avner avait depuis longtemps appris à ne pas sous-estimer les femmes terroristes. Le Mossad avait d'ailleurs toujours considéré que les femmes étaient les égales de l'homme sur ce terrain, et qu'elles leur étaient même peut-être supérieures pour ce qui touchait à l'organisation, au montage de supercheries, au dévouement à une cause, au succès de laquelle elles pouvaient travailler sans dévier. Les seuls domaines dans lesquels elles leur étaient peut-être inférieures étaient les aptitudes à la mécanique et le comportement au feu. Elles avaient davantage tendance à rater leurs cibles, à se faire sauter avec leurs propres explosifs ou avec leurs grenades ou à se rendre lorsqu'elles étaient dans une situation désespérée, même si ce dernier point prouve seulement qu'elles font en l'occurrence preuve de davantage de bon sens que les hommes. Dans certaines circonstances, d'ailleurs, elles n'en étaient que plus dangereuses[68].

— Pour qui travaille-t-elle ? demanda Avner.

Louis haussa les épaules.

— Pour tous ceux qui ont les moyens de s'offrir ses services, je suppose. J'ai cru comprendre qu'elle a eu de nombreux contrats en Amérique du Sud.

— Où est-elle en ce moment ? Pourriez-vous la trouver ?

— Quand elle ne travaille pas, elle vit dans une petite ville sur la côte hollandaise. Hoorn. À une trentaine de kilomètres d'Amsterdam.

Avner acquiesça ; il savait où se trouvait l'endroit.

— Habite-t-elle dans un appartement ou dans une maison ?

— Ni l'un ni l'autre : sur une péniche.

Louis se mit à rire.

— Je ne suis pas sûr qu'elle soit lesbienne ou bien marche à la voile comme à la vapeur, mais toujours est-il qu'elle habite là avec une autre fille. Du moins quand elle y est. Ce qui n'est pas le cas actuellement.

— Pouvez-vous savoir quand elle sera sur sa péniche ? Nous parlons affaires, bien entendu.

— Comptez sur moi pour essayer, répondit Louis. Et si j'y arrive, je vous le ferai savoir tout de suite, au compte de la maison – faux frais exclus.

— J'apprécie le geste. Contactez-moi dès que vous avez quelque chose.

Muni de ces renseignements, il retourna à Francfort. Les trois autres se trouvaient déjà sur place. Avoir à apprendre à la veuve de Carl la triste nouvelle avait constitué une expérience traumatisante pour Hans comme pour Steve, et ils haussèrent les épaules quand Avner leur demanda comment les choses s'étaient passées.

— Qu'est-ce qu'elle a DIT ? demanda Hans en répétant la question d'Avner. Comment elle l'a pris ? Et comment voulais-tu qu'elle le prenne ?

— Il y a plus important, intervint Steve. Quand allons-nous trouver cette salope qui a fait le coup ?

— Du calme, dit Avner, du calme. Nous allons en parler tout de suite, mais tranquillement.

Il leur répéta ce qu'il avait appris de Louis puis ajouta :

— Partons du principe que je ne me suis pas trompé en l'identifiant sur la photo.

— Pourquoi, tu n'en es pas sûr ? le coupa Hans.

— Si, j'en suis sûr, répondit Avner sans hésiter. Mais vous devez vous fier uniquement à moi, non ? Partons aussi du principe qu'elle est la femme qui est montée dans la chambre de Carl ; admettons que les informations de Louis soient correctes ; que c'est une tueuse à la solde de l'OLP. Ils nous ont repérés tandis que nous traînions dans le hall du *Grosvenor House* à Londres, et ils l'ont envoyée pour qu'elle descende l'un de nous. Elle l'a fait. Bon, nous la trouvons à Hoorn. Qu'est-ce que nous faisons ?

— On la tue, répondit aussitôt Steve. La question ne se pose même pas, non ?

— Je vois ce que veut dire Avner, intervint Robert. Nous avons à tenir compte de deux inconnues : si Avner s'est trompé ? Si Louis s'est trompé ? Ce n'est pas comme pour les *mechablim*. Dans son cas, nous n'avons aucune autre source d'information avec laquelle recouper ce que nous savons. Et si… et si, je ne sais pas, moi, c'était un tapin qui avait descendu Carl parce qu'il ne voulait pas la payer ?

— Bouillie pour les chats, le coupa Steve. N'oublie pas que tu es en train de parler de Carl. Crois-tu qu'il aurait fait courir le moindre risque à la mission, tout ça pour discuter des tarifs d'une pute ?

Steve avait parfaitement raison sur ce point. N'empêche.

— Et s'il n'y avait pas eu dispute ? proposa Hans. Si elle l'avait descendu pour lui piquer son portefeuille ?

— Sauf qu'il n'y manquait rien, remarqua Avner. Son portefeuille se trouvait dans la poche de sa veste, à sa place. Avec plus de cent livres en liquide dedans.

— Tu vois bien, dit Steve. Et de toute façon, où est la différence ? Qu'elle l'ait ou non abattu pour son portefeuille, doit-on la laisser tranquille ?

— Il y a une différence, intervint Robert. C'est que nous sommes en mission. Nous n'avons pas à perdre de temps à courir après des putes qui jouent au Jack l'Éventreur. Le fait est qu'il ne s'agissait pas d'une prostituée. Avner a raison en faisant remarquer qu'elle aurait pris son portefeuille si elle avait voulu le voler. Reste encore une autre hypothèse, cependant. La fille ne voulait qu'une chose, se faire sauter. Elle se fait sauter, et salut ! Puis Carl est abattu par quelqu'un n'ayant strictement rien à voir avec elle. Si c'était ça qui s'était passé ?

— Carl tué par une autre personne, nu dans son lit ? objecta Avner. Carl ne dormait jamais nu. J'ai souvent dormi dans la même chambre que lui, je peux en témoigner. Et puis, cela fait tout de même un peu trop de coïncidences ; Carl se faisant descendre par une personne différente après avoir baisé une fille identifiée par Louis comme une tueuse professionnelle, et qui a commencé par essayer de me draguer... Alors que le jour même, j'avais été suivi dans la rue... Désolé, je ne suis pas preneur.

— Si elle ne l'a pas tué elle-même, elle a peut-être préparé le meurtre pour quelqu'un d'autre.

— D'accord, dit Robert, sauf que nous retournons à la case départ. Si Louis ne se trompe pas sur ce qu'elle est, je crois qu'il n'y a guère de doute ; elle a tué Carl, seule ou avec l'aide de quelqu'un, peu importe. Si Louis ne se trompe pas. Et, bien sûr, si Avner ne s'est pas trompé non plus en identifiant la fille sur la photo.

Hans se tourna vers Avner.

— Bon, dit-il, es-tu sûr de l'avoir reconnue ?

— Absolument.

— Et es-tu sûr du renseignement de Louis ?

— Je suis prêt à le croire sur parole. Pas vous ?

Ils se regardèrent. Jusqu'ici, Louis ne leur avait jamais donné que des informations de première qualité ; même à Glarus, qu'Abou Daoud et Salameh y fussent ou non, trois Arabes armés jusqu'aux dents se trouvaient bien dans la petite église.

Passer par Éphraïm était absurde. Le Mossad ne les autoriserait jamais à aller tuer quelqu'un en Hollande, que la personne ait ou non assassiné leur partenaire et ami. En tentant une vérification par ce canal, ils ne feraient que se mettre en situation d'avoir à désobéir à un ordre formel. Steve se leva.

— Dites, les gars, qu'est-ce que nous attendons ?

En fait, il fallait bien qu'ils attendent quelque chose : que Louis leur signale la présence de la fille en Hollande. L'information mit longtemps à leur parvenir. Tout comme les informations relatives à la mission, car ils ne l'avaient pas abandonnée pour autant. Il y eut durant l'été un certain nombre de fausses alertes, concernant la Hollandaise aussi bien que Salameh et Abou Daoud, et ce ne fut qu'à la mi-août que Louis eut quelque chose de sérieux. Jeannette devait arriver à Hoorn dans la semaine qui venait.

Le soir même, Robert partait pour la Belgique, une fois de plus.

Il ne s'agissait pas, cette fois-ci, d'imaginer un nouvel engin explosif. Plusieurs facteurs s'opposaient à l'emploi d'une bombe à Hoorn, l'un des moindres n'étant pas le peu de satisfaction qu'ils en tireraient : ils voulaient la voir mourir.

À la vérité, ils éprouvaient tous une haine particulière pour elle, un sentiment très différent de ceux qu'ils ressentaient pour leurs autres cibles, qui avaient un caractère impersonnel, même dans le cas de Salameh. Ce n'est que bien plus tard qu'Avner tenta de formuler ce qu'il avait alors éprouvé, tout en ayant tout de suite senti la différence. Même si l'assassinat des *mechablim* relevait de la vengeance pure, de l'application de la loi du talion, ils ne ressentaient aucune animosité personnelle contre ces hommes. On aurait dit que dans une certaine mesure ils les comprenaient, et même peut-être les respectaient, comme un chasseur peut respecter une proie faisant preuve d'habileté et de détermination. Mais pas la jeune femme blonde.

Elle avait tué l'un de leurs amis, l'un de leurs frères d'armes, quelque chose qui allait beaucoup plus loin que le meurtre de leur compatriote par quelque « ennemi » abstrait. Mais ce n'était pas tout. Avner se rendait compte qu'il n'aurait pas autant haï un terroriste palestinien qui aurait abattu Carl en pleine rue ; ce qui les révoltait dans la blonde, c'est qu'elle l'avait eu par traîtrise, le privant de cet ultime honneur : mourir des mains d'un adversaire digne de soi. Profitant d'un moment de faiblesse masculine, de ses sentiments de déréliction, cette femelle s'était servie de ses appas pour le piéger et le tuer. Le symbole de la sécurité et de l'abandon, les bras d'une femme se transformant en piège mortel.

Cette perception des choses eut pour effet d'annuler dans leurs esprits tout ce qui fait habituellement hésiter un homme à faire du mal à une femme ; au contraire, même. À cause de ce qu'elle avait fait, ils éprouvaient moins d'inhibition à l'abattre qu'ils n'en auraient ressentie pour un homme. Ils étaient capables de lui arracher le cœur.

Robert avait imaginé de transformer une section tubulaire de cadre de bicyclette en canon, pour tirer un seul coup de feu avec une cartouche de 22. On était en été, un été plutôt chaud, et comme toutes les villes de Hollande, Hoorn était pleine de jeunes cyclistes des deux sexes. Grâce à ce système, le problème d'avoir à passer des armes en contrebande à la frontière ne se poserait pas, et l'ami belge de Robert pouvait fabriquer cet appareil pour un prix beaucoup plus bas que ce qu'auraient coûté quatre Berettas achetés en Hollande à un contact de Louis. Ils pouvaient se rendre à bicyclette jusqu'à la péniche, habillés en vacanciers, sans soulever le moindre soupçon. Une fois le coup fait, il suffisait de remettre le tube en place, et de retourner en pédalant jusqu'à une camionnette stationnée à un kilomètre de là : ni vu ni connu... Il ne viendrait à l'idée de personne d'examiner le cadre de leur vélo. Un plan très proche du risque zéro.

— Ce truc-là sera-t-il suffisamment précis ? s'inquiéta Avner.

— À deux ou trois mètres ? Je te le garantis, répondit Robert.

— Qu'est-ce que ça peut faire, de toute façon ? remarqua Hans. Laissez-moi à deux ou trois mètres d'elle, et je me charge de lui rompre le cou.

Mercredi 21 août, Hoorn. La journée était très chaude, et la foule des étudiants en vacances, à pied ou à bicyclette, flânait sur les promenades. La péniche était sous surveillance depuis deux jours quand Jeannette arriva. Lorsqu'elle descendit de son taxi, Avner la reconnut sur-le-champ.

— C'est bien elle, dit-il à Steve. Laissons-la monter, et attendons.

Habillée d'un ensemble d'été clair, elle se rendit sur la péniche, une petite valise à la main. Elle était tout à fait ravissante.

Sa petite amie constituait le seul problème ; c'était une jeune fille d'une vingtaine d'années à la peau très claire, avec des cheveux châtains coupés très court, dont ils avaient observé les allées et venues au cours des deux journées précédentes. Elle portait invariablement un blue-jeans et un sac rouge jeté sur l'épaule. Elle se trouvait à bord. Elle pouvait partir d'un moment à l'autre, ne serait-ce que pour aller faire quelque course en ville ; mais elle pouvait également ne pas bouger. Comme il n'était que 15 heures, ils décidèrent de ne pas bouger non plus.

Il était presque 21 heures lorsque la fille au sac rouge sortit enfin. Le soleil était sur le point de se coucher, et la nuit était loin d'être complète. Avner pensa que le mieux était d'agir immédiatement. Ils ne pouvaient pas savoir si la jeune fille devait s'absenter toute la nuit ou seulement vingt minutes. Tels qu'ils les avaient observés, ses déplacements ne correspondaient à rien de régulier ; mais comme elle partait à bicyclette, ils semblaient pouvoir compter sur une vingtaine de minutes de tranquillité. Ils n'avaient pas besoin de davantage.

Robert patientait dans une camionnette garée à environ un kilomètre de la péniche. Deux contacts hollandais du groupe, également dans une camionnette, attendaient à seulement une cinquantaine de mètres. Leur rôle était de disposer du corps. Dans la mesure du possible, Avner préférait qu'il ne fût pas retrouvé. Étant donné la manière imprévisible dont elle se déplaçait, il pouvait se passer des semaines, voire des mois, avant que quelqu'un s'inquiète d'une simple disparition. Et, avec un peu de chance, ils pourraient en avoir terminé avec la mission à ce moment-là. C'est surtout à cause du Mossad que cette méthode avait la faveur des quatre hommes. Si jamais Éphraïm avait vent de leur opération de vendetta privée à Hoorn avant la fin de la mission, il pouvait réagir de plusieurs façons, dont aucune n'aurait été agréable. Peut-être même considérerait-il l'équipe comme devenue incontrôlable, et annulerait-il tout.

Avner avait même pris soin de préparer une réponse au cas où Éphraïm se trouverait mis au courant. « Il fallait le faire pour des raisons de sécurité, disait-il. Elle m'avait vu à Londres en compagnie de Carl ; elle avait peut-être même vu Hans. Elle était capable de nous identifier. » Le raisonnement n'était pas totalement irrecevable.

La courte section tubulaire dotée d'une détente grossière à la main, Avner s'engagea sur la passerelle de bois qui conduisait sur la péniche. Il était 21 heures passées de quelques minutes. Équipé d'une arme similaire, Steve lui emboîta le pas. Hans resta à quai, nonchalamment appuyé contre le garde-fou de métal. Il ne devait se rendre à bord qu'au cas où Avner et Steve auraient besoin d'un coup de main.

Les deux femmes possédaient un chat, qui se mit à protester énergiquement lorsque les deux hommes s'approchèrent de la cabine. Juché sur la rambarde, il agitait une queue tout hérissée et miaulait tant qu'il pouvait, en dépit des efforts déployés par Steve pour l'apaiser. L'air était encore très chaud et chargé d'humidité. La porte de la cabine était restée entrebâillée, et Avner avait la certitude que la blonde, en train d'écrire assise à un petit bureau, n'allait pas tarder à être alertée par le vacarme du chat. Mais elle devait y être habituée ; elle tournait le dos à la porte et ne leva même pas la tête pour prêter l'oreille, jusqu'à ce qu'Avner la poussât.

Le parfum ; impossible de s'y tromper. Il emplissait la cabine. Si Avner avait encore éprouvé le moindre doute sur son identité, il venait de s'évanouir à l'instant. C'était bien la femme qui s'était trouvée dans la chambre de Carl.

Elle tourna la tête, et regarda Avner, aucune trace de peur dans les yeux. Il se tenait dans l'encadrement de la porte, avec derrière lui le disque rougeoyant du soleil en train de s'enfoncer à l'horizon : elle ne le distinguait sans doute pas clairement. Avner put toutefois voir sa main droite se déplacer vers le tiroir de son bureau.

— Si j'étais vous, je ne bougerais pas, lui lança-t-il en anglais, faisant un pas en avant.

Steve pénétra à son tour dans la cabine, suivi du matou. L'animal sauta sur le bureau, poussant toujours des miaulements sauvages. Le son avait quelque chose d'étrange, d'exaspérant pour les nerfs, même s'ils s'efforçaient de ne pas y prêter attention.

— Eh bien, qui êtes-vous ? demanda la jeune femme en regardant Steve et Avner tour à tour. Avner put voir sa main droite qui reprenait son mouvement vers le tiroir, tandis que sa main gauche, écartant l'encolure de sa blouse commençait à dénuder le haut de sa poitrine. Il était difficile de dire si le geste était inconscient ou volontaire ; c'était de toute façon, étant donné les circonstances, la chose à ne pas faire. La fureur des deux hommes ne fit que s'accroître.

— Attention, elle a une arme, dit Steve en hébreu. Avner acquiesça sans quitter des yeux la main droite de la femme.

— Je sais, répondit-il.

Puis, revenant à l'anglais, il demanda :

— Vous souvenez-vous de Londres ?

Les yeux de la jeune femme se dirigèrent sur le morceau de tuyau qu'il tenait à la main. Elle ne comprenait évidemment pas ce que c'était, mais pouvait craindre d'être frappée avec l'instrument. Ses lèvres se retroussèrent en une grimace de défi et de mépris. Renonçant à faire semblant, elle ouvrit le tiroir.

Avner appuya sur la détente presque simultanément avec Steve.

Le chat fit un bond en l'air.

Jeannette ne tomba pas de sa chaise, mais se mit à s'incliner lentement vers l'avant, hoquetant pour trouver sa respiration. Elle releva un peu la tête ; du sang coulait de sa bouche.

Les fusils improvisés étaient des armes à un coup. Avner fouilla dans sa poche pour prendre une deuxième cartouche.

Avant qu'il ait pu recharger, la jeune femme s'effondra sur le sol. Derrière eux, la porte s'ouvrit en grand, et Hans pénétra à son tour dans la cabine, de cette même démarche étrange qu'il avait eue à

Athènes lorsqu'il était entré dans l'hôtel avec les bombes destinées à Mouchassi.

— Laissez-moi aussi tirer sur cette salope, siffla-t-il en les bousculant au passage.

Il se pencha, et lui déchargea son arme à bout portant dans la nuque. Elle était sans doute déjà morte à ce moment-là.

— Allez viens, Hans, dit Avner en faisant signe à Steve de l'aider à tirer leur partenaire en arrière.

Il avait l'air d'être sur le point de se jeter sur le cadavre pour le déchirer. Il suivit cependant Avner et Steve, tout en continuant à maudire la blonde entre ses dents.

Le soleil s'était couché, et la nuit tombait. D'un geste, Avner indiqua aux hommes de main de Papa de mettre la camionnette le dos à la passerelle de la péniche pour aller chercher le corps. Ils avaient le temps ; Avner venait de regarder sa montre. Ils étaient restés trois minutes et demie dans la cabine. La fille au sac rouge ne reviendrait pas avant quinze minutes, selon toute probabilité.

Ils remirent en place les tubes métalliques, montèrent sur leur bicyclette et pédalèrent jusqu'à l'endroit où Robert les attendait dans la deuxième camionnette.

— Nous avons eu cette salope, l'informa Hans tandis qu'ils chargeaient les vélos à l'arrière.

Avner comprenait ce qui se passait dans la tête de Hans ; ce n'était pas simplement le fait d'avoir vengé Carl. Avner avait déjà tiré par deux fois à bout portant ou presque sur quelqu'un : sur Wael Zwaiter et sur Basil al-Koubaisi. Il avait alors éprouvé beaucoup plus de difficultés que pour abattre cette femme. Pendant les quelques instants où les terroristes avaient compris qu'ils allaient être tués, tous deux avaient supplié qu'on les épargnât. L'un et l'autre avaient dit, en arabe ou en anglais, « non, non, non ! » Avner avait tout de même tiré, tout en étant incapable de voir en eux, à ce moment-là, des ennemis. Il ne s'agissait que de deux êtres humains vulnérables et impuissants, vivant les dernières secondes de leur existence.

Cette femme était différente. Elle n'avait pas supplié. Elle avait continué à les regarder, une haine froide dans les yeux. Sur son visage, on n'avait pu lire que défi et mépris. Aurait-elle voulu le faire exprès, elle n'aurait pas pu adopter une meilleure attitude pour rendre les choses plus faciles à Avner.

16

Tarifa

Le 14 septembre, environ trois semaines après la mort de la Hollandaise, Robert perdit la vie dans le champ d'un fermier, près de la petite ville belge de Battice.

Il était arrivé à Robert ce qu'il disait arriver avec une fastidieuse régularité aux terroristes : se faire sauter avec l'un de ses propres engins.

Le reste de l'équipe n'eut droit qu'à peu de détail. Robert avait ramené la camionnette en Belgique pour restituer les bicyclettes trafiquées dès le lendemain de l'opération de Hoorn. Il était entendu qu'il resterait sur place pour aider son ami à mettre au point les nouveaux engins qu'ils avaient inventés ensemble. Avner n'avait aucune idée de quoi il s'agissait comme type d'arme, et à vrai dire, il ne s'en souciait guère. Robert avait bien expliqué quelque chose à Steve, qui s'intéressait davantage qu'Avner au bricolage des machines infernales, au sujet d'un nouveau genre de produit chimique qu'il voulait expérimenter. Manifestement, il ne fonctionnait que trop bien.

Il était convenu que Robert devait prendre quotidiennement contact avec l'équipe à Francfort, entre 18 et 19 heures, ou entre 22 et 23 heures, si personne n'avait répondu la première fois, pour savoir si on n'avait pas besoin de ses services. Le reste de l'équipe s'agitait frénétiquement, remontant toutes les pistes imaginables pouvant les conduire aux trois terroristes qui restaient sur leur liste. Au retour de Hoorn, ils étaient tombés d'accord sur une chose : il fallait en terminer au plus vite avec la mission.

Ils n'avaient reçu aucune instruction particulière à la suite de la mort de Carl ; la réaction de Tel-Aviv avait été un billet froid et laconique déposé dans le coffre de Genève : message bien reçu. Avner et ses amis restaient néanmoins convaincus que le Mossad mettrait un terme à leur mission s'ils n'avaient obtenu aucun nouveau résultat d'ici la fin de l'année. Le fait était que depuis l'assassinat de Mohammed Boudia en juin 1973, c'est-à-dire depuis un an et trois mois, maintenant, le contre-terrorisme israélien n'avait connu que des échecs. Un désastre comme Lillehammer, un fiasco comme Glarus, ou des pertes tragiques comme celles de Carl et de Robert. Il leur fallait à tout prix trouver la trace d'Ali Hassan Salameh, Abou Daoud ou du Dr Haddad le plus rapidement possible.

Être rappelés avant d'en avoir terminé, même si personne ne devait les blâmer, restait synonyme d'échec pour eux. Là-dessus, ils étaient tous d'accord. Laisser le travail inachevé, laisser courir Salameh, en particulier, serait ressenti comme une défaite. Telle n'était pas la tradition israélienne. Il aurait été préférable de mourir, ou de désobéir à un ordre direct de battre en retraite (chose difficile à faire, car le Mossad aurait aussitôt bloqué les fonds. Ils en avaient même discuté entre eux, et Hans avait suggéré de puiser dans leurs fonds propres si le Mossad leur coupait les vivres). Plus tard, Avner dut reconnaître qu'au moins sur ce plan ils étaient devenus aussi fanatiques que les *mechablim*.

C'était d'ailleurs ce sentiment d'urgence qui avait poussé Robert à essayer le nouveau produit chimique, pendant qu'Avner assurait le relais de Francfort et que Steve et Hans vérifiaient la moindre information qui leur parvenait. Le 13 septembre, Avner et Robert avaient eu une communication à l'heure habituelle :

— J'en ai encore pour trois jours, avait simplement annoncé Robert.

— Pas de problème ; ici, nous n'avons rien de nouveau, avait répondu Avner.

Le jour suivant, Avner ne s'inquiéta pas de ne pas recevoir le coup de téléphone habituel entre 6 et 7 heures de l'après-midi ; les deux horaires différents étaient destinés à leur donner à l'un et l'autre une certaine souplesse. À 10 h 5 du soir, le téléphone sonna d'ailleurs dans la planque d'Avner à Francfort.

Mais c'était Louis qui appelait.

— Je suis navré d'avoir à vous communiquer une mauvaise nouvelle, dit le Français.

— Robert ? demanda Avner. Ce n'était pas une prémonition ; Le Groupe était au courant de l'existence du contact belge de Robert, ayant assuré le passage en contrebande des petits colis de ce dernier depuis l'opération al-Chir à Chypre.

— Il y a eu un accident, reprit Louis. Ce n'est la faute de personne, et il n'y a absolument rien à faire.

Avner sentit sa gorge se dessécher.

— Je vois, dit-il.

— Nous pouvons nous occuper de tout, si vous le voulez ; vous savez, comme à Londres. C'est probablement la solution la plus simple.

— D'accord, réussit à dire Avner, non sans difficulté. D'accord. La solution la plus simple. Allez-y… oui. Merci d'avoir appelé.

— Écoutez, ce sont des choses qui arrivent…

— Oh oui. Bien sûr qu'elles arrivent. Il était sans voix.

Il y eut un court silence.

— Eh bien, finit par dire Louis, appelez-moi si vous avez besoin de quoi que ce soit.

Il n'y avait plus rien à ajouter. Avner reposa le combiné, resta quelques secondes à le contempler, puis quitta l'appartement et se rendit en voiture dans celui que Robert avait partagé avec Steve ; il avait le double de la clef. Il commença à mettre dans une valise les affaires de son ami. Un désordre effroyable régnait dans la planque, mais il n'eut pas de mal à séparer les choses appartenant à Steve de celles de Robert. S'il n'avait pas la mémoire des chiffres et des noms, il se souvenait par contre parfaitement bien de ce genre de détail. Les cravates et les chaussettes de Robert n'avaient rien à voir avec celles de Steve ; quant aux livres, la question de leur propriétaire ne se posait même pas. Quand il eut terminé, la valise n'était pas pleine ; sans doute Robert avait-il emmené avec lui en Belgique la plupart de ses vêtements.

Avner trouva dans une enveloppe un certain nombre de lettres de la femme de Robert, ainsi que quelques photos ; il glissa le tout entre les vêtements avant de fermer la valise. Il lui vint à l'esprit que sans doute les bagages de son ami n'avaient jamais été faits aussi soigneusement.

La seule chose dont il ne savait vraiment pas quoi faire était la grande roue géante fabriquée avec des cure-dents. C'était le dernier jouet monté par Robert ; il lui avait demandé des mois de travail. Il se dressait au milieu d'une solide table de travail qu'il avait mise dans sa chambre, et mesurait près d'un mètre de diamètre. Avner toucha d'un doigt timide la fragile construction, qui se mit immédiatement à tourner tout en faisant tourbillonner six petites nacelles. Perdu dans ses pensées, Avner commença machinalement à faire tourner le jouet de plus en plus vite ; au bout d'un moment il ne put plus lui donner davantage d'impulsion, et le laissa tournoyer sur son élan. Puis il inspecta une dernière fois la chambre pour vérifier qu'il n'y avait rien oublié ; sur le lit défait, les oreillers gisaient en désordre, tels que Robert avait dû les laisser en partant. Tout d'un coup, Avner entendit un bruit étrange, comme le froissement d'ailes d'un oiseau qui aurait voleté, prisonnier de la pièce. Il se retourna.

La grande roue avait disparu ; à sa place, ne restait qu'un tas de cure-dents qui débordaient de la table et tombaient au sol.

Avner empoigna la valise et sortit. Sur le chemin du retour, il passa par la gare routière et déposa le bagage dans une consigne automatique.

Hans et Steve arrivèrent le lendemain à Francfort. Les trois amis se retrouvèrent presque sans se consulter dans le grand parc qui avoisinait la planque de Hans ; ils y marchèrent au hasard pendant près de trois heures, s'efforçant de déterminer ce qu'ils devaient faire. Avner s'aperçut avec une sorte de détachement d'entomologiste que la douleur au creux de l'estomac venait de disparaître complètement, après l'avoir assailli pendant des mois. Il se sentait pris d'une rage froide accompagnée de la volonté rigide et comme chauffée à blanc d'en finir avec les *mechablim* restants. Salameh, au minimum ; Carl et Robert seraient morts pour rien s'ils n'avaient pas au moins celui-là.

Hans et Steve étaient d'accord.

— Il faut aller à Genève laisser un message expliquant la mort de Robert, dit Avner. Mais nous n'attendrons pas la réponse. Nous continuerons, c'est tout.

— Il faut aller annoncer la nouvelle à la femme de Robert, remarqua Hans. J'aimerais autant ne pas être chargé du *chevrat kadisha*, cette fois.

Hans faisait allusion au service des pompes funèbres, nationalisé en Israël. Quand il avait été voir la veuve de Carl à Rome en compagnie de Steve, il s'était déjà servi de cette expression. Hans était resté complètement traumatisé par l'expérience, alors même que la veuve de Carl s'était comportée avec la plus grande dignité. Cette fois, les choses risquaient fort d'être pires : la femme de Robert, une ravissante juive française surnommée Pépi, qu'Avner avait rencontrée une fois, avait la réputation d'avoir du caractère et de prendre feu facilement. Elle avait un peu le comportement impérieux d'une princesse. Contrairement aux autres, dont les femmes se contentaient d'attendre patiemment des nouvelles, Robert était non seulement obligé de donner une adresse où Pépi puisse lui écrire (en Angleterre, en l'occurrence, ce qui l'obligeait à de nombreux déplacements), mais aussi des numéros de téléphone où elle puisse le contacter à des heures données. Certes Robert était ravi d'être l'objet d'autant d'attentions, mais ces dispositions devenaient un casse-tête, par moments ; et dans une mission comme la leur, un embarras supplémentaire dont il se serait bien passé. Pépi était sans aucun doute une épouse fidèle et aimante, mais il faut bien admettre que sa personnalité était loin de faire d'elle une épouse idéale pour un agent secret[69]. Elle avait une action perturbatrice sur Robert, et donc, dans une certaine mesure, sur le groupe.

Pépi et Robert avaient deux enfants. Au début de la mission, Robert avait transporté sa petite famille à Bruxelles, sachant qu'il viendrait fréquemment en Belgique. Y installer Pépi et les enfants paraissait logique ; chaque fois que Robert venait à Bruxelles, ils pouvaient passer quelques heures ensemble. Mais c'est justement la brièveté de ces visites qui posa le problème ; elles ne faisaient que bouleverser chaque fois aussi bien Robert que sa femme, et les époux finirent par opter pour Washington, où Pépi avait un oncle diplomate, tout à fait ravi d'avoir sa nièce et ses petits-neveux avec lui.

Avner ne comprenait que trop bien pourquoi Hans n'avait aucune envie d'être le porteur de la mauvaise nouvelle.

— Nous commencerons par passer par Genève, décida Avner. J'irai ensuite moi-même à Washington. Si Steve veut m'accompagner, c'est d'accord. Et à notre retour, on attaque, on tombe sur les *mechablim*. Pas de plans compliqués, pas d'explosifs, rien ; au diable si on déchaîne la tempête. Nous ne sommes plus que trois, mais c'est très bien, parce que nous allons changer de méthode. Pendant que nous serons partis, Hans, prends contact avec Louis. Dis-lui de mettre trois Uzi à notre disposition.

— Banzaï ! dit Steve.

Il existait en effet une autre manière de faire un attentat. Elle était infiniment plus dangereuse que les opérations soigneusement préparées, chronométrées et montées au millimètre près qu'ils avaient menées jusque-là. Il ne serait pas aussi facile pour l'équipe, notamment, de fuir le lieu de l'assassinat que par le passé. S'il ne s'agissait pas exactement d'expéditions suicides, la méthode avait néanmoins un côté désespéré ; mais elle pouvait se révéler efficace.

L'assaut de front, mené en ne comptant que sur l'effet de surprise et la puissance de feu.

Au lieu de filer une cible jusqu'à ce que l'on sache tout de ses habitudes et de ses horaires, au lieu de préparer soigneusement des itinéraires de fuite, au lieu de ne pas être présent à l'endroit même de l'attentat grâce à l'emploi d'explosifs, agir en se fondant uniquement sur deux éléments d'information : le lieu et l'heure. Il suffirait de savoir à quel moment la cible se trouverait à tel endroit ; rien de plus.

Sachant cela sur Salameh, par exemple, il leur suffisait d'être bien armés et déterminés pour l'abattre. Peu importait alors où il se trouvait et qui l'entourait, et encore moins comment ferait l'équipe pour s'enfuir, une fois le coup fait. Quant aux passants innocents, on les passa sous silence. Tout comme le risque de voir découvrir que l'attentat avait été commis par un commando d'agents israéliens. C'était aussi plus simple à un autre titre : en adoptant une telle méthode, il était possible d'assassiner pratiquement n'importe qui. Il leur suffirait d'arriver à une cinquantaine de mètres de leur cible, c'est tout.

À trois, ils se voyaient dans l'obligation d'envisager de monter une opération de cette sorte, c'est-à-dire kamikaze.

— Bien entendu, je ne prétends pas que nous allons choisir d'agir ainsi, ajouta Avner ; nous ne sommes que trois, mais nous avons le soutien de l'organisation de Louis. Nous pouvons avoir de la chance ; et nous continuerons à chercher le meilleur moyen de faire le coup. Je dis simplement ceci : rien n'est exclu. En dernier ressort, nous tentons notre chance, aussi mince qu'elle soit. Au diable le risque zéro. Êtes-vous d'accord ?

— Je suis d'accord, dit aussitôt Steve sans hésiter.

— Eh bien, franchement, répondit Hans, c'est une décision que tu ne peux imposer. À strictement parler, je crois que nous n'avons pas le droit d'agir ainsi. Avner propose sinon de changer les objectifs de la mission, du moins de ne plus en respecter l'ordre des priorités. Nous devrions en référer, pour bien faire, aux patrons. Cependant, reprit Hans au bout d'un instant, je suis d'accord. Je voulais simplement que nous sachions clairement ce que nous sommes sur le point de faire.

Hans avait sans aucun doute raison. Ils renversaient l'ordre des priorités ; mais, comme ses amis, Hans se sentait incapable d'abandonner. Il l'avait déjà montré à Athènes lors de l'opération contre Mouchassi ; l'idée de laisser tomber en cours de route lui était aussi étrangère qu'à Steve et Avner. Sans doute était-ce un problème inévitable lorsque l'on organisait des missions comme celle-ci. Des personnalités suffisamment rigides et entêtées pour les mener à bien risquaient de se montrer aussi rigides et entêtées s'il fallait remettre leur action en question, et de ne pas être sensibles à certains impératifs politiques. En outre, elles feraient mutuellement pression les unes sur les autres pour continuer, quoi qu'il advienne. Comme le dit plus tard Avner à Steve : « Je ne m'en faisais pas pour Hans ; du moment que nous étions d'accord, il ne pouvait pas dire non. »

Hans souleva néanmoins un autre problème.

— Tu viens de parler du soutien de l'organisation de Louis. Je crois que l'on devrait parler aussi d'autre chose, qui me trotte par la tête depuis l'affaire de Londres. En dehors de nous cinq, qui savait que nous allions à Londres ? Seulement Louis. Qui savait que Robert allait en Belgique ? Encore Louis. Carl est mort, Robert est mort, maintenant. Et si nous étions en train de nous faire doubler par Papa ? Il nous a bien vendu les *mechablim* ; pourquoi ne nous vendrait-il pas à eux ? L'idée ne vous a-t-elle pas effleurés, à un moment ou à l'autre ?

Avner y avait pensé, en réalité. La question l'avait même fait beaucoup réfléchir, et l'avait tenaillé durant tout l'été. D'un certain côté, il n'aurait pas été absurde pour des gens comme Papa, Louis et Tony, sans même parler d'Andreas, de les trahir. Si ce que Louis lui avait dit des idées du Groupe était vrai, il ne pouvait qu'être ravi de voir les factions ennemies s'entre-tuer. Plus tôt serait déblayée la place, plus tôt serait-il possible de rebâtir un monde nouveau ; en outre, d'un point de vue financier, c'était encore plus logique. Papa pouvait très bien avoir gagné de l'argent en montant le coup qui avait coûté la vie à Carl, et cela de deux manières : en vendant l'équipe d'Avner aux *mechablim* et en vendant ensuite ses services aux Israéliens pour faire disparaître le cadavre. Puis encore de l'argent pour trouver la Hollandaise qui avait fait le coup et faire disparaître son cadavre. Puis encore de l'argent des Arabes pour organiser l'accident de Robert – si accident il y avait bien eu lieu ; sans compter un pourboire pour faire place nette du corps. Et ainsi de suite.

C'était possible. Si le jeu était mené avec habileté, les différentes factions pouvaient même penser être les amis privilégiés de Papa, et donnaient alors gratuitement les informations qui pouvaient être vendues au prix fort à leurs adversaires. Méthode qui pouvait constituer une source de revenus sûre et inépuisable.

En fin de compte, Avner avait rejeté cette possibilité pour une seule raison : il n'y croyait pas.

— Cela fait longtemps que Papa aurait pu nous vendre, objecta-t-il. Quand nous étions tous ensemble. Pourquoi ne nous aurait-il pas vendus quand nous étions à Chypre, par exemple ?

— Peut-être n'avait-il pas d'acheteur, répondit Hans ; ou peut-être ne voulait-il pas tuer la poule aux œufs d'or en pleine période de ponte.

— Est-ce bien ce que tu crois ?

— Je ne sais pas ce que je dois croire. Je me demande seulement si nous ne leur faisons pas trop confiance. Après tout, il ne s'agit que d'une bande de mercenaires. Sans eux, ou sans des organisations dans leur genre, les terroristes ne pourraient pas monter la moindre opération. Ils travaillent avec la moitié des armées rouges d'Europe, ainsi que pour la Mafia, pour autant que nous le sachions.

Avner ne put que hausser les épaules : tout cela n'était que trop vrai.

— Il est même possible en fin de compte, reprit Hans, que Le Groupe ait été monté et financé par les Russes. N'avez-vous jamais pensé à cette hypothèse ? Le KGB pourrait très bien avoir imaginé la mise sur pied d'une telle organisation ; l'idée n'est pas tellement stupide. Peut-être ne savent-ils même pas exactement qui est derrière eux ; ou peut-être seul Papa le sait-il. Qu'est-ce que vous pensez de ça ?

Cette fois, Hans allait trop loin. Il est en train, se dit même Avner, de fonctionner comme Papa. Il comprit tout d'un coup de quoi il s'agissait : les signes précurseurs de la paranoïa de l'agent secret, les symptômes engendrés par trop de temps passé dans la clandestinité. La fatigue poussait parfois les meilleurs agents à soupçonner une conspiration à chaque coin de rue. Si, contrairement à la paranoïa pathologique aiguë, cette forme de complexe de persécution n'était pas complètement coupée de la réalité, elle exagérait dans d'énormes proportions les craintes et les soupçons, ou bien les faisait porter sur de mauvaises cibles. C'était peut-être de cela que Papa souffrait, de son côté [70].

— D'accord, il pourrait y avoir une fuite par l'intermédiaire de quelqu'un du Groupe, ou même de Papa, répondit-il à Hans. Ou encore une fuite par l'un de nos propres informateurs. Nous avons un Ahmed ou un Yasir dans une ville sur deux, qui savent parfois où ils peuvent nous trouver. L'un d'eux devait savoir que nous nous trouvions à Londres au moment où Carl a été tué. Mais je l'admets, il pourrait s'agir de Papa. Pour se faire plus d'argent, pour être l'ami de tout le monde, pour se couvrir, que sais-je ? L'important, c'est que Papa assure ses livraisons. On ne s'est pas posé ce genre de questions quand il nous donnait les *mechablim* les uns après les autres. Peut-être est-ce inclus dans le prix. Il nous vend, il vend aux autres. C'est bien possible. Arrêtons d'acheter chez lui, as-tu envie de dire ? Je réponds non. Prenons toujours ce qu'il a à vendre. Soyons simplement plus vigilants, c'est tout. Plus prudents. S'il veut pouvoir nous vendre à quelqu'un, il faut tout d'abord que nous lui achetions quelque chose. C'est un risque. Vaut-il la peine d'être couru ?

Hans réfléchit un moment.

— Un sacré foutu risque, finit-il par dire. Mais est-ce que tu y crois ?

— Non, admit Avner sans hésiter. Ce n'est pas ce que je crois. C'est peut-être de la folie, mais j'ai confiance en Papa. J'ai confiance en Louis. Sans pouvoir donner de preuves que j'ai raison d'avoir confiance. Tu as eu raison de soulever la question. C'est une excellente chose de se montrer soupçonneux. Mais que choisissons-nous ? Si nous les laissons tomber à cause de ces soupçons, nous perdons notre meilleure source de renseignements ; notre meilleur appui logistique, aussi. Combien de terroristes aurions-nous eu sans Le Groupe ? Pourquoi ne pas partir du principe qu'ils nous vendent à d'autres ? D'accord. Continuons à les utiliser, mais en redoublant de précautions. Lançons-les sur de fausses pistes, de temps en temps. Changeons d'objectif au dernier moment. N'est-ce pas la meilleure méthode ?

Hans se mit à rire.

— Tu es vraiment cinglé, tu sais, dit-il à Avner. D'accord, on est tous cinglés, mais tu es le plus cinglé de nous trois.

— Et pourtant, il a raison, remarqua Steve. C'est la meilleure façon de procéder.

L'affaire était entendue. Mais Avner avait gardé pour lui une arrière-pensée : il faisait en réalité confiance au Groupe. S'il ne lui avait pas fait confiance, il aurait certainement rompu tout contact en dépit de ce qu'il venait de dire à Hans. Cinglé peut-être, mais pas à ce point. Il ne faisait que s'en tenir à son sixième sens.

À tort, peut-être [71].

L'expédition à Washington se révéla encore plus pénible que ce qu'avait redouté Avner. Pépi devint hystérique. Pour quelque raison, elle concentra son animosité sur Steve, le frappant sur la poitrine de ses poings en hurlant qu'il était responsable de la mort de Robert. Steve se contenta de reculer pas à pas, les yeux baissés, jusqu'à ce qu'Avner la saisisse par-derrière et lui immobilise les bras. Elle tomba alors en larmes. Fort heureusement, l'oncle avait eu l'esprit d'emmener les enfants hors de la maison avant l'arrivée de Steve et d'Avner.

Ils avaient une fois de plus retiré de l'argent de leur compte personnel pour Pépi, comme ils avaient fait pour la veuve de Carl, mais cette fois, ils n'avaient pris que cinq mille dollars chacun. Ils se sentaient tous les trois un peu honteux de ce qui leur semblait être un manque de générosité, mais, sans qu'il fût besoin d'en parler autrement que par allusions voilées, ils commençaient chacun à se faire du souci pour leur propre famille. S'ils se faisaient ainsi cueillir un par un, et persistaient à donner tout de même quarante mille dollars à chaque veuve, le dernier survivant se retrouverait littéralement sans un sou pour sa femme et ses enfants. Certes les veuves avaient droit à une pension de réversion, mais elle n'était guère élevée.

Avner passa deux jours à New York avant de regagner l'Europe. Au bout d'un an et demi, Shoshana s'était habituée au mode de vie américain. Elle s'était même épanouie, trouva Avner, et était fière d'avoir réussi à faire toute seule la conquête de l'immense et impressionnante métropole, si différente des villes d'Israël qu'elle avait pu connaître. Quant à Géla, le vilain petit canard était devenu la plus charmante des fillettes. Sans oublier Charlie, qui, tout à la joie de revoir son maître, le mordit au nez en lui sautant dessus pour le lécher. Il eut tellement honte de lui qu'il resta plusieurs heures caché derrière le canapé.

Avner se dit à un moment que ce serait merveilleux de tout laisser tomber, d'oublier la mission, l'Europe, les *mechablim* et même peut-être Israël. D'écrire une lettre de démission, de la jeter à la poste et de s'installer à Brooklyn avec Shoshana, Géla et le chien pour mener une existence prospère et bien tranquille à la mode américaine. Pourquoi pas ? Il avait combattu dans deux guerres, et contribué à éliminer neuf parmi les plus redoutables terroristes, en courant lui-même des risques considérables. Qu'est-ce qu'un pays pouvait demander de plus à l'un de ses citoyens ? Sa mère elle-même aurait sans doute admis qu'il avait rempli son devoir envers sa patrie.

Mais le jour suivant il se retrouvait à l'aéroport Kennedy, et prenait un vol de la TWA pour Francfort. Comme d'habitude, il ne laissa pas Shoshana l'accompagner jusqu'à l'aéroport.

— Je ne peux pas te le promettre, lui dit-il en partant, mais peut-être mon prochain retour sera-t-il le bon.

Cela se passait durant la deuxième semaine de septembre, presque deux ans après le tout début de la mission. En deux ans, Avner avait eu l'impression d'être passé de la quasi adolescence à l'âge mûr ; serait-il un vieillard dans un an ? Il aurait vingt-huit ans... C'était déjà arrivé à certains agents, racontait-on, mais jusque-là, Avner n'y avait jamais cru.

Il trouvait de plus en plus difficile, depuis la mort de Carl, de passer la nuit dans son lit. Cela n'avait jamais pourtant jamais été un problème auparavant, mais il devenait particulièrement aigu lorsqu'il se retrouvait seul dans sa planque de Francfort, ou quand il voyageait et devait passer la nuit dans des chambres d'hôtel. Sur son lit, il était incapable de s'endormir. Au bout d'un moment, il résolut le problème en se réfugiant dans le placard. Il mettait oreillers et couvertures par terre, fermait la porte de l'intérieur, et pouvait alors s'endormir. Du point de vue de la sécurité, ça se défendait ; le lit était un endroit idéal pour y placer une bombe, et c'était vers le lit que se seraient en premier lieu dirigés d'éventuels agresseurs nocturnes ; Avner, qui avait le sommeil léger, les aurait entendus et aurait été prêt à se défendre. Mais là n'était pas la vraie raison qui lui avait fait adopter ce moyen : c'était ses nerfs qu'il épargnait. Et c'est ainsi que l'auraient compris ses partenaires, en dépit des justifications logiques qu'il aurait pu avancer. Si bien que chaque fois qu'il était seul, Avner dormait dans le placard, et qu'il n'en parla jamais à personne.

Le temps que Steve et Avner fussent de retour à Francfort, Hans était passé rendre visite au coffre de Genève. Il contenait un message d'Éphraïm. Il accusait réception du message du groupe relatif au décès de Robert, puis se poursuivait par des instructions lapidaires :

Cessez immédiatement les opérations.

Néanmoins, les fonds déposés sur les comptes opérationnels n'avaient pas été bloqués ou retirés ; c'était la première chose que Hans avait été vérifier après avoir lu le message. Il n'y avait rien là de surprenant ; Éphraïm attendait d'eux qu'ils missent fin en douceur à la mission, réglant les informateurs et apurant toutes leurs dettes. Il était probable que plus aucun fonds ne serait déposé sur les comptes, à moins d'en faire la demande en l'appuyant de raisons solides, mais en attendant, ils disposaient d'un délai de grâce et d'un avoir de plus d'un quart de million de dollars. Pour ne pas avoir de mauvaises surprises, Hans avait aussitôt transféré l'essentiel de ces fonds sur les divers autres comptes ouverts dans plusieurs capitales européennes par Carl, au début de la mission.

— Qu'as-tu fait du message d'Éphraïm ? demanda Avner.

— Je l'ai laissé dans le coffre.

Petite précaution supplémentaire : tant qu'il y était, le Mossad pouvait en effet penser que l'équipe n'avait pas encore pu venir le chercher. Ils n'étaient tenus d'effectuer aucun passage à intervalles réguliers, et ils ne disposaient d'aucun autre moyen d'en référer à la hiérarchie. Si Éphraïm se donnait la peine de se renseigner, il ne mettrait pas longtemps à découvrir la supercherie, car la banque faisait signer un registre daté chaque fois que le coffre était ouvert. Il s'agissait simplement de gagner un peu de temps.

Or le temps était essentiel pour eux, dans la mesure où ils étaient bien décidés à ne pas obéir à l'ordre express du Mossad. Du moins, pas dans l'immédiat. Pas tant qu'ils disposeraient de fonds. Pas tant qu'ils auraient la moindre chance de monter une opération contre les terroristes restant sur la liste.

Dans leur esprit, cet acte de désobéissance n'était ni de l'insubordination à proprement parler, ni de la simple vanité, ni du fanatisme. Ils le justifiaient en le baptisant « décision opérationnelle valide ». Vers la fin de 1973, ils étaient en mesure de constater le désarroi dans lequel avait été jetées les forces terroristes à la suite de l'élimination de neuf de leurs plus hauts responsables ; ne serait-ce que par la difficulté qu'il y avait maintenant à se procurer des informations de leurs sources arabes régulières. Leurs pertes avaient obligé les leaders restants à abandonner le Moyen-Orient ou les pays de l'Est où ils se terraient pour venir en Europe occidentale réorganiser leurs réseaux[72]. À plus ou moins brève échéance, d'ici à quelques semaines ou tout au plus quelques mois, Salameh, Abou Daoud, ou le Dr Haddad se rendraient personnellement en Europe. Étant sur le terrain, l'équipe pouvait sentir cela mieux que n'importe qui au quartier général du Mossad à Tel-Aviv. C'était une tradition établie en Israël : un commandant d'unité sur le terrain ne suspendait pas une attaque ou n'abandonnait pas la poursuite de l'ennemi s'il voyait que celui-ci était sur le point de se débander. Son devoir était de ne pas obéir aveuglément aux directives du quartier général s'il constatait que ses directives ne tenaient pas compte des conditions locales.

Telle était la règle générale. Devait-elle ou non s'appliquer en l'occurrence est une autre question. Toujours est-il que ni Avner ni ses deux partenaires n'eurent de mal à se convaincre qu'il fallait l'appliquer.

— Si nous avions une opération parfaitement montée pour ce soir, expliqua Avner, l'annulerions-nous à cause du message d'Éphraïm ?

L'argument aurait été imparable s'ils avaient eu une telle opération « parfaitement montée » en vue, mais il n'en était rien. Ni pour le soir même ni pour les jours suivants.

Ils continuèrent pendant tout le mois d'octobre à remonter les moindres pistes fournies par leurs indicateurs. D'incessantes rumeurs couraient à propos d'une rencontre imminente au plus haut niveau, et les noms de Salameh et d'Abou Daoud revenaient constamment, ensemble ou séparément. À deux occasions, une fois à Milan, l'autre à Berlin-Ouest, Avner et Steve, avec Hans en appui éloigné, avaient surveillé des immeubles dans lesquels des chefs terroristes étaient supposés se rendre. Les deux fois, des pistolets-mitrailleurs étaient cachés dans le coffre de leur voiture, et les trois hommes prêts à se lancer dans un assaut à découvert au cas où l'une de leurs cibles se serait présentée. Ils virent bien des Arabes entrer et sortir des immeubles en question, mais, se souvenant de Glarus, ils ne bougèrent pas. Et ils ne bougeraient qu'après avoir positivement identifié Abou Daoud, Ali Hassan Salameh ou le Dr Haddad. Mais les trois terroristes restèrent invisibles.

Puis, au début de novembre, une information émanant de Louis leur apprit que Salameh devait en principe se rendre à Tarifa, une petite ville espagnole, située sur la côte atlantique entre Gibraltar et la frontière portugaise. Arrivant, disait-on, d'Alger.

Le 8 novembre, les trois hommes se retrouvaient à Madrid. Ils examinèrent les armes que le contact de Papa leur avait procurées : trois Beretta calibre 22, et trois mitraillettes Uzi (du modèle européen, c'est-à-dire fabriqué sous licence et comportant un magasin plus grand et un canon plus long que le modèle original), puis ils partirent vers le sud dans un véhicule de location. Par précaution, ils ne prirent pas les armes avec eux, mais les firent transporter jusqu'à Tarifa par les bons soins de l'agent de Papa.

Située à la pointe extrême de l'Andalousie et à seulement une douzaine de kilomètres de la côte marocaine, Tarifa, d'un point de vue géographique, se trouve en Europe. Mais elle ressemble bien davantage à une ville arabe qu'européenne ; son architecture est restée de type maure, se superposant par endroit à des vestiges de constructions romaines, amphithéâtres ou aqueducs.

Les trois hommes descendirent dans un hôtel situé à la périphérie de la ville, et attendirent le courrier de Papa. Non seulement celui-ci devait-il leur remettre les armes, mais aussi leur indiquer la villa dans laquelle devait avoir lieu la réunion des terroristes arabes. Il s'agissait d'une grande bâtisse assez isolée, située au sommet d'une petite falaise dominant la plage. Elle appartenait à une famille espagnole aisée qui ne l'occupait presque jamais. C'était vraisemblablement la fille, une étudiante en sciences politiques qui avait des liens avec les révolutionnaires marxistes d'une université française, qui avait décidé de prêter la villa aux Palestiniens.

Le plan d'Avner consistait à s'infiltrer sur le domaine, silencieusement, comme un commando. La maison serait probablement gardée, sans être toutefois transformée en place forte. Une reconnaissance permettrait de s'en assurer, ainsi que la présence éventuelle de l'un des *mechablim* qu'ils recherchaient. L'équipe ne procéderait à l'assaut que si elle avait la preuve directe de cette présence. Si la maison semblait trop bien gardée pour qu'une attaque de ce type ait une chance de réussir, Avner n'excluait pas la possibilité de contacter le Mossad en employant une procédure d'urgence afin d'obtenir du renfort ou des instructions. Il voulait agir de façon responsable. Pas d'attaque suicide, même si Abou Daoud et Salameh se trouvaient à l'intérieur ; tous trois étaient d'accord pour ne se lancer dans un assaut de ce type que s'ils avaient une bonne chance de réussir.

L'agent de Papa arriva le 10. Il livra les armes, puis conduisit en voiture l'équipe jusqu'au départ d'une route non goudronnée, longue d'environ un kilomètre et demi, et qui montait en serpentant sur les falaises depuis la grand-route qui longeait la côte. Il ne s'agissait pas d'une route privée, mais elle ne desservait que trois maisons, toutes entourées d'une vaste propriété. L'agent de Papa leur expliqua que ce chemin se terminait à la hauteur d'un grand portail métallique : la maison en question était derrière. Ils ne pouvaient pas se tromper.

Vers 22 heures, la nuit suivante, les trois hommes se rendirent en voiture jusqu'à mi-chemin de cette route blanche ; un vent humide soufflait de la mer, venant de Gibraltar, et soulevait des tourbillons de feuilles. Par une nuit pareille, le bruit des pas ne risquait guère de s'entendre. Les nuages cachaient complètement le croissant de lune, et arbres et buissons, de part et d'autre du chemin, dressaient leurs silhouettes épaisses, noires et tordues. Le temps et le terrain étaient parfaits pour mener une reconnaissance.

Steve avait garé leur véhicule, après avoir fait demi-tour, juste avant un virage à environ quatre cents mètres du portail métallique. Il avait trouvé un excellent emplacement sur le bas-côté, suffisamment en retrait pour que l'auto fût cachée par le virage comme par les buissons. Il avait également pris la précaution de débrancher les feux de freinage ; en cas de poursuite, inutile en effet de donner une indication de leur position exacte à leurs adversaires à chaque coup de frein. Armé d'une Uzi, Hans était resté à proximité de la voiture.

Steve et Avner partirent sans les Uzi ; il s'agissait pour l'instant de reconnaître les lieux, et non pas d'attaquer. S'ils apercevaient Salameh ou Abou Daoud et si l'assaut leur paraissait envisageable à trois, ils auraient le temps de revenir chercher les pistolets-mitrailleurs. Pour l'instant, armés des seuls Beretta de petit calibre, ils se proposaient de pénétrer sur le terrain entourant le bâtiment en évitant l'entrée principale, afin d'arriver sur l'arrière de la maison à travers les buissons. Comme la villa donnait sur la mer, il suffisait de suivre la ligne de crête de la falaise.

Les buissons étaient épais mais pas impénétrables. Habillés de pantalons et d'un chandail noirs, marchant d'un pas prudent et s'arrêtant constamment pour observer et tendre l'oreille, Avner et Steve mirent vingt minutes pour couvrir la distance. La maison et ses environs étaient d'autant plus faciles à distinguer qu'il y avait de la lumière presque à chaque fenêtre. Ils ne virent aucun garde patrouiller dans le jardin ; connaissant les Palestiniens, Avner se doutait bien qu'ils devaient se trouver à proximité de la maison. Comme les Africains d'une manière générale, les Arabes ne sont pas des combattants de la nuit, et ont tendance à éviter l'obscurité. Si des sentinelles avaient été placées, elles devaient se tenir aussi près que possible de la zone éclairée par les fenêtres. C'était cependant fonction de leur entraînement ; les fedayin formés par les Russes ou les Cubains combattraient certainement tout aussi bien que d'autres soldats dans l'obscurité. Comme c'était le cas des Bédouins du roi Hussein, entraînés par les Anglais.

En arrivant à l'un des angles du bâtiment, Avner et Steve entendirent des voix qui s'exprimaient en arabe. Elles ne venaient pas de l'intérieur de la maison, mais d'une sorte de patio dallé partant d'une porte-fenêtre à la française pour aller jusqu'à la piscine ; celle-ci était vide, mis à part les feuilles mortes qui s'y étaient accumulées et une rigole d'eaux pluviales et sales qui s'écoulaient par le puisard. S'aplatissant le plus possible contre le mur, Steve et Avner étaient dans l'impossibilité de voir les hommes qui parlaient ; ils purent cependant distinguer une partie de leurs propos.

— Pourquoi ne pas lui dire que nous avons besoin de davantage d'argent, protesta l'une des voix, aurais-tu peur de lui parler ?

— Tout ce dont nous avons besoin, c'est d'une poignée de dattes, rien de plus, répondit une autre.

Il n'y avait aucun doute ; que les chefs terroristes fussent ou non à l'intérieur de la maison, les gens qui se tenaient sur le patio étaient bien des Arabes. Une fois de plus, les informations de Papa se révélaient au moins en partie correctes.

Le bruit d'une fenêtre que l'on ferme parvint à leurs oreilles, et ils n'entendirent plus les voix.

Bon. Le patio était maintenant vide.

Sans même vérifier que Steve le suivait, Avner s'avança sur la pointe des pieds jusqu'à la porte-fenêtre. Il était sûr que depuis l'intérieur du patio, personne ne pouvait les voir se tenir dans l'obscurité. Eux, en revanche, distinguaient fort bien tous ceux qui se trouvaient dans la pièce, éclairée *a giorno*. Sept ou huit Arabes, debout près d'une table toute en longueur et chargée de fruits. Deux d'entre eux portaient la *kefiha* avec le motif traditionnel.

— Des *mechablim*, murmura Steve derrière Avner, qui acquiesça. Ils ne pouvaient pas voir d'armes, mais il s'agissait probablement tout de même de terroristes. Les fedayin n'étaient toutefois pas les seuls à porter la *kefiha*. Ces Arabes, du moins en théorie, pouvaient être des visiteurs parfaitement légitimes de l'Espagne ; touristes, étudiants ou hommes d'affaires. La seule façon de s'assurer qu'il s'agissait bien de terroristes était d'en reconnaître un. Salameh ou Abou Daoud ; ou le Dr Haddad ; ou encore George Habache ou Ahmed Djibril ; ou d'autres encore dont ils connaissaient les visages.

Mais Avner et Steve n'en identifièrent aucun dans la pièce.

Il y avait bien entendu de nombreuses autres pièces dans la villa, et une douzaine d'autres personnes auraient pu facilement s'y trouver réparties ; en outre, d'après les renseignements de Papa, les Arabes ne devaient pas arriver tous en même temps ; peut-être en attendait-on encore d'autres. Et peut-être la réunion, si réunion il y avait bien, n'avait-elle pas encore commencé ; dans ce cas, les Arabes de la pièce n'étaient que des comparses venus en avant-garde.

Avner et Steve se trouvaient toujours sur le patio, les yeux tournés vers la pièce, lorsqu'ils entendirent des craquements caractéristiques dans les buissons, derrière eux. Quelqu'un s'avançait dans les taillis, quelqu'un qui ne se doutait de rien et ne prenait aucune précaution particulière, à en juger par le bruit qu'il faisait.

Ils se retournèrent. Avec la lumière dans le dos, ils comprirent qu'ils allaient apparaître comme de simples silhouettes pour quiconque venant du jardin ; ils ne seraient donc pas immédiatement identifiés. Mais le nouveau venu n'allait pas tarder à se rendre compte que les deux hommes étaient des intrus. Deux agents israéliens, entourés d'Arabes *a priori* hostiles, dans un jardin perdu au fin fond de l'Espagne. Impossible de prendre le moindre risque. Dans leur mouvement tournant, ils avaient commencé à adopter la position fléchie de combat ; deux mains droites émergèrent, le Beretta au poing, tandis que deux mains gauches venaient tirer les culasses mobiles en arrière.

Les deux hommes regardèrent l'homme qui sortait des buissons. C'était un jeune Arabe portant la *kefiha* ; il se tenait à trois mètres d'eux, environ, regardant sans comprendre les automatiques pointés sur lui. Même s'il avait remarqué les deux silhouettes depuis un moment, il ne s'attendait visiblement pas à ce qu'elles fussent hostiles. Sans doute avait-il pris Avner et Steve pour deux de ses camarades.

Un jeune Arabe, la main droite près de la braguette, comme s'il venait à peine de remonter la fermeture de son pantalon. Et une Kalachnikov dans la main gauche.

Il commença à redresser son arme.

Avner et Steve firent feu simultanément. Deux rafales de deux coups. Le vent de novembre et ses tourbillons de feuilles mortes couvrirent presque complètement le bruit de bouchon de champagne de leurs armes. *Pfmm-pfmm, pfmm-pfmm pfmm-pfmm.* Le jeune Arabe essaya de retrouver son équilibre tandis qu'ils se rapprochaient de lui. Puis il se plia en deux et tomba au sol sur le côté, se tordant et essayant de respirer. Sa Kalachnikov ne lui échappa pas au cours de sa chute ; les yeux fixés sur Avner et Steve, il serrait l'arme contre lui.

Personne, dans la maison, ne parut avoir remarqué quoi que ce soit. Les Arabes étaient toujours autour de la grande table, en train de manger et de parler en faisant de grands gestes. Avner put même percevoir quelques éclats de rire. L'automatique toujours à la main, il se dirigea vers l'extérieur de la propriété, non pas par l'itinéraire par lequel ils étaient venus, mais en empruntant le chemin qui menait au grand portail. Steve le suivit. Ils marchaient d'un pas rapide, tournant de temps en temps la tête, mais personne ne s'était lancé à leur poursuite. Une fois le portail franchi, ils se mirent à courir ; le chemin descendait, et

17

Francfort

Comme bien d'autres villes de l'Andalousie, Tarifa avait un passé empli de violence. Avner l'ignorait certainement, mais à quelques centaines de mètres de l'endroit où gisait maintenant le jeune Arabe, un homme qui était resté dans l'histoire sous le nom de Guzman le Bon avait préféré sacrifier son fils âgé de neuf ans, prisonnier des Maures, que d'ouvrir à ces derniers les portes de la forteresse dans laquelle il résistait, et dont les ruines constituent aujourd'hui une attraction touristique. Et c'était à Niebla, à une centaine de kilomètres au nord-ouest de Tarifa, sur la Costa de la Luz, que les techniciens des armées arabes s'étaient pour la première fois servis de la poudre à canon pendant une campagne militaire sur le territoire européen. La nature des conflits humains n'avait semble-t-il guère changé au cours des sept siècles qui séparaient cet événement de l'action de commando malheureuse d'Avner.

Ce genre de comparaisons historiques était bien le dernier souci des deux hommes tandis qu'ils couraient à perdre haleine vers l'endroit où Hans les attendait à proximité de la voiture. Steve se mit au volant et roula tous feux éteints comme un fou, jusqu'à ce qu'Avner soit obligé de crier pour le faire s'arrêter. Ils n'étaient pas poursuivis ; inutile de se faire remarquer en se lançant dans un rodéo sur la grand-route qui longeait la côte. Recouvrant une partie de son calme, Steve en profita pour rebrancher les feux de freinage. Hans avait remis sa mitraillette dans le coffre, mais tous les trois conservèrent leur automatique jusqu'à l'hôtel, où ils parvinrent sans encombre.

Une fois installés dans la chambre d'Avner, ils s'efforcèrent de reprendre leur sang-froid et d'évaluer la situation. Ils ne couraient pour l'instant aucun danger. Étant donné que des touristes ou des hommes d'affaires arabes ne se seraient certainement pas promenés en Espagne avec des Kalachnikov, les occupants de la villa étaient sans aucun doute des terroristes. Autrement dit, des gens qui se garderaient bien d'appeler la police. Et il était exclu qu'ils se mettent à rechercher dans le secteur des assaillants qu'ils n'avaient même pas aperçus. La seule personne susceptible de leur en faire une description était le jeune Arabe au pistolet-mitrailleur, très certainement mort à l'heure qu'il était. Et en admettant même que les Arabes fissent appel à la police, il n'existait aucun lien entre eux et Avner, Steve et Hans : trois touristes d'Allemagne de l'Ouest, comme il y en avait des milliers d'autres en Espagne, avec des passeports irréprochables. En dehors des automatiques, la seule chose qui aurait pu les faire suspecter d'avoir pris part à la fusillade restait les empreintes éventuelles de pneus dans le chemin, ou sur le bas-côté.

Avner appela l'agent de Papa et lui demanda de venir dès le matin chercher les armes, et de mettre un nouveau véhicule à leur disposition. Il estimait qu'ils étaient en sécurité dans l'hôtel pour la nuit. Ils pourraient partir pour Madrid le lendemain matin, avec une voiture différente et sans arme sur eux. Ils n'auraient pas à se soucier d'éventuels barrages et de fouille des voitures.

C'est d'ailleurs ainsi que les choses se passèrent. Le chemin était long, et ils ne parlèrent pas beaucoup ; de temps en temps, Avner relayait Steve au volant. Avner savait très bien que même s'ils parlaient de sujets indifférents, ils pensaient tous à la même chose. Avaient-ils commis une faute ? Auraient-ils pu agir autrement ? N'avaient-ils pas perdu la tête ? Auraient-ils dû essayer de se retirer sans abattre le jeune Arabe ? L'avaient-ils réellement tué pour se défendre ?

Et l'avaient-ils vraiment tué ? Était-il le quatrième Palestinien inconnu abattu par l'équipe ? Quatre personnes qui, sans être des « passants innocents » comme à Lillehammer, ne figuraient toutefois pas sur leur liste ; cinq personnes, même, si l'on comptait Mouchassi à Athènes. Six, si l'on comptait l'agent du KGB, également à Athènes ; et sept, si l'on ajoutait la Hollandaise blonde de Hoorn.

Sans pour autant avoir eu Salameh, Abou Daoud ou le Dr Haddad.

Ce genre de situation était-elle la conséquence inévitable de missions comme la leur ? Ou bien avaient-ils commis une erreur, ou plusieurs ? La tension nerveuse avait-elle eu raison d'eux ? N'étaient-ils pas en train de s'affoler ?

La mission, en dernière analyse, n'était-elle pas un échec ?

Depuis l'assassinat de Boudia, c'est-à-dire depuis près d'un an et demi, ils n'avaient approché aucune des cibles restantes. Ils avaient par contre abattu quatre comparses obscurs et une tueuse hollandaise. Et perdu Carl et Robert. Deux agents de valeur sans contrepartie stratégique dans la guerre menée contre le terrorisme. C'était l'échec, la défaite. Pas autre chose.

Mais il y avait pis ; ils agissaient maintenant en violation directe des ordres reçus, de leur propre chef. Et couraient frénétiquement dans des jardins espagnols après avoir abattu de jeunes Arabes. Comme des amateurs.

Et comme des terroristes.

C'est ce qu'expliqua Hans lorsqu'ils quittèrent l'autoroute n° 4 un peu avant Madrid.

— Il ne faut pas se faire d'illusions, ajouta-t-il, nous nous sommes comportés exactement comme les *mechablim*.

Ni Steve ni Avner ne le contredirent[73].

Ils quittèrent Madrid au cours de la semaine suivante, un par un, pour regagner Francfort. Comme lors de la fusillade de Glarus, il n'y eut pas le moindre écho de ce qui s'était passé à Tarifa dans les journaux espagnols. Il est certes possible que l'information leur ait échappé, aussi bien à Glarus qu'à Tarifa, mais il est plus probable qu'il n'y eut aucune diffusion[74]. Les terroristes avaient préféré à tout prix éviter d'attirer l'attention sur eux.

Les risques d'être découverts étaient donc minimes. Au bout de quelques jours, Avner et ses amis n'avaient plus de raisons de s'inquiéter ; et une fois en Allemagne, l'affaire était classée pour eux.

Ils s'inquiétaient néanmoins pour quelque chose de tout à fait différent, quelque chose de bien difficile à expliquer. « Sentiment d'échec », ou « impression d'être déshonoré » ne rendent pas du tout ce qu'ils ressentaient. Non plus que la notion de « sentiment de culpabilité » dans son sens ordinaire. Il ne s'agissait même pas du sentiment de la futilité de leur entreprise.

Ils avaient l'impression d'avoir été abandonnés par la chance. Comme tous les soldats, ils étaient plus ou moins superstitieux. On ressent en outre un certain déshonneur lorsque l'on est trahi par ce qui naguère vous soutenait, le succès, une femme, un filon gagnant, une bonne fortune de guerre. On se sent blessé et humilié, toutes ses valeurs et ses croyances remises en question.

Sentiments qu'éprouva Avner une première fois, de façon passagère, à la mort de Carl, mais de manière beaucoup plus prononcée après Tarifa. Steve commençait également à les ressentir, mais c'est surtout Hans qui en était actuellement submergé.

Il devint complètement introverti ; lui qui n'avait jamais été très bavard restait maintenant plusieurs jours sans dire un seul mot. Il faisait son travail aussi méthodiquement que par le passé, mais d'une manière tellement détachée, en ayant l'air tellement angoissé, qu'Avner commença à se faire réellement du souci pour lui. Par ailleurs, il ne voulait pas entendre parler d'abandonner. La question ne fut jamais soulevée aussi directement, puisqu'ils étaient tombés d'accord pour arrêter les opérations lorsqu'ils auraient épuisé leurs fonds. Mais un jour qu'Avner demandait à Hans comment il se sentait, celui-ci lui répondit, les dents serrées :

— Écoute, mon vieux, ce n'est pas le moment d'arrêter. Alors inutile d'en parler. On fait ce qu'on a à faire, un point c'est tout.

Ils n'en parlèrent donc pas, et essayèrent de faire ce qu'il y avait à faire, pendant encore sept semaines.

Sans le moindre succès. Sans même le moindre tuyau pour leur donner une chance de dépenser leurs dernières ressources. Hans se montrait particulièrement intransigeant pour ce qui était d'épargner l'argent qui leur restait, afin de ne pas être pris de court si une bonne occasion se présentait. Il avait d'ailleurs raison ; le comble de l'ironie aurait en effet été de trouver Salameh pour s'apercevoir au dernier moment qu'ils n'étaient plus assez riches pour pouvoir monter une opération. Mais le cas ne se présenta pas.

Ils n'arrivaient même plus à prendre de contacts. Ni par l'intermédiaire de leurs informateurs réguliers ni par celui de Louis, de Tony ou de Papa en personne. S'ils avaient été à la poursuite d'autres terroristes, ils auraient peut-être pu réussir : 1974 a été une année de grande activité en Europe pour les *mechablim*, en particulier pour l'organisation soutenue par le colonel Kadhafi, la Jeunesse nationale arabe pour la libération de la Palestine. Né sous l'impulsion d'un certain Ahmed al-Ghaffour puis dirigé plus tard par Abou Nidal[75], ce groupe était constitué de terroristes pour lesquels Septembre Noir et le FPLP n'étaient pas assez extrémistes et militants (al-Ghaffour fut finalement fait prisonnier puis probablement exécuté par Abou Iyad, le chef de Septembre Noir). En 1974, la Jeunesse nationale arabe conduisit trois opérations réussies contre des objectifs divers. Le 8 octobre, l'organisation avait fait sauter en vol un appareil de la TWA qui se rendait de Tel-Aviv à Athènes ; l'appareil s'abattit dans la mer Égée avec quatre-vingt-huit personnes à son bord. Trois semaines auparavant ces mêmes terroristes avaient jeté une grenade défensive dans le drugstore Saint-Germain, à Paris, tuant deux personnes et en blessant douze, opération menée en collaboration avec l'Armée rouge japonaise. Et conduite par Carlos.

Carlos, pour lequel le groupe d'Avner se sentait une responsabilité particulière ; en tuant Boudia, ils lui avaient ouvert la voie. Mais cela ne faisait aucune différence : il ne figurait pas sur la liste, et il n'était évidemment pas question de contacter Éphraïm pour changer les buts d'une mission déjà annulée. Plus question de mener l'action unilatéralement ; ils n'auraient pas la moindre justification. Ils ne pouvaient faire qu'une chose, essayer d'avoir les terroristes restant sur la liste. Ali Hassan Salameh, en particulier.

Avoir Salameh aurait fait à leurs yeux toute la différence. Mais dans la mesure où ils pouvaient le savoir, Salameh ne se manifestait pas en Europe.

Ils passèrent à Francfort les fêtes de la Noël et du nouvel An. Une ambiance joyeuse régnait dans la ville mais Avner, Hans et Steve étaient dans un état d'esprit tout à l'opposé. Hans, en particulier, présentait des symptômes inquiétants et contradictoires entre eux ; il était de plus en plus abattu et introverti tout en devenant en même temps de plus en plus parano et combatif. Il se mit à porter un automatique sur lui en permanence. Jusqu'ici, ils n'avaient tous porté d'arme qu'en cours d'opération, mais la paranoïa de Hans se montra contagieuse. Avner et Steve se mirent également à porter une arme sur eux, au cas où l'impression d'être constamment suivis éprouvée par leur partenaire se révélerait justifiée. Après tout, il pouvait très bien y avoir eu une fuite dans l'organisation de Papa. Hans en arrivait même à se persuader que Tarifa avait été un piège tendu pour les prendre ; mais Avner ne partageait pas sa conviction. S'il y avait eu piège, ils seraient tombés dans une véritable embuscade et non pas sur un tout jeune terroriste en train de reboutonner sa braguette. Impossible toutefois de rejeter complètement ce genre de soupçons après les morts mystérieuses de Carl et de Robert. Les terroristes de Tarifa étaient peut-être au courant, mais ne les attendaient pas aussi tôt. À titre de précaution, Avner avait dit à l'agent de Papa qu'ils devaient attendre sur place des amis avant d'entreprendre une action.

Toujours est-il qu'en dépit du risque supplémentaire que cela leur faisait courir, ils se mirent à circuler armés à Francfort. Avner remarqua une lourde empreinte noire au bas de la porte de la planque de Hans : de toute évidence, il n'ouvrait jamais la porte sans la coincer du pied auparavant. Tous les agents avaient appris à ouvrir ainsi une porte, car en cas d'assaut, cela pouvait faire la différence entre la vie et la mort, mais auparavant, Hans n'avait pas l'habitude de se servir de ce procédé, comme aucun d'entre eux. À l'instar de leurs cibles « douces », ils avaient avant tout compté jusqu'ici sur leur couverture.

En même temps, Hans faisait de longues promenades, seul, tard la nuit, dans le parc immense qui se trouvait à proximité de sa planque. Il avait toujours beaucoup aimé marcher, mais auparavant il ne sortait qu'à des heures à peu près raisonnables et par des conditions atmosphériques acceptables ; maintenant, il lui arrivait de marcher pendant des heures dans la neige, alors que soufflait le vent glacial de décembre, et jusqu'à minuit. Il empruntait volontiers les sentiers totalement déserts de l'Ostpark au nord de l'une des gares de Francfort. Puis il restait assis une heure ou deux sur un banc, dans son endroit favori, un coin secret où se trouvait un étang artificiel, plein de canards noirs l'été, mais à cette époque désert et pris par la glace.

— Les canards ont plus de bon sens que toi, lui fit une fois observer Steve, obligé de se rendre jusque-là pour lui demander un renseignement.

— Qu'est-ce que tu veux, je suis incapable de rester assis enfermé à la maison, lui avait-il répondu.

Avner pouvait le comprendre ; au point où en était la mission il n'aurait pas aimé vivre tout seul. Après la mort de Robert, il avait fait venir Steve dans la planque qu'il avait jusque-là partagée avec Carl, car même avoir à subir les habitudes de désordre de célibataire de Steve lui paraissait préférable à la solitude. Mais lorsqu'il émit la suggestion de rechercher une planque où ils pussent habiter tous les trois, Hans refusa catégoriquement. « Ne vous en faites pas pour moi, avait-il dit, je suis très bien comme ça. »

Ce qui était complètement faux.

La nuit du 6 janvier 1975, Hans quitta son appartement à un moment ou à l'autre après 21 heures, heure à laquelle Avner l'avait appelé au téléphone. Ils n'avaient parlé que quelques secondes, n'ayant rien d'essentiel à se dire ; il était convenu, quand ils raccrochèrent, qu'ils se rappelleraient un peu plus tard. Comme d'habitude. Hans ne s'étant pas manifesté à minuit, Avner fit son numéro. Il n'y eut pas de réponse ; à 1 heure, même chose.

Ce n'était pas normal. Jusqu'ici, Hans était toujours rentré avant 1 heure du matin. Il avait certes pu recevoir un appel inattendu de l'un de ses informateurs, demandant une rencontre, mais dans ce cas-là, la règle était de s'alerter mutuellement. Surtout depuis quelque temps. Avant de partir pour un tel rendez-vous, Hans aurait certainement téléphoné ; il savait que Steve et Avner se trouvaient dans leur appartement. Avner commença à s'inquiéter.

— J'ai bien envie d'aller y faire un tour, dit-il à Steve. Ça ne me plaît pas trop.

Steve haussa les épaules.

— Il doit encore être assis sur son fichu banc à côté de l'étang. Mais allons voir tout de même.

Il leur fallut moins de vingt minutes, à cette heure-là, pour se rendre de Hügelstrasse, dans le quartier Eschersheim, jusqu'à la planque proche de Röderbergweg où habitait Hans. Hans n'était pas à l'appartement ; Avner entra avec son passe, mais tout était en ordre. Hans était sorti pour une raison ou une autre, et n'était pas encore rentré.

La nuit était particulièrement froide, et il était déjà près de 2 heures du matin ; il paraissait difficile de croire qu'à cette heure et dans ces conditions, Hans fût en train de se promener ou de contempler l'étang assis sur son banc. C'était pourtant la seule explication non dramatique. Sinon, cela voulait dire qu'il s'était passé quelque chose qui avait mal tourné.

— S'il est vraiment à son étang aux canards, il aura besoin d'une bonne excuse pour que je ne lui mette pas mon poing dans la figure, dit Steve.

Les deux hommes connaissaient l'itinéraire habituel emprunté par Hans. Il suivait Röderbergweg sur une courte distance, puis prenait un chemin surélevé assez pittoresque (Lili-Schönemann-Steige, du nom d'une amie d'enfance de Goethe), qui descendait ensuite jusqu'à un carrefour au fond d'un ravin ; une fois traversée Ostparkstrasse, il se retrouvait dans Ostpark (le parc de l'Est), dans lequel il pénétrait d'habitude quelques centaines de mètres plus loin que le carrefour, par un chemin clairement balisé. C'est ce chemin, qui, après quelques détours, le conduisait jusqu'à l'étang.

Avner et Steve espéraient encore le rencontrer, flânant sur le chemin du retour. Pas de Hans. La promenade leur prit une quinzaine de minutes, dans un noir de poix. Néanmoins, la glace à la surface de l'étang gelé renvoyait assez de lumière, lorsqu'ils s'en approchèrent, pour qu'il fût possible de distinguer une silhouette humaine installée sur un banc. C'était bien Hans.

Mais Steve ne lui cassa pas la figure car il avait une bonne, une excellente excuse : il était mort.

Avner pensa tout d'abord, en le voyant ainsi, qu'il n'avait pas été assassiné, mais qu'il avait lui-même mis fin à ses jours.

Les buissons formaient une sorte d'abri à proximité de l'étang. Un muret de pierre surmonté d'une barrière de bois tenait lieu de rive ; le corps était en position à demi assise, effondré en avant contre la barrière, la tête pendant sur le côté, les yeux grands ouverts dans un visage dépourvu d'expression. L'anorak de Hans était resté fermé jusqu'au cou, et tout d'abord Avner ne vit aucune trace de blessures à la tête ou sur le corps.

Il faisait très sombre, et ils n'avaient pas pensé à prendre une lampe de poche. Ils n'avaient même pas d'allumettes sur eux.

— Attention, murmura Avner à l'intention de Steve.

En dépit du froid intense, le corps de Hans était encore tiède. Cela faisait peut-être une heure, tout au plus, qu'il était mort, et celui qui avait fait le coup pouvait encore se trouver dans le secteur.

Car il avait bien été tué. Hans avait encore son arme passée dans la ceinture de son pantalon ; ce fut la première chose qu'Avner vérifia. On ne lui avait pas tiré dessus ; il ne s'était pas tué ; il n'était pas mort de mort naturelle. Bien que n'ayant toujours pas vu de blessure, Avner avait pu sentir une substance collante et gommeuse, comme de la poix en train de sécher, lorsqu'il avait tâté l'arme ; du sang, provenant donc d'une blessure au corps.

— On l'a tué, dit Avner en tendant le revolver de Hans à Steve.

Ils restèrent tous deux silencieux pendant quelques instants ; abasourdis, mais aussi effrayés. Le parc, autour d'eux, était immense et silencieux ; dans toutes les directions, ce n'était qu'arbres et buissons d'un noir d'encre. Il n'y avait pas de vent ; faible et lointain, leur parvenait le bourdonnement régulier de la ville, ponctué de temps en temps du claquement métallique des wagons en cours d'attelage, dans le triage de la gare. Steve fit jouer la culasse de l'automatique de Hans.

— Vérifie son portefeuille, dit-il à Avner ; je surveille les alentours.

Un rôdeur à la recherche d'un mauvais coup pouvait être l'auteur du meurtre, en effet. Le taux de la criminalité n'était pas particulièrement élevé à Francfort, mais c'était une grande ville industrielle, avec ses travailleurs immigrés en provenance de toute l'Europe du Sud. Elle avait son quartier chaud, avec ses proxénètes, ses prostituées, ses voleurs, ses drogués, comme n'importe quelle autre métropole. Ostpark se trouvait dans un quartier résidentiel paisible, mais un parc désert n'est jamais de nuit un endroit très sûr. Tous les ans, quelques meurtres crapuleux étaient commis ; et Hans avait pu donner l'impression d'être particulièrement facile à voler ; un homme d'âge moyen, seul, assis sans bouger sur son banc pouvait paraître comme une victime désignée. On avait même pu le prendre pour un ivrogne en train de cuver sa bière. Et s'il est probable que Hans ne se serait pas défendu pour quelques deutsche marks, et aurait même donné son portefeuille et sa montre à un agresseur éventuel, celui-ci avait tout de même pu le tuer par nervosité excessive. C'était une explication plausible.

Mais malheureusement, Hans avait toujours sa montre au poignet et son portefeuille intact dans la poche de sa veste.

Aurait-il été trahi par un informateur ? Il n'était guère vraisemblable qu'il ait choisi l'étang aux canards comme lieu de rendez-vous ; non seulement parce que le parc était désert, de nuit, et le dernier endroit où donner rendez-vous à un indicateur, mais aussi parce que, affectivement, le banc qui lui servait de refuge devait rester en dehors de ce qui le préoccupait. C'était son lieu de repos et de méditation personnelle.

Par ailleurs, l'étang était un endroit jusqu'où il aurait été très difficile de suivre quelqu'un sans se faire remarquer ; s'il s'était senti suivi, Hans ne s'y serait certainement pas rendu. Restait que quelqu'un l'apercevant d'une voiture en train de s'enfoncer dans Ostpark pouvait deviner où il se rendait à condition de connaître ses habitudes. Mais seuls Avner et Steve étaient au courant du but de ses promenades. Le parc était très vaste, et Hans aurait pu se rendre n'importe où. Il aurait été difficile de le retrouver accidentellement, et une équipe de terroristes explorant le parc aurait eu le temps de geler de froid avant de tomber sur le coin retiré et peu accessible où se trouvait le banc de leur ami.

Mais puisqu'il n'avait pas été tué pour son argent, qui d'autre que des terroristes avait donc pu le tuer ?

Avner récupéra le portefeuille de Hans, qui contenait un permis de conduire allemand et une carte de sécurité sociale ; il ne portait aucun autre papier sur lui. Regardant de plus près, il lui sembla que le sang coagulé provenait d'une blessure située au milieu de la poitrine, à l'endroit où la chemise avait une grande déchirure. Il lui était impossible d'en être absolument certain, mais on aurait bien dit une blessure faite par un couteau. Le mystère n'en était que plus épais. Comment quelqu'un avait-il pu s'approcher suffisamment de lui pour le frapper sans qu'il sortît son revolver ? Ou bien il était totalement sans méfiance, ou bien un deuxième agresseur le tenait-il en respect avec une arme à feu. Mais même ainsi, il était impensable que Hans fût resté assis en attendant le coup fatal. Un simple réflexe aurait dû lui faire lever le bras pour parer l'arme ; or il n'y avait pas la moindre marque, pas la moindre entaille, sur ses manches et ses gants. On aurait dit qu'il avait été frappé pendant son sommeil.

Ce qui semblait tout aussi impensable.

Il vint à l'esprit d'Avner, soudain, qu'il ignorait tout des habitudes sexuelles de Hans. Il était marié, certes, mais cela ne prouvait rien. Avner n'avait jamais constaté quoi que ce soit, dans son comportement, qui aurait pu le faire suspecter d'homosexualité ; mais même si la seule idée d'envisager cette hypothèse paraissait ridicule, le fait était qu'Avner n'en savait rien. Il avait beau douter que le parc de l'Est fût un lieu de rendez-vous pour homosexuels en plein hiver, là aussi, il ignorait tout. Il aurait pu faire des avances homosexuelles à quelqu'un qui l'aurait très mal pris, ce qui pouvait à la rigueur expliquer les circonstances de sa mort.

Cependant, l'hypothèse lui parut tellement tirée par les cheveux qu'Avner n'en parla même pas à Steve. Ni sur le coup ni plus tard. Steve lui aurait certainement mis son poing dans la figure s'il l'avait mentionnée.

— Je vais donner un coup de fil, dit finalement Avner à Steve. Tu m'attendras à l'entrée du parc.

La cabine téléphonique la plus proche n'était qu'à une dizaine de minutes. Avner appela Louis à Paris.

— Je suis dans la même situation qu'à Londres, lui dit-il. Laissez-moi vous expliquer où je me trouve.

Louis écouta en silence tandis qu'Avner lui expliquait en détail où ses hommes de main le trouveraient. Le Français ne lui demanda aucune précision, et Avner ne lui en fournit aucune. Avant de raccrocher, Louis posa simplement une question de pure forme :

— Y a-t-il quelque chose d'autre que je puisse faire pour vous ?

— Pas pour l'instant, merci.

Avner ne le savait pas, mais cet échange allait être leur dernière conversation.

Il alla rejoindre Steve à l'entrée du parc pour attendre les hommes de Louis. Attente qui dura une heure et demie ; c'est avec une certaine stupéfaction qu'Avner se souvint par la suite ne pas s'être rendu compte du froid qu'il faisait, tout comme Steve. Tous deux restèrent silencieux. Ou plutôt, échangèrent par deux fois quelques mots. Les deux fois, le silence fut rompu par Steve :

— Tu viens d'appeler Papa. Tu penses donc que Le Groupe n'a rien à voir là-dedans ?

— En effet.

Il avait répondu la vérité. Mais même s'il se trompait, il pensait que c'était tout ce qu'il pouvait faire à ce moment-là. Si le corps de Hans était retrouvé, les autorités allemandes risquaient de se lancer dans des investigations dont ils avaient tout à craindre. Si Le Groupe avait bien tué Hans, qu'il dispose du corps. Il ne pouvait plus lui faire de mal.

Lorsque Steve rompit une seconde fois le silence, ce fut pour dire :

— J'ai cru pendant longtemps que nous étions des fortiches. Peut-être avons-nous simplement eu beaucoup de chance. Et puis un jour, la chance nous a abandonnés.

Il n'y avait rien à ajouter à cela, et Avner ne dit rien. La remarque désabusée faite par Steve cette nuit-là résumait leur mission mieux que n'importe quoi.

L'équipe de Papa arriva un peu avant 4 heures du matin avec un camion des travaux publics. Un genre de véhicule qui n'attirerait pas l'attention dans un parc. Avner et Steve guidèrent les deux hommes jusqu'à l'étang aux canards, et attendirent pendant qu'ils introduisaient le corps de Hans dans un sac de toile, qu'ils chargèrent ensuite à l'arrière du camion. Il s'agissait de deux Allemands, qui travaillaient probablement comme conducteurs d'ambulance ou entrepreneurs de pompes funèbres à Francfort. Il ne fallut pas plus de sept ou huit minutes pour en terminer. Puis ils quittèrent le parc à reculons pour reprendre le petit chemin sinueux.

Pendant encore quelques instants, Avner et Steve purent apercevoir par intermittence les feux arrière du camion qui tournait entre les arbres noirs. Puis ils ne virent plus rien. Hans était parti. Comme s'il n'avait jamais existé.

Avner et Steve passèrent les semaines suivantes à se demander ce qu'ils devaient faire ; ou pour être plus précis, à essayer de retarder une décision qu'ils savaient devoir prendre en s'occupant de choses de routine. Ils fermèrent la planque de Hans et changèrent eux-mêmes d'appartement. Se servant d'un pouvoir établi autrefois en leur faveur par Hans, ils vendirent l'affaire d'antiquités. Puis ils allèrent à Paris où ils payèrent à Caty le solde de ce qu'ils devaient au Groupe ; Louis n'était en effet pas en ville. Enfin, c'est en voiture qu'ils se rendirent dans la petite ville, en France, où vivait la femme de Hans.

C'était une Israélienne, bien différente par le caractère de la femme de Robert.

— Hans n'est pas avec vous ? demanda-t-elle à Avner lorsque celui-ci l'appela par téléphone.

— Euh… non.

— Je vois, dit-elle comme le silence se prolongeait.

Elle avait compris, et il était inutile d'ajouter quoi que ce soit.

Lorsque les deux hommes arrivèrent à la maison, elle leur prit la valise de Hans des mains et les invita à la suivre dans le salon. Elle leur offrit le thé et, au bout de quelques minutes d'une conversation polie, elle leur demanda de lui dire tout ce qu'ils avaient la possibilité de lui rapporter. Bien peu de chose, en réalité. Elle voulut aussi savoir où Hans avait été enterré.

Avner regarda Steve ; il aurait préféré que la question ne lui fût pas posée.

— Je suis navré, finit-il par répondre, mais je ne peux pas vous le dire. Je… personne ne le sait.

— Je vois, dit-elle, conservant toujours son calme ; pouvez-vous m'excuser une minute ?

Elle alla dans une autre pièce où elle resta environ un quart d'heure. Elle avait les yeux secs quoique peut-être un peu rouges lorsqu'elle revint.

— Je vous prie de m'excuser ; je sais que je devrais me montrer plus courageuse. Voulez-vous une autre tasse de thé ?

Lorsque Avner voulut lui tendre l'enveloppe contenant un peu d'argent qu'ils avaient préparée, elle la refusa. Ils partirent au bout de quelques minutes, se sentant non seulement malheureux (cela, ils s'y attendaient) mais également honteux et comme coupables de quelque chose. Avec l'impression que tout ça était de leur faute. Ou pis, qu'ils avaient joué avec quelque chose sans prendre les précautions élémentaires, détruisant tout. Quelque chose qui avait une valeur inestimable pour quelqu'un d'autre.

C'est peut-être en fin de compte cette entrevue avec la veuve de Hans qui scella leur décision ; ils n'en parlèrent pas vraiment, en tout cas pas d'une manière aussi précise, mais chacun comprit que l'autre venait de faire son choix. Ils fermèrent les comptes les uns après les autres, à Amsterdam, à Zurich, à Paris ; ils mettaient un terme à la mission. Ils n'étaient plus que deux, et ils n'avaient aucun moyen de continuer.

Ils s'envolèrent finalement pour Genève. Ils récupérèrent le premier message d'Éphraïm – *Cessez immédiatement les opérations* – dans le coffre où Hans l'avait laissé après la mort de Robert. Un deuxième message avait été déposé entre-temps. *Accusez réception dans les plus brefs délais.*

Message bien reçu. Avons perdu Hans, écrivit Avner en code, incapable de trouver autre chose à ajouter.

Avner et Steve quittèrent le quartier de la banque en empruntant le pont de la Machine qu'ils avaient traversé ensemble pour la première fois en septembre 1972.

— Tu avais au moins raison sur un point, dit Avner à Steve. Nous sommes encore vivants tous les deux.

La mission était terminée.

Quatrième partie

L'HOMME QUI VENAIT DU FROID

18

L'Amérique

Hans était mort en janvier ; le temps que Steve et Avner aient réglé toutes les affaires, c'était le 21 mars 1975 lorsqu'ils sortirent de la banque de Genève. En fait, il leur restait encore deux ou trois petites choses à faire : fermer une planque qu'ils avaient préféré conserver jusqu'au dernier moment, payer un informateur qui n'avait encore pu être joint. Avner et Steve n'avaient cependant pas touché à leurs comptes personnels de Genève, et chacun avait pu constater qu'en dépit des versements faits aux différentes veuves de leurs amis, il leur restait tout de même près de cent mille dollars. Amère satisfaction quand ils s'en firent la remarque, non sans une pointe de culpabilité. Mais de ce point de vue, au moins, ils n'auraient pas de problèmes. En dépit des sommes considérables qu'il avait dépensées pour le compte de la mission, Avner trouvait que cent mille dollars sur son compte était quelque chose d'astronomique ; pour la première fois, il se dit qu'il était riche. Il allait pouvoir acheter cette fantastique cuisine scandinave qu'il avait vue à Paris, sans la moindre difficulté. Il pouvait même en acheter deux, s'il le voulait !

Une fois prise la décision d'abandonner, ils se sentirent l'un et l'autre à la fois déprimés et soulagés. Si Septembre Noir semblait avoir cessé toute activité, le Commando Boudia du Front populaire, conduit par Carlos, se lançait dans des attaques audacieuses (quoique sans succès) contre des appareils d'El Al, à Paris, à l'aide de lance-roquettes. La bande Baader-Meinhof faisait preuve de tout autant d'audace, mais avec davantage de résultats, kidnappant de riches industriels ouest-allemands et en obtenant rançon du fait de la faiblesse du gouvernement de Bonn. À lire les journaux, Avner et Steve en venaient à se demander si la mission pour laquelle Carl, Robert et Hans avaient perdu la vie avait vraiment ralenti l'activité du terrorisme international. L'hydre aux nombreuses têtes d'Éphraïm semblait toujours se bien porter. Et lorsqu'elle semblait faiblir, comme dans le cas de Septembre Noir, cela tenait probablement au moins autant à une décision politique des instances supérieures de l'OLP qu'à leur action. Depuis la guerre du Yom Kippour, certains *mechablim* estimaient peut-être que les Nations unies et la table de conférence de Genève seraient plus efficaces pour jeter les Israéliens à la mer.

Là n'était pas l'important ; Avner et Steve, quant à eux, avaient fait tout ce qu'il était en leur pouvoir de faire. Israël ne pouvait laisser ses enfants se faire assassiner sans réagir. Même en cette journée de printemps 1975 à Genève, alors qu'ils regagnaient à pied l'*Hôtel du Midi*, tristes et abattus, les deux hommes auraient défendu le bien-fondé de leur mission.

Ils se partagèrent les dernières tâches restant à accomplir, puis ils s'embrassèrent maladroitement, ayant un peu honte de leur émotion, avant de partir chacun de son côté.

Avner arriva le 10 avril à New York, sans encore avoir pris de décision pour son avenir. Il se sentait même en fait trop épuisé pour seulement pouvoir y réfléchir. Techniquement, il n'était plus employé par le Mossad depuis 1972, et maintenant que la mission était terminée, il ne se sentait d'obligations envers personne. Il faudrait bien qu'il finisse par se rendre à Tel-Aviv pour rendre compte de la mission, mais pour le moment, il aurait été incapable d'en parler. Il ne désirait qu'une seule chose : passer deux semaines tranquilles avec Shoshana.

Il resta en fin de compte tout un mois à New York. Il avait l'impression d'être en vacances, avec la même sensation de plaisir coupable qu'un enfant qui ne va pas à l'école. Il n'avait peut-être aucune raison objective de ressentir une telle impression, mais le fait était là. Il faisait l'amour avec Shoshana deux ou trois fois par jour, il l'amenait au restaurant, au cinéma ; il jouait avec Géla, et essayait d'apprendre à Charlie comment rapporter les journaux depuis la porte.

Shoshana ne lui posa qu'une seule question, alors qu'il était déjà à New York depuis trois semaines :

— La prochaine fois que tu vas partir... ce sera pour combien de temps ?

— Je n'ai jamais parlé de repartir.

— D'accord, mais tu repartiras, non ? objecta Shoshana, du ton de

la constatation. À partir de maintenant, n'importe quel jour, tu pourras m'annoncer que tu t'en vas. Je veux simplement savoir si ce sera
pour longtemps.

— Veux-tu que je te dise ? Ce sera peut-être seulement pour une ou
deux semaines, cette fois. Et à mon retour, on fera peut-être un voyage
ensemble. On louera une voiture et on partira au hasard… on pourrait
traverser l'Amérique, par exemple. Cela te ferait-il plaisir ?

Shoshana se mit à rire.

— Et où trouveras-tu l'argent pour faire tout ça ?

— Je ne t'en avais pas encore parlé, mais nous allons avoir pas mal
d'argent. Une sorte de prime, si tu veux. Ne t'inquiète pas, on pourra
faire ce voyage sans problème.

— Vraiment ? Es-tu sérieux ? Nous n'avons encore jamais pris de
vacances ensemble.

— Je te le promets. Tu verras ; on va avoir de sacrées vacances ;
juste toi, Géla et moi. Et Charlie, bien entendu.

Quelques jours après cette conversation, Avner reçut un coup de fil
de l'agent du Mossad à New York.

— Tiens tiens, dit l'homme en entendant la voix d'Avner. J'aurais
pu y penser. On vous cherche partout, et vous êtes tranquillement
dans votre coin comme si le reste du monde pouvait bien s'écrouler.

— Est-ce donc à moi de l'en empêcher ?

— Est-ce que je sais, moi ? C'est vous qui devriez le savoir et non
moi. Je ne sais qu'une chose : il y a des gens qui attendent votre retour
au pays avec une certaine impatience. Maintenant que je vous ai
trouvé, je leur dirai que vous prenez le premier avion en partance
demain pour Tel-Aviv. Ça leur fera plaisir.

— Vous pouvez leur dire ce que vous voulez.

En dépit de cette réplique, Avner était à l'aéroport Kennedy le jour
suivant, une petite valise à la main. Il se sentait toujours dans le même
état d'épuisement. Raconter ce qui s'était passé depuis deux ans et
demi était bien la dernière chose qu'il eût envie de faire, mais il était
inutile de retarder davantage le moment où il lui faudrait s'expliquer.
Il savait bien qu'il lui faudrait en passer par là un jour ou l'autre.
C'était la règle. Mais il y avait quelque chose d'autre qui l'ennuyait
beaucoup plus.

Le compte rendu ne serait en fait que le prélude pour autre chose :
il allait devoir prendre une décision, et là non plus il ne pourrait la
repousser éternellement.

Dix heures plus tard, il touchait de nouveau le sol de sa patrie, à

Lod. Le disque rouge du soleil s'enfonçait rapidement à l'horizon dans la Méditerranée. Un air lourd emplit les poumons d'Avner, un air comme du coton mouillé, oppressant. Une impression tellement familière qu'il sourit presque. C'était comme lorsqu'il était revenu de Francfort, étant enfant.

Éphraïm l'attendait de l'autre côté de la douane, en compagnie de deux hommes qu'il ne connaissait pas.

— Eh bien, ça fait vraiment plaisir de vous revoir, dit l'officier en passant un bras autour de ses épaules ; regardez, les gars, c'est Avner. Je ne puis vous dire combien nous sommes fiers de vous.

— Bienvenue, bienvenue au pays !

Pendant une semaine de ce mois de mai 1975, Avner fut un héros.

Les trois jours que dura son compte rendu furent intenses, mais se passèrent dans un climat amical. Éphraïm n'arrêtait pas de tourner dans la pièce, dépliant et repliant ses longs membres, comme une marionnette géante. Les deux autres hommes gardaient une attitude respectueuse, déférente, même, dans la mesure où deux sabras israéliens étaient capables de se montrer déférents. À la stupeur d'Avner, on considérait la mission comme un grand succès.

L'ambiance était radicalement différente de celle de la rencontre de Genève, avant le raid sur Beyrouth ; ou encore du jour où Éphraïm l'avait reçu à la fin de la guerre du Kippour pour lui signifier de filer, un an et demi auparavant. L'officier avait alors eu une attitude de dresseur de lions, tenant un tabouret devant lui et faisant claquer son fouet. Et maintenant, tout allait bien, à l'entendre. Qui pouvait dire pourquoi ?

Avner estimait que les seules réussites de la mission étaient les opérations du début, celles qui s'étaient déroulées avant la guerre de 1973. S'ils méritaient une médaille, c'était pour cela. C'est alors qu'il aurait aimé entendre : « bien joué ! » dans la bouche d'Éphraïm, au lieu des remarques désagréables sur le temps qu'ils mettaient, l'argent qu'ils dépensaient, sans parler de l'accueil plutôt frais auquel ils avaient eu droit en Israël pour être revenu combattre. Depuis cette époque, néanmoins, l'équipe n'avait eu que des échecs et des pertes dans ses rangs ; des demi-fiascos ou des désastres à part entière. Carl, Robert, Hans tués. Les trois Palestiniens anonymes de Glarus et le jeune fedayin d'Espagne. Et c'était maintenant qu'Éphraïm venait lui taper sur l'épaule.

Avner n'y comprenait plus rien. Peut-être tout le monde était-il soulagé que tout fût terminé ; peut-être avait-on redouté le pire, un autre Lillehammer ; peut-être Éphraïm, qui après tout n'était qu'un bureaucrate comme un autre, avait-il reçu des marques d'approbation de la hiérarchie, alors qu'il n'en avait pas reçues auparavant. Dans toute bureaucratie (et un service de renseignements est une bureaucratie comme une autre) être approuvé par les huiles était finalement la seule chose qui comptait ; si Éphraïm venait de recevoir de telles marques d'approbation, il était normal que le bon toutou remuât la queue.

Et c'était ce qu'il faisait actuellement devant Avner, lui et les deux kibboutzniks. Si bien qu'au cours de ces trois journées mémorables, Avner n'était pas seulement devenu le brave petit Hollandais, mais aussi le grand John Wayne, lieutenant-colonel dans la cavalerie des États-Unis. Quelqu'un que le plus rude des kibboutznik respecterait. Tout ce dont il avait rêvé enfant se produisait enfin, les songes devenaient réalité. Apparemment, il leur avait montré ce qu'il était capable de faire. Pour la première fois de sa vie, il se sentait un héros authentique.

Éphraïm prenait des notes tandis qu'il faisait le récit le plus détaillé et le plus précis possible, en s'efforçant de ne rien oublier. Peut-être enregistrait-on également ses propos ; Avner l'ignorait et ne voulait pas le savoir. Mais on applaudissait les succès obtenus, et on minimisait les échecs. Salameh : c'est bien dommage, mais vous avez fait tout ce que vous avez pu. Mouchassi : décision de terrain valable, même s'il n'était pas sur la liste. L'homme du KGB : nous n'en avons pas entendu parler. Peut-être l'avez-vous manqué, en fin de compte, mais sinon, que pouviez-vous faire d'autre ? Les Russes avaient certainement de bonnes raisons de ne pas ébruiter l'incident. Quant aux jeunes terroristes en Suisse et en Espagne, nous ne pouvons pas en juger. De toute façon, il s'agissait de *mechablim*, et vous avez fait ce que vous pensiez devoir faire. Carl, Robert, Hans : une tragédie, certes. Mais quand on fait la guerre, on sait que l'on aura des pertes. D'accord, vous auriez dû abandonner lorsque vous en avez reçu l'ordre, mais nous comprenons pourquoi vous ne l'avez pas fait. N'en parlons plus.

Une seule chose fit froncer les sourcils d'Éphraïm : l'assassinat de la jeune Hollandaise de Hoorn.

— Vous avez commis une faute, dit-il. Vous avez purement et simplement désobéi aux ordres les plus formels. Je me moque de vos raisons. Qu'elle ait tué Carl ou non – pour ma part je n'en doute pas –

vous avez fait de vous des meurtriers. On ne vous aurait jamais laissé faire ça.

— Vous n'avez rien à voir avec cette histoire ; nous avons agi de notre propre chef. Disons que nous avions pris une permission de quelques jours.

— Ne soyez pas stupide, répliqua sèchement Éphraïm. Nous ne sommes pas au cinéma.

Ce sont les seuls reproches qu'il lui adressa, sans cependant insister beaucoup.

— De toute façon, reprit-il, ce qui est fait est fait. Nous n'avons plus le choix. Mais n'oubliez pas que nous n'avons pas l'habitude de plaisanter avec la transgression formelle des ordres. D'ordinaire, c'est synonyme de démission.

Avner ne répondit rien. « Démission de quoi, pensa-t-il. Je ne travaille même plus pour vous. » Mais il valait mieux se taire.

Le seul aspect de la mission sur lequel Avner ne donna aucun détail à Éphraïm fut celui de ses relations avec Le Groupe. Il ne fut jamais question de Louis ou de Papa, mais seulement « de contacts dans le réseau terroriste », ou de noms de code inventés pour le seul bénéfice de l'officier. « Alors nous avons appelé Paul », ou bien « Alors nous avons contacté Haled », disait-il. Ce n'était pas seulement à cause de l'avertissement formulé par son père, de toujours se garder un atout dans la manche ; mais aussi parce qu'il persistait à croire que donner des détails au Mossad sur Le Groupe reviendrait à rompre la parole donnée à Papa. Il estimait que Papa n'avait jamais rompu la sienne, mais peut-être n'était-ce qu'un espoir. Car il y avait eu Carl, Robert et Hans. Mais en fin de compte, il n'aurait pu dire grand-chose sur Le Groupe, quand bien même l'aurait-il voulu. Il ne disposait en fait que d'un certain nombre de numéros de téléphone qui lui servaient à contacter Louis ou Papa ou à laisser des messages pour eux. Et peut-être aurait-il pu retrouver une maison, perdue quelque part en Île-de-France qui servait – ou pas – de quartier général à Papa.

Éphraïm n'insista d'ailleurs pas pour en savoir davantage. Tous les agents préfèrent garder pour eux les coordonnées de leurs informateurs. En partie pour des raisons de sécurité, en partie parce qu'ils leur procurent une sorte de garantie. Ils les assurent en outre que leur remplacement par un ordinateur n'est pas pour demain.

Au bout de soixante-douze heures, Éphraïm donna à nouveau l'accolade à Avner et le laissa repartir.

Avner avait déjà rencontré des agents qui étaient considérés comme des héros ; des hommes auréolés d'un grand prestige suscitant la déférence de tous, même si personne ne savait exactement ce qu'ils avaient fait ! De toute évidence, il était maintenant devenu l'un de ces hommes-là. Il le sut à la manière dont les gens lui tapèrent dans le dos lorsqu'il revint au quartier général, à l'issue du compte rendu, pour régler un certain nombre de questions administratives. Dans les divers bureaux, des personnes qu'il connaissait à peine lui secouaient énergiquement la main tandis qu'il rendait talons de chéquiers, papiers d'identité, clefs de coffre et autres objets liés à la mission. Le grand-père de tous les Galiciens eut un grognement d'approbation lorsque Avner lui tendit ses relevés de compte ainsi que plusieurs milliers de dollars en liquide qu'il avait encore sur lui, et qui provenaient du fonds opérationnel. Lors d'une brève rencontre, le *memune* en personne lui serra la main, avec sur le visage une expression qui était presque un sourire[76].

Néanmoins, comme Avner le dit un peu plus tard à son père, cette fois-ci personne ne l'emmena rendre visite au Premier ministre.

La rumeur de son retour avait atteint jusqu'à son père dans sa retraite, même s'il ignorait tout des détails de la mission.

— J'ai entendu dire que tu t'en étais bien sorti, lança-t-il à son fils dès qu'il l'aperçut dans le jardin, et que tu t'es taillé une belle réputation de battant.

— Oui, dit Avner, c'est ce qu'ils pensent.

— Pas toi ? demanda le vieil homme en l'observant avec attention.

Avner secoua la tête.

— Je ne sais pas.

— Ça n'a pas d'importance ; ce que tu penses ne compte pas ; ce que tu as fait ne compte pas. Aujourd'hui, tu es au sommet. Prends. Prends tout de suite ; aujourd'hui, on te donnera. Mais demain, pas question. Demain tu ne seras plus rien.

— Je ne veux rien de ce qu'ils ont, répondit Avner. Ils n'ont rien qu'ils puissent me donner.

Son père se redressa dans son fauteuil.

— Écoute-moi, pour une fois. Tu ne m'as pas écouté, il y a trois ans. Mais maintenant, il faut que tu m'écoutes. Ce qui est fait est fait. Ça aurait pu être pire, mais tu as eu de la chance. L'occasion qui s'offre à toi aujourd'hui ne se représentera pas ; demain, on mettra les diamants sous clef. Ils ne voudront même plus te donner l'heure. Tu resteras là assis à attendre un coup de téléphone qui ne viendra jamais.

— Et si je n'en veux pas de leurs diamants ? demanda Avner ; si je n'ai rien à faire de leur coup de fil ?

Son père le regarda, poussa un profond soupir, puis parut tout d'un coup perdre tout intérêt à la conversation.

— Tu ne comprends pas, murmura-t-il, plutôt pour lui-même qu'à l'intention d'Avner. Tu vas devoir en passer par là, comme tout le monde. Alors tu comprendras, mais il sera trop tard.

Son père refusa d'en dire davantage, mais Avner n'eut pas de mal à trouver les raisons de sa continuelle amertume. Wilma, sa deuxième femme, était morte un an plus tôt, après une longue maladie due à une pathologie dont les premiers signes s'étaient manifestés, d'après le père d'Avner, à l'époque où lui-même était incarcéré en tant qu'espion d'Israël. Or Wilma n'était pas israélienne – même pas juive – et de ce fait n'avait pas droit au régime de Sécurité sociale qui aurait pu lui valoir un traitement gratuit. Père avait dû tout payer de sa poche et, comme apparemment le coût de ces soins avait été très élevé, l'essentiel de la prime qu'il avait reçue à son retour de mission y était passé. En dépit de tout ce qu'il avait accompli pour la patrie, « ils » ne lui avaient pas accordé un centime de plus.

Ce n'est pas de son père qu'Avner apprit tous ces détails ; en dehors de ses remarques vagues et générales habituelles, il ne lui avait pratiquement rien dit. Ce fut sa mère qui le mit au courant, lorsqu'il la vit. Elle avait assisté aux funérailles de Wilma ; en dehors de quelques personnes du kibboutz où avait lieu la cérémonie et de Père, elle fut la seule à venir. Il y avait là quelque chose non seulement d'ironique, mais aussi de bizarre.

La mère d'Avner comprenait l'amertume de Père, sans pour autant la partager. Dans ce pays minuscule en état de siège permanent, tout le monde était exposé ; bien des familles avaient perdu qui un père, qui une mère, qui des enfants, filles ou garçons, à la guerre. S'il avait fallu faire quelque chose de spécial pour tous ceux qui avaient fait des sacrifices particuliers, tout le monde y aurait eu droit. Il était tout autant facile de perdre la vie en conduisant un char d'assaut qu'au cours d'une mission secrète ; plus facile, même, peut-être. S'il fallait faire des exceptions pour tout un chacun, le pays ferait banqueroute.

— Quand on est israélien, on fait son devoir, lui dit sa mère, sans attendre de récompense. Les juifs ont un pays : c'est la récompense.

— Oui, mais Wilma n'était pas israélienne, objecta Avner.

— Elle a fait ce qu'elle avait à faire, répondit sa mère d'un ton froid. J'ai fait ce que j'avais à faire. Crois-tu que c'était facile ? Quelle a été ma récompense ? Dis-toi bien que je n'en ai pas demandé.

— Mère, tu es une sainte, remarqua Avner avec ironie.

— Qu'est-ce que tu veux dire, une sainte ? Qu'est-ce que c'est que cette façon de parler ? Simplement parce que je ne suis pas d'accord avec ton père ?

— Eh bien, Père n'est sûrement pas un saint. C'est la seule chose qui cloche chez lui. Tandis que tu es une sainte, et que c'est la seule chose qui cloche chez toi.

Mais les sarcasmes qu'il lança à sa mère n'y changèrent rien. Il y avait quelque chose au fond de lui-même à quoi il n'arrivait pas à échapper : le sentiment qu'elle avait raison. Elle mettait en pratique les bonnes valeurs ; et ce n'était pas sa faute si ni son père ni lui-même n'étaient pas capables d'en faire autant.

Pas plus que ça n'était la faute d'Israël.

Avner revint à New York avant la fin du mois de mai. Sa décision était déjà prise à ce moment-là, mais il n'en dit rien à Éphraïm lors de leur dernière et brève rencontre, quelques heures avant le départ de son avion.

— Prenez des vacances, reposez-vous, faites ce que vous voulez, lui dit Éphraïm. Nous parlerons de votre avenir quand vous reviendrez.

— D'accord, nous en parlerons, répondit Avner sans s'engager davantage.

C'était en réalité avec Shoshana qu'il avait envie de parler, et non pas avec l'officier. Il s'ouvrit à elle dès la première soirée de son retour.

— Cela fait maintenant deux ans que tu habites aux États-Unis. Est-ce que tu t'y plais ?

— Oui, beaucoup.

— Tu n'as pas le mal du pays ?

— Si, pas toi ?

— Il me manque sans me manquer, répondit Avner. Mais je n'ai plus envie de vivre en Israël. Je voudrais que nous nous installions… eh bien, en Amérique, peut-être. Qu'est-ce que tu en penses ?

— Tu veux dire… émigrer ? Habiter ici pour de bon ?

— Oui, c'est ce que je veux dire.

L'énormité de l'idée lui apparut alors même qu'il prononçait les

mots, comme elle avait dû frapper Shoshana. Tous deux étaient israéliens, des sabras. Émigrer n'avait pas pour eux la même signification
que le terme pouvait revêtir pour un Suédois ou un Italien. Certes,
changer de pays et de nationalité pouvait être une décision grave pour
n'importe qui ; mais elle l'était davantage encore pour un Israélien. Il
ne s'agissait pas simplement de saluer un autre drapeau, de parler une
autre langue ou de payer ses impôts à une autre bureaucratie. Pour un
Israélien, cela signifiait le retour à la Diaspora, le rejet de la patrie
juive, et de l'idée pour laquelle étaient morts des dizaines de milliers
de juifs, pour laquelle des centaines de milliers de juifs couraient en
ce moment même un risque mortel. C'était comme une désertion
en présence de l'ennemi.

Et néanmoins, en ce mois de mai 1975, Avner était bien décidé à
émigrer ; seule Shoshana aurait pu lui faire changer d'avis.

— Cela signifie-t-il que nous ne serons plus israéliens ? demanda-
t-elle.

— Non ; nous resterons israéliens ; comment pourrions-nous être
autre chose ? S'il y a une guerre, crois-moi, je saute dans le premier
avion.

Shoshana haussa les épaules :

— Ça, je m'en doute bien, mais ce n'est pas ce que j'ai voulu dire.
C'est de bien autre chose qu'il est question.

Elle avait raison et Avner savait qu'elle avait raison. En cas de
guerre, on l'avait vu, nombreux étaient ceux qui se précipitaient à
l'aéroport, même des gens qui n'étaient pas juifs. Émigrer voulait dire
autre chose, qui n'avait à peu près rien à voir avec ce qu'un individu
donné pouvait faire dans une situation critique.

— Je comprends, finit-il par dire. Simplement je n'ai aucune envie
de retourner là-bas pour y vivre. Je suis incapable d'expliquer pourquoi. Ça n'a rien à voir avec le pays, ou avec l'idée… ou avec quoi
que ce soit d'autre.

— Mais peut-être avec ton travail, non ? dit-elle en le regardant
attentivement.

— Peut-être, en effet.

— Je ne fais pas d'enquête, reprit la jeune femme. Mais si nous
devons prendre une décision, que ce soit maintenant.

Elle eut un regard en direction de leur fille, qui dormait dans son
berceau.

— Avant que Géla entre en maternelle. Je ne veux pas qu'elle grandisse dans deux endroits différents. Qu'elle soit d'ici ou de là-bas, mais pas des deux à la fois.

C'est à cette remarque qu'Avner comprit que la décision devait être difficile à prendre pour Shoshana.

— Rien ne nous oblige à rester, dit-il. Je parle sérieusement : si tu veux que nous retournions au pays, nous rentrons.

— Non. Je pense qu'il vaut mieux rester.

Même s'ils continuèrent à en discuter au cours des semaines suivantes, c'est bien cette nuit-là que la décision fut prise. Pour l'instant Avner n'avait rien l'intention de faire pour rendre les choses officielles ; en tout cas, il n'envisageait pas de se rendre au bureau d'immigration ni d'écrire une lettre de démission à Éphraïm ; il considérait d'ailleurs qu'il n'occupait aucune fonction demandant une lettre de démission. Ou plutôt, qu'il avait déjà rédigé cette lettre, deux ans et demi avant.

Néanmoins, il paya deux mois de loyer d'avance pour un appartement beaucoup plus grand dans Brooklyn. Pour faire une surprise à Shoshana, il acheta également du mobilier scandinave ultramoderne, du genre de celui dont il savait qu'elle rêvait pour sa salle de séjour. Il utilisa presque tous les fonds qu'il lui restait pour cela.

— Mais comment pouvons-nous nous offrir tout ça ? lui demanda-t-elle en ouvrant de grands yeux, lorsque Avner l'emmena au magasin voir la table basse et le canapé qu'il avait choisis.

— Ne t'en fais pas pour ça ; nous pouvons nous l'offrir.

Le téléphone d'Éphraïm arriva alors qu'ils n'avaient pas encore eu le temps de déménager et même pas reçu leurs nouveaux meubles.

— Alors, ces vacances, comment ça se passe ? demanda-t-il en hébreu à Avner, qui reconnut immédiatement sa voix.

— D'où m'appelez-vous ?

— Je suis à New York, et j'aimerais vous voir.

— Bien sûr ! Pourquoi ne pas venir à l'appartement ?

— Non, non, je ne veux pas vous ennuyer en venant chez vous. Venez plutôt à mon hôtel.

Il fut convenu qu'ils se retrouveraient le lendemain matin dans le hall de l'hôtel, si bien qu'Avner n'eut même pas besoin de lui demander sous quel nom il voyageait. Le téléphone de Shoshana n'était probablement pas sur table d'écoute, et Éphraïm appelait certainement à partir d'une cabine publique, mais il s'agissait de précautions de routine.

— Ça me fait plaisir de vous voir, lui dit Éphraïm le lendemain, comme ils s'asseyaient dans la petite chambre désuète de l'officier. Vous avez l'air reposé. Bien. Il y a un autre travail que l'on aimerait beaucoup vous confier.

Avner ne fut pas surpris; il y avait pensé toute la nuit, concluant que vraisemblablement Éphraïm avait une proposition de ce genre à lui faire.

Il avait également réfléchi à ce qu'il dirait et préparé sa réponse, mais il ne put se résoudre à la donner tout de suite. En fait, il cherchait une excuse.

— Qu'est-ce qu'il comporterait de particulier, ce travail? Serait-il comme l'autre? demanda-t-il.

— Non, il n'a rien à voir.

L'officier avait toujours cette habitude crispante, qu'Avner avait remarquée lors de leur première rencontre, d'approcher un mouchoir de son nez, comme s'il était sur le point de se moucher, puis d'abaisser à nouveau la main.

— Ça n'a vraiment rien à voir, reprit-il; tout d'abord, il s'agit d'aller sur un autre continent. En Amérique du Sud.

Avner ne dit rien.

— La seule chose semblable serait qu'une fois de plus vous ne pourriez emmener votre famille. C'est la seule. Mais nous pourrions vous donner disons… deux ou trois semaines de congés tous les euh… sept mois; disons deux fois par an.

Non, dit Avner. Il le dit simplement comme ça, sans appuyer, d'un ton uni: non. Éphraïm le regarda, l'air surpris. Il eut même un petit rire embarrassé.

— Eh bien, peut-être préférez-vous réfléchir?

— C'est tout réfléchi. Je ne veux pas faire ce boulot.

Éphraïm resta silencieux pendant quelques instants. Puis il posa la main sur l'épaule du jeune homme.

— Écoutez, nous sommes amis; nous pouvons parler. Quel est le problème?

Avner s'était exprimé d'une façon un peu plus brutale que ce qu'il aurait voulu, peut-être parce qu'il avait un peu honte de lui-même. Qu'était-il en train de faire? Pas étonnant qu'Éphraïm fût surpris: il n'était pas courant de voir un soldat israélien refuser d'accomplir une mission.

— D'accord, nous sommes amis, répondit-il, et c'est pourquoi je vais m'expliquer. Mes… mes relations familiales ne pourraient supporter un deuxième voyage dans ce genre. Et… et puis ça ne m'intéresse plus.

Éphraïm déplia son grand corps et se dirigea vers la fenêtre. Il resta pendant quelques secondes les yeux perdus sur le spectacle de la rue, puis se retourna.

— Bon, si la réponse est non, et je suis vraiment désolé qu'elle soit non – puis il s'interrompit, changeant de ton. Écoutez, c'est peut-être ma faute. Je vous ai appelé trop tôt. Vous avez besoin d'un peu plus de temps pour y penser.

— Je n'ai pas besoin de temps, dit Avner. Je suis content que vous m'ayez appelé ; comme ça j'ai pu vous le dire. Je ne veux pas le faire. D'accord ? Je suis navré.

— Je comprends, dit Éphraïm d'une voix radoucie en se rasseyant. Vous êtes peut-être persuadé du contraire, mais pourtant je comprends très bien, croyez-moi.

Il y avait une indiscutable intonation de sympathie dans sa voix, ce qui ne faisait que rendre les choses encore plus difficiles. Car pour Avner, voici ce que cette intonation voulait dire : « Je comprends que vous êtes en train d'éprouver cet épuisement consécutif aux batailles ; vous ne contrôlez plus vos nerfs ; je comprends que vous n'avez pas ce qu'il faut pour tenir sur une longue distance, pour le long terme. » C'était exprimé sans sarcasme, sans note de défi, à la manière dont un médecin pourrait parler à un patient. Un patient atteint d'une maladie au stade terminal, ce qui n'était pas sa faute, mais contre laquelle le médecin était impuissant. Ce fut le pire moment de l'existence d'Avner : passer du statut de héros à celui de minable, pour reprendre l'expression de Carl, en dix secondes.

Et ce que dit ensuite Éphraïm eut un effet encore plus dévastateur, en particulier à cause du ton faussement apitoyé qu'il prit :

— Allons, ne vous en faites pas, ne vous montrez pas aussi abattu. Tout va bien. Nous vous ramènerons vous et votre famille en Israël. Ce n'est pas le travail qui manque là-bas. Un travail que vous pourrez faire et qui sera tout aussi important.

— Je ne veux pas revenir en Israël, répondit Avner.

Éphraïm le regarda en ouvrant de grands yeux.

— Je préfère rester à New York, au moins pour quelque temps, reprit le jeune homme, parlant lentement.

— Comment ça ? Mais vous ne pouvez pas !

— Que voulez-vous dire, je ne peux pas ? dit Avner en fixant son officier de mission dans les yeux. Je veux rester à New York.

— Mais ce n'est pas possible ! objecta Éphraïm du ton de quelqu'un s'adressant à un enfant. Vous n'avez pas de papiers, vous n'avez pas de travail, vous n'avez rien du tout. Qu'allez-vous faire, ici ?

Il tendit la main agitant le mouchoir de papier en l'air.

— Mais de quoi diable voulez-vous parler ?

— Je parle de rester ici, expliqua Avner d'un ton raisonnable. Je ne sais pas encore ce que je vais faire, et ça m'est égal. Je veux y rester avec ma famille, un point c'est tout. Je ne veux rien savoir d'autre.

Éphraïm haussa les épaules et fit la grimace.

— On dirait bien, dit-il, que je suis tombé au mauvais moment. Je ne comprends même pas ce que vous voulez dire – ou du moins je l'espère. Vous n'êtes tout de même pas en train de me raconter que vous allez devenir l'un de ces émigrants ? Que je dois aller expliquer ça à votre père et à votre mère ? Vous qui êtes NÉ en Israël, vous voudriez quitter le pays ?

Avner aurait voulu répondre un « oui » définitif mais en fut incapable. Il eut beau prendre sa respiration, le mot ne put pas sortir. Il n'était plus qu'un froussard qui n'avait même plus le courage de regarder en face son interlocuteur pour dire ce qu'il avait à dire. En tout cas pas à ce moment-là.

Peut-être qu'en dépit de tout ce qu'il s'était imaginé, qu'en dépit de toutes les discussions qu'il avait eues avec Shoshana, il n'avait pas encore vraiment pris sa décision. Et peut-être ne la prendrait-il jamais. Ou qu'il n'aurait jamais le courage de regarder quelqu'un comme Éphraïm dans les yeux pour la lui signifier.

Comme Éphraïm ou comme sa mère.

— Je ne quitte pas vraiment le pays, dit-il en regardant ailleurs. Je… je reviendrai probablement. Mais pour l'instant… eh bien pour l'instant, je préfère rester loin. C'est tout.

— Ah bon ! S'il n'est question que de quelques mois, c'est une autre histoire ; nous pouvons en parler.

Éphraïm avait réagi immédiatement.

— Mais il vaut mieux ne pas en parler davantage pour l'instant. Il faut que j'aille à Washington où je dois rester quelques jours. Nous aurons un autre entretien avant mon départ pour Israël. Entre-temps, parlez-en avec votre femme. Je suis bien tranquille qu'elle ne tient pas à rester aux États-Unis.

Éphraïm rit à nouveau, comme si la simple idée de vouloir quitter Israël était grotesque, puis ajouta :

— Je n'avais nullement l'intention de vous parler avec dureté ;

veuillez m'excuser. Mais je vous ai mal compris. J'ai cru un instant que vous aviez l'intention de rester ici pour de bon.

Il tendit la main à Avner, qui la lui serra sans cependant être capable de le regarder dans les yeux.

— Écoutez, je n'ai pas dit pour de bon, mais je parlais au moins de quelques années. Ici ou en Australie, ou ailleurs encore. C'était ce que je voulais dire.

— Nous en parlerons, nous en parlerons, répondit rapidement Éphraïm. Plus tard.

L'officier se mit alors à réunir des papiers pour les glisser dans un porte-documents, sans regarder davantage Avner. Mais ce dernier se jugeait incapable de quitter la pièce comme ça. Il se sentait à la fois en colère et coupable.

— Aimeriez-vous… aimeriez-vous venir dîner un soir à la maison ? demanda-t-il à Éphraïm, devenant de plus en plus furieux contre lui-même.

Éphraïm arrêta de ranger ses affaires et regarda le jeune homme.

— Non merci, dit-il d'un ton froid. J'ai d'autres personnes à rencontrer.

Il n'y avait plus rien à dire. Avner ne rentra pas directement chez lui, mais partit à pied, flânant tout le long de la rive est de l'Hudson, sans prêter attention à la foule de Manhattan ni à la circulation, traversant les rues sans se soucier des feux de circulation. Il essayait de réfléchir. Qu'aurait-il dû dire à Éphraïm ? Comment aurait-il pu le lui expliquer, alors qu'il ne se l'expliquait pas lui-même ? Pourquoi ne voulait-il pas retourner en Israël ?

Il avait toujours voulu vivre en Amérique, et sa mère prétendait que son premier mot n'avait été ni maman ni papa, mais « Amérique ». Mais ce n'était qu'une plaisanterie de famille ; là n'était pas la véritable raison.

Était-ce alors parce qu'en dépit de ses sentiments patriotiques réels, il n'arrivait pas à considérer le Moyen-Orient comme sa véritable patrie ? Était-ce à cause de l'air ? De cette atmosphère lourde et oppressante qui pouvait être froide, mais jamais propre et revigorante ? De cette atmosphère qui, humide ou sèche, porteuse de puanteurs ou de parfums, restait suspendue au-dessus de lui d'une façon menaçante, le brûlait, l'engourdissait, lui jetait du sable dans les yeux au lieu de le soutenir, comme le faisait l'air d'Europe, avec une grâce facile, délicate et neutre ?

Non ; il y avait autre chose que l'air.

Était-ce donc à cause de son sentiment d'échec ? Même si ce n'était qu'à ses propres yeux ? Et parce que lui, le brave petit Hollandais qui voulait plus que tout au monde devenir un héros, en était finalement devenu un frauduleusement ? Parce qu'il avait l'impression d'avoir participé à une mascarade ? Parce que chaque fois que quelqu'un lui tapait dans le dos ou lui secouait la main, il ne pouvait s'empêcher de se demander pourquoi ? Avaient-ils donc oublié Carl, Robert et Hans ? Le chef d'une opération qui revient sans ses hommes ! Sans même leurs cadavres, alors que la tradition israélienne veut que l'on ne laisse jamais ni blessés ni morts derrière soi, même s'il faut risquer la vie d'une douzaine d'autres hommes pour cela. Comment pouvait-il être un héros, lui qui avait perdu la plupart de ses hommes sans seulement atteindre son objectif principal ? Un héros, alors que les *mechablim* se manifestaient encore partout en Europe ? Peut-être était-ce là ce qu'il aurait dû expliquer à Éphraïm. Mais était-ce vraiment la véritable raison ? Qui sait s'il n'y en avait pas une autre plus profonde, plus cachée ?

Il crut comprendre. Sans cependant pouvoir arriver à formuler ce qu'il avait compris ; il essaya d'en parler à Shoshana mais, à son regard, il se rendit compte que ce qu'il disait restait confus. Et pourtant, cette fois, il en était certain, même s'il n'arrivait pas à s'en expliquer.

Tant qu'il s'était trouvé en Israël, il ne pouvait être qu'une chose : le brave petit Hollandais de l'histoire. Simplement pour se sentir l'égal des autres. Ce n'était peut-être pas vrai pour les autres Israéliens, mais c'était vrai pour lui. Qui aurait pu dire pourquoi ? Peut-être parce qu'il n'était pas galicien ; peut-être parce qu'il n'était pas comme sa mère ; parce qu'il s'était toujours senti davantage chez lui à Francfort. Ou parce qu'il n'était pas aussi aguerri que les autres kibboutzniks. À moins d'être le brave petit Hollandais, il n'était rien. Rien du tout.

Mais n'y avait-il pas d'autres pays moins exigeants ? Des pays où un homme pouvait être simplement lui-même, vivre pour lui-même, sans se sentir coupable ou un citoyen de deuxième ordre ? Des pays n'attendant pas de tous leurs citoyens qu'ils soient des héros ? Comme kibboutznik, pionnier ou soldat ? Des pays où un homme ne se sentirait pas inférieur s'il ne se portait pas toujours volontaire pour les missions les plus risquées ?

Ce n'était bien entendu pas la faute d'Israël. Jamais Avner ne s'imagina cela ; c'était sa faute, à lui. Israël avait un système de valeurs élevées, c'est tout. Certaines personnes arrivaient à vivre sans effort en les respectant – comme Mère – tandis que d'autres s'en moquaient. Nombreux devaient être ceux qui ne se rendaient même pas compte qu'existaient des valeurs – grandeur, héroïsme, sacrifice – qui leur étaient proposées comme modèles. Ils les oubliaient sans difficulté. Ils arrivaient à travailler, voter, se crier après, faire leur période annuelle à l'armée tout en étant parfaitement heureux en Israël, Ils n'avaient pas besoin d'être des héros. Avner, si. Du moins, tant qu'il était en Israël. Ce n'était la faute de personne, seulement la sienne. Et ce n'était la faute de personne s'il n'était pas capable d'y arriver. Parce que là était la vérité : il n'était pas un héros, mais juste un type ordinaire. Fatigué de faire semblant d'être quelque chose d'autre. Comme il faudrait qu'il fasse, de retour en Israël. Être un héros, ou faire semblant d'en être un. Non pas forcément en continuant de faire des opérations de commando, en déminant des terrains ou en pourchassant sans fin les *mechablim*, mais en étant comme Mère. Vivant d'une maigre pension, sacrifiant une famille, se retirant dans un kibboutz. Sans demander de récompense, et disant : « Les juifs ont une patrie, c'est notre récompense. » Et attendant que sonne le téléphone.

Tout en regardant les Galiciens se partager le butin. Non, pas question.

Il ne recommencerait pas ; il ne serait plus jamais ce bon Yekké potz de Nahariya. Si on essayait une fois de plus de rejeter les juifs à la mer, il irait se battre, cela allait sans dire. Même s'il avait soixante-dix ans. Mais en attendant, il entendait vivre avec sa famille comme un être humain normal. En Amérique.

Éphraïm le rappela de Washington quelques jours plus tard.

— Tandis que vous réfléchissez sur ce que vous allez faire, dit-il, j'aimerais que vous teniez compte d'un autre élément.

— À savoir ?

— Vous êtes toujours sous contrat.

Avner pensa tout d'abord avoir mal compris. Il se trouvait dans une cabine publique d'où il rappelait Éphraïm, lui-même dans une cabine publique dont il lui avait donné le numéro, et la circulation était intense sur Queens Boulevard.

— Vous avez bien dit « contrat » ? Qu'est-ce que vous voulez dire par là ?

— Cette feuille de papier que vous avez signée dans mon bureau, vous vous souvenez? Lorsque vous êtes revenu, en octobre. Vous l'avez lue et vous l'avez signée.

Avner se souvenait très bien avoir signé au bas d'une feuille de papier, dans le bureau de l'officier, à la fin de la guerre du Kippour. Mais il n'avait pas pris la peine de lire ce qu'il signait.

— Vous voulez dire que vous m'avez fait signer un papier qui m'engage à travailler pour vous pour le restant de mes jours?

Éphraïm se mit à rire.

— Il ne faut rien exagérer; il s'agit d'un contrat de trois ans, renouvelable annuellement. Nous avons profité de votre passage pour effectuer ce renouvellement.

— Attendez une minute, l'interrompit Avner qui sentait la tête lui tourner. Quel que soit le papier que j'ai signé, comment pouvez-vous le renouveler quand je ne suis pas là? Sans ma permission?

— Quelle permission? Nous n'avons nul besoin de votre permission. C'est notre choix, et tout ce que nous avons à faire est de vous le notifier.

— Justement! Vous ne l'avez pas fait, puisque je n'étais pas au pays.

— Mais si. La notification a été déposée dans votre dossier, répliqua Éphraïm. C'est parfaitement légal, vous pouvez me croire. C'est pourquoi je vous demande de réfléchir à cela, puisque vous réfléchissez.

— La notification déposée dans quoi? dit Avner lentement.

Éphraïm n'aurait pu choisir pire méthode s'il avait voulu prendre le jeune homme à rebrousse-poil. «Ces salopards de Galiciens ont notifié mon dossier, et ils croient que ça suffit pour m'avoir? Jamais de la vie!»

— Je vais vous dire quelque chose, reprit Avner. Vous avez notifié mon dossier; très bien. Envoyez donc mon dossier en Amérique du Sud. Moi je reste à New York.

— Ne perdez pas les pédales. Je ne vous appelle que pour vous mettre au courant, c'est tout. J'ai pensé que vous préféreriez l'être.

— O.K., je le suis. Maintenant, laissez-moi vous dire autre chose. Je n'irai nulle part, et en tout cas certainement pas en Israël.

— C'est une rupture de contrat, répondit Éphraïm, qui raccrocha aussitôt.

La semaine suivante, Avner s'envolait pour Genève. Cependant il avait pris contact avec Steve, qui se trouvait en Europe pour une mission de routine.

Comme il utilisait un passeport différent, il n'était pas descendu à l'*Hôtel du Midi*. Pourtant ils se rencontrèrent dans l'un des restaurants favoris d'Avner, le *Mövenpick*, dès le lendemain matin.

— Tu sais, tu es mal barré, mon vieux, lui dit Steve en le voyant.

— Et pourquoi ?

— Je ne sais pas pourquoi, mais tu es en terrain miné.

— Mais de quoi parles-tu ?

— Eh bien, j'ai rencontré Éphraïm sur le chemin du retour. Il m'a dit avoir parlé avec toi à New York, et qu'il avait été très déçu, qu'il attendait mieux de toi. Il a ajouté que tu t'étais montré complètement déraisonnable.

— Je veux laisser tomber.

— Je sais, il me l'a dit. Mais que vas-tu faire ?

— Je ne sais pas encore. Je retire mon argent, pour commencer, et je file. Nous avons parlé de tout ça, non, il y a bien longtemps ? Même Carl. Nous nous étions dit, une fois que c'est terminé, on laisse tomber ; tous nous l'avions dit.

— Oui, je m'en souviens ; nous l'avons dit, j'en ai bien l'impression.

Avner regarda Steve.

— Et toi ?

Steve détourna les yeux et haussa les épaules.

— Je suis un peu plus vieux que toi, vois-tu. Et même si ça n'était pas le cas...

Il laissa sa phrase en suspens, puis reprit au bout de quelques instants :

— Mais peu importe, ce sont tes affaires. Si tu veux quitter la boîte, je crois qu'il vaut mieux le faire encore jeune ; tant que les enfants ne vont pas encore à l'école, par exemple ; là-dessus, je suis d'accord. Mais ils vont te créer toutes sortes d'embêtements.

— Qu'est-ce que tu racontes ? Mais bon sang, qu'est-ce que tu vas chercher là ? Pourquoi devraient-ils me créer des embêtements ?

Il ne put s'empêcher de remarquer qu'il venait d'employer le « ils » impersonnel de la même manière que son père.

— Je ne leur ai rien fait, moi, ajouta-t-il.

— Inutile de crier, dit posément Steve. Tout ce que je sais est qu'Éphraïm qui était soi-disant ton ami ne veut plus entendre parler de toi.

— Qu'il aille au diable.

Ils se rendirent ensemble à la banque. Avner disposait d'un autre coffre dont il était le seul à détenir la clef, et dans lequel se trouvaient encore quelques objets divers en rapport avec la mission, dont deux passeports supplémentaires. Il les prit pour les ramener chez lui, dans le même esprit qu'un soldat qui ramène des douilles d'obus de la guerre. Puis il dit à l'employé qu'il souhaitait fermer l'un de ses comptes.

Quelques minutes plus tard, l'employé revint, tenant quelques papiers et une petite enveloppe. Avner regarda ce qu'il y avait dedans : l'équivalent d'un peu moins de trois dollars.

— C'est impossible, murmura Avner en jetant un coup d'œil à Steve. Êtes-vous sûr qu'il s'agit bien du compte en question ?

L'employé vérifia.

— Oui, monsieur, dit-il. C'est bien de ce compte qu'il s'agit.

— Il doit y avoir une erreur, dit Avner d'un ton calme, car il était persuadé que c'était la seule explication. Il devrait y avoir près de cent mille dollars sur le compte en question.

— Vous n'ignorez pas, monsieur, dit l'homme avec une petite toux discrète, que quelqu'un d'autre a accès à ce compte. De gros retraits ont été effectués, semble-t-il. Monsieur souhaite-t-il que je vérifie ?

— S'il vous plaît, oui.

Steve et Avner gardèrent le silence pendant que l'employé allait effectuer son contrôle.

Mais il ne revint pas seul ; un personnage plus âgé, en costume sombre, le sourcil inquiet, l'accompagnait. Il invita les deux hommes à le suivre dans son bureau et leur offrit un siège.

— Vous n'êtes pas sans savoir, dit-il en regardant un livre de comptes posé devant lui, que les fonds figurant sur ce compte ont été déposés par une société française.

— En effet, se contenta de répondre Avner ; la société en question était la couverture originale.

— Bon, reprit l'homme âgé. Cette société disposait comme monsieur d'un droit de retrait ; et la presque totalité du montant a été retirée il y a quatre jours. Regardez.

Avner regarda.

— Je suppose que tout est en ordre, demanda le banquier. Ou y a-t-il quelque chose qui ne va pas ?

— Non non, répondit Avner abasourdi. Tout est en ordre.

Il était sur le point de sortir de la banque, lorsque Steve, qui paraissait encore plus secoué que son ami par ce qui venait de lui arriver, se précipita auprès d'un autre employé pour lui demander un relevé de son propre compte. Il avait comme Avner laissé l'argent s'accumuler dessus jusqu'à la fin de la mission. Et maintenant il respirait fébrilement, les narines dilatées comme un taureau, tandis qu'il attendait, appuyé au comptoir, le retour de l'employé.

Mais le compte de Steve était intact. La somme était nettement inscrite dans la colonne « crédit » : près de cent mille dollars.

— Regarde ! lança-t-il à Avner, presque d'un ton d'accusation, sans doute à cause du soulagement qu'il éprouvait. C'est là ! Tout est là !

Avner acquiesça de la tête et sortit de la banque, sans attendre Steve qui le suivit. Avner continua à marcher le long des quais, puis avisant un banc, s'assit dessus, les yeux perdus sur les flots du Rhône. Steve n'arrêtait pas de répéter : « Pas de panique, ne t'en fais pas », mais Avner se contentait de hocher la tête sans rien dire. Il avait du mal à simplement respirer. Une douleur aiguë, comme celle qu'aurait pu faire une lame fine, lui tenaillait l'estomac. Il regarda ses mains comme si elles appartenaient à quelqu'un d'autre et constata qu'elles tremblaient, comme ses lèvres. Pendant quelques secondes, tout son corps fut pris de frissons. Il aurait voulu pleurer.

— Peux-tu arriver à y croire ? demanda-t-il enfin à Steve, reprenant ses esprits.

— Peut-être est-ce une erreur, objecta Steve ; peut-être qu'ils l'ont retiré parce que… comme tu quittes la maison, ils préfèrent faire un chèque. Peut-être – Il s'arrêta, car il se rendit compte que ça n'avait pas de sens.

— Je voudrais bien savoir qui est venu retirer cet argent, reprit Avner. Car je vais te dire un truc : je vais aller tous les descendre !

— Ne t'excite pas !

— Que je ne m'excite pas ? Mais cet argent n'est pas à eux !

— Attends, ne fait pas l'idiot. Steve se mit à secouer son ami par les épaules. Réfléchis un peu. Pourquoi ne pas les appeler ? Ou encore mieux, prendre l'avion. Tout de suite. Aller leur parler.

Avner commença à se calmer. Oui, bien entendu. Retourner en

Israël. C'était exactement ce qu'ils voulaient le voir faire ; tout avait été monté dans ce seul but.

— Est-ce que tu te rends compte, dit-il enfin à Steve, qu'en tant qu'officiers de réserve, nous leur devons des périodes bloquées ? Quand avons-nous fait la dernière ? Dans mon unité, c'est deux mois par an.

— Ne crois-tu pas…

Avner l'interrompit.

— Ils pourraient me garder pendant plus d'un an ; en toute légalité, jusqu'à ce que je me plie à leur désir. Pendant ce temps-là, qu'est-ce que Shoshana va faire, toute seule à New York, sans argent et avec la petite ?

— J'irai à ta place ; je leur parlerai.

La proposition de Steve n'étonna pas Avner ; ils avaient fait équipe ensemble.

— Non, merci, dit-il cependant. Tu n'as pas à t'en mêler ; tu as tes propres relations avec eux, et j'ai les miennes. Mais merci tout de même. Je vais réfléchir à ce que je peux faire.

— Où vas-tu aller, maintenant ?

— Je retourne à New York.

C'est ce qu'il fit, sautant dans le premier appareil de la Swissair en partance pour les États-Unis. Dès son arrivée à l'aéroport Kennedy, il appela Shoshana. Il lui demanda de venir le chercher : il n'avait même pas assez d'argent pour s'offrir un taxi.

À la banque, il restait encore environ deux cents dollars sur le compte de Shoshana.

C'est sur le chemin de la maison qu'Avner commença à mettre Shoshana au courant. Il fallait le faire, car ce qui se passait les affectait tous les deux.

— Mais comment peuvent-ils faire une chose pareille ? demanda la jeune femme. C'est injuste !

— Je sais bien que c'est injuste ; mais ils l'ont fait tout de même. Ou peut-être pas ; mon coéquipier a dit qu'ils voulaient peut-être m'envoyer l'argent ici.

C'est sans conviction qu'il offrit cette explication à sa femme, pour que les choses apparaissent sous un jour un peu moins sombre, mais Shoshana ne marcha pas.

— Croirais-tu qu'il vont te rendre l'argent maintenant qu'ils l'ont retiré ? Moi non.

— Inutile de se mettre martel en tête pour le moment, dit Avner. Je peux en effet toujours appeler Éphraïm et lui dire : « Vous avez gagné ; c'est quoi au juste, cette nouvelle mission ? »

Ils étaient encore en train de rouler quand il dit cela, Shoshana étant au volant. Elle braqua violemment pour venir s'arrêter tous freins bloqués contre le trottoir ; Avner faillit bien se casser le nez sur le pare-brise.

— Dis un truc comme ça à Éphraïm, lui jeta-t-elle, les yeux lançant des éclairs, et à la première occasion je t'écrabouille les jambes en fonçant dans un mur. Pour voir de quelle utilité tu seras à Éphraïm avec un plâtre jusqu'aux hanches.

Elle ne bluffait pas ; Avner le comprit très bien.

— Du calme, dit-il, impressionné par cet orage subit et inattendu. Il faut bien que nous vivions quelque part et de quelque chose. Nous n'avons pas d'argent, pas de papiers, pas de travail. Qui plus est, nous sommes israéliens, c'est-à-dire que nous appartenons à un peuple en guerre. Peut-être a-t-on besoin de moi.

— Pas de cette façon ignoble, répliqua Shoshana. Si tu voulais partir de toi-même, je ne dirais pas le moindre mot ; je ne l'ai jamais fait. Je ne t'ai même jamais posé la moindre question. Crois-tu donc que je ne savais pas – en fait je ne le savais pas vraiment – ce que tu faisais ? Peux-tu imaginer ce que c'était, que d'avoir à t'attendre avec le bébé ? Et je n'ai rien dit. Je suis une sabra, mariée à un soldat ; c'est ce que je me disais. Mais comme ça, jamais. Plutôt frotter les planchers, ça ne me fait pas peur. Ils ne te forceront pas à faire quoi que ce soit.

— D'accord, nous verrons, dit Avner. Repartons.

Shoshana le regarda, puis démarra.

— J'ai parlé sérieusement, tu sais. Tu ne me connais pas encore.

Pendant une dizaine de jours, Avner n'entendit parler de rien, et ne fit de son côté aucune recherche. Il ne savait même pas qui contacter, ni par quelles questions commencer ; et, en dehors de se rendre en Israël, il ne voyait pas quoi faire. Par le passé, il avait toujours disposé d'un moyen de communication : un numéro de téléphone, un coffre dans une banque, un chef de station quelque part. Maintenant, il n'y avait plus qu'Éphraïm à Tel-Aviv. Il était inutile de l'appeler, sauf pour lui dire qu'il s'avouait vaincu. Mais cela, il n'était pas prêt à le faire.

Comme le loyer était payé d'avance et qu'ils avaient notifié leur départ là où ils se trouvaient, ils emménagèrent dans le nouvel appartement ; situé à une courte distance de l'ancien, ils purent garder le même numéro de téléphone.

Deux jours après le déménagement, ils recevaient un premier appel. C'était l'un des officiers de sécurité du consulat israélien à New York.

— Nous avons une lettre pour vous ici. Il faut que vous veniez la lire sur place.

— Pourquoi ne pas me la poster, tout simplement ?

— Non. C'est un document qui ne doit pas sortir d'ici. Vous venez et vous le lisez.

Peut-être Steve avait-il raison. Peut-être était-ce un chèque, après tout. Le lendemain matin, Avner empruntait le métro pour se rendre dans Manhattan.

Il ne s'agissait pas d'un chèque, mais d'un document d'une page, arrivé de toute évidence par la valise diplomatique. On pouvait y lire qu'en dépit de la date retenue pour le retour d'Avner en Israël (ce qui était un foutu mensonge, comme le dit aussitôt Avner à l'officier de sécurité), celui-ci n'était pas encore revenu. On en tirait donc la conclusion qu'il avait volontairement donné sa démission (démission de quoi, ce n'était pas précisé) et qu'une telle démission équivalait à une rupture de contrat. Dans de telles circonstances, on ne lui devait plus rien, mais on lui souhaitait tout de même bonne chance pour l'avenir, signé d'un griffonnage indéchiffrable de quelqu'un du département du personnel.

Avner retourna la feuille de papier, mais il n'y avait rien de l'autre côté.

L'homme du service de sécurité reprit le document des mains d'Avner, puis ouvrit un registre et le lui tendit.

— Signez simplement là, dit-il. Comme quoi vous l'avez lu.

— Que voulez-vous dire ? demanda Avner. J'exige d'avoir un double.

— On ne fait pas de double pour ce genre de document. Je vous demande simplement de signer sur le fait que vous l'avez lu. Et je contresignerai après vous.

— Je ne l'ai pas vu, je ne l'ai pas lu ! répliqua Avner en s'empourprant.

— Allons, allons, dit l'homme du service de sécurité, ne me donnez pas de problèmes cardiaques. Je ne fais que travailler ici. Signez là, c'est tout.

— J'ai signé.

L'officier de sécurité ne fit pas un geste.

— Merci, de toute façon, ajouta Avner, qui quitta aussitôt le consulat.

Il prit la direction de son domicile. L'argent, il ne fallait plus y compter, plus jamais. Il ressentait néanmoins une étrange sensation de soulagement. Les cent mille dollars, au fond, il s'en moquait. Avait-il accompli ce qu'il avait fait pour cent mille dollars ? S'il avait travaillé pour de l'argent, des millions n'auraient pas suffi. Il n'avait pas été nécessaire de lui offrir ce marché : il s'était porté volontaire. Il avait accepté parce que le Premier ministre et le *memune* lui avaient dit qu'il s'agissait d'une mission historique. En présence du général Sharon, le héros de sa jeunesse, qui avait dit à Avner : « Je ne regrette qu'une seule chose ; qu'on ne m'ait pas chargé de cette mission. » C'était pour cela qu'il avait dit oui. Les cent mille dollars, il ne les avait jamais demandés ; il n'avait rien demandé.

C'était Éphraïm qui lui avait dit quelles étaient les conditions financières offertes, comme il l'avait expliqué aussi à Carl, Steve, Hans et Robert. C'était lui qui leur avait dit que chaque fois qu'ils iraient en Suisse, ils pourraient voir leur pécule s'arrondir. Ni Avner ni ses coéquipiers n'auraient jamais osé formuler de telles exigences ; l'idée ne leur aurait même pas traversé l'esprit.

Et même maintenant, le problème n'était pas tant l'argent lui-même. Certes, il aurait aimé que Shoshana puisse garder son nouveau mobilier scandinave et avoir une cuisine ultramoderne ; certes, il avait rêvé de lui faire ce plaisir. Mais là n'était pas l'important ; il voulait l'argent pour pouvoir rester en Amérique, ou aller en Australie ou en Europe. Afin de ne pas devenir un petit scribouillard en Israël, simplement pour faire vivre Shoshana et Géla. Ou pour ne pas chasser le *mechabel* en Amérique du Sud. Mais au fond, ils n'avaient jamais eu d'argent, rien ne serait changé. Il fallait avoir une mentalité de Galicien comme Éphraïm, pour penser que l'on pouvait faire danser Avner comme une marionnette avec des ficelles faites de billets verts.

Restait tout de même un problème embarrassant : les papiers d'identité.

Cela faisait tellement longtemps qu'Avner voyageait avec des faux papiers (fournis par le Mossad, achetés avec l'argent du Mossad ou fabriqués par Hans) qu'il n'envisageait même pas l'idée d'entamer la procédure légale pour tout émigrant, et d'affronter les fastidieuses démarches bureaucratiques qu'elle impliquait. À l'extérieur du monde feutré des passeports diplomatiques, dans l'univers des quotas, des permis de séjour, de travail et des cartes vertes, l'atmosphère était glaciale.

N'ayant pas le statut d'immigrant reçu, Avner ne pouvait rechercher aucun emploi légal aux États-Unis. Et ce n'était pas avec les deux cents dollars restant sur le compte de Shoshana qu'ils iraient bien loin en cet été 1975. Il lui fallait gagner de l'argent ; comme les immigrants clandestins venus du Mexique, Avner n'avait pas le choix. Il rejoignit la foule de la main-d'œuvre étrangère employée au noir et exploitée, vouée aux tâches les moins gratifiantes de l'économie parallèle américaine.

Lui ne se sentait pas exploité ; au contraire, il voyait là une chance de s'en sortir. Puisqu'il voulait quelque chose à quoi il n'avait officiellement pas droit – vivre en Amérique – il lui fallait l'obtenir aux conditions les plus dures ; il n'y avait rien à dire à cela. Conduire un taxi ou repeindre une maison pour un salaire inférieur à celui d'un immigrant reçu ne le gênait pas. Mais tandis qu'il conduisait son taxi ou repeignait une maison, il commençait à se dire qu'il risquait de passer toute sa vie à accomplir des travaux de ce genre.

Après avoir connu Paris, Londres et Rome ; après avoir mené la grande vie d'un agent secret en mission spéciale. À vingt-huit ans, la partie la plus intéressante et la plus extraordinaire de sa vie appartenait au passé, sans qu'il puisse seulement en parler. À un âge où la plupart des autres envisageaient de nouvelles expériences, relevaient de nouveaux défis, lui glissait doucement dans une obscurité médiocre. Que pouvait-il faire maintenant, qui approchât même de loin ce qu'il avait fait naguère ?

Ça ne faisait rien ; il n'arrêtait pas de se dire que ça ne faisait rien. Mais il n'arrêtait pas non plus de penser à son père, assis dans sa chaise longue, à moitié endormi, tandis que des mouches se promenaient sur le bord de son verre de jus d'orange. Rêvant, de nuit comme de jour, aux diamants qui avaient été à portée de sa main et qui lui avaient échappé. Attendant un improbable coup de téléphone.

C'est par l'intermédiaire de deux ou trois contacts qu'il s'était faits lors de ses précédents séjours à New York qu'Avner put trouver de menus boulots ; il y avait notamment un homme d'affaires juif de Queens et un employé d'El Al qui avaient un cousin dans le New Jersey. Mais aucun d'eux n'avait la moindre idée de ce qu'il avait fait jusqu'ici.

C'est cependant grâce à l'un de ses contacts qu'Avner put rencontrer un avocat spécialiste des problèmes d'immigration, un homme âgé mais habile, rusé, et même pas juif; il eut l'idée de commencer par faire obtenir des papiers à Shoshana. Elle avait en effet davantage de chances d'obtenir le statut d'immigrant reçu qu'Avner; tout d'abord parce qu'il n'y avait aucun trou dans son *curriculum vitae* professionnel, le Mossad lui ayant procuré un emploi fictif pour justifier de son séjour. Un fois que Shoshana aurait sa carte verte, il serait plus facile d'obtenir le même statut pour son époux légitime.

Néanmoins, même si le risque d'être découvert par les services d'immigration était mince, il ne pouvait être complètement négligé. Et ce n'est pas sans faire preuve d'un certain humour noir qu'Avner imagina les titres des manchettes : *Un ex-espion israélien chauffeur de taxi au noir dans Manhattan*. Le comble de l'ironie.

Entêté comme il était, et bien déterminé, comme d'ailleurs Shoshana, à ne pas s'avouer vaincu, à ne pas dévier d'un pouce de la ligne de conduite qu'il s'était fixée et à mourir de faim plutôt que d'aller ramper devant ceux qui, à ses yeux, l'avaient trompé et trahi, Avner n'en fut pas moins sur le point, au cours des mois suivants, d'aller reconnaître sa défaite à plusieurs reprises. Il aurait suffi qu'Éphraïm rappelle, disant – disant n'importe quoi. « C'est un malentendu ; faites encore un boulot pour nous, et on vous rend votre argent. Revenez en Israël, et on vous paiera ce que l'on vous doit. » Si Éphraïm s'était servi de la carotte, ça aurait peut-être marché. Avner devait bien admettre que c'était faire preuve de faiblesse, et il en détestait l'idée, mais c'était la vérité.

Or c'est du bâton qu'Éphraïm choisit de se servir, au lieu de la carotte.

L'affaire commença par une nuit de novembre, vers 1 heure du matin. Avner ne dormait pas encore, mais il était au lit, à côté de Shoshana, la lumière éteinte. Il entendit bien une voiture s'arrêter devant la maison, mais il n'y prêta aucune attention particulière. Quelques secondes plus tard, on sonnait à la porte.

Shoshana s'éveilla.

Avner lui fit signe de garder le silence, et elle ne dit rien ; mais poussée par son instinct, elle se leva doucement pour aller près du petit lit de Géla. Sans faire de bruit, Avner s'approcha de la fenêtre. Il n'avait pas allumé la lumière et ne toucha pas aux rideaux ; il essaya de regarder dans la rue par l'étroit intervalle entre le bord du rideau et la fenêtre, ce qui le fit loucher. Charlie s'était également éveillé, mais il se montra assez intelligent pour calquer son comportement sur celui de ses maîtres et n'aboya pas. Il vint au contraire poser ses pattes antérieures sur le bord de la fenêtre, cherchant lui aussi à regarder à l'extérieur.

Il n'y eut pas de deuxième coup de sonnette. Avner put alors apercevoir un homme – sans aucun doute celui qui venait de sonner – s'installer à la place du conducteur d'une petite voiture, restée garée avec les lumières allumées en face du duplex où ils habitaient. Un véhicule japonais. Il était difficile de dire de quoi l'homme lui-même avait l'air ; pas arabe, cependant, et ni noir ni oriental. Très certainement caucasien.

Avner avait la certitude de ne pas le connaître. Et il était tout aussi sûr que les gens qu'il connaissait ne viendraient pas sonner à sa porte à 1 heure du matin. Les services d'immigration n'enverraient certainement pas un officier tout seul, dans une voiture étrangère ; en outre il aurait sans doute insisté. C'était donc autre chose.

La voiture partit. Quoi qu'il ait voulu, se dit Avner, son visiteur n'était guère opiniâtre, ni très habile. Il n'avait pas parcouru le quartier avant de venir sonner ; sans quoi, il aurait laissé son auto tournée dans l'autre sens, la rue où se trouvait le duplex étant en effet une impasse. L'homme allait être obligé de faire demi-tour pour quitter le coin. Avner pouvait l'intercepter, ou au moins relever son numéro d'immatriculation. Il tira le rideau.

La petite auto japonaise remontait la rue à toute vitesse, tous feux éteints. Son conducteur, quand il s'était vu dans l'obligation de faire demi-tour, avait eu la présence d'esprit de penser à ce détail. Avner ne put relever le numéro ; la voiture était vraisemblablement une Toyota d'un modèle ancien.

Cinq minutes plus tard, le téléphone sonnait.

— Il y a un message pour vous contre la porte, dit une voix masculine lorsque Avner décrocha.

Il n'eut pas le temps de répondre ; l'homme avait immédiatement raccroché. Il s'était exprimé dans un anglais parfait, mais Avner avait cru distinguer une légère pointe d'accent ; un accent familier. Il n'aurait pas été surpris outre mesure si la langue natale de son correspondant anonyme avait été l'hébreu.

Avner décida de jouer la sécurité. Il ne pensait pas que le message en question fût une lettre explosive, mais pourquoi prendre le moindre risque ? À tâtonner à quatre pattes devant la porte d'entrée, il aurait présenté une cible idéale pour une embuscade, soit au fusil, soit à l'explosif télécommandé. Il serait bien temps, demain matin, de regarder ce qu'il y avait.

— Ce n'est rien, dit-il à Shoshana, allons dormir.

Mais il ne dormit pas beaucoup lui-même.

Lorsqu'il fit jour et qu'il commença à y avoir des gens dans la rue, Avner s'habilla et quitta la maison par la porte de derrière. Il fit le tour du pâté, sans rien remarquer de particulier, puis revint vers l'entrée principale. Il put immédiatement apercevoir la petite enveloppe, coincée entre le chambranle et la porte elle-même. Elle paraissait inoffensive, et trop petite pour être une lettre piégée. Il la retira néanmoins avec la plus grande précaution ; le papier n'était pas spongieux, ne suintait pas et ne sentait pas l'amande amère.

Il l'ouvrit tout aussi délicatement. Il n'y avait rien, dedans, en dehors d'une photo de sa fille. Avner reconnut le cliché, qu'il avait pris lui-même au cours de l'été. C'était l'unique tirage qu'ils possédaient ; ils avaient conservé les négatifs, mais pour des raisons d'économie, n'avaient fait faire qu'un seul tirage de chaque cliché, pour les envoyer en Israël aux parents de Shoshana. La photo de l'enveloppe ne pouvait provenir que de cette série, puisqu'il n'en existait aucune autre copie.

La photo montrait Géla en gros plan, la tête inclinée sur le côté, deux doigts solidement enfoncés dans la bouche, et regardant l'objectif d'un air moqueur.

On avait dessiné quatre cercles concentriques à la hauteur du front, avec un point au milieu. Une cible parfaite.

Sa fille.

Avner s'efforça de conserver son calme. Il ne pouvait s'agir des *mechablim* ; s'ils l'avaient trouvé, ils ne l'auraient pas averti. C'était tout à fait inutile. Ils auraient tenté de l'abattre ou peut-être même d'abattre sa femme et sa fillette, mais ils n'auraient certainement pas pris la peine de lui envoyer une photo de Géla avec une cible dessinée sur le front.

Et d'ailleurs, comment auraient-ils pu se procurer le document ? Personne ne le pouvait. Personne si ce n'était...

La photo avait été envoyée en Israël.

Il n'avait pas le choix ; il fallait en parler à Shoshana.

— Cette fois, ça y est, lui dit-il. J'y retourne. L'affaire sera réglée, d'une manière ou d'une autre.

— Non, répondit-elle. Je ne te laisserai pas partir. Nous pouvons nous cacher, ça m'est égal. Tu n'iras pas. Je ferai un scandale. J'informerai le *New York Times*.

— Du calme, du calme. Réfléchissons. Comprends-tu, je ne sais même pas s'il s'agit d'EUX. Je veux dire, si c'est notre officier de mission. Peut-être est-ce simplement un pignouf du coin qui veut jouer les redresseurs de tort. Si j'y retourne et que je leur explique…

— Non! Peu importe qui a fait le coup. Une fois là-bas, tu es bon pour y rester. Ton officier de mission, zéro! Il te dira tout bêtement : «Désolé, mais je ne suis pas au courant. Mais puisque vous êtes ici, nous avons quelques affaires pendantes à régler.» Tu crois que je ne les connais pas? Je les connais mieux que toi.

Stupéfait, Avner regarda sa femme. Elle avait raison, bien entendu. Absolument raison. C'était exactement ce qu'Éphraïm lui dirait, que ce soit ou non la vérité. Que ce soit son idée, ou celle de quelqu'un d'autre.

— Il faut pourtant qu'elle aille à la maternelle. Nous ne pouvons pas la surveiller jour et nuit; nous devons travailler. Je ne crois pas qu'ils veuillent tenter quelque chose, mais on ne sait jamais. Pas de lui faire du mal, en tout cas, ça j'en suis sûr… Mais s'ils la ramènent là-bas, nous n'aurons plus le choix. Laisse-moi réfléchir.

— Écoute, reprit-il presque aussitôt, je vais faire venir mon frère Ber ici. Il habitera chez nous.

— Mais comment paierons-nous son billet de voyage?

— Ne t'inquiète pas, l'argent, je le trouverai.

Il trouva l'argent grâce à l'expédient le plus simple : en l'empruntant à son ami, le propriétaire du taxi avec lequel il travaillait; avec promesse de le rembourser par fractions chaque semaine. Le petit frère, le chouchou de Maman, avait alors vingt-deux ans, et venait tout juste de terminer son service militaire. Avner avait encore de la difficulté à l'imaginer autrement que comme le gamin insupportable qu'il avait dû souvent garder, pendant ses permissions. Il revenait à la maison pour deux petites journées, et sa mère lui disait : « S'il te plaît, reste ici avec ton frère cet après-midi pendant que je vais faire quelques courses. Juste pour deux ou trois heures. »

Mais tout ça avait bien changé; Mère n'avait pas réussi à gâter Ber, devenu soldat d'élite et un rude gaillard. Et s'il avait pu, il serait venu à New York à la nage.

Ber arriva donc comme prévu. Il ressemblait tout à fait à Père : blond, les yeux bleus, l'air plus allemand qu'un Allemand – exactement comme Avner n'aurait pas détesté être lui-même. En revanche, il n'était pas très grand alors que Père, dans sa jeunesse, était plutôt d'une belle taille. Mais il était en grande forme ; les épaules larges, la taille étroite, pas une once de graisse, et un sourire conquérant sur ses lèvres fines. Il était déjà fou de New York avant d'y débarquer, et adorait toujours autant son grand frère, le héros de son enfance. Et surtout, il acceptait volontiers de surveiller la petite Géla.

Deux semaines plus tard, il revenait à la maison, sinon pâle comme un mort, du moins l'air plutôt secoué. Il tenait encore Géla serrée contre lui et raconta l'histoire suivante à son frère :

Alors qu'il attendait sa nièce devant la maternelle, à seulement quelques pas de l'entrée principale, une voiture de marque étrangère s'arrêta brusquement le long du trottoir, et deux hommes jeunes en descendirent. Lorsque Géla sortit avec les autres enfants et commença à courir vers lui, les deux hommes se déplacèrent ; l'un d'eux se mit devant lui et l'autre essaya de s'emparer de l'enfant.

— Et qu'est-ce qui s'est passé ? demanda Avner, contrôlant sa voix.

— Deux policiers étaient en train d'arriver derrière moi ; ils venaient de tourner le coin de la rue, et je ne les avais même pas vus. J'ai compris quand l'un des deux types a crié à l'autre « Police ! » Ils se sont alors précipités dans leur voiture et ont filé.

— Il a crié « Police » ?

— C'est justement ça qui est curieux, répliqua Ber. Il a crié « Police » en hébreu.

Avner et Shoshana n'avaient rien dit à Ber des problèmes de son frère avec le Mossad ; ignorant tout, son histoire ne pouvait être le fruit d'une imagination qu'aurait trop fait travailler l'hypothèse d'un danger potentiel. Avner s'était contenté de demander à Ber de surveiller Géla attentivement, à cause de l'insécurité des rues new-yorkaises, où il arrivait que les enfants fussent enlevés et molestés.

Ce n'était pas le genre d'avertissement qui aurait pu lui faire croire avoir entendu un homme crier « Police » en hébreu. C'était donc certainement ce qui s'était produit.

Et s'il n'y avait qu'une seule explication, pour Avner il n'y avait qu'une seule réponse à donner.

Il se mit immédiatement au travail. Pendant toute la semaine qui suivit il n'arrêta pas, seul ; c'était une opération qu'il devait mener en solitaire. Il n'en parla à personne, même pas à Shoshana. Il procéda lentement, soigneusement, méthodiquement. Exactement comme « ils » lui avaient appris à travailler, sans laisser de traces, sans éveiller de soupçons, observant tout sans être lui-même observé. Il n'avait jamais aussi bien travaillé. En sept jours, il était prêt.

— Vous ne manquez pas de toupet, s'exclama l'officier de sécurité lorsqu'il vit Avner pénétrer dans son bureau, suivi d'une secrétaire protestant véhémentement. Vous ne manquez pas de toupet de débarquer comme ça ; peut-être venez-vous enfin signer ?

Avner sortit une enveloppe de sa poche et la posa sur le bureau.

— Laissez-moi parler, dit-il. Quand j'aurai terminé vous pourrez dire ce que vous voudrez. Mais avant d'ouvrir la bouche, écoutez-moi bien. Vous et vos gugusses, vous avez essayé de kidnapper ma fille. Peut-être êtes-vous personnellement au courant, peut-être pas. Ça m'est complètement égal. Vous êtes le seul type que je connaisse ; je vous tiens pour responsable.

Avner ouvrit l'enveloppe, et en sortit six clichés d'enfants qu'il posa sur la table bien en vue de l'officier. Les enfants avaient environ entre quatre et sept ans. Il y avait deux garçons et quatre filles, et il s'agissait d'instantanés en noir et blanc pris au téléobjectif, dans la rue, dans des terrains de jeux ou des cours de récréation.

— Les connaissez-vous ? demanda Avner. Il y en a au moins une que vous connaissez, puisque c'est votre fille.

L'homme ne dit rien ; il regardait les photos.

— Vous et votre bande, vous vivez ici, reprit Avner. Dans de jolies maisons. Vos enfants vont dans de jolies écoles. Comme vous le voyez, je sais où vous habitez et où vos enfants vont à l'école. Je me fiche pas mal de ce qui peut m'arriver, mais faites bien attention à ce qu'il n'arrive rien à ma fille. Si vous étiez malins, vous lui donneriez même des gardes du corps, pour être sûr qu'il ne lui arrive rien même par pur accident. Suis-je assez clair ? Arrangez-vous pour qu'elle ne tombe même pas d'une balançoire sur le terrain de jeux. Car je vous en tiendrai responsable. Si quoi que ce soit arrivait à ma fille, j'aurais chacun de vos mômes et surtout ne vous méprenez pas : je suis tout ce qu'il y a de plus sérieux.

L'officier de sécurité retrouva sa voix, ou du moins une partie, parce qu'elle tremblait légèrement.

— Je ne suis absolument pas au courant de ce qui est arrivé à votre fille, dit-il en ouvrant les bras, croyez-moi.

— Non, c'est vous qui devez me croire ; que vous soyez au courant ou non, je m'en fiche. Quelqu'un l'est. Alors rendez-vous ce service de passer le mot. Montrez les photos autour de vous. Et répétez ce que je vous ai dit.

Avner se redressa, et l'officier de sécurité se leva de son siège.

— Voyons, c'est insensé ! Vous devriez voir un médecin, s'exclama l'homme. Je vous assure que vous vous imaginez des choses.

Il continua à protester tout en raccompagnant Avner jusqu'à la porte. Avner le laissa faire, mais au moment de sortir il se retourna.

— Vous êtes encore jeune, et vous ne savez pas tout. Vous ne me connaissez même pas très bien. Je vous conseille vivement de ne pas garder ça pour vous, mais d'en parler aux autres, ça vaudra mieux.

Avner quitta le consulat. Il ne déménagea pas, ni ne changea les habitudes de sa famille. Pendant environ un mois, il n'y eut ni lettres ni coups de téléphone. Mais il n'y eut pas d'autres incidents. Puis un jour, il reçut un coup de fil de l'une de ses anciennes relations de l'époque où il était commissaire de l'air à El Al. Un homme avec lequel il avait travaillé souvent, mais il y avait des siècles, aurait-on dit.

— Ils m'ont demandé de t'appeler, dit l'homme. Peux-tu venir vendredi prochain à l'*Hôtel de Manhattan*, à 10 heures ? Quelqu'un veut te parler.

Ce ne pouvait être qu'Éphraïm.

— D'accord, répondit Avner. J'y serai.

L'officier ne lui tendit pas la main quand il ouvrit la porte de la chambre, mais s'effaça simplement pour laisser Avner entrer ; puis il lui tourna le dos et alla se poster devant la fenêtre.

— Je voulais vous voir pour une seule chose, dit-il. Vous poser une question. Jusqu'où croyez-vous donc que nous pouvons nous abaisser ?

Avner ne répondit pas. Au bout d'un moment, Éphraïm se retourna et le regarda.

— Vous imaginez-vous par hasard que nous enlevons les petites filles ? reprit-il. Vous croyez-vous en train de parler des *mechablim* ? C'est de votre pays qu'il est question !

Aux yeux d'Avner, le numéro parut excellent ; exactement ce à quoi il s'attendait.

— Où est mon argent ? demanda-t-il doucement.

— Votre argent ! Éphraïm se rapprocha d'Avner, et le regarda comme s'il le voyait pour la première fois, l'étonnement le plus sincère peint sur le visage. C'est de votre argent que vous voulez me parler ? Mais qu'est-ce qui vous est donc arrivé ?

— J'ai dû vieillir un peu ; et je suis peut-être un peu moins bête qu'avant.

— Je n'arrive pas à croire que c'est à vous que je parle en ce moment. Je n'arrive pas à croire que je parle à un Israélien, n'importe quel Israélien, sans même parler d'un homme ayant votre formation et votre passé ; d'un homme appartenant à une famille comme la vôtre. Qu'est-ce que dirait votre mère si elle vous entendait proférer de tels propos ?

Avner sentit la colère monter en lui.

— Ma mère parlerait exactement comme vous parlez, répondit-il. Parce qu'elle n'a pas d'autres idées sur la question ; vous, si.

— Excusez-moi, mais je vais sans doute vous paraître bien naïf. Je dois être quelqu'un de bien ordinaire parce que je n'ai aucune autre idée sur la question. Peut-être devrais-je venir vivre en Amérique pour apprendre de vous ce qu'il en est. Au fond, les gars devraient peut-être demander une prime avant de monter dans un char ; et on devrait distribuer des bons du Trésor avant chaque saut en parachute. Tiens, c'est une bonne idée, il faudra que j'en parle en haut lieu. Rassurez-vous, je n'oublierai pas de dire qu'elle vient de vous ! Vous imaginiez-vous avoir été le seul type à devoir conduire une mission dangereuse ?

Éphraïm se mit à marcher en long et en large, s'échauffant au fur et à mesure qu'il parlait.

— Avez-vous cru avoir fait quelque chose de spécial ? Ne vous souvenez-vous donc de rien, pour ce qui est de l'histoire de votre pays ? Savez-vous combien ils sont, à avoir fait des choses infiniment plus dangereuses, dans des conditions bien pires que les vôtres ? Savez-vous combien y ont perdu qui un bras, qui une jambe, qui la vie ? Croyez-vous que l'argent d'Israël doive simplement vous servir à prendre une retraite confortable ? Votre coéquipier n'a pas la même vision des choses ; il travaille toujours. Personne ne vous demande d'être un héros, si vous n'avez pas les nerfs assez solides. Revenez, et faites votre boulot, comme les autres. Nous parlerons alors peut-être de votre argent.

Éphraïm se tut, attendant visiblement une réponse d'Avner qui ne vint pas. Après un silence interminable, ce fut finalement l'officier qui reprit la parole :

— Eh bien, sommes-nous quittes ?

— Non, je voudrais tout d'abord vous poser une question. Pourquoi m'avoir choisi, moi, il y a trois ans ?

Éphraïm eut un ricanement.

— Bonne question, en effet. J'aimerais bien en connaître la réponse. Mais je peux toujours vous dire ce que nous avons pensé : que, comme le disaient les officiers de votre unité à l'armée, vous n'abandonniez jamais. Que peut-être vous n'étiez ni le plus fort ni le plus rapide, mais celui qui allait le plus loin. Que quand les balèzes et les rapides s'effondraient, vous continuiez à avancer. C'était ce que l'on disait de vous : obstiné à mort. Et nous avons pensé que c'était ce qu'il nous fallait, un gars obstiné à mort.

— Eh bien, si vous pensiez que j'étais tellement obstiné, répliqua Avner, comment avez-vous pu croire que j'allais renoncer à réclamer mon dû ? Comment avez-vous pu penser que vos mensonges, vos tromperies et vos menaces sur ma famille allaient me laisser sans réagir ? Puisque je suis si obstiné ?

— Il n'y a pas moyen de vous parler, dit Éphraïm en s'empourprant. Vous n'arrêtez pas de revenir sur cette question d'argent. On dirait bien que vous ne l'avez fait que pour cela.

— Regardez-moi donc en face pour dire cela ; vous savez fort bien que je n'ai rien demandé. Comme tous les autres. Mais vous avez fait une promesse ; tenez-la, c'est tout. Non pas pour ce que j'ai fait, mais parce que vous l'avez promis. J'ignore pourquoi vous nous avez promis quelque chose ; peut-être est-ce parce que vous n'avez confiance en personne, et que vous vous méfiez de tout le monde – n'est-ce pas la vérité ? Mais vous avez promis.

— Vous avez promis, vous avez promis ! On dirait un gosse de cinq ans. Jamais je n'ai rencontré quelqu'un comme vous. Puisque vous ne l'avez pas fait pour de l'argent, où est donc le problème ? Vous l'avez fait pour la gloire et vous n'avez pas un sou ; vous devriez être content.

Pendant quelques instants, Avner regarda l'officier, les yeux ronds ; puis il se mit à rire. Ce fut plus fort que lui : impossible de se retenir. Les propos d'Éphraïm étaient exactement comme une blague, la vieille blague que son père avait racontée bien des années auparavant, alors qu'il était encore petit garçon et qu'ils vivaient à Rehovot.

Un Galicien et un Yekké se retrouvent devant un plat de gâteaux sur lequel restent deux parts : une petite et une grosse.

— À toi de choisir, dit le Yekké – et le Galicien s'empare de la grosse part.

— Voilà qui est typique, s'exclame le Yekké.

— Pourquoi, qu'est-ce que tu aurais fait ? demande le Galicien.

— J'aurais bien entendu pris la petite part.

— Eh bien, de quoi tu te plains ? répliqua le Galicien. C'est celle que tu as.

Ce n'était qu'une vieille plaisanterie, et pourtant rien n'était plus vrai. Aux yeux d'Avner, c'était ainsi que les Galiciens dirigeaient Israël. Il n'y avait plus rien à dire. Il continua à fixer Éphraïm, les épaules toujours secouées par le rire.

— Mais qu'est-ce qui vous arrive ? demanda l'officier, tout décontenancé.

Avner, incapable de parler, ne put que secouer la tête.

— Je suppose que c'est ce qui se passe lorsqu'on donne un boulot trop difficile à un médiocre, reprit Éphraïm d'un ton pincé.

— Oh non, vous vous trompez, répondit Avner en s'éloignant vers la porte ; c'est ce qui se passe lorsque vous trichez avec un médiocre. Ce qu'il vous faut, ce sont des saints qui puissent fermer les yeux quand vous les volez. Comme mon père, peut-être. Les médiocres, eux, ne savent pas le faire.

— Je vois que vous repartez, et je ne chercherai pas à vous retenir. Essayons au moins d'oublier notre différend. Vous n'aurez pas à vous inquiéter pour votre fille et votre épouse. Je vous souhaite bonne chance en Amérique, quoi que vous fassiez. Soyez remercié pour tout ce que vous avez accompli pour Israël. *Shalom.*

— *Shalom*, répondit Avner en refermant la porte. C'était un mot facile à dire : paix. Mais allait-il enfin connaître la paix ?

En cet instant, il aurait aimé pouvoir lire dans l'avenir.

Épilogue

Si cette conversation avec son ancien responsable de mission, au début du printemps 1976, ne fut pas la dernière qu'eurent les deux hommes, ce fut elle qui mit effectivement fin aux événements qui constituent l'objet de cet ouvrage. Avner n'eut plus aucune activité clandestine ; il changea d'identité et de domicile, et pour autant que je sache, il vit maintenant avec sa famille quelque part en Amérique du Nord.

La seule information dont je dispose sur « Steve » son seul coéquipier survivant, est qu'il a jusqu'à ce jour continué à servir son pays dans les rangs du service de sécurité.

Les trois chefs terroristes qui avaient échappé à l'équipe, à savoir Ali Hassan Salameh, Abou Daoud et le Dr Wadi Haddad, continuèrent leurs activités plus ou moins longtemps. Le Dr Haddad, après sa séparation, vraie ou simulée, d'avec l'organisation de George Habache, en 1975, continua d'être le cerveau des actions majeures du terrorisme international jusqu'au début de 1978. Il fut admis à cette époque dans un hôpital allemand où il mourut quelques mois plus tard, officiellement de causes naturelles ; en tant qu'organisateur, il n'eut probablement pas d'égal au cours de la décennie du terrorisme. Il n'est pas exclu que son extrémisme sans compromission soit réellement à l'origine de la scission avec le FPLP ; mais il se peut aussi que ses relations avec le Dr Habache soient simplement devenues clandestines pour des raisons de commodité, comme ce qui s'était passé entre al-Fatah et Septembre Noir. Rien n'indique que la mort du Dr Haddad ait été due à autre chose que ce qui avait été indiqué officiellement : un cancer.

Abou Daoud, pour sa part, fut blessé, mais non mortellement, dans le hall d'un hôtel en Pologne le 1er août 1981. Certains comptes rendus de l'événement laissent entendre que l'auteur de l'attentat, qui réussit à s'enfuir, aurait été un agent israélien. Si la chose est exacte, elle soulève une intéressante question : les services secrets israéliens seraient-ils devenus audacieux au point d'envisager des opérations (autre que la simple recherche d'informations) dans des pays où elles étaient strictement interdites au moment où avait été formée l'équipe d'Avner ? Il est en effet extrêmement difficile de monter des opérations dans les pays vivant sous des régimes totalitaires ; les activités les plus ordinaires, louer un appartement, prendre une chambre d'hôtel, louer un véhicule, y sont l'objet des vérifications les plus tatillonnes, et souvent sont même limitées de façon étroite. En outre, s'ils se font prendre, les agents ne doivent pas compter sur les lois qui protègent les citoyens dans les démocraties occidentales, même lorsqu'ils sont des espions présumés. Sans parler des graves répercussions internationales que pourrait provoquer ce genre d'opération ; la réaction des pays soviétiques contre tout ce qui relève d'une tentative de déstabilisation serait sûrement beaucoup plus violente que celle des démocraties occidentales.

À la lumière de ces remarques, on aurait tendance à accorder davantage de crédit à une autre hypothèse avancée à l'époque : Abou Daoud aurait bien été blessé par un agent israélien, mais celui-ci aurait agi impulsivement, en se rendant compte que le sinistre terroriste arrivait dans l'hôtel où lui-même se trouvait à ce moment-là. On peut évidemment objecter que des agents soigneusement sélectionnés et entraînés ne sont pas des gens à agir de façon aussi inconsidérée, mais il suffit de méditer certaines des décisions prises par Avner au cours de sa mission pour se rendre compte que ce n'est là qu'un point de vue tout théorique. Il reste enfin possible que la tentative d'assassinat d'Abou Daoud, en dépit des informations contraires, ait été le résultat de querelles à l'intérieur du mouvement palestinien (les Israéliens accusant Abou Nidal et Septembre Noir), ou encore qu'elle ait été montée par le KGB lui-même. Une seule chose est sûre, Abou Daoud a été blessé dans un attentat en Pologne.

Il paraît tout autant certain, d'après nombre de comptes rendus publics, qu'Ali Hassan Salameh a bien été assassiné le 22 janvier 1979 à Beyrouth. Il aurait d'ailleurs été l'objet de plusieurs tentatives en ce sens au cours des années 1970. Dans son livre *The Israeli Secret Service*, Richard Deacon décrit deux de ces tentatives, dont l'une, en 1975, se solda par un coup de feu tiré sur un mannequin depuis une fenêtre d'immeuble. Au cours de la deuxième, le 7 octobre 1976,

Salameh aurait été grièvement blessé selon les uns, alors que pour les autres, seul l'un de ses amis aurait été touché.

Quoi qu'il en soit, le 22 janvier 1979, Salameh et plusieurs de ses gardes du corps roulaient dans une Chevrolet commerciale, lorsqu'ils passèrent à la hauteur d'une Volkswagen garée le long de la chaussée qui explosa. L'attentat avait eu lieu à Beyrouth, au coin des rues de Verdun et Madame Curie. Il semble que cette tentative ait pu réussir grâce aux habitudes plus routinières adoptées depuis quelque temps par Salameh. En 1978, il avait en effet épousé une beauté libanaise, Georgina Rizak, Miss Univers en 1971. Étant musulman, Salameh n'avait pas pour autant divorcé de sa première femme, et il commença à naviguer de manière assez régulière entre le quartier général de l'OLP, le domicile de sa première épouse et de ses deux enfants, et l'appartement de la rue de Verdun où était installée Georgina Rizak.

Mais il ignorait que ses mouvements étaient régulièrement observés, d'après ce que l'on sait, par un agent israélien, une vieille fille anglaise un peu excentrique et amateur de chats connue alors sous le nom de « Pénélope », Erika Mary Chambers. Celle-ci avait commencé par louer un appartement dans la rue de Verdun. D'autres agents israéliens louèrent une Volkswagen, la bourrèrent d'explosifs, et la garèrent sur le parcours quotidien d'Ali Hassan Salameh. D'après une première source, « Pénélope » aurait posé un petit émetteur radio sous la voiture de Salameh, ou, selon une deuxième source, aurait elle-même appuyé sur le bouton au moment où elle vit le véhicule passer à la hauteur de la Volkswagen bourrée d'explosifs, presque sous ses fenêtres. Toujours est-il que la petite voiture explosa, détruisant non seulement le véhicule de Salameh mais la Land Rover de ses gardes du corps qui le suivait ; un certain nombre de passants ont été tués ou blessés dans l'attentat.

La mort de Salameh fut annoncée officiellement par l'OLP et rapportée, comme il se doit, par la télévision israélienne. Yasser Arafat assista à ses funérailles, et la presse reproduisit largement la photo du leader palestinien, un bras passé autour des épaules du fils de Salameh, Hassan, un garçon âgé de treize ans d'une beauté exceptionnelle. « Nous avons perdu un lion », déclara Arafat à l'issue de la cérémonie. Dans *The Spymasters of Israel*, publié en 1980, Stewart Steven raconte en détail l'assassinat de Salameh ; quant à l'ouvrage des deux auteurs israéliens Michael Bar-Zohar et Eitan Haber, *Le Prince rouge*, il est en partie consacré à la même histoire.

Les faits relatifs à l'assassinat d'Ali Hassan Salameh ne semblent

pas pouvoir être mis en doute. Il faut cependant signaler l'existence
d'une rumeur voulant que le terroriste n'ait pas péri dans l'attentat
pour la simple raison qu'il ne se serait pas trouvé dans le véhicule au
moment de l'explosion. (Le fait que les corps aient été retrouvés complètement déchiquetés et mélangés donne une possibilité toute théorique à cette rumeur.)

Mais il est plus probable qu'elle n'est que le dernier avatar de la
légende qui entourait déjà le *mechabel* de son vivant ; c'est en effet le
genre de mythe que l'on voit toujours fleurir lorsqu'un leader charismatique disparaît, surtout si sa vie a toujours plus ou moins été entourée de mystère, et s'il a déjà pu paraître échapper miraculeusement à
de précédents attentats. Reste que si Salameh n'était pas dans sa Chevrolet ce jour-là (mesure de sécurité très classique pour quelqu'un
dans son cas), les Palestiniens avaient tout autant intérêt que les Israéliens à accréditer la nouvelle de sa disparition. Pour les Palestiniens,
parce qu'il n'y avait pas de meilleure sécurité pour Salameh que de
persuader les Israéliens de sa mort. Mais le Mossad pouvait également
vouloir convaincre les Palestiniens que les Israéliens étaient tombés
dans le panneau, afin de donner à Salameh, s'il était toujours vivant,
un sentiment de fausse sécurité.

Ce genre d'exercice dans l'intoxication peut se poursuivre ainsi à
l'infini entre des services secrets ennemis ; mais il est aussi exact que
quels que soient les détours que puisse prendre la réalité, les rumeurs
en inventent d'encore plus compliqués. Le seul fait avéré est que la
Chevrolet de Salameh a été entièrement détruite avec tous ses occupants, et que les Israéliens aussi bien que les Palestiniens ont déclaré
que Salameh se trouvait parmi les victimes.

Dans mes notes, je signale à plusieurs reprises des contradictions
entre mes informations et celles qui figurent dans d'autres ouvrages.
Lorsque l'on veut faire l'historique d'activités qui, par leur nature
même, doivent être menées clandestinement, et qui suscitent des
informations n'ayant pour but que de diriger les journalistes sur de
fausses pistes, il serait bien prétentieux de prétendre que les renseignements que l'on a soi-même rassemblés sont plus justes que ceux
qui ont été recueillis par les autres.

À quoi s'ajoute une difficulté supplémentaire, qui est que l'on ne
peut plus se fier sur la logique ou le bon sens pour mettre à l'épreuve
la véracité d'une information, dans la mesure où le bruit le plus fan-

taisiste ou absurde peut finalement se révéler exact. Chose particulièrement vraie dans le monde clandestin du terrorisme international. Pour ne mentionner qu'un seul exemple, Serge Groussard, un journaliste français pourtant particulièrement prudent et consciencieux, se fondant sans aucun doute sur des informations véhiculées par des personnes en qui il avait confiance, tient Mahmoud Hamshari pour responsable de « l'exécution » de Wael Zwaiter dans son ouvrage (*op. cit.*). Aussi aberrante que cette information puisse nous apparaître maintenant à la lumière de ce que nous savons (et aussi compte tenu du fait que Zwaiter et Hamshari étaient frères d'armes), elle pouvait sembler parfaitement crédible en 1973 lorsque Groussard la rapporta pour la première fois, étant donné le penchant indéniable qu'ont les terroristes à s'entre-tuer lorsqu'une dispute s'élève entre eux.

C'est pour ces raisons de prudence, et non pas pour contredire mes prédécesseurs, que je me sens dans l'obligation de signaler un certain nombre d'autres contradictions.

Pour commencer, je considère que le nom de code « Colère de Dieu » supposément donné par les Israéliens à l'opération antiterroriste qui débuta après le massacre de Munich, et qui fut systématiquement repris par tous les journalistes occidentaux, y compris Claire Sterling, Edgar O'Ballance, Richard Deacon, Christopher Dobson et Ronald Payne, David Tinnin et beaucoup d'autres, pourrait fort bien avoir été inventé après coup, soit par les reporters eux-mêmes, soit par leurs informateurs israéliens. Il n'était en tout cas pas connu comme nom de code au moment de la mission par mes propres sources. (Signalons en passant que les deux auteurs israéliens Bar-Zohar et Haber ne le mentionnent pas non plus.)

Mes sources invalident également les noms de code « Mike », « Tamar », et « Jonathan Ingleby » que pourtant plusieurs auteurs donnent comme ayant servi lors des assassinats de Zwaiter et de Boudia et de l'affaire de Lillehammer. Si « Ingleby » peut avoir été une fausse identité utilisée par un des agents de Lillehammer, il n'y avait aucun faux passeport à ce nom dans l'affaire de Rome comme dans celle de Paris. Quant à « Tamar », une prétendue blonde ravissante, petite amie du responsable du commando, qui aurait participé à l'attentat contre Zwaiter et fait personnellement le coup de feu à Lillehammer, elle a tous les ingrédients d'une pure affabulation. (Non pas nécessairement du fait des auteurs qui en parlent, mais plutôt de leurs informateurs.)

Pour ce qui est de la présence sur les lieux du général Zvi Zamir lors de l'assassinat de Zwaiter et de Boudia, elle est tout aussi dépourvue de fondement; il est également bien improbable qu'il se soit trouvé à Lillehammer. Comme pour la soi-disant «Tamar» il s'agit là d'informations plus que douteuses; mais il se peut que ces fictions aient été entretenues par les services de «relations publiques» du Mossad aux fins de propagande.

Il faut néanmoins reconnaître que les difficultés auxquelles le chercheur a à faire face dans ce domaine sont considérables, et qu'il peut être conduit à rejeter une information qui se révélera exacte par la suite. Pour prendre un exemple dans ce qui m'est arrivé, le nom de l'amie australienne de Wael Zwaiter à Rome qui m'avait été donné tout d'abord était «Jeannette von Braun». Il me paraissait fort improbable, et comme il m'avait été rapporté de mémoire, je décidai de ne pas le signaler dans ce récit, à moins qu'il ne me soit confirmé par une source indépendante. Je n'en trouvai aucune trace dans les journaux; et le livre était pratiquement terminé lorsque j'eus la confirmation inattendue de son authenticité – ce qui me permet de le rapporter ici[77].

Même si ces détails ne sont pas d'une importance capitale, ils illustrent bien les problèmes qui se posent à un écrivain lorsqu'il a affaire à des sujets où il ne suffit pas de passer un coup de téléphone pour vérifier tel ou tel point. C'est avec cette réserve à l'esprit que j'ajoute que d'après mes informations personne ne s'est présenté comme «plombier» pour se brancher sur la ligne de téléphone de Hamshari, et que ce n'est pas «sous les yeux» du terroriste ou de ses gardes du corps que la bombe a été placée dans le piétement du téléphone par quelqu'un s'étant fait passer pour un employé des PTT, comme le signale une source.

Pour en venir à des questions plus importantes, il me semble nécessaire, à la fin de cet ouvrage, que le lecteur sache l'impression produite sur moi par Avner, même si j'ai essayé de ne pas trahir ce que je pensais de lui tout au long du récit.

Au cours de nos rencontres, il m'a montré un double visage: celui d'un homme imperturbable, calme, presque indolent, qui pouvait tout d'un coup, sans avertissement, faire preuve de cette stupéfiante agilité des lézards bondissant sur leur proie. Pour un Israélien, il fait peu de gestes; qu'il parle ou qu'il écoute, il reste détendu et pratiquement immobile; mais lorsqu'il fait un mouvement, il agit sans arrière-pensée, avec cette sorte étrange de vivacité que je ne saurais appeler autrement que reptilienne. Il donne l'impression de quelqu'un qui ne perd pas beaucoup de temps à réfléchir avant d'agir et fonce sans regarder si on le suit. («Comment pénétreriez-vous dans ce bâtiment?» lui demandai-je un jour en Europe en lui montrant un endroit où l'entrée était contrôlée. «Comme ça», me répondit-il; l'instant suivant il franchissait la porte.) Il est très méticuleux dans ses habitudes, au point d'avoir quelque chose de militaire dans l'allure tant il est impeccable. Dans ses rapports avec les autres, il a tendance à se montrer attentionné et généreux.

Bien qu'il prétende se satisfaire pleinement de la vie calme et tranquille de bon père de famille qu'il mène, il reste en lui des désirs de grandeur qu'une telle existence ne peut parvenir à combler. Il a beau prétendre que les activités clandestines n'exercent plus d'attraits sur lui et les juger condamnables, il ressent encore nettement le désir de vivre des expériences riches de tension. C'est pourquoi je n'accepte pas son interprétation voulant qu'il soit devenu un contre-terroriste uniquement à cause de l'accent mis sur le patriotisme par ses pairs au kibboutz, à l'armée, dans sa propre famille et en Israël en général, même s'il n'y a aucun doute sur l'importance de ce facteur.

Je crois en revanche sans peine que l'argent n'a pas constitué une motivation pour lui, et qu'il ne tirait aucune satisfaction malsaine du fait d'exercer une supériorité physique sur les autres. Qu'il soit devenu aussi facilement un contre-terroriste peut s'expliquer par d'autres besoins qu'il avait en lui. Un élément de risque était nécessaire à sa personnalité, aventureuse par nature, simplement pour assurer son équilibre (c'est un type de personnalité que l'on observe fréquemment chez les parachutistes qui sautent en libre, les coureurs motocyclistes, etc.), il avait également à un très haut degré le besoin d'entrer en compétition, un besoin qui jusque-là n'avait trouvé aucun canal par lequel s'exprimer.

Ce genre de trait de personnalité ne disparaît pas tout seul pour avoir eu l'occasion de s'exprimer. Quelqu'un qui a besoin de briller, quelqu'un qui a besoin de tension et de danger simplement pour garder son équilibre, ne doit pas s'attendre à voir disparaître ces besoins sous prétexte que les circonstances ou sa meilleure évaluation des choses l'ont écarté des conditions où il pouvait les satisfaire; et cela, même s'il a perdu le sang-froid et la volonté indispensables à leur expression. Le problème est encore pire quand une telle situation se présente alors que le sujet est encore jeune, comme dans le cas des athlètes professionnels, par exemple. Il me paraît probable que dans le cas d'Avner, ce qui avant tout l'a poussé à faire le récit de ce qu'il avait vécu était le besoin de se débarrasser d'un poids trop lourd à porter.

Les jugements qu'il porte actuellement sur la mission sont dépourvus d'arrière-pensées et de regrets. Il affirme n'avoir jamais éprouvé de sentiment particulier d'animosité contre les hommes qu'il a tués ou aidé à tuer, et considère toujours leur élimination physique comme indispensable, tant pour des raisons d'honneur que de nécessité politique. Il adhère sans réserve à la décision qui l'a conduit à partir en mission spéciale, et n'éprouve aucun remords pour ce qu'il a accompli.

S'il reste persuadé du bien-fondé de la mission, il est en revanche moins sûr de l'utilité pratique qu'elle a pu avoir. Il admet qu'il n'a en aucune manière éliminé le terrorisme ou diminué les tensions et les haines dans le monde par son action, mais il estime néanmoins que dans l'ensemble, les victimes innocentes du terrorisme auraient été plus nombreuses en Israël et en Europe occidentale si son équipe (ainsi que les autres) n'avait pas éliminé quelques-uns des principaux responsables au cours des années 1970. Il regrette d'avoir eu à abattre les jeunes fedayin avec lesquels il s'est trouvé nez à nez en Suisse et en Espagne, mais considère qu'étant donné les circonstances, il n'aurait pu faire autrement. Il n'éprouve par contre aucun regret en ce qui concerne l'assassinat de la meurtrière de Carl, en Hollande. Et s'ils l'avaient manquée à l'époque, il serait encore prêt aujourd'hui à recommencer.

La mort de ses partenaires et amis reste pour lui quelque chose d'irréparable, et son chagrin est toujours très vif ; en racontant les circonstances de leur décès, il était encore ému jusqu'aux larmes. Il ne se sent pourtant pas responsable de ce qui leur est arrivé, sauf en ce qui concerne Carl. Il estime que, dans ce cas, son désir d'éviter tout conflit avec un homme plus âgé que lui et qu'en outre il admirait a pu obscurcir son jugement en tant que chef du groupe ; mais il fait aussitôt remarquer que ni ses coéquipiers ni son officier de mission ne lui en ont fait grief. En tant que responsable d'une équipe d'agents tous confirmés, son rôle n'était pas d'exercer un contrôle quelconque sur leur vie privée. Il n'était en fait que le premier parmi ses pairs. Et étant donné la nature de la mission, il n'était même pas le seul à concevoir les opérations. Personne, à aucun moment, n'a pris de risques sur un ordre direct de lui, comme le cas aurait pu se produire à l'armée ; les décisions furent toutes élaborées en commun.

Bien qu'il estime avoir été trompé, et que sa confiance en l'honnê-
teté de l'élite «galicienne» au pouvoir en Israël ait été fortement
ébranlée (il est maintenant persuadé que s'ils demandent une loyauté
à toute épreuve, eux-mêmes se dispensent d'en faire preuve et exploi-
tent avec cynisme les jeunes gens enthousiastes qu'ils traitent comme
des pions, sans tenir compte de leurs sentiments personnels ni de
leur bien-être), son patriotisme vis-à-vis d'Israël reste dans l'ensemble aussi sincère. Dans tous les conflits qu'a connus son pays, il
est inconditionnellement de son côté, et les ennemis de son pays sont
ses ennemis. Il va même jusqu'à admettre que l'élite au pouvoir est
vraisemblablement guidée par des motifs patriotiques; mais il fait
remarquer qu'à la longue les véritables intérêts d'Israël sont desservis
par leurs méthodes brutales, égoïstes et corporatistes. Mais, concède-
t-il, il est peut-être dans la nature des services secrets de tout gouvernement d'être cyniques et brutaux, que ce soit avec leurs propres
employés comme avec les gens de l'extérieur, et il n'avait sans doute
pas été raisonnable de sa part de s'attendre à autre chose.

Les très rares fois où il lui arrivait d'avoir des cauchemars, ils tournaient toujours autour de son enfance au kibboutz; il ne faisait pratiquement jamais de rêves pénibles se rapportant à l'armée ou à la
guerre des Six-Jours, et aucun ayant trait à la mission.

Conditionnés comme nous le sommes tous par la légende qui s'est
créée autour des services secrets modernes comme le KGB, la CIA et
le Mossad, on peut se demander comment un jeune homme aussi ordinaire a bien pu être placé à la tête d'une mission d'une telle envergure.
Impression que ne peuvent que renforcer les représentations fictives
de super-agents dues à la littérature et au cinéma. Certes, nous savons
bien que les James Bond et autres princes autrichiens sont des personnages de rêve, combinant les qualités intellectuelles d'un Machia-
vel et les nobles vertus d'un roi Arthur; ce qui ne nous empêche pas
de nous sentir un peu trahis lorsque, rencontrant quelqu'un qui est
supposé avoir connu ce type d'activité, nous le trouvons bien loin de
correspondre à l'image d'exception que nous nous en étions faite.

À moins qu'il ne soit un monstrueux psychopathe. Il s'agit là d'un
autre archétype que nous trouvons acceptable. Nous sommes en effet
accoutumés à l'image du tueur froid et impassible qui collectionne les
contrats de la mafia comme d'autres les timbres. S'il n'est pas impossible qu'existent dans la réalité la brute meurtrière et l'homme hyper-
sophistiqué (et encore moins celui-ci que celui-là) ils constituent la
minorité. Et mon enquête systématique dans ce domaine m'a conduit

à penser que les employés des services de renseignements – le Mossad y compris – n'étaient que des gens tout à fait ordinaires. Ce fait est régulièrement mis en évidence lorsque sont dévoilées des opérations clandestines – qu'il s'agisse de la pitoyable affaire de Lillehammer, ou de la fameuse opération « Suzanna » des années 1950, menée par des agents israéliens qui tentèrent de saboter des installations occidentales en Égypte, en espérant que leur action serait mise sur le compte des nationalistes égyptiens.

Il n'est donc pas si étonnant que le chef de l'une des plus prestigieuses équipes de « vengeurs » du Mossad soit une personne avec des goûts, des opinions et des motivations tout à fait ordinaires et n'ait rien d'un surhomme. Il semble bien que contrairement au KGB, le Mossad ne fasse jamais appel à des criminels psychopathes, même dans les opérations les plus sanglantes et les plus douteuses, ne serait-ce que parce qu'il faudrait les diriger et les contrôler pas à pas. Il ne serait guère fonctionnel d'envoyer cinq brutes épaisses avec des comptes bancaires en Suisse chasser toutes seules les terroristes. De jeunes esprits particulièrement brillants conviendraient peut-être mieux, mais ils choisissent rarement la carrière du renseignement ; et quand c'est le cas, c'est pour se spécialiser. Ne reste donc que le citoyen ordinaire pour aller faire le coup de feu.

Par une étrange ironie, alors que l'on attend d'eux loyauté et courage, ils peuvent être tout autant choisis pour leur absence de qualités remarquables que pour les vertus qu'ils possèdent. Il est par exemple souhaitable qu'ils ne soient ni trop imaginatifs, ni trop fanatiques, ni trop téméraires : trop d'imagination conduit au doute, trop de témérité, à commettre des imprudences. Au risque de minimiser les problèmes posés en réalité, on pourrait dire qu'une équipe montée pour effectuer des assassinats antiterroristes n'a à se poser que deux questions : comment localiser sa cible, comment quitter les lieux une fois le coup fait. (La troisième question, comment faire le coup lui-même, découle de la réponse aux deux premières.)

On a presque invariablement la réponse à la première question par le canal d'informateurs. C'est la réponse à la deuxième qui représente quatre-vingt-dix pour cent des difficultés à résoudre, et requiert la mise en œuvre de l'essentiel des qualités manœuvrières et des aptitudes de l'équipe.

La taille, l'anonymat et la mobilité qui caractérisent les communautés modernes, urbaines notamment, sont tels que les gens font preuve d'une indifférence totale vis-à-vis de ce qui peut se passer autour d'eux, indifférence qui peut gagner jusqu'aux autorités. Si on ajoute à cela un élément de surprise et le peu de goût qu'ont la plupart des personnes pour se mêler des affaires des autres, on comprend combien il est facile d'assurer la surveillance avant le coup et de se ménager des itinéraires de fuite une fois qu'il est fait. Il est bien rare que l'auteur d'un meurtre politique soit appréhendé sur les lieux du crime, mis à part les cas où il s'agit de kamikazes ou de déséquilibrés. Une fois qu'ils ont réussi à regagner leur cachette aménagée d'avance, les assassins ne sont guère vulnérables qu'à la trahison de l'un des leurs.

À mon avis, le génie opérationnel du Mossad tient à ce qu'il a parfaitement bien compris la simplicité fondamentale de ce genre d'opération. Il est bien possible que ce soient les terroristes eux-mêmes qui l'aient aidé à s'en rendre compte : leurs meilleures armes sont en effet l'audace, la confiance en soi, l'utilisation de la surprise et de la vitesse ; ils savent qu'une seconde avant l'action ils ne sont que des personnes ordinaires ; et qu'une minute après, ou un bloc de maisons plus loin, ils peuvent avoir retrouvé leur anonymat en se fondant dans la foule. Il est clair que le Mossad a pris conscience que ces facteurs, qui rendent tellement difficile une prévention efficace du terrorisme, pouvaient être retournés contre les *mechablim* par une équipe de contre-terroristes.

S'il est vraisemblable que le Mossad a dû mettre sur pied plusieurs équipes de ce genre, mais employant des méthodes de pénétration différentes, son deuxième coup de génie paraît bien avoir été de faire de l'une d'elles, précisément celle d'Avner, une équipe autonome à laquelle n'avaient été fournies que deux choses : une liste de noms et des fonds. En s'immisçant dans le monde de la clandestinité en Europe de cette façon, elle s'est comportée pratiquement de la même manière que les groupes de *mechablim*, lancés sur le terrain par les pays arabes ou le bloc soviétique.

L'emploi de cette méthode (peut-être considérée comme expérimentale par les autorités israéliennes) semble bien s'être traduit tout d'abord par des résultats impressionnants ; certains observateurs ont été jusqu'à soupçonner l'existence d'une gigantesque et inquiétante organisation de l'ombre, ainsi que l'emploi d'individus exceptionnels. Selon toute vraisemblance, le fait est que c'est l'audacieuse simplicité du procédé – un groupe d'anciens agents et soldats d'élite disposant de fonds importants et d'une totale autonomie d'action – qui est à la base des succès de l'opération.

Reste la manière dont le Mossad, dans cette affaire, a traité ses propres agents. Il est bien difficile d'évaluer les torts respectifs ; mais en supposant que les choses se soient bien passées comme je les ai racontées, le Mossad a-t-il été ou non malhonnête avec Avner, comme son récit le laisse à penser ? Pour répondre à cela, il faut se poser d'autres questions : Un agent secret ne devrait-il pas avoir conscience que l'on ne quitte pas un service de renseignements comme un autre emploi ? Qu'il lui doit en quelque sorte une fidélité inconditionnelle ? N'existe-t-il pas un contrat implicite d'obéissance, d'accord sous-entendu, prévoyant que lorsqu'un agent n'est plus en mesure d'accomplir des missions dangereuses, il doit se rabattre sur des tâches moins exaltantes et plus fastidieuses ? Et n'a-t-on pas alors le droit de dire qu'un agent a rompu son contrat s'il refuse de se plier à cette règle ? Je n'ai aucune certitude sur les réponses à donner, mais, si sur le plan humain je ne peux que sympathiser avec les désillusions éprouvées par Avner, je trouve que le fait qu'une telle controverse ait pu se produire est plutôt une indication de tendances libérales de la part du Mossad. Un agent du KGB ne pourrait certainement pas s'élever de cette manière contre son employeur, à moins d'être suicidaire.

Au-delà de ces questions de torts réciproques, reste un dernier point fondamental : l'utilité du contre-terrorisme. La mission d'Avner a-t-elle en fin de compte réussi ou échoué ? On prétend souvent que le contre-terrorisme ne résout rien ; qu'il ne fait qu'exacerber les tensions au lieu de les réduire ; et qu'il ne fait que se traduire par davantage d'actes terroristes. Ces objections sont loin d'être sans fondement. Près de dix ans après le massacre de Munich, entre août 1980 et novembre 1981, on a pu enregistrer au moins vingt actions terroristes dues aux groupes suivants : al-Fatah de Yasser Arafat, Juin Noir d'Abou Nidal, Saïqa, le FPLP de George Habache et le Mouvement du 15 Mai pour la libération de la Palestine. Il en est résulté trente-six morts et des centaines de blessés à Paris, Beyrouth, Nairobi, Le Caire, Istanbul, Vienne, Athènes, Anvers, et Rome. Il me semble néanmoins que l'on ne peut juger de l'utilité des mesures de contre-terrorisme sur ce qu'il réussit ou non à résoudre. Un affrontement armé ne résout jamais rien en ce sens, sauf lors de batailles décisives comme Waterloo ou Lépante. Et même alors, la solution de certains problèmes a simplement été retardée d'une ou deux générations.

Le fait est là, tragique : c'est avec du sang qu'ont été dessinées les

frontières des nations du monde. Pour deux pays qu'oppose un différend, et dans lesquels l'esprit combatif est resté vivant, il n'y a pas
d'autre choix que lutter chaque jour, sans se demander si ce combat
quotidien résoudra ou non le problème. Sinon, il faut se soumettre.
C'est une attitude bien hypocrite de la part des nations les plus
anciennes, dont les frontières ont été tracées avec le sang de leurs
ancêtres, que de vouloir imposer des consignes de modération aux
pays plus jeunes ; si elles les avaient elles-mêmes autrefois appli-
quées, elles ne seraient sans doute pas là pour les promouvoir.

Rappeler cela ne signifie pas qu'il n'y ait à mes yeux aucune norme
à respecter lorsque l'on mène une guerre ; on peut fort bien, en terme
de justification morale, distinguer entre le terrorisme et le contre-
terrorisme, comme l'on distingue la guerre des crimes de guerre. Il
existe certaines valeurs ; le terrorisme se situe du mauvais côté par
rapport à elles, le contre-terrorisme, non. Il est possible de prétendre
que la cause palestinienne est aussi honorable que la cause israélienne ; il n'est pas possible de prétendre que répandre la terreur est
aussi honorable que lutter contre la terreur. Et, en dernière analyse,
il est moral et utile de résister au terrorisme simplement parce qu'il
serait immoral et de toute façon inutile de ne pas y résister.

Toronto, 16 juin 1983.

Chronologie

5 septembre 1972	Des terroristes de Septembre Noir massacrent onze athlètes israéliens dans le village olympique de Munich.
16 octobre 1972	Wael Zwaiter est abattu dans le hall de l'immeuble de Rome où il avait son appartement.
8 décembre 1972	Mahmoud Hamshari est mortellement blessé lors de l'explosion d'une bombe placée dans son téléphone.
24 janvier 1973	Abad al-Chir est victime d'un attentat à l'explosif dans la chambre de son hôtel, à Nicosie.
6 avril 1973	Basil al-Koubaisi est abattu dans une rue de Paris.
9 avril 1973	Kamal Nasser, Mahmoud Youssouf Najjer et Kemal Adwan sont assassinés dans leurs appartements respectifs à Beyrouth.
12 avril 1973	Zaid Mouchassi est tué lors d'un attentat à l'explosif dans sa chambre d'hôtel, à Athènes ; un homme, qui pourrait bien être un agent du KGB, essuie une fusillade quelques instants plus tard à l'extérieur de l'hôtel.
28 juin 1973	Mohammed Boudia meurt dans l'explosion de sa voiture à Paris.
12 janvier 1974	Trois Arabes armés et non identifiés sont abattus dans une église près de Glarus, en Suisse.

21 août 1974	Une Hollandaise du nom de Jeannette est abattue sur sa péniche près de la ville de Hoorn, aux Pays-Bas.
11 novembre 1974	Un jeune Arabe d'identité inconnue est abattu dans un jardin près de Tarifa en Espagne.

Notes

1. Bien que de toute évidence deux sources valent mieux qu'une, la méthode elle-même est devenue un véritable fétiche ; selon l'expression de Michael Leeden, elle tend à réduire tout problème, dans le journalisme américain moderne, non pas « à savoir si quelque chose est vrai, mais simplement si deux personnes disent qu'elle est vraie ».

2. La Conférence de Jérusalem sur le terrorisme international définit le terrorisme comme « les menaces lancées, les mutilations et les meurtres commis à l'encontre de personnes innocentes de façon délibérée et systématique dans le but d'inspirer la peur à des fins politiques ». (D'après une allocution prononcée lors de la séance finale par le sénateur américain Henry Jackson, signalée par le Jonathan Institute, 1979.)

3. Le terme arabe signifie « Homme de sacrifice », et les terroristes musulmans l'emploient fréquemment pour se désigner eux-mêmes.

4. Les équipes cubaines, syriennes et bulgares se trouvaient en fait installées à l'autre extrémité du village olympique, par rapport à celle de l'équipe israélienne. Néanmoins, la distance totale entre Strassbergerstrasse, où sont logées ces équipes, et le bâtiment des Israéliens n'excède pas 400 mètres, environ.

   On trouvera un plan détaillé du village olympique de Munich dans l'ouvrage de Serge Groussard, *La Médaille de sang*, Denoël, 1973 ; ce livre est un compte rendu établi d'une façon très minutieuse, sur lequel je me suis beaucoup appuyé pour la rédaction de ce chapitre.

   Les occupants comprenaient cinq athlètes, deux officiers des services médicaux, et, dans l'appartement 5, Shmuel Lalki, le chef de la délégation israélienne, que les terroristes souhaitaient tout particulièrement capturer. Groussard et d'autres ont pu établir que les officiers de sécurité qui accompagnaient l'équipe semblent bien avoir été absents de leur appartement (le 6, vraisemblablement) la nuit où les terroristes attaquèrent la Connollystrasse. Une rumeur non confirmée émanant de cercles proches des services de renseignements veut que ces officiers aient été en bonne fortune à

Munich ce soir-là. Je ne rapporte cette rumeur que pour ce qu'elle vaut, et parce que la conviction de celui qui me l'a soufflée souligne bien l'aspect humain du travail de renseignement.

5. D'après certaines sources, le chef du groupe aurait été Tony, mais d'après d'autres, Issa. Edgar O'Ballance indique que sa véritable identité était Mohammed Masalhad, et qu'il aurait travaillé comme architecte à l'édification du village olympique. Il aurait été envoyé de Libye à cause de sa bonne connaissance des lieux. O'Ballance signale également que le journal arabe *An Nahar* attribue à Badran plutôt qu'à Issa le jet de la grenade à main, ainsi que le meurtre des otages de l'autre hélicoptère à El Denawi. Comme le fait remarquer O'Ballance dans son ouvrage, *Language of Violence*, Presidio Press, 1979, la séquence exacte des événements est extrêmement difficile à établir, de même que l'identité complète des terroristes.

6. L'Agaf Modiin (le Bureau d'Information) dont le nom abrégé est Aman. L'Aman, le service de renseignements de l'armée israélienne, a été créé pendant l'été 1948, et constituait l'une des trois branches du vieux Sherut Yediot (Service d'Information), connu sous le nom de Shai. Pour davantage de détails sur cette organisation, voir *The Spymasters of Israel*, de Stewart Stevens, McMillan, Londres, 1980 ; ainsi que *The Israeli Secret Service*, de Richard Deacon, Hamish Hamilton, Londres, 1977.

7. Les Kibboutzim, ces communautés agricoles collectives, expriment quelque chose de fondamental sur les racines d'Israël, sur son âme profonde et sur ses plus anciennes tendances sociales. Les premiers immigrants, en particulier les membres des puissantes Deuxième et Troisième *Aliyah*, arrivés entre le début du siècle et les années 1920, venaient surtout d'Europe centrale. Ils emmenèrent avec eux un ensemble assez disparate d'idéaux tirés de quelques-uns des courants de pensée prédominants au XIXe siècle, et comprenant un fort nationalisme à côté d'un extrême égalitarisme.

Le mouvement des kibboutz, qui incarne certaines des valeurs qui ont servi à fonder le sionisme, a atteint son zénith dans les années 1950. Bien que les kibboutznik n'aient jamais constitué plus de 3 à 5 pour cent de la population totale d'Israël, leurs habitudes, leurs croyances, leurs coutumes et leurs mœurs étaient l'objet de l'adulation publique, et ils jouissaient d'un statut symbolique élevé. L'influence politique des kibboutznik en Israël a été profonde : cinq à sept fois plus forte que leur population, estime-t-on. D'après Amos Elon (voir sa remarquable étude, *Les Israéliens, portrait d'un peuple*, Stock, 1972, à laquelle je me réfère ici ainsi qu'en d'autres endroits), les kibboutznik détenaient en 1969 environ 15 pour cent des postes politiques de haut niveau, et 30 pour cent des sièges au Parlement.

Parmi les idéaux du kibboutz on trouve notamment un certain culte de la rudesse, le sens du service et du sacrifice de soi, ainsi qu'un lien mystique avec la terre. Le travail manuel, en particulier le travail agricole, fait l'objet d'une révérence particulière. On attendait du nouveau citoyen hébreu qu'il fût direct dans sa manière de s'exprimer (frisant même souvent la grossièreté), et qu'il se montrât simple dans sa façon de s'habiller et de se comporter. Même s'il ne s'agissait pas là de simple affectation – les kibboutznik étaient vraiment des gens rudes, doués d'une invraisemblable capacité de travail, et sacrifiaient souvent des désirs humains aussi légitimes que la recherche d'un certain confort, d'un minimum d'intimité ou de récompenses matérielles –, le résultat final fut d'élever les manières et les mœurs du kibboutz au rang de modèle supérieur. (C'est ainsi que par une sorte de snobisme à l'envers, on méprisait tout ce qui était ornement personnel, tout insigne indiquant un rang hiérarchique, ainsi que les formules de politesse formelles.) Les kibboutznik devinrent une sorte d'aristocratie en Israël.

8. Har-Zion, un sabra de la troisième génération né en 1934, est devenu un personnage légendaire dans les commandos de l'armée israélienne Tsahal, pour s'être lancé à titre personnel dans des expéditions en territoires occupés par les Arabes, tuant un certain nombre de leurs soldats. Il fut une fois arrêté par les autorités israéliennes (mais relâché plus tard) pour avoir tué deux Arabes qui auraient été responsables de l'assassinat de sa sœur. Le général Ariel Sharon a écrit une préface enthousiaste à ses mémoires, publiés en 1969.

9. *La Fabrica d'Armi Pietro Beretta*, une entreprise italienne, est probablement l'une des plus anciennes au monde dans le domaine des armes à feu. Elle a été fondée en 1680. Elle s'est tournée essentiellement vers la fabrication de pistolets automatiques vers 1915, et en a produit depuis plusieurs millions, de modèles et de calibres différents. Le modèle adopté par les Israéliens dérive du 9 mm « Lungo Parabellum » mis au point pour la première fois en 1915, et qui était en dotation dans la marine et l'armée de l'air italiennes. Son corps est forgé dans un alliage spécial léger (Ergal) et il dispose d'un magasin spécial d'une capacité de dix cartouches. Il a reçu des modifications particulières pour les besoins du Mossad.

10. Ortega est un pseudonyme, comme Dave.

11. Abréviation de *Sherout Habitachon*, que l'on traduit parfois par Département pour la Sécurité. Le Shin Bet est un peu au Mossad ce que le FBI est à la CIA, bien que cette comparaison ait des limites. Les structures tant administratives qu'opérationnelles des deux agences israéliennes sont différentes, à beaucoup de points de vue, de leurs contreparties américaines. Le Shin Bet, le Mossad et l'Aman ainsi que deux autres agences (la division spéciale d'investigation de la police israélienne d'une part et le département de recherche du ministère des Affaires étrangères d'autre part) appartiennent tous à une même administration, Le Comité central des services de sécurité, ou *Veada Merkazit Lesheroutei Habitachon*, lequel est chargé de coordonner leurs activités.

12. Eliahu Cohen, probablement l'agent secret israélien le plus célèbre et l'un de ceux ayant obtenu les plus grands succès (du moins parmi ceux qui ont été finalement découverts) est né à Alexandrie en 1924. Pendant trois ans, entre 1962 et 1965, il a réussi à s'infiltrer au plus haut niveau du gouvernement syrien, avec comme couverture, l'identité d'un prétendu homme d'affaires syrien d'Amérique du Sud du nom de Kamal Amin Taabet. Depuis son appartement de Damas, il a transmis à Israël des renseignements sans prix pendant cette période. Il fut démasqué et pendu par les Syriens en mai 1965. Le récit le plus détaillé qui existe des exploits de Cohen est *The Shatterred Silence (Le Silence rompu)* écrit par Zwy Aldouby et Jerrold Ballinger, Lancer Books, 1971.

13. Dans *The Spymasters of Israel (Les maîtres-espions d'Israël)*, Stewart Steven raconte comment deux ou trois agents israéliens envoyés en Europe ont été signalés à la police locale comme personnes suspectes, à cause de leur incapacité à se fondre dans le paysage. « Ayant passé toute leur existence dans des kibboutz, n'ayant jamais mis les pieds, et encore moins vécu, dans un grand hôtel, ils y étaient complètement perdus. » C'est dans ce contexte que Steven rapporte comment Isser Harel, le premier grand responsable (*memune*) du Mossad, se vit contraint, non sans rechigner et commettre quelques erreurs, d'inclure les « bonnes manières » dans le programme d'entraînement des agents secrets envoyés à l'étranger (p. 115). Harel lui-même était un Galicien typique, ce qui ne diminue en rien ses mérites en tant que l'un des plus grands maîtres-espions de ce siècle.

14. Changer de nom est une coutume israélienne encore loin d'être complètement perdue. Les nouveaux immigrants hébraïsent rapidement leur nom, tandis que d'autres se choisissent de nouveaux noms avec presque autant de facilité qu'on change de chemise, prenant ceux de qualités qu'ils admirent ou aimeraient posséder. C'est même devenu un sujet de plaisanterie : le registre d'état civil israélien devrait s'appeler, dit-on le *Who was Who (Qui était qui*, par comparaison avec le célèbre *Who's Who – Qui est qui. (N.d.T.)*

15. Al-Saïqua (Tonnerre), Septembre Noir, Al Fatah, Front démocratique pour la libération de la Palestine, Front populaire pour la libération de la Palestine, Juin Noir, Jeunesse arabe nationale pour la libération de la Palestine, etc., sont tous des groupes et des sous-groupes appartenant à la structure complexe et toujours en train de changer de l'Organisation de libération de la Palestine (OLP). À des degrés divers tous sont plus ou moins d'inspiration marxiste, sans pour autant accepter automatiquement l'interprétation du « socialisme scientifique » dans ses moindres détails, et telle qu'elle émane du Kremlin. Tous considèrent qu'une certaine forme de terrorisme est acceptable pour combattre Israël. Bien que coopérant fréquemment les uns avec les autres dans leur combat contre « l'impérialisme occidental » et Israël, ils se servent aussi des méthodes terroristes pour régler leurs diffé-

rends internes. La table reproduite dans l'annexe 1, tirée de l'ouvrage d'Avrini Yaniv, *PLO : A Profile* (Groupe d'étude universitaire pour les Affaires du Moyen-Orient, université d'Israël, 1974), représente la structure d'organisation des fedayin telle qu'elle existait au cours de la période de ce récit.

16. Le Dr George Habache, souvent mentionné comme « dentiste », a obtenu son doctorat à l'université américaine de Beyrouth. En tant qu'Arabe chrétien, né à Lod (Lydda à l'époque), il était logique pour Habache de pencher pour une théorie marxiste de libération de la Palestine, plutôt que de mettre l'accent sur la religion. Le FPLP est issu d'une organisation plus ancienne fondée par George Habache, Haraka (Haraka al-Kuamiyyin al-Arab), le Mouvement nationaliste arabe. Le FPLP se montra d'emblée beaucoup plus à gauche que le Fatah de Yasser Arafat (ce qui par comparaison valut au Fatah une réputation de modération que rien ne justifiait), même si deux ans à peine après sa formation, des groupes encore plus extrémistes et militants s'en séparèrent, tels le Front populaire d'Ahmed Jibril, le Front populaire démocratique de Nayef Hawatmeth. Ce dernier s'est surtout fait remarquer par son manque de popularité et de démocratie, et on estime qu'il n'a jamais compté plus de trois cents membres. Pour davantage de détails sur le FPLP et le Dr George Habache, voir l'ouvrage d'Edgar O'Ballance, *op. cit.*

Dans son ouvrage (*Le Réseau de la terreur, Enquête sur le terrorisme international*, Lattès, 1981), Claire Sterling prétend que George Habache se serait laissé persuader de prendre une stature « internationale » en 1967 par le riche éditeur-play-boy Giangiacomo Feltrinelli, et que « c'est avec l'argent de Feltrinelli que Habache envoya son premier commando en Europe occidentale en 1968 ». S'il en est bien ainsi, il n'y a pas besoin de chercher beaucoup pour trouver la main des Soviétiques là-dessous. En dépit d'une personnalité trop instable pour que l'on puisse se fier à lui, on sait que nombre des idées de Feltrinelli lui ont été soufflées par le KGB via les services secrets tchécoslovaques.

Le Dr Wadi Haddad, un autre Arabe chrétien, était le fils d'un lettré arabe très connu. En 1952, il ouvrit un cabinet médical en collaboration avec le Dr Habache à Amman (Jordanie). D'après Edgar O'Ballance, (*op. cit.*, p. 60) les deux médecins avaient la réputation « de glisser des prospectus de propagande avec leurs ordonnances ». Homme prudent et excellent organisateur d'après tous les témoignages, Haddad resta le chef d'opération de Habache et son second pendant quelques années. Après leur rupture, il continua d'organiser quelques-unes des actions terroristes les plus spectaculaires des années 1970, jusqu'à sa mort.

Comme cela a déjà été remarqué, il n'est pas sans intérêt de souligner que trois des terroristes palestiniens parmi les plus radicaux et militants, Habache, Haddad et Hawatmeh, ne sont pas musulmans. C'est sans doute ce qui explique que tous trois se soient plutôt inspirés du marxisme que des conceptions religieuses du Jihad – la Guerre sainte – contre Israël. Il s'agit là peut-être d'un facteur supplémentaire dans l'inimitié qui règne entre eux et les factions musulmanes du combat palestinien. En 1970, par exemple, le Dr Haddad et sa famille n'échappèrent que de justesse à la mort, lorsque le Fatah lança des roquettes sur leur appartement de Beyrouth – même si Haddad accusa ensuite le Mossad.

17. L'une des raisons qui ont fait que l'assassinat des onze athlètes a eu davantage d'impact sur l'opinion publique israélienne que le meurtre d'un bien plus grand nombre de personnes tout aussi innocentes (comme à l'aéroport de Lod) tient peut-être à ce que, d'une autre manière que les hommes politiques, les sportifs de haut niveau représentent un pays. A peut-être également joué la gaffe d'un porte-parole officiel du gouvernement ouest-allemand annonçant un peu après minuit la reddition du commando et le sauvetage de tous les otages, ce qui ne fit qu'augmenter le sentiment de colère et de frustration des Israéliens, le jour suivant, quand la vérité fut connue. Les Israéliens doutèrent même que les terroristes survivants fussent jamais présentés aux tribunaux par les Allemands. Ils avaient raison : quelques semaines plus tard, deux terroristes de Septembre Noir détournaient un 727 de la Lufthansa entre Damas et Francfort. Moins de vingt-quatre heures après, les autorités allemandes échangeaient les trois fedayin capturés à Munich contre l'appareil alors posé à Zagreb en Yougoslavie, et ses passagers.

18. D'après mes informations, les commandos de choc n'étaient pas l'émanation de l'Escouade 101 d'Ariel Sharon comme on l'a souvent écrit, sauf à la rigueur dans un sens historique. L'escouade originale d'Ariel Sharon était d'ailleurs elle-même issue d'organisations antiterroristes plus anciennes encore. Toujours est-il que le personnel comme l'organisation des équipes mises sur pied après Munich, à l'époque du général Zamir, étaient entièrement nouveaux. Si, d'après mes sources, le général Ariel Sharon était bien présent lors de la rencontre dans l'appartement de Golda Meir, cette présence n'avait qu'une valeur symbolique, n'ayant pour but que de renforcer le moral de l'agent. Les hommes de l'Escouade 101 auraient été beaucoup trop âgés, en 1972, pour remplir une telle mission.

19. Il peut paraître un peu tiré par les cheveux de prétendre que le fait qu'il n'y ait pas de peine de mort en Israël a peut-être coûté la vie à Eli Cohen ; ce n'est pourtant pas complètement exclu. Lorsque Israël offrit en effet de l'échanger contre des agents syriens qui avaient été pris, les Syriens auraient refusé, sous prétexte qu'il s'agissait pour eux d'un marché de dupes : Cohen risquait sa vie à Damas, tandis que les agents syriens risquaient tout au plus une longue peine de prison.

20. Il semble qu'au cours de la nuit du 21 juin 1965, un commando israélien de quatre hommes se soit introduit dans le cimetière juif de Damas pour tenter de récupérer le cadavre d'Eli Cohen. Ils réussirent à déterrer le cercueil, et à le charger dans un camion ; et ils étaient sur le point de franchir la fron-

tière libanaise lorsqu'ils furent repérés. La patrouille syrienne n'arriva pas à les intercepter, mais dans sa fuite, le commando fut obligé d'abandonner le corps de Cohen. Cet incident est décrit par Alboudy et Ballinger, *op. cit.*

21. Les hésitations éprouvées en Israël sur l'opportunité d'assassiner quelqu'un comme Kanafani n'étaient pas liées à des doutes sur son rôle comme leader du terrorisme. Étant donné les rôles d'écrivain, d'intellectuel et d'agent de presse qu'occupe ce genre d'homme, ils se créent des liens personnels voire des liens d'amitié avec les journalistes occidentaux et les personnes influentes, et souvent ne manquent pas de charme : si bien que le Mossad est en droit de redouter les effets négatifs engendrés par leur suppression violente. Mis à part les regrets éprouvés pour la mort de sa petite-nièce, il n'y a là aucun doute d'ordre moral, seulement des doutes sur l'efficacité de la manière forte. Doutes qui n'empêchèrent pas le Mossad d'envoyer une lettre explosive à Bassam Abou Sharif, le successeur de Kanafani au poste de porte-parole du Front populaire ; Sharif échappa à l'attentat, mais resta complètement défiguré.

22. La réponse est aujourd'hui connue ; il y avait plusieurs groupes ayant les mêmes *mechablim* pour cibles. Cette pratique, avec ses inconvénients et ses avantages, n'est pas sans précédents historiques. C'est ainsi que les Allemands, pendant la Seconde Guerre mondiale, ont envoyé deux commandos différents, l'un des services secrets de l'Abwehr, l'autre du Sicherheitsdienst, pour tenter d'assassiner les chefs alliés à Téhéran. (Voir *Hitler's Plot To Kill The Big Three*, par Laslo Havas, Cowles, Cambridge, Mass., 1969.)

23. D'après Dobson et Payne (*The Terrorists, Facts on file*, New York, 1979, p. 132) les Italiens esquivèrent la responsabilité d'avoir à juger les Palestiniens qui donnèrent leur nom, comme Ahmed Zaid Adnam et Ali Ashan, en leur accordant la liberté sous caution sous prétexte que leur bombe était insuffisante « pour détruire un appareil de ligne ». Mais les Italiens ne sont pas les seuls à se montrer faibles. D'après O'Ballance (*op. cit.*, p. 185), Moshé Dayan, alors ministre de la Défense, aurait dit en 1973 : « Sur les 110 terroristes jusqu'ici capturés un peu partout dans le monde, 70 ont été relâchés après un temps d'incarcération très court. Nous ne savons pas quel a été le prix de leur rançon, ni quels engagements secrets ont été pris avec eux par les États. » Dayan n'exagérait pas si l'on en croit la lettre envoyée en 1978 par Aldo Moro, le Premier ministre italien, alors qu'il était prisonnier des Brigades rouges et sur le point d'être assassiné : « On a concédé la liberté (accompagnée de mesures d'expulsion) aux Palestiniens, pour éviter d'avoir à subir des représailles graves. Pas une fois, mais souvent, les Palestiniens détenus ont été libérés, par divers procédés. Le principe en était accepté… » C'est ce qu'écrivait depuis sa prison Aldo Moro au gouvernement italien pour le convaincre de relâcher des terroristes des Brigades rouges en échange de sa vie. Après tout, comme il le dit lui-même, le prin-

cipe était accepté : mais il ne le fut pas en 1978, et Aldo Moro fut abattu. (Cité par Claire Sterling, *op. cit.*)

24. Plusieurs ouvrages mentionnent l'assassinat de Zwaiter sans donner de détails. L'un des rares qui en donne, celui de Tinnin et Christensen (*op. cit.*), est en désaccord sur plusieurs points avec mes propres renseignements. D'après les deux auteurs, le général Zvi Zamir aurait assisté à l'attentat depuis une voiture garée à proximité. Si cela est vrai, mes informateurs l'ignoraient complètement. Leur commentaire le plus tendre face à cette affirmation fut « C'est absurde », à l'idée que le chef du Mossad aurait pu s'exposer aussi inutilement. D'après Tinnin et Christensen, la voiture de fuite aurait été garée Via Bressanone, à environ trois cents mètres des lieux de l'attentat ; la distance est à peu près exacte, mais pas l'emplacement de la voiture, d'après mes propres sources. (Carl aurait eu la possibilité de déplacer ce véhicule avant sa découverte par la police, mais la chose n'est guère probable.) La voiture de fuite n'était pas garée devant l'entrée C, mais un peu plus loin, et si une femme blonde s'y est bien trouvée assise pendant un certain temps, elle n'y était plus quand les deux hommes sont ressortis leur coup fait. On dirait bien que cette « jeune femme blonde » ait excité l'imagination des témoins, car on la retrouve dans la voiture en fuite d'après Steven (*op. cit.*) et O'Ballance (*op. cit.*). Zwaiter revenait de chez sa maîtresse, d'après mes sources, et non *avec* elle, comme l'écrit O'Ballance. À la manière dont je comprends les choses, le commando ne se serait pas rendu directement à l'aéroport pour prendre un vol partant à minuit, comme dans Tinnin et Christensen, et son séjour à Rome a largement dépassé les cinq heures. L'affirmation de Steven, « les assassins, bien que formés et entraînés par le Mossad, n'étaient pas des officiers de renseignements employés par l'institut », correspond d'un point de vue technique à ce que j'ai appris.

25. « Robert » a apparemment ramassé une douille éjectée, même s'il n'a pu la retrouver plus tard dans sa poche, concluant qu'il l'avait laissée tomber dans le véhicule de fuite. Ce pourrait être la cartouche décrite par Tinnin et Christensen, bien qu'ils parlent d'une qui n'aurait pas été tirée.

26. Si la Belgique joue toujours un rôle dans le trafic d'armes prohibées, celui-ci n'est pas actuellement comparable à ce qu'il était avant la Deuxième Guerre mondiale. Les pays du bloc soviétique, ou des pays du Moyen-Orient comme la Libye ainsi que certains États africains et des pays dits « non alignés » comme la Yougoslavie ou Cuba sont devenus des fournisseurs d'armes beaucoup plus importants, ne serait-ce qu'en tenant la rôle d'intermédiaires.

Il faut ajouter que la nature de ce négoce illicite a beaucoup changé ; actuellement, si la possession est illégale de la part de celui qui est en bout de chaîne, les vendeurs sont pratiquement toujours contrôlés par les gouvernements. En ce sens, les USA, l'Afrique du Sud, la France et Israël contribuent à l'existence du marché noir de l'armement, quoique sans doute pas à la même échelle que les pays de l'Est, et pas toujours dans le cadre d'une politique.

27. Loin de moi l'idée de prétendre que depuis le début des années 1960, tous ceux qui ont fumé de l'herbe, se sont opposés à la guerre du Viêt Nam, ont dénoncé la pollution, demandé salaire égal à travail égal pour les femmes, ou essayé de sauver les espèces en voie de disparition et bien d'autres choses encore, volaient consciemment ou non au secours des intérêts politiques de l'Union soviétique. Je dirais plutôt que : 1. chacun de ces mouvements, pris individuellement, a servi de point sensible à d'infimes mais violentes minorités pour déstabiliser les sociétés occidentales ou changer leur nature en provoquant des mesures répressives, selon la bonne vieille tactique communiste ; et que 2. des minorités numériquement plus importantes les ont rejointes dans la croyance que le problème particulier qu'elles dénonçaient était le résultat d'un complot ourdi par la société capitaliste, ou de la structure de la société capitaliste.

Cette attitude a créé en Occident un climat tel, en particulier entre 1965 et 1975, que les décisions politiques majeures ont dû systématiquement tenir compte des pressions exercées par ces groupes, même si ce faisant, elles portaient préjudice à la majorité de la société occidentale prise dans son ensemble. Parlant des conséquences des efforts d'un seul de ces groupes, celui des écologistes, Paul Johnson écrit, dans son livre *Ennemies of Society* : « On ne connaîtra jamais, en terme de malheur humain et de morts, les effets économiques précis du coup fomenté par le groupe de pression écologiste… Le seul bénéficiaire réel a été l'État totalitaire paradigmatique, l'Union soviétique, qui a vu son prestige s'accroître, ainsi que son pouvoir militaire et politique réel, tandis que fondait la richesse de l'Occident et que sa confiance en soi s'évaporait. »

28. « J'ai toujours trouvé extrêmement frappant que ces groupes de terroristes, parmi lesquels se trouvent des anarchistes qui détestent tout autant l'Union soviétique que les pays capitalistes occidentaux, ne se soient pratiquement jamais attaqués à des objectifs soviétiques. Il s'agit là à mon sens d'une preuve supplémentaire de l'influence et du contrôle qu'elle exerce en sous-main sur ces mouvements. » (Richard Pipes, professeur d'histoire à Harvard, dans *The Jonathan Institute's report*, p. 14.)

29. Rien ne montre plus clairement le peu de cas que l'Union soviétique peut faire de l'idéologie que le soutien qu'elle accorde à des groupes terroristes néonazis, directement ou par pays satellites interposés, s'ils offrent une chance de déstabilisation de l'Occident.

30. Lorsque j'écris que ce « rôle ne fut plus un secret pour personne », j'entends par là que l'information était disponible et qu'il lui arrivait même d'être imprimée dans des revues savantes et spécialisées.

C'est pratiquement sans exception que les publications de masse ont évité de toucher à ce sujet avant la fin des années 1970 ; et je sais, pour l'avoir personnellement vécu, que certains éditeurs pouvaient accuser un auteur d'orienter les faits, ou d'avoir une mentalité « guerre froide », quand ils proposaient des documents montrant le rôle joué par la Russie dans le terrorisme international. D'où le nom de « conspiration du silence » lancé à ce propos par le journaliste Robert Moss à la conférence de Jérusalem de 1979.

31. Claire Sterling (*op. cit.*) signale l'exemple de Libero Mazza, préfet de Milan, qui avait dénoncé le départ pour la Tchécoslovaquie de jeunes Italiens que l'on entraînait au combat de guérilla : « Son rapport a été enterré et il a perdu sa réputation... il fut tenu par la presse de gauche comme un indécrottable réactionnaire, ou pire. » Remarquons que ceux qui ont contribué à enterrer le rapport de Mazza ont depuis également enterré un certain nombre des leurs – dont finalement Aldo Moro – au fur et à mesure que les jeunes Italiens entraînés dans les camps en question revenaient en Italie appliquer leur savoir-faire.

32. Les services secrets allemands et suisses connaissaient bien Lenzlinger, qu'ils décrivaient comme un « Feltrinelli au petit pied », bien qu'il n'ait jamais été accusé formellement du moindre délit. Il mourut en 1976, dans des circonstances mystérieuses.

33. Le terrorisme revient cher : en 1975, les estimations du budget du seul Fatah pour ce poste allaient de 150 millions de dollars (de source israélienne) à 240 millions de dollars (de source syrienne). La Russie soviétique, régulièrement à court de devises étrangères fortes, a toujours répugné à dépenser ses précieux dollars pour les terroristes étrangers, car elle n'en a que trop besoin pour ses propres services d'espionnage et pour le KGB.
En revanche, elle ne néglige pas l'occasion de gagner de ces mêmes devises grâce à des ventes d'armes. La plupart des fonds du terrorisme proviennent en réalité des pays arabes producteurs de pétrole comme la Libye, des « impôts » prélevés sur les Palestiniens travaillant dans ces pays, de riches sympathisants comme Feltrinelli, ou encore de collectes qui se retrouvent dans la poche des terroristes mais sont lancées sous des prétextes humanitaires (aide aux réfugiés, etc.) et font appel à l'ensemble de la population. (Dobson & Payne signalent que l'IRA a ainsi raflé six cent mille dollars aux Irlando-Américains en organisant des danses et des soirées irlandaises.) La dernière mais pas la moindre des ressources du terrorisme est enfin l'attaque de banque et les demandes de rançon, méthodes favorites des groupes allemands, italiens et sud-américains.

34. Voir également Serge Groussard, *op. cit.*

35. On apprit plus tard, ce qui n'était pas sans ironie, qu'Ali Hassan Salameh et Abou Daoud s'étaient trouvés à Genève au cours des derniers jours de septembre 1972, au moment où l'équipe tenait sa première réunion à l'*Hôtel du*

Midi. La ville n'étant pas immense, ils auraient très bien pu se rencontrer par hasard.

36. Le Dr Ami Shachori, attaché d'ambassade pour l'agriculture, se trouvait à son bureau le 19 septembre 1972. Un éclat de bois du meuble causa la blessure fatale.

37. Hamshari resta entre la vie et la mort encore pendant un mois, pour finalement succomber à ses blessures le 9 janvier 1973.

38. Pendant quelques années, Chypre a servi de centre opérationnel pour les activités terroristes arabes patronnées par le KGB. Au point que le président Makarios déclara, en avril 1973, que « Chypre a ses propres problèmes ; nous ne voulons pas que notre territoire devienne le champ de bataille du conflit israélo-arabe » (cité par O'Ballance, *op. cit.*, p. 194).
À cette date, on comptait déjà une demi-douzaine d'assassinats et autant de tentatives de détournement d'avion, dus aux Arabes et aux Israéliens, sur le territoire chypriote. Le KGB finit par installer son centre de liaison à Damas, mais Chypre continua à servir de « champ de bataille », sans doute en partie du fait de sa situation géographique. L'incident le plus tragique eut lieu en février 1978, lorsque des terroristes palestiniens, qui venaient d'assassiner un journaliste égyptien, atterrirent à Nicosie dans un avion détourné. L'Égypte envoya un commando pour s'emparer des terroristes, mais, vraisemblablement à cause d'une erreur de liaison entre les soldats d'élite égyptiens et la Garde nationale chypriote, la fusillade fit quinze morts parmi les Égyptiens.

39. D'après mes sources, l'enveloppe contenait mille dollars en liquide. S'il est bien vrai, comme l'écrit Richard Deacon que « al-Chir ait été financé par le KGB », la modestie de la somme souligne bien la parcimonie dont les Russes faisaient preuve dans ce domaine.

40. Étant donné que la tâche principale d'un agent secret consiste à fournir des renseignements à son pays, s'en abstenir volontairement est en toutes circonstances une faute grave. Ce qui n'empêche pas l'histoire des services secrets d'offrir de multiples exemples de renseignements intentionnellement mis sous le boisseau, à un niveau ou un autre de la hiérarchie. Les raisons peuvent varier, et vont de la simple négligence à des considérations tactiques en vue de favoriser son avancement personnel dans la bureaucratie ; un agent préférera souvent augmenter son crédit en accomplissant une tâche qu'en risquant de la voir confiée à quelqu'un d'autre.
Il existe une autre raison : quand les données recueillies sont en contradiction avec l'hypothèse favorite ou la philosophie d'un département, il leur arrive d'être purement et simplement supprimées. Avant la guerre du Kippour, un jeune officier du nom de Siman Tov, appartenant aux services de renseignements militaires du sud, proposa une analyse de situation qui

prouvait que les Égyptiens se préparaient à déclencher les hostilités. D'après l'enquête publique de la commission Agrant, menée après la guerre, ce rapport n'alla pas plus loin que le bureau du supérieur hiérarchique de Tov. Cet exemple n'a rien d'exceptionnel.

Aussi scandaleux que la chose puisse paraître, il n'y a pourtant rien d'étonnant à ce que l'équipe ait envisagé de ne pas transmettre les renseignements qu'elle avait recueillis sur Beyrouth ; on doit même mettre à leur crédit qu'elle ait fini par le faire.

41. C'est ainsi que le premier mars 1973, les terroristes de Septembre Noir abattirent deux diplomates américains et un chargé d'affaires belge durant une prise d'otages à l'ambassade d'Arabie Saoudite à Karthoum. L'agent du Mossad Baruch Cohen fut tué à Madrid en janvier. Et pendant la même période, Septembre Noir lança une tentative de sabotage sur le camp de réfugiés de Schönauschloss, en Autriche, par où transitent les juifs venus d'URSS.

42. À cette époque, il y avait une réunion régulière de tous les patrons du Mossad tous les jeudis.

43. La célébrité de Tannous et Halesh tenait sans doute davantage à leur silhouette qu'à leurs exploits. Ces deux anciennes infirmières chrétiennes arabes détournèrent, avec deux camarades masculins, un appareil belge qu'elles obligèrent à se rendre en Israël ; là le commando terroriste demanda la libération de prisonniers palestiniens détenus par les Israéliens en échange de l'appareil et de ses passagers. Une unité d'élite israélienne attaqua, tuant les deux hommes du commando et faisant les deux femmes prisonnières. Les deux ravissantes infirmières furent condamnées à la prison à vie en 1972.

44. La plupart des sources associent al-Koubaisi avec le FPLP de George Habache plutôt qu'avec l'organisation d'Arafat, al-Fatah, c'est-à-dire Septembre Noir. Mes informateurs font la même analyse. Étant donné que le massacre des athlètes de Munich est une opération qui a été mise sur le compte de Septembre Noir, le fait d'inclure al-Koubaisi dans la liste montre bien qu'il s'agissait bien plus, pour Israël, de contrecarrer les actions terroristes d'une manière générale, plutôt que de venger uniquement ses athlètes.

45. L'idée que faire face à sa victime diminue l'impact moral du geste est commune à beaucoup d'assassins politiques. Interviewé par un réseau canadien, un phalangiste ayant participé aux massacres de Sabra et Chatila pendant l'été 1982 insistait beaucoup sur le fait qu'il n'avait jamais tiré dans le dos de personne. L'acte était évidemment moins répréhensible à ses yeux, pour avoir été commis de cette façon. Il est possible que des meurtriers non politiques ressentent quelque chose d'équivalent, mais j'ignore si des recherches ont été menées sur ce sujet.

46. Dans leur livre *Le Prince rouge*, Fayard, 1984, les auteurs israéliens Michael Bar-Zohar et Eitan Haber prétendent que l'assassinat de Koubaisi aurait été retardé d'une vingtaine de minutes ; selon eux, une prostituée en voiture l'aurait cueilli presque au moment où il allait être abattu et les assassins auraient décidé de l'attendre au même endroit, en espérant qu'elle le ramènerait là, ce qui se serait en effet produit. C'est une excellente scène de roman, mais elle ne correspond pas à ce que j'ai appris de mon côté.

47. Les témoins ne suivirent personne ; ils ne remarquèrent même pas la présence de Robert, qui s'était arrêté de l'autre côté de la rue au moment de la fusillade. Tous les témoignages publiés dans les journaux concordent pour parler de deux assassins. (Voir *Le Figaro* du 7 avril 1973.)

48. Edgar O'Ballance signale qu'un Français du nom de François Rangée aurait été condamné à mort en 1974 par un tribunal de Beyrouth pour avoir collaboré avec le commando israélien. Mes sources n'ont aucune information là-dessus. Le Groupe mit un terme à sa coopération avec l'équipe d'Avner après l'attaque de l'OLP à Beyrouth, mais tous les participants à l'opération auraient été évacués immédiatement après le coup par les Israéliens.

49. Les sources ne sont pas toutes d'accord sur le nombre d'Israéliens tués et blessés, mais les différences ne sont pas importantes. D'après certaines d'entre elles, les hélicoptères n'auraient pas été prévus dans le plan initial ; le besoin se fit sentir de les employer pour évacuer les morts et les blessés israéliens ainsi qu'une énorme quantité de documents trouvés au quartier général de l'OLP. Selon cette version des faits, l'idée originale aurait été de garder secrète l'intervention israélienne, et de faire croire qu'il s'agissait d'un règlement de compte entre factions palestiniennes rivales. La nécessité de faire intervenir les hélicoptères aurait rendu ce projet caduc.

D'après mes informations, la supercherie prévue se limitait à s'arranger pour que les Libanais n'interviennent pas en leur faisant croire à cette version, au moins le temps du raid israélien.

50. Le raid sur Beyrouth a été analysé en détail dans d'autres ouvrages. La seule chose qui mérite peut-être d'être ajoutée est celle-ci : dans certaines circonstances, de petites opérations de commando peuvent être d'une redoutable efficacité. Ce raid a été un coup presque aussi dur pour l'OLP que l'invasion du Liban neuf ans plus tard. Résultat obtenu, qui plus est, à un coût infiniment plus réduit, non seulement en argent et matériel, mais surtout en vies humaines, civiles notamment. Certes, les avantages retirés du raid de Beyrouth furent de courte durée ; mais la pérennité de ceux de l'invasion de 1982 est loin d'être assurée.

51. Le correspondant du KGB à Athènes n'avait aucune raison de vouloir garder secrets ses contacts avec Mouchassi, selon toute vraisemblance. Il n'est

pas inutile de répéter que, tout en faisant des déclarations publiques de désapprobation dans le cas de certaines actions terroristes comme le massacre de Munich, l'Union soviétique s'efforçait moins de cacher le rôle qu'elle jouait en tant que soutien du terrorisme que le faisaient alors la presse et les gouvernements occidentaux qui s'autocensuraient, obnubilés par la détente.

En revanche – mais la question est totalement différente – le KGB ne souhaitait certainement pas entrer en confrontation directe avec le Mossad, comme le Mossad n'aurait pas voulu se heurter au KGB. Aucune équipe, par exemple, n'aurait envisagé d'assassiner un terroriste de l'OLP tandis qu'il était dans la voiture de l'agent soviétique.

52. Alors que toutes les sources que j'ai consultées sont dans l'ensemble d'accord sur les principales caractéristiques des actions antiterroristes menées par le Mossad, les rapports que j'ai pu trouver sur l'assassinat de Mouchassi sont très contradictoires. Richard Deacon, par exemple, le situe à Chypre, le 9 avril (*op. cit.*, p. 256). Steven pour sa part parle du 7 avril, également à Chypre, et va jusqu'à supposer que l'attaque sur la résidence de l'ambassadeur Timor constituait une revanche pour la mort de Mouchassi (*op. cit.*, p. 326). Mais on ne voit pas comment les Palestiniens auraient pu vouloir venger une mort qui ne devait avoir lieu que trois jours plus tard. Edgar O'Ballance donne les mêmes dates et lieux que moi (Athènes, le 12 avril) mais un autre nom pour la victime (*op. cit.*, p. 178). Je n'ai rien trouvé sur un agent soviétique du KGB qui aurait été assassiné ou blessé ce même jour.

53. D'après Richard Deacon, c'est Boudia en personne qui aurait été responsable de la mort de Cohen (*op. cit.*, p. 256). Les autres sources que j'ai consultées ne vont pas si loin, que ce soit à propos du rôle joué par Boudia ou des raisons qui ont conduit Cohen en Espagne. D'une manière générale les deux hommes se poursuivaient mutuellement dans le cadre de la guerre clandestine qui règne entre les agents de la terreur et du contre-terrorisme ; rien ne prouve cependant qu'ils se cherchaient spécifiquement l'un l'autre, le jour de la mort de Cohen, en janvier 1973.

54. Pour un récit détaillé de la carrière de Feltrinelli, voir l'ouvrage de Claire Sterling (*op. cit.*). On trouvera là un portrait inoubliable de l'inquiétant play-boy révolutionnaire.

55. Voir *Le Figaro* du 29 juin 1973. Les informations contradictoires sur les mouvements de Boudia le matin de sa mort et la nuit précédente n'ont fait que contribuer à la confusion générale. D'après Dobson & Payne (*The Carlos Complex*, p. 25) la Renault de Boudia aurait été garée toute la nuit rue des Fossés-Saint-Bernard et, «pour une raison obscure, une autre des amies de Boudia a raconté à la police qu'elle avait passé la nuit avec lui de l'autre côté de Paris».

D'après mes informations, cette femme aurait bien dit la vérité à la

police ; Boudia a passé la nuit rue Boinod, dans le dix-huitième arrondissement, pour ne se rendre qu'au matin (tôt, il est vrai) rue des Fossés-Saint-
Bernard, où il laissa sa voiture avant de se rendre chez une autre femme
vivant à proximité. C'est à ce moment-là que fut installée la bombe ; et c'est
lorsqu'il revint de chez cette deuxième personne que l'attentat eut lieu.

56. « Je ne peux promettre que les terroristes nous laisseront vivre en paix. Mais
je peux vous promettre, et c'est ce que je fais, que le gouvernement d'Israël
tranchera la main de ceux qui veulent trancher la vie de nos enfants. » Telles
sont les paroles exactes de Golda Meir, citées par O'Ballance (*op. cit.*,
p. 233). Elles furent prononcées pour répondre à Naif Hawatmeh, le chef du
Front démocratique populaire, après qu'il eut revendiqué l'atroce massacre
de vingt-deux enfants israéliens à Maalot. Il n'est pas sans intérêt de noter
que le point de vue de Golda Meir, qui commença par s'opposer aux
mesures de contre-terrorisme, par crainte d'erreurs toujours possibles et de
problèmes diplomatiques, mais aussi pour des considérations de conduite
civilisée, évolua d'une manière assez radicale, lors des dernières déclarations qu'elle fit sur la question. Elle aurait dit devant la Knesset, après le
raid de Beyrouth : « C'était merveilleux. Nous avons tué les assassins qui
s'apprêtaient à frapper de nouveau. » (Cité par Tinnin, *op. cit.*, p. 96.)

57. Néanmoins une rumeur sinistre, probablement sans fondements, prétend
que le meurtre d'Alon aurait été le résultat de luttes intestines dans la hiérarchie israélienne du pouvoir. Je considère cette rumeur comme fausse,
mais davantage parce qu'il n'y a jamais eu le moindre indice tendant à faire
penser que des Israéliens auraient pu s'assassiner entre eux, que parce que
les Palestiniens ont revendiqué le coup ; nombre de factions palestiniennes
(et peut-être même les Israéliens) ont l'habitude de revendiquer ainsi des
attentats qu'elles n'ont pas commis. Attitude logique si l'on se base sur le
principe « en tuer un pour en effrayer cent ». Si le but réel est de glacer de
peur le cœur de son adversaire, on peut tout aussi bien y arriver en « volant »
ainsi des attentats. Toutefois la rumeur concernant Alon ressemble davantage à une tentative d'intoxication.

58. Alors qu'il se faisait passer pour un sympathisant de la bande Baader-Meinhof, Avner avait dormi deux nuits dans la même planque que Carlos, au
printemps 1973. Cette planque était une sorte de communauté située à
Paris, rive gauche, où toutes sortes de gens, pour la plupart des hippies, des
simples sympathisants et des groupies, n'arrêtaient pas d'arriver et de repartir, personne ne posant de questions à personne. Avner bavarda même avec
Carlos, mais sans trouver sa conversation particulièrement intéressante, et il
le prit pour un quelconque anarchiste ne présentant aucun intérêt pour Israël.

59. Leurs noms étaient Abdel Hadi Nakaa et Abdel Hamid Shibi d'après Deacon (*op. cit.*, p. 262). D'après d'autres sources, l'explosion n'aurait pas été
due à des agents israéliens, et la police de Rome l'aurait attribuée à des

détonateurs instables. (O'Ballance, *op. cit.*, p. 225). Bien entendu, les auto-rités italiennes préféraient de beaucoup pouvoir fermer un dossier par un non-lieu en attribuant une cause accidentelle à l'attentat, outre de ne pas avoir à faire d'investigations délicates, cela leur épargnait d'éventuelles complications d'ordre diplomatique. Comme je l'ai déjà fait remarquer, néanmoins, aucun des deux côtés ne répugnait à s'attribuer des attentats, voire des accidents, qui étaient en réalité le fait de l'adversaire ; mes sources ne m'ont affirmé qu'une chose, à savoir qu'ELLES n'avaient rien à voir avec ce qui s'était passé en juin 1973 à Rome ; et qu'à l'époque elles ont cru que l'opération avait été menée par une équipe de contre-terrorisme du Mossad. Peut-être ne saura-t-on jamais la vérité.

60. Tinnin et Christensen, dont les informations sont souvent en contradiction avec mes propres renseignements, donnent cependant un compte rendu fas-cinant du fiasco de Lillehammer, dans leur ouvrage *La Vengeance de Munich*. Nombre d'importants détails ont indiscutablement un air d'authen-ticité. Il y a cependant des exceptions, comme la présence d'une femme dans le commando, hautement improbable d'après mes informateurs, ou encore plus celle du général Zvi Zamiar, le patron du Mossad, en Norvège à l'époque de l'opération, que mes sources qualifient de « conte de fées ».

61. Les vers tirés du poème de Nizar Qabbani proviennent de son ouvrage *Political Works (Œuvres politiques)*, publié en 1974 et cité par Kedourie et Lewis dans *Islam and the Arab World (L'Islam et le monde arabe)*. Les autres extraits ont été empruntés à une anthologie, *Enemy of the Sun : Poetry of Palestinian Resistance (Ennemi du soleil : la poésie de la résistance palestinienne)*, éditée par Nasser Aruri et Edmund Ghareet, Drum & Spear Press, New York, 1970.

62. Les extrémistes sionistes n'ont pas hésité non plus à employer l'arme de l'assassinat politique contre des hommes d'État et des diplomates, et ont même commis des actes de terrorisme aveugles à l'encontre de non-com-battants. Il est exact que de nombreux sionistes de tendance modérée ont condamné ces actes sans appel, mais les Arabes nationalistes ont également condamné fermement les terroristes arabes à plusieurs reprises. Il n'en reste pas moins qu'entre 1944 et la fin de 1948, les terroristes sionistes ont assas-siné Lord Moyne, le ministre Résident britannique pour le Moyen-Orient ; le comte Bernadotte, le médiateur de l'ONU ; Rex Farran, le frère de l'offi-cier de renseignements britannique chargé de la lutte antiterroriste, le major Roy Farran (au moyen d'un colis explosif envoyé en Grande-Bretagne) ; et tenté d'envoyer un certain nombre de lettres piégées à plusieurs autres hommes d'État anglais, y compris Clement Attlee, le Premier ministre.

Ils ont également fait sauter l'hôtel du Roi David à Jérusalem, causant la mort de quatre-vingt-onze personnes, parmi lesquelles quinze juifs, et massacrèrent deux cent cinquante-quatre personnes, vieillards, femmes et enfants, dans le village arabe de Deir Yassin. Ces actes de pur terrorisme venaient s'ajouter aux attentats contre les soldats britanniques et leurs installations en Palestine. Il va sans dire qu'en aucun cas ces actes de terrorisme des sionistes ne constituent une excuse pour ceux perpétrés par la suite par les fedayin ; ils montrent par contre que nulle nation, nul mouvement n'est à l'abri des pires excès.

63. Avant la proclamation de l'État d'Israël, Salameh père s'était déjà fait connaître par des exploits comme le meurtre de l'homme d'affaires arabe Ahmed Latif dans la rue principale de Jaffa ; il déterra par la suite son cadavre à plusieurs reprises pour le remettre au milieu de la rue afin qu'il servît d'avertissement à ceux qui auraient eu envie de collaborer avec les juifs. « Ce traître a eu son juste châtiment », lançaient les acolytes de Salameh aux passants, « laissons-le pourrir ici, et que les chiens dévorent son cadavre. » (Relaté par Michael Bar-Zohar dans *Spies in the Promised Land*, Houghton Mifflin, Boston, 1972.)

64. Voir là-dessus Claire Sterling, *op. cit.* On a même avancé l'hypothèse que Salameh aurait non seulement travaillé avec des communistes et des néonazis, mais aussi (quoique de façon assez limitée) avec la CIA, en particulier vers la fin de sa carrière, quand il était responsable de la sécurité du Fatah. S'il reste extrêmement improbable que Salameh ait jamais été un agent de la CIA, ou même ait été employé par la CIA au cours d'opérations ponctuelles, il n'est pas exclu que, habile et sophistiqué comme il l'était, il n'ait pas tenté d'assurer sa sécurité vis-à-vis de ses ennemis israéliens en accordant quelques faveurs à certains agents de la CIA ou à certains diplomates américains. La collaboration de Salameh aurait eu une valeur inestimable pour toute opération américaine de renseignements se déroulant dans le cadre du Moyen-Orient ; la CIA aurait pu renvoyer l'ascenseur en le mettant en garde à temps contre les agents du Mossad. Tout cela, néanmoins, relève de la pure spéculation.

65. Hilarion Capucci, archevêque orthodoxe grec de Jérusalem, passait des armes en contrebande pour le compte de l'OLP. Arrêté en juillet 1974, il fut plus tard condamné à douze ans d'incarcération par un tribunal israélien. Le Mossad avait eu vent du trafic de Capucci bien avant qu'il fût pris la main dans le sac. Et pour sa défense, l'archevêque se contenta de proclamer l'incompétence de la juridiction hébreu et de demander « l'immunité diplomatique ». Aucune Église, par ailleurs, qu'elle fût protestante, catholique ou, comme ici, orthodoxe, n'était à l'abri d'infiltrations par des agents soviétiques, arguant de convergences idéologiques entre le marxisme et la religion.

66. Je n'ai pas trouvé trace de cet incident dans la presse suisse de langue allemande.

67. David Tinnin cite Golda Meir : « Vous ne pouvez me garantir qu'une faute ne sera pas commise un jour ou l'autre ; qu'un jour ou l'autre, l'un des

nôtres ne sera pas pris. Et ce jour-là dites-moi : qu'allons-nous faire ? »
(*Op. cit.*) Si cette remarque semble indiquer plus d'inquiétude pour les
conséquences politiques que pour les éventuels « passants innocents », il est
probable que Golda Meir pensait à ces deux aspects de la question. En fait,
au cours de l'histoire mouvementée d'Israël, des espions et des saboteurs
ont été capturés à plusieurs reprises lors d'opérations à l'étranger. Israël ne
fit rien ; et il ne se passa pas grand-chose. Beaucoup de pays espionnent,
sabotent et emploient la terreur, voient leurs agents se faire prendre, sans
avoir à souffrir de conséquences graves. On expulse de temps en temps
quelques diplomates, et on peut aller jusqu'à échanger des notes furibondes
ou à prendre de légères sanctions d'ordre économique, pendant une période
de temps limitée. Israël n'avait aucune raison de croire qu'elle serait traitée
différemment des autres nations.

68. Quand les choses tournent mal, beaucoup de terroristes de sexe masculin
préfèrent mourir en combattant. Quelques femmes adoptent aussi ce comportement ; mais la plupart, néanmoins, ont assez de bon sens pour abandonner à la dernière minute ou ne pas dégoupiller la grenade qui les ferait
sauter, elles, leurs assaillants et leurs otages. Khaled, Tannous et Halesh
furent prises vivantes alors que leurs compagnons moururent. Je ne connais
pas de cas où l'on aurait capturé un terroriste de sexe masculin vivant, tandis que ses compagnes se faisaient tuer.
   La responsable d'un commando qui avait tenté de détourner un 747 de la
Japan Air Line s'est fait sauter accidentellement dans le bar de l'appareil,
en attrapant son sac qui contenait une grenade (« Elle aurait dû faire davantage attention à sa grenade qu'à son champagne », ironisent peu charitable-
ment mais avec justesse Dobson & Payne, *op. cit.*, p. 176). De fait, si des
terroristes femmes meurent au combat, c'est soit à la suite de blessures
qu'elles se sont infligées elles-mêmes, soit lorsque les forces d'assaut ne
leur ont pas laissé le choix de se rendre.

69. Par égard pour Pépi, il faut reconnaître que bien peu d'hommes seraient
capables de s'accommoder, même mal, d'une vie où ils seraient l'époux
d'un agent féminin de renseignements. Il est notoire, dans les services de
renseignements, que les femmes ne peuvent absolument pas compter sur
le soutien absolu et aveugle de leur conjoint de la même manière que les
hommes. C'est pourquoi, à peu près invariablement, les espionnes sont soit
célibataires, soit en équipe avec leur mari. À la rigueur, elles peuvent avoir
un mari travaillant aussi dans le renseignement, mais c'est tout.

70. Hans n'était peut-être pas tellement paranoïaque. Quelles qu'aient été les
motivations réelles du Groupe et les forces qui le dirigeaient en sous-main,
le KGB pourrait très bien avoir été l'instigateur d'un groupe privé, ressem-
blant à celui de Papa à bien des égards, et qui opéra en France jusqu'en
1978. Officiellement appelé « Aide et Amitié » cet organisme passait pour
donner assistance aux terroristes internationaux.

71. Tel est l'éternel problème de toutes les opérations clandestines. Il est impossible de rechercher des informations sans faire savoir en même temps que l'on est à leur recherche... Il est impossible de rencontrer un informateur sans en être vu. Les précautions que l'on peut prendre ne font que minimiser les risques ; elles ne les éliminent nullement. Pour être parfaitement tranquille un agent devrait... ne rien rechercher ! C'est d'ailleurs la raison pour laquelle existent ces agents que l'on a surnommés des « taupes ». Ils peuvent rester indétectés pendant des décennies pour la simple raison qu'ils ne font rien, et attendent d'être activés par leurs maîtres. Dès l'instant où ils le sont, leur existence comme agent est terminée.

    S'en remettre à des informateurs « réguliers » au lieu d'organisations privées comme Le Groupe ne réduit pas les risques. D'après ce que l'on sait, Baruch Cohen a été tué alors qu'il était assis à une terrasse de café avec un informateur arabe qu'il connaissait ; l'homme mit la main à la poche pour en tirer ce que Cohen pensait être une liste de noms. Mais au lieu de cela, il exhiba un automatique et fit feu par quatre fois (voir Dobson & Payne, *op. cit.*, p. 25).

72. Entre le mois de novembre 1971 et le mois de septembre 1973, Septembre Noir, le groupe responsable du massacre de Munich, revendiqua la responsabilité d'au moins quatorze actes de terrorisme, la plupart en Europe occidentale. Néanmoins, à la fin de l'année 1973, il n'y eut plus une seule opération de Septembre Noir en Europe et une seule en pays arabe : la tentative d'assassinat du roi Hussein de Jordanie à Rabat, le 11 octobre 1974. Il est impossible de dire s'il faut attribuer la cessation des activités de Septembre Noir à la perte de neuf de ses principaux responsables entre octobre 1972 et juin 1973, ou à une décision de stratégie politique interne de l'OLP (cette deuxième hypothèse étant la plus vraisemblable) ; toujours est-il que l'équipe d'Avner pouvait légitimement conclure que la mission avait porté ses fruits – d'autant plus que c'était ce qu'ils avaient envie de croire.

73. Ce genre de conséquences psychologiques est probablement le prix qu'il faut finir par payer pour améliorer sa sécurité lorsqu'on est en mission lointaine, sans contacts réguliers avec la hiérarchie. Ne pas avoir à communiquer diminue les risques d'être repéré, et l'autonomie, dans le cas d'agents de talent, peut améliorer l'efficacité. Ces avantages peuvent être annulés par le sentiment d'insécurité qui peut s'installer, ou par le manque de directives lorsque les choses tournent mal. L'histoire des commandos jetés en terre ennemie est pleine d'exemples de doutes, de pression psychologique insupportable, et de sentiments d'échec ou d'erreur. Ces autocondamnations peuvent être justifiées par les faits, mais elles se produisent également lorsque, d'un point de vue d'observateur impartial, les agents n'ont fait que la seule chose qu'ils pouvaient faire en fonction de la mission.

74. Je n'ai trouvé l'incident relevé nulle part dans la presse espagnole. Comme dans l'affaire de Glarus, des impératifs de sécurité interdisaient de confier

une enquête aux autorités légales du pays. À ce propos, mes sources n'ont accepté de collaborer avec moi qu'à la condition qu'aucune police, qu'aucun service de sécurité ne puissent avoir vent de mon enquête. Le résultat est que certains points de ce récit doivent être pris sur la seule foi d'informateurs qui m'ont par ailleurs prouvé l'excellence de leur mémoire et l'exactitude de leurs souvenirs.

75. Abou Nidal, à la suite en particulier de l'attentat contre l'appareil de la Pan Am à Rome qui, le 17 décembre 1973 fit trente-deux morts parmi les passagers, est devenu le terroriste avec le plus grand nombre de victimes à son crédit. Abou Nidal, renégat de Septembre Noir, et Yasser Arafat, chef d'al-Fatah, se seraient mutuellement condamnés à mort ; mais à l'heure où j'écris ces lignes, aucune de ces deux sentences n'a été exécutée. En 1983, lorsqu'un proche de Yasser Arafat, le Dr Issam Sartaoui, a été assassiné au Portugal, la presse occidentale attribua le meurtre à Abou Nidal, bien qu'Arafat lui-même ait accusé les services secrets israéliens. (Voir *Time* du 25 avril 1983.)

76. Qui n'était plus le général Zvi Zamir, lequel avait pris sa retraite à la fin de 1974, mais le général Yitzhak Hofi. Pour des raisons de sécurité, Israël ne révèle jamais le nom du *memune*, ni de certains autres officiers responsables de la sécurité ou du renseignement. Comme nombre de gris-gris de sécurité, celui-ci a une valeur bien plus théorique que pratique. Si l'identité de ces personnages reste inconnue de l'homme de la rue et des journalistes, elle est rarement un secret pour le KGB ou le réseau terroriste, comme les événements le montrent souvent par la suite.

C'est ainsi que l'espion soviétique Israël Beer, arrêté en 1962, aurait parfaitement connu l'identité de tous les hauts responsables de la sécurité en Israël, puisqu'il avait atteint un grade élevé dans l'Aman. Cela signifie donc que l'identité du premier grand *memune* d'Israël, Isser Harel, était connue depuis toujours de ses ennemis – alors qu'elle ne l'était peut-être pas de ses amis. Étant donné que l'identité du général Hofi a été connue pendant le temps qu'il était en poste, à cause d'une indiscrétion commise à l'époque de sa nomination, seulement deux *memunim*, à savoir Zamir et son prédécesseur Meir Amit, semblent avoir réussi à cacher leur identité véritable pendant qu'ils occupaient leurs fonctions.

L'homme qui devait succéder au général Hofi est mort dans des circonstances assez mystérieuses au cours de la campagne du Liban, en 1982. Jusqu'ici, l'identité du *memune* actuel est restée secrète.

77. *Le Prince rouge*, voir note 46.

Bibliographie

Zwy ALDOUBY & Jerrold BALLINGER, *The Shattered Silence*, Lancer Books, avec l'accord de Coward, McCann & Geohegan, New York, 1971.

Shlomo AVINERI, The *Making of Modem Zionism*, Weidenfeld & Nicolson, 1981.

Ralph BAKER, *Not Here, But In Another Place*, St Martin's Press, New York, 1980.

Michael BAR-ZOHAR, Spies in *the Promised Land*, David-Poynter, 1972.

Michael BAR-ZOHAR & Eitan HABER, *Le Prince rouge*, Fayard, Paris, 1984.

Jillian BECKER, *La Bande à Baader*, Fayard, Paris, 1977.

Eli BEN-HANAN, *Our Man in Damascus*, New York : Crown, New York, 1969.

Richard C. CLARK, *Technological Terrorism*, The Devin-Adair Co., Old Greenwich, 1980.

Richard CLUTTERBUCK, *Guerrillas and Terrorists*, Faber and Faber, 1977.

Daniel COHN-BENDIT, *Le Gauchisme, remède à la maladie sénile du communisme*, Le Seuil, 1968.

Michael DAVITT, *Within the Pale*, v. 1903.

Richard DEACON, *The Israeli Secret Service*, Sphere, 1979.

Régis DEBRAY, *La Révolution dans la révolution*, Maspero, Paris, 1969.

Christopher DOBSON & Ronald PAYNE, *Carlos l'insaisissable*, Albin Michel, Paris, 1977.

Christopher DOBSON & Ronald PAYNE, *The Terrorists*, Facts on File, New York, 1979.

Amos ELON, *Les Israéliens, portrait d'un peuple*, Stock, Paris, 1972.

Frantz FANON, *Les Damnés de la terre*, Maspero, Paris, 1968.

Serge GROUSSARD, *La Médaille de sang*, Denoël, Paris, 1973.

Laslo HAVAS, *Assassinat au sommet*, Beckers, 1973.

Chaim HERZOG, *The Arab-Israeli Wars*, Methuen, 1982.

Paul JOHNSON, *Enemies of Society*, Weidenfeld & Nicolson, 1977.

Leila KHALED, *Mon peuple vivra. L'autobiographie d'une révolutionnaire*, Gallimard, Paris, 1973.

John LAFFIN, *Fedayeen*, Cassell, 1978.

Walter LAQUEUR, *Confrontation : The Middle East and World Politics*, Quadrangle, New York, 1974.

Walter LAQUEUR, *Terrorism, Le Terrorisme*, PUF, Paris, 1973.

Bernard LEWIS, *Islam and the Arab World*, McClelland and Stewart, Toronto, 1976.

Benjamin NETANYAHU, *International Terrorism : The Soviet Connection*, The Jonathan Institute, 1979.

Edgar O'BALLANCE, *Language of Violence*, Presidio Press, Novato, California, 1979.

Shimon PERES, *L'Héritage des Sept*, Stock, Paris, 1981.

Kim PHILBY, *Ma guerre silencieuse*, Robert Laffont, Paris, 1968.

Jean-François REVEL, *La Tentation totalitaire*, Robert Laffont, Paris, 1976.

Michael SELZER, *Terrorist Chic*, Hawthorn Books, New York, 1979.

Claire STERLING, *Le Réseau de la terreur. Enquête sur le terrorisme international*, Lattès, Paris, 1981.

Stewart STEVEN, *The Spymasters of Israel*, Hodder & Stoughton, 1981.

Tibor SZAMUELY, *La Tradition russe*, Stock, Paris, 1976.

Alan M. TIGAY, *Myths and Facts 1980, Near East Report*, 1980.

David B. TINNIN avec Dag CHRISTENSEN, *La Vengeance de Munich*, Robert Laffont, Paris, 1977.

Remerciements

Je tiens à exprimer ici ma gratitude pour l'aide précieuse que m'ont apportée M. G. Antal, M. Yeshayahu Anug, M. Frank Barbetta, Mme Brindusa Caragiu, Mme Susy Dahan, M. Edward L. Greenspan, le Dr A.I. Malcolm, M. Michael Smith, M. A. Soos, et M. Marc de Villiers, tant pour les documents qu'ils m'ont procurés que pour les conseils et l'assistance qu'ils m'ont donnés.

Je tiens également à remercier le professeur Philip Anisman pour sa contribution indirecte mais essentielle aux notes de l'ouvrage.

J'aimerais enfin exprimer ma reconnaissance à Mmes Louise Dennys et Frances McFadyen, représentantes de l'éditeur, pour la patience et la compréhension dont elles ont fait preuve.

Recherche iconographique : Yvonne R. Freund.

Le fait que toutes ces personnes soient citées ici n'implique pas qu'elles partagent mes opinions ou portent une responsabilité quelconque dans mes éventuelles erreurs.

Table des matières

QUATRIÈME PARTIE :
L'HOMME QUI VENAIT DU FROID

IMPRESSION
IMPRIMERIE GAGNÉ

IMPRIMÉ AU CANADA